WILLIAM CARLOS WILLIAMS
DIE AUTOBIOGRAPHIE

WILLIAM CARLOS WILLIAMS
AUSGEWÄHLTE WERKE
Herausgegeben
von Joachim Sartorius

WILLIAM CARLOS

WILLIAMS

DIE AUTOBIOGRAPHIE

Aus dem Amerikanischen
von Werner Schmitz

Zweitausendeins

Titel der Originalausgabe:
The Autobiography of William Carlos Williams

Lizenzausgabe von 1999 mit freundlicher Genehmigung
des Carl Hanser Verlags für Zweitausendeins
Postfach, D-60381 Frankfurt am Main.
www.zweitausendeins.de.

Printed in Germany.

Dieses Buch gibt es nur bei Zweitausendeins im Versand, Postfach, D-60381 Frankfurt am Main, Telefon 069-420 8000 oder 01805-23 2001, Fax 069-415 003 oder 01805-24 2001. Internet www.zweitausendeins.de, E-Mail service@zweitausendeins.de. Oder in den Zweitausendeins-Läden in Berlin, Düsseldorf, Essen, Frankfurt, Freiburg, 2 x in Hamburg, in Hannover (ab Januar 2000), Köln, Mannheim, München, Nürnberg, Saarbrücken, Stuttgart.

In der Schweiz über buch 2000, Postfach 89, CH-8910 Affoltern a. A.

ISBN 3-86150-290-9

Vorwort

Neun Zehntel unseres Lebens vergessen wir schon zu Lebzeiten. Von dem Teil, der in der Erinnerung haftet, sollte das meiste verschwiegen werden: es würde niemanden interessieren oder zumindest keinen Beitrag zur Geschichte dessen leisten, was wir gewesen sind. Es bleibt ein dünner Erzählfaden – ein paar hundert Seiten –, um den sich, wie Kandiszucker, die belangvollen Dinge sammeln, mit welchen der Leser sich einige Stunden beschäftigt, ähnlich einem verwöhnten Kind, das sich ungern die Zähne ausbeißt, sondern lieber seinen Gaumen verwöhnt. Für uns jedoch waren solche Stunden ein Genuß. Sie bilden unseren ureigenen Schatz. Und mehr sollten wir billigerweise nicht darbieten.

Ich kann nicht mehr erzählen, als ich weiß. Ich habe irgendwie von Tag zu Tag gelebt; und so beschreibe ich es von Tag zu Tag, wie ich darum gekämpft habe, in meinen Fehlschlägen und Erfolgen einen Sinn zu erkennen. Nicht alle meine Schlüsse sind sonderlich tiefschürfend gewesen. Aber auch die banalsten Ereignisse können ein gewisses Gewicht haben.

Ich habe nicht vor, Einzelheiten oder sonst irgend etwas von den Frauen zu erzählen, mit denen ich im Bett gewesen bin. Erwarten Sie nichts dergleichen. Das hat nichts mit mir zu tun. Meine Beziehungen zu Männern und Frauen, die Begegnungen, die für mich das größte Interesse hatten, haben sich nicht im Bett abgespielt. Meine Sehnsüchte sind überaus stark sexuell geprägt: ich trage sie immer und überall mit mir herum. Nach meiner Überzeugung ist dies die Kraft, die uns alle antreibt. Der Mensch verwendet diese Kraft so, wie sein Geist es bestimmt. In der Art, wie er diesen Trieb leitet, liegt sein Geheimnis. Wir sind stets bemüht, das Geheimnis unseres Lebens vor dem Blick der Allgemeinheit zu verbergen. Was ich für den inneren Kern meines Lebens halte, wird nicht leicht zu entschlüsseln sein, selbst wenn ich, wie hier, von den äußeren Umständen berichte.

Eine Autobiographie wie diese ließe sich auf tausend Seiten ausdehnen. Dazu müßte ich bloß immer nur weiterschreiben. Das Interesse des Lesers könnte ich zweifellos auch dann noch wachhalten. Aber die Klarheit der Geschichte würde es kaum befördern, wollte ich sie strecken, hier und da etwas aufblähen und ein paar zusätzliche Anekdoten über meine Zeitgenossen einstreuen. Vielleicht wäre das Buch damit wesentlich unterhaltsamer, als es in seinen jetzigen Dimensionen erscheinen dürfte, aber seinem Wert würde damit nichts hinzugefügt – falls es überhaupt irgendeinen anderen Wert hat als den, der ihm vom Interesse einiger Freunde verliehen wird.

Ich habe nicht einmal versucht, eine vollständige Liste meiner Freunde aufzustellen. Auch an anderen Listen war mir nicht gelegen. Ich habe lediglich von meinem Leben erzählen wollen, von meiner Arbeit als Arzt und meinem gleichzeitigen Bemühen, Aufzeichnungen zu machen von meiner Suche nach … was? Als Schriftsteller bin ich Arzt gewesen, und als Arzt Schriftsteller; und als Schriftsteller und Arzt zugleich habe ich achtundsechzig Jahre lang ein mehr oder weniger ereignisloses Dasein durchlaufen, keine halbe Meile von dort entfernt, wo ich zufällig geboren wurde.

Da meine Frau Flossie und ich nie umgezogen sind, ist Nine Ridge Road ein Orientierungspunkt für viele unserer Freunde geworden, die, auch wenn sie uns nur selten oder nie besucht haben, immerhin gewußt haben, wo wir wohnten. Sie haben uns viele Briefe geschrieben, die ich alle beantwortet habe; dies ist eine meiner Hauptbeschäftigungen über die Jahre gewesen. Es wundert mich, daß ich Namen wie Ed Corson, Arthur Noyes und Bert Clark nicht erwähnt habe, Leute, die zusammen mit mir Medizin studiert haben. Auch Wallace Stevens wird kaum erwähnt, obwohl ich in Gedanken ständig bei ihm bin. Und der verstorbene Alfred Stieglitz. Keiner von diesen hat mich je in Rutherford besucht. Eine solche Isolation bietet einen großen Vorteil. Sie läßt ausreichend Raum zum Denken. Das heißt, was ich unter Denken verstehe, und das ist hauptsächlich Schreiben. Meine größte Erfüllung habe ich immer beim Akt des Schreibens gefunden.

Zum Beispiel, wenn ich Alfred Stieglitz besuchte. Ich habe das eine Zeitlang ziemlich regelmäßig getan. Niemand sonst war in der Galerie. Er erkannte mich, und nachdem er mir Zeit gelassen hatte, mich umzusehen, kam er hinter seiner Trennwand hervor, und wir begannen zu reden. Wir sprachen über die Bilder, über John Marin und was er damals gerade machte. An einem anderen Tag ging es um eine Hartley-Ausstellung oder einen Besuch der Portinari-Ausstellung im Modern Museum. Oder wir gingen zu einem Konzert von Pablo Casals. Oder wir sahen uns die Gobelins in The Cloisters an. Wenn ich anschließend nach Hause kam, fing ich an zu denken – das heißt zu schreiben. Manchmal schrieb ich nach einem solchen Besuch tagelang oder womöglich sogar jahrelang, einfach um herauszufinden, wie mein Verstand auf diese Kontakte reagiert hatte.

Manchmal, gar nicht oft genug, stiegen wir auch ins Auto und fuhren vierzig Meilen aufs Land hinaus, um meinen Landsmann – er stammte ebenfalls aus Jersey – Kenneth Burke und seine Familie zu besuchen. Das Leben, das er auf seiner alten verlassenen Farm in

Andover führte, hat mich immer fasziniert. Ich sage ja dazu. Ich bewundere den Geist, der ein solches Leben erdacht und verwirklicht hat. Wir trafen dort unter anderem Peggy Cowley, die von einer Klapperschlange gebissen worden war und nach mir schrie, bevor sie ins Krankenhaus gebracht und gerettet wurde, Mattie Josephson, Malcolm Cowley, Gorham Munson, der dort mit Stock und gestreiften Hosen durch die Landschaft ging. Den ganzen Nachmittag hielten wir uns am Apfelschnaps fest und diskutierten. Stimuliert fuhr ich nach Hause, um das ewig lohnende Spiel des Schreibens aufzunehmen. Denken ist für mich nie etwas Isoliertes gewesen; sondern ein spielerisches Prüfen und Abwägen, das sich im geschriebenen Wort zu bewähren hatte. Und dann kam die Probe. Das Gedicht wurde irgendeinem beliebigen Lektor vorgelegt, oder aber es trat seinem Schicksal in der Welt entgegen. Ich verfolgte dieses Schicksal und kam so zu einem Urteil über die Intelligenz meiner Zeitgenossen. Einmal nahmen wir spät am Tag ganz aufgeregt den Zug nach Philadelphia, um eine Vorstellung von *Lysistrata* zu sehen, bevor die Zensur einschreiten konnte.

Wann und wo konnte ich nach solchen Ausflügen schreiben? Zeit bedeutete mir nichts. Mochte auch gerade eine Grippewelle ausgebrochen sein und Tag und Nacht wie wahnsinnig das Telefon läuten und ich keine freie Sekunde haben – das spielte keine Rolle. Wenn ich meinen Rappel hatte, wenn irgendeine Bemerkung von Stieglitz oder Kenneth über Nacht in mir fortwucherte und gebieterisch ihre Entbindung heischte – dann war ich wie eine Frau, die in den Wehen liegt; was auch immer sonst noch anstehen mochte, ich mußte diesem Drängen nachgeben.

Fünf Minuten, zehn Minuten lassen sich immer finden. Meine Schreibmaschine befand sich im Schreibtisch meiner Praxis. Ich brauchte nur die Platte, auf der sie befestigt war, hochzuziehen, und schon konnte ich anfangen. Ich arbeitete mit höchster Geschwindigkeit. Kam, während ich gerade mitten in einem Satz war, ein Patient herein – schwupp, war die Maschine versenkt, und ich war wieder Arzt. Kaum war der Patient gegangen, tauchte wieder die Maschine auf. Mein Kopf hatte eine gewisse Technik entwickelt: in mir wuchs etwas, und das wollte geerntet werden. Das mußte erledigt werden. Wenn dann endlich nach elf Uhr abends der letzte Patient zu Bett geschickt worden war, blieb mir immer noch Zeit genug, zehn oder zwölf Seiten in die Maschine zu hämmern. Ruhe konnte ich ohnehin erst finden, wenn ich meinen Kopf von den Zwangsvorstellungen befreit hatte, die mich den ganzen Tag gepeinigt hatten. Durchs Schreiben von dieser Pein erlöst, konnte ich mich schlafen legen.

Unser Leben war von den Jahreszeiten geprägt. Die meisten Krankheiten treten hier im Winter auf. Und dann sind die Dienste eines Arztes am stärksten gefragt. Aber gerade dann ist es auch am anstrengendsten. Ich habe niemals einen Winterurlaub genommen. Vielleicht kommt einmal die Zeit, da dies zu ändern sein wird. Der Winter ist eine harte Zeit für einen Arzt. Doch im Frühling fängt für uns ein neues Leben an. Das Stückchen Boden, das ich meinen Garten nenne, ist eine kleine Welt, die mir immer ungemein wichtig gewesen ist. Henri Fabre ist einer meiner Hausgötter gewesen. Nicht, daß ich seinem wissenschaftlichen Beispiel gefolgt bin, obwohl ich dies einmal fast getan hätte und vielleicht glücklicher damit geworden wäre, aber sein Vorbild hat mir immer als Maßstab und Richtschnur gedient. Es hat mich ruhig gemacht und einen geduldigen Fleiß in mir ausgelöst, und es hat mir, trotz meiner Unzulänglichkeiten, dauerhafte Zufriedenheit verschafft. Was aus mir wird, ist mir nie wichtig erschienen, aber die Schicksale von Ideen, die in einer unscheinbaren Welt gegen den Strich leben, haben mich immer in Atem gehalten.

William Carlos Williams

TEIL 1

Kapitel 1

Erste Erinnerungen

Ich war als Kind eine unschuldige Natur, und das bin ich bis heute geblieben. Erst gestern, bei der Lektüre von Chapmans *The Iliad of Homer*, ist mir zum erstenmal aufgefallen, daß das Adjektiv »venerisch« von Venus abgeleitet ist! Dabei habe ich in den letzten vierzig Jahren als Arzt praktiziert. Ich war fassungslos!

Entsetzen, nicht Angst, beherrschte meine Jugend. Angst kannte ich nicht. Natürlich hatte ich die normalen Ängste, aber die waren erträglich, im Gegensatz zu dem Entsetzen, das aus verborgenen Orten und dem ganzen »Himmel« loderte.

Meine erste deutliche Erinnerung ist die, daß ich nach dem Blizzard von '88 vor die Tür gesetzt wurde und kreischte, man solle mich wieder aus der Kälte und dem Wind ins Haus lassen. Und im Frühling desselben Jahres soll ich mit einer Handvoll Salz nach draußen gegangen sein, um es, wie mein Onkel Godwin mir geraten hatte, Spatzen auf den Schwanz zu streuen und sie auf diese Weise zu fangen.

Noch früher, auch wenn ich mich nicht daran erinnere, beeindruckte ich Mutter mit der Präzision meines Trommelspiels, das ich auf Anstiftung Onkel Irvings betrieb: er schlug langsam die große Trommel (jetzt beim Schreiben ist es mit einemmal wieder da), Bumm! Bumm! Dann kam eine Pause von einem Taktschlag Länge, worauf ich rasch mit der kleinen Trommel einfiel; Bumm bumm! Angeblich besaß ich ein perfektes Taktgefühl.

Als ich das erste Mal laut gelacht habe, sagt Mutter, muß ich noch kein Jahr alt gewesen sein (denn das war noch in dem alten Haus, vor der Geburt meines Bruders Ed). Pop war dabei, einen kleinen Baum zu fällen. Jedesmal wenn er die Axt schwang und ich sie ins Holz krachen hörte, stieß ich ein unbändig entzücktes Kichern aus.

In meiner zweiten lokalisierbaren Erinnerung nach jener Schneeszene – es muß der April oder Mai nach dem Blizzard gewesen sein – geht es um die großartigen Schaukeln unter den Eichen im Garten der Familie Janes. Das waren prächtige Schaukeln, und besonders erinnere ich mich an die kleine Babyschaukel, die zwecks größerer Stabilität mit vier Seilen versehen war! Aber wir älteren Kinder – ich war viereinhalb – saßen auf den Zwei-Seil-Schaukeln und ließen die anderen Kinder unter uns her auf die andere Seite laufen – wobei sie uns hochschoben, so weit ihre Arme reichten. Hin und zurück, hin und zurück.

Da Pop damals häufig in Süd- und Mittelamerika auf Geschäftsreisen war, wurde ein Großteil der Erziehungsarbeit von meinen Onkeln Godwin und Irving, Halbbrüdern meines Vaters, geleistet. Der arme Godwin, ein fataler Name in unserer Familie, er war nicht ganz richtig im Kopf. Er hat mir ein Gedicht beigebracht, das ich nie vergessen habe:

Geht den Mädchen
Bloß aus dem Weg, Jungs,
Macht einen Bogen um sie rum,
Denn habt ihr sie erst mal gefreit,
Sind sie nicht mehr gescheit
Und prügeln euch krumm und dumm.

Er hat nie geheiratet, sondern starb, geistig umnachtet, viele Jahre später in Morris Plains. Er verstand es großartig, die Phantasie eines Kindes zu wecken.

Irving, der andere Onkel, war musikalisch und hatte einen schönen Bariton. Manchmal sang Mutter ein Duett mit ihm. Pop und er begleiteten Mutter auf der Flöte. Aber Pop war nicht so gut. Er hatte andere Talente.

Mutter war natürlich immer da, und Grandma Wellcome, die Mutter meines Vaters, eine Engländerin, die ihr Cockney nicht verlernt hatte. Grandma hatte viele Erinnerungen, erzählte aber nur wenig von ihrer Jugend in London, die sie im Haus der Godwins – womöglich der William Godwins, wer weiß? –, deren Mündel sie war, verbracht hatte. Ein dunkles Kapitel. Ed, mein einziger Bruder, kam zur Welt, als ich dreizehn Monate alt war. Von da an hat Grandma mich übernommen. Ich war in hohem Maße *ihr* Junge.

Schwestern hatte ich keine, auch keine Tanten oder Kusinen, jedenfalls nicht in Reichweite. So daß ich abgesehen von Mutter und Grandma während meiner ganzen Kindheit keinen vertrauten Umgang mit irgendwelchen weiblichen Wesen hatte. Das war sehr bedeutsam. Es entfachte in mir eine Neugier, die gereicht hätte, fünfzig heranwachsende Jungen zu verzehren.

Grandma hat meine Erziehung in die Hand genommen, oder dies jedenfalls versucht. Aber einmal verlor Mutter die Geduld und gab dem alten Mädchen eine schallende Ohrfeige, eine Tat, an die sie sich bis zu ihrem Tod schmunzelnd erinnerte. Sie hat sich an jenem Tag von ihrem romanischen Blut hinreißen lassen. Aber leid hat es ihr nicht getan; eher hat es ihr gutgetan, so gut wie kaum etwas, was sie erlebt hatte, seit sie zum Heiraten aus Santo Domingo in die Staaten gekommen war. Ich glaube, eine der stärksten Kräfte, die meine Mutter bis zum Alter von zweiundneunzig Jahren haben durchhalten lassen, war ihre finstere Entschlossenheit, ihre Schwiegermutter zu überleben, die 1920 mit dreiundachtzig gestorben ist. Hoffentlich gerate ich meinen weiblichen Vorfahren nach.

Kapitel 2

Bagellon House

Bagellon House! Unmöglich kann ich daran vorübergehen, ohne einen letzten Blick auf all die herbeiströmenden Erinnerungen zu werfen. Die Äpfel im Obstgarten neben Charlie Wadsworths Druckerei jenseits des Zauns hinter dem großen Haus sind noch heute meine Lieblingsäpfel und dürften es immer bleiben: Baldwins! Und wenn ich von ihnen spreche, fallen mir sofort auch die Vögel ein, die in einem Loch in einem dieser Bäume lebten, blaßblaue Vögel, die lautlos davonflitzten, wenn wir unter dem grünen Laubwerk näher kamen.

Einmal ließen Ed und ich, nachdem wir uns unerlaubt Schuhe und Strümpfe ausgezogen hatten, unsere Füße in einer kleinen Wasserlache baumeln, die wir dort entdeckt hatten. Plötzlich fiel Godwin über uns her und schleifte uns weg. Wir bekamen ordentlich Dresche deswegen. Die Pfütze war nämlich ein tiefer Brunnen, dessen Abdeckung versehentlich entfernt worden war. Aber das muß im zweiten Jahr gewesen sein. Denn bevor Charlie Wadsworth in der kleinen Einzimmerhütte seine Werkstatt aufgemacht hatte, wohnten dort ein paar arme Leute, an die ich mich aus einem besonderen Grund erinnern kann.

Ob Ed an diesem Tag dabei war oder nicht, weiß ich nicht mehr. Jedenfalls waren da, dürftig in Lumpen gekleidet, einige Jungen in meinem Alter oder ein bißchen älter, und wir planschten alle zusammen dort herum. Aber einer von ihnen schien nicht die gleiche Ausstattung zu haben – ein sehr kleiner Junge, der sich die Kleider über die Hüfte hochgezogen hatte. Ich war baff vor Erstaunen. Doch als ich später meiner Mutter davon erzählte, wurde ich ermahnt, nie wieder davon zu sprechen und auch nie wieder mit diesen schmutzigen Kindern zu spielen.

An einem anderen Tag sah ich zu, wie Onkel Irving mit einem enorm starken Luftgewehr – ich habe ein solches Gewehr seither nie wieder gesehen – nach einem Eichhörnchen schoß, das vorne im Garten im Wipfel einer Kiefer saß. Schließlich fiel es uns blutüberströmt vor die Füße. Eines Morgens zog ich, nachdem ich sie draußen abgestellt hatte, meine Gummistiefel an, und einer davon kam mir innen ziemlich feucht vor. Ich hatte eine Kröte zerdrückt, die sich dorthin zur Nachtruhe zurückgezogen hatte.

Beim Ausheben eines Lochs für einen Zaunpfosten wurde einmal eine große rote Schlange zutage gefördert. Ich erinnere mich, als wäre es gestern gewesen, wie Godwin sagte, sie werde erst bei Sonnenuntergang sterben, weil ihr Schwanz noch immer hin und her zuckte; dabei war ihr Kopf völlig zermatscht.

Auf dem Scheunenhof stach Godwin mit einer Nadel in ein frisch gelegtes Ei und hieß es mich ausschlürfen. Er war es auch, der mir erzählte, daß, wenn ich in den Wassertrog neben dem Brunnen im Scheunenhof ein Pferdehaar legte, dieses sich bis zum nächsten Morgen in einen Aal verwandeln würde. Als ich nachsehen ging, erblickte ich am Boden des Trogs einige schlanke schwarze Würmer.

Einmal fand ich auf dem Fußweg, der um die Ostseite des Hauses führte, einen Zehner und rannte damit vors

Haus zurück, um allen davon zu erzählen. »Geh zurück, vielleicht findest du noch einen«, sagte Irving. Ich ging zurück und fand tatsächlich noch einen. »Versuch's noch einmal«, sagte Irving. »Vielleicht ist da eine Geldmine.« Ich tat es und fand einen dritten Zehner. Nun kamen alle anderen mit. Wir gruben, und ich glaube, Ed fand noch einen Fünfer, aber das war alles!

Wenn uns an Samstagen die Norsworthys besuchen kamen, sprangen wir vom Scheunentor auf den Misthaufen, worin, wie Godwin uns erzählte, die Deutschen ihren Limburger Käse zu vergraben pflegten, um ihn reifen zu lassen. Limburger Käse, der ihm seinen Lieblingswitz lieferte, aß er sehr gern.

Oft kamen Männer, um in den offenen Feldern hinter dem Obstgarten auf Kaninchenjagd zu gehen. Dort sah ich einmal einen Jäger, der ein Kaninchen erlegt hatte, ein scharfes Messer nehmen und es dem armen Wesen lachend unterhalb des Schwanzes in den Leib stechen. Mir wurde übel davon.

Und dort, in diesen Feldern, sahen Ed und ich eines Tages einem alten Schwarzen beim Umgraben zu, und ich erinnere mich, wie uns plötzlich auffiel, daß seine Handflächen genauso weiß waren wie unsere. Er war sehr nett zu uns und ließ uns aus dem Blecheimer trinken, den er bei der Arbeit neben sich im Gras stehen hatte. Das Wasser sah am Boden ein wenig rostig aus. Als wir zu Hause von all diesen Entdeckungen berichteten, wurden uns furchtbare Dinge angedroht, falls wir uns je wieder in diese Richtung begeben sollten.

Und die Pferde! Big Billy und Little Billy. Letzteres, das Godwin von Zigeunern gekauft hatte, hat ihn später beinahe umgebracht. Und die Männer, die an der Schienenkreuzung unter die Güterwagen krochen!

Das waren lyrische Jahre. Pop war die meiste Zeit nicht da, aber es gibt da eine Erinnerung, mit der er noch immer fest verbunden ist: der Drachen – und die Geschichten von Drachen und seiner Kindheit in Westindien. Auf diesem Drachen waren die Köpfe von drei nebeneinander herlaufenden Pferden zu sehen, der Drachen war größer als ich und aus einem der von Charlie Wadsworth gedruckten Reklameplakate gebaut, auf denen das Programm der Rennbahn von Clifton angekündigt wurde, wo Godwin regelmäßig alles verlor, was er an Kleingeld zusammenbringen konnte. Pop baute den Drachen so, wie nur er dergleichen konnte. Eines Tages ließ er ihn, nachdem er am Schwanz mehrmals Korrekturen vorgenommen hatte, im Garten steigen und band ihn dann abends am Geländer der hinteren Veranda fest. Am Morgen, der Südwind wehte, stand er noch immer prächtig in der Luft, die Schnur straff gespannt wie eine Geigensaite. Ich erinnere mich, wie ich ihn hielt und das Ziehen und Vibrieren spürte.

In der verglasten Kuppel oben auf dem alten Haus stand ein Teleskop, durch das wir einmal ängstlich den Mond beobachteten. Ich erinnere mich auch an den Pfeil, den Irving knapp über dem großen Tor in die Scheunenfront geschossen hat. Dort blieb er durch Winter und Sommer die nächsten zwei Jahre stecken, oder jedenfalls so lange, bis wir Bagellon House verließen und in die Zivilisation zurückkehrten.

Kapitel 3

An der Küste

Eine andere Erinnerung an jene frühen Tage handelt von den Sommern, die wir an der »Küste« oder bei Munger in den Catskill Mountains verbrachten. Wenn wir bei Munger waren, gingen wir mit Pop und Irving in den Felsen auf die Jagd nach Streifenhörnchen, wenn auch Irving häufiger mit den Damen Croquet oder Rasentennis spielte. Einmal machten wir Kinder mit den anderen eine lange Kutschfahrt zu einem nahegelegenen Gipfel. Als ich abstieg, rannte ich sofort los und stürzte hin; mein Kinn schlug auf dem felsigen Boden auf – ein Donnerschlag. Auch daran erinnere ich mich gut.

An einem anderen Tag sah ich zu, wie die Männer in gestreiften Jacken und die Frauen in langen Röcken an einem seichten, schnell fließenden Bach angelten. Die Fische waren dick, schön groß und schwerfällig genug, um sie mit einer Schlinge aus Kupferdraht zu fangen.

Sie hatten lange Stangen mit der üblichen Schnur, nur daß an deren Ende eine Drahtschlinge befestigt war. Der Trick bestand darin, die Schlinge bachaufwärts ins Wasser zu senken – dorthin, wo die Fische hinstrebten –, sie dem Fisch behutsam über den Kopf zu ziehen und ihn dann mit einem Ruck herauszuschleudern. Die Fische klebten mit ihren Saugmäulern an den Steinen fest. Ich habe nie gesehen, wie einer gefangen wurde; der Trick dürfte demnach schwieriger auszuführen gewesen sein, als es aussah.

Ein Jahr später, als Ed Keuchhusten hatte, fuhren Grandma und ich allein mit dem New-Haven-Boot nach Connecticut. Ich muß damals knapp sechs gewesen sein und hing trotzdem noch immer an der Flasche. Grandma hatte eine mitgenommen. Da ich mich schämte, beim Nuckeln gesehen zu werden, kauerte ich mich an Deck dicht an die Röcke der alten Dame; aber da wir von anderen beobachtet wurden, schlug ich ihr freundliches Angebot aus. Und damit war ich von meiner Sucht geheilt.

In West Haven wohnten wir bei Mrs. Forbes, der Frau

eines befreundeten alten Kapitäns, den Grandma aus ihrer Zeit in Saint Thomas kannte. Dort ging ich zum erstenmal schwimmen, oder genauer gesagt, wurde mir ein Eimer Salzwasser über den Kopf gegossen, als ich zu ängstlich war, mich in die See hinauszuwagen.

Das intensivste Abenteuer jenes Sommers erlebte ich, als mich eines Tages einer der älteren Jungen mitnahm, um mir den Wasserwagen seines Vaters zu zeigen; das Ding wurde von einem Pferd gezogen und hatte einen hohen Sitz, hinter dem sich in einem hölzernen Tank das Wasser befand, das an Tagen, wenn der Staub auf den Straßen lästig wurde, zum Einsatz kam. Der Apparat schien mir riesengroß, und als ich auf den Führersitz gehoben wurde, glaubte ich, nie wieder von dort herunterkommen zu können.

Im nächsten Sommer fuhren wir nach Long Island, wo Ed wegen seines Keuchhustens im Jahr zuvor allein gewesen war. Mutter betrieb noch immer ein wenig Malerei. Eine Außenstudie – ein Zweig mit gelben und roten Holzäpfeln, der an einem Nagel hängt – ist das letzte, was ich sie jemals habe malen sehen. Als ich in diesem Sommer oben in einem kleinen Kirschbaum saß, wurde mein Blick vom lautstarken Blöken eines Lamms nach der Scheune gelenkt. Ich wandte meinen Kopf nach dem Geräusch und sah, wie einer der Männer dem Tier ein Messer quer über die Kehle zog. Als das Blut herausspritzte, wurde mir schwindlig, aber irgendwie gelang es mir doch, herunterzuklettern und wegzurennen.

Abends saßen wir in der Pension Goodale und sangen:

> In einer kleinen Pension
> Nicht weit von hier weg
> Da gibt es dreimal am Tag
> Immer nur Eier mit Speck.

Hört der Gäste Wehgeschrei
Wenn die Glock sie ruft herbei
Allenthalben stinkt's nach Ei
Zehn Meilen in die Runde.

Eines Abends wurde George Goodale losgeschickt, um eine Kuh einzufangen, die über den Zaun gesprungen und auf eine angrenzende Weide gelaufen war. Wir fanden sie, kamen aber nicht an sie heran – sie rannte in Panik weg und sprang über Zäune, als wir ihr nachliefen. Es war Zeit zum Melken, und ich kann mich erinnern, wie ihr beim Springen hinten die Milch herausspritzte und uns in die Gesichter flog.

In diesem Sommer verliebte ich mich – in ein Mädchen, das in derselben Straße wohnte und angeblich herzkrank war. Sie tat mir sehr leid. Ein stilles kleines Mädchen, das auf mich sehr anziehend wirkte; vermutlich war es ihre traurige Isolation, die in mir einen Verbündeten fand.

Es kamen noch viele andere Sommer und viele andere Lieben, aber das waren die ersten Sommer, und dies war, soweit ich weiß, meine erste Liebe.

Von dieser Zeit an, als wir anfingen zur Schule zu gehen, wuchsen Ed und ich zusammen auf, als wären wir nur eine Person. Alles, was ich als heranwachsendes Kind und bis zu meiner Eheschließung erlebte, erlebte ich mit ihm gemeinsam. Fast zwanzig Jahre lang waren wir unablässig zusammen. Wir spielten in denselben Mannschaften; er als Fänger, ich als Werfer und so weiter. Ich kann mich erinnern, daß wir später manchmal höchstens zwei oder drei Meter auseinander standen und ich ihm den Ball praktisch mit voller Kraft in den Fanghandschuh schleuderte, ohne ihn je zu verfehlen. So viel Vertrauen hatten wir zueinander.

Nachdem die Farm und all ihre Attraktionen hinter uns lagen – die Hündin Norma, deren Jungen ich einmal Fußtritte versetzt hatte, weil ich dachte, es wären Ratten, die sie bissen, die Pferde, die Kaninchen, die Hühner mit ihren Nestern zwischen den Kletten – ein Buch für sich –, saßen wir eines Tages mit Pop und Mom beim Essen. Vermutlich hatte ich Ed stark gereizt, jedenfalls nahm er einen silbernen Teelöffel und warf ihn über den Tisch mir genau zwischen die Augen. Ich stand über solch kindischem Gebaren – es tat auch nicht sehr weh – und schüttelte das einfach ab, ohne mir davon die Laune verderben zu lassen. So sehr haben wir einander liebgehabt.

Ein andermal traf ich ihn mit einem Tafelmesser in den Rücken, als er auf der Flucht vor mir die Treppe hinaufrannte.

Arme Mutter, manchmal verdrosch sie uns mit irgendeinem Gegenstand, der ihr gerade in die Hände geriet. Einmal war es ein Stück Klafterholz. Sie schlug auch damit kräftig zu, und später brachte sie mich nach oben und wusch die Stelle mit Zaubernuß-Essenz.

Habe ich gesagt, ich sei ohne junge weibliche Wesen in meiner Nähe aufgewachsen? Falsch, immerhin gab es die Hausmädchen, eine Irin, eine Finnin (von Anna weiß ich noch heute ein finnisches Wort: »hamahakquivergo«, was, soweit ich weiß, Spinnweben bedeutet). Ich werde sie nie vergessen, besonders Georgie aus Georgia nicht, die mit der linken Hand einen Stein über den Wipfel des Kastanienbaums am hinteren Gartenzaun zwei Häuser weiter schmeißen konnte – mehr, als wir jemals schaffen würden. Einen tollen Wurfarm hatte die Frau!

Einmal habe ich Georgie nackt gesehen, als sie in einem Becken voll Wasser, das auf dem Boden vor ihr stand, ein Bad nahm. Wir Kinder spähten abwechselnd durch ein Loch in der Wand ihres Mansardenzimmers. Grandma hatte ich auch schon so gesehen, durch eine Öffnung in der Bettdecke, die ich mir auf ihr Geheiß über den Kopf ziehen mußte, während sie sich anzog. Da fällt mir eine von Grandmas unanständigen Geschichten ein: Wenn eine Dame gerade ins Bad steigen will und plötzlich tritt ein Mann ins Zimmer – wohin soll sie dann ihre Hände legen? Über seine Augen natürlich.

Aber als Ed und ich älter wurden, war der Sport unser ganzes Leben. Obwohl ich in keinem Spiel besonders gut war, beteiligte ich mich überall mit wilder Hingabe, was mir die einzige Ekstase verschaffte, die ich in jenen Tagen überhaupt erlebte. Ich widmete mich unseren Schlachten bis zum Wahnsinn, aber am Ende, wenn wir gewonnen hatten, empfand ich immer ein Gefühl der Trauer. Sadistische Regungen sind mir stets fremd gewesen. Eins unserer besten und frühesten Spiele war Shinny, eine Art Straßenhockey, bei dem als Puck ein Holzkreisel diente, dessen Zapfen verlorengegangen war. Das war ein Spiel! Der Schweiß, die Atemlosigkeit, die Verletzungen – so was nenne ich Sport.

Wenn man das Spielfeld betritt, wenn der Boden unter den Füßen federt, das ist der große Augenblick. Dann wird der Ball getreten oder der erste Wurf getan, und du beginnst zu laufen. Das ist das Geheimnis.

Aber am besten habe ich unsere Schnitzeljagden in Erinnerung. Wir spielten das nicht oft, aber wenn wir einmal anfingen, hatte ich immer das Gefühl, nie mehr damit aufhören zu können. Einmal gehörte ich zu den Jägern; ich war zwar weder der älteste noch der beste, hatte aber meine eigenen Ideen. Nachdem wir den Hasen mit ihren Taschen voller Zeitungsschnipsel auf den Schultern zehn Minuten Vorsprung gegeben hatten, brachen wir zur Verfolgung auf. Wir wußten, daß sie schummeln würden, daß sie an wichtigen Stellen keine Schnitzel hinterlassen würden, aber das gehörte eben auch dazu. Zwei der Hasen waren die zähesten Kämpfer in der ganzen Gegend, und diese beiden, das war uns klar, würden wir erst ganz zum Schluß erwischen.

Ich hielt mich für einen guten Läufer, wenn auch keiner der anderen diese Meinung teilte. Wir liefen den ganzen Samstagvormittag, bis einige von uns, nachdem wir die leichten gefangen und jede Spur der beiden letzten verloren hatten, entweder von allein oder aufgrund eines Hinweises der anderen Partei zu der Überzeugung gelangten, daß Dago und Jo sich in Richtung Zedernsümpfe jenseits der Kupferminen bewegt haben müßten. Was für eine Stelle! Es war bereits nach Mittag, aber trotzdem brachen wir dorthin auf, und als wir dann auf den Hügel kamen, von dem aus man die Minen sehen konnte, erblickten wir sie tatsächlich weit vor uns auf dem alten Waldweg, der zwischen Zedern und Rotem Ahorn in die Sümpfe führte.

Aufregende Tage, die ich nie vergessen werde! Wie wir ihnen nachsetzten, und wie sie uns auswichen. Es ging nicht darum, sie bloß zu sichten, wir mußten sie gefangennehmen und da herausholen. Das gelang uns auch, aber einfach war es nicht. Sie kämpften bis zum bitteren Ende, und immer weiter ging es durch hüfthohen Morast und Dornengestrüpp und über umgestürzte Baumstämme, nachdem die meisten von unserer Bande längst angeekelt nach Hause gegangen waren. Aber einige von uns hielten durch, wie besessen und ohne irgendeinen anderen Grund als den, daß wir uns von den beiden nicht schlagen lassen wollten.

Und als es vorbei war – wir hatten sie erst nach einer Schlägerei überwältigen können – einer war sogar noch auf einen Baum geklettert –, gingen wir alle zusammen zurück, redend und lachend, selbstvergnügt, voller blauer Flecken, zerschrammt und schlammbedeckt. Das hatte Spaß gemacht.

Kapitel 4
Pop und Mutter

Mein Vater war Engländer und hat, obwohl er sein ganzes Leben als Erwachsener in Amerika verbrachte, nie die amerikanische Staatsbürgerschaft angenommen. Er sagte, bei seinen häufigen und ausgedehnten Reisen nach Südamerika seien britische Papiere einfach praktischer als amerikanische. Wahrscheinlich hatte er recht.

Einige Tage nach seinem Tod – er starb Weihnachten 1918 nach einer verzehrenden Krankheit – hatte ich einen Traum, den ich nie vergessen werde. Ich sah ihn eine merkwürdige freistehende Treppe herabkommen, eine Treppe, die ich inzwischen als die vor dem Thron von Pontius Pilatus auf einem bekannten Gemälde identifiziert habe. Aber dies hier spielte in einem New Yorker Bürogebäude, Pops Arbeitsstelle. Er war barhäuptig und hielt irgendwelche Geschäftsbriefe in der Hand, auf die er sich beim Herabsteigen konzentrierte. Ich erkannte ihn und rief freudig aus: »Pop! Du bist also *nicht* tot!« Aber er sah nur über die rechte Schulter zu mir auf und bemerkte streng: »Weißt du, diese Gedichte, die du da schreibst. Die taugen nichts.« Ich war sprachlos und wachte zitternd auf. Seitdem habe ich nie mehr von ihm geträumt.

Ich erinnere mich, daß wir in unserem Haus immerzu Gäste hatten. Gäste, die manchmal wochen- und monatelang blieben, oder sogar den ganzen Winter. Leute wie die arme alte Mrs. Forbes, die sich einmal nachts zwischen ihrem Schlafzimmer und dem Bad verirrte und um Hilfe schrie, so daß Mom herausstürzen und sie retten mußte. Unsere Gäste waren entweder Grandmas englische Freunde oder Mutters Freunde und Verwandte aus Westindien.

Spanisch und Französisch waren die Sprachen, die ich als Kind ständig hörte. Zur Zeit meiner Geburt konnte Mutter noch sehr wenig Englisch, und Pop sprach besser Spanisch als die meisten Spanier. Aber Pop sprach auch Englisch, und eine meiner glücklichsten Erinnerungen an ihn ist die, wie er uns abends manchmal etwas vorlas. Das waren herrliche Tage!

Ich erinnere mich jetzt, wie er uns die Gedichte von Paul Laurence Dunbar vortrug, und noch heute kann ich viele der Strophen auswendig, mit denen er mich damals bekannt machte. Er war es, der mich zu Shakespeare hinführte, den ich dann praktisch von vorne nach hinten verschlang.

Der arme (oder reiche) Pop (er befürwortete die Einführung der Einheitssteuer) bot mir einmal einen Dollar pro Stück an, wenn ich *Die Entstehung der Arten* und *Die Abstammung des Menschen* lesen würde. Ich nahm ihn beim Wort. Das war redlich verdientes Geld.

Ich erinnere mich aber auch an die drei Bände der berühmten illustrierten Übersetzung von Dantes *Göttlicher Komödie*. Ich werde nie vergessen, wie ich Gustave Dorés Bilder dieser schönen, aber verdammten Damen studierte und mit welch tiefer Enttäuschung ich erkennen mußte, daß sie mir keinen Aufschluß über die anatomischen Geheimnisse lieferten, die mich damals so faszinierten. Von dem Text habe ich nichts mitbekommen.

Bis dahin hatte weder Mutter noch Pop unmittelbare

Verbindung zu irgendeiner Kirche; aber sie trafen sich, manchmal zu Hause, manchmal irgendwo in der Nachbarschaft, mit einigen anderen Leuten zu spiritistischen Sitzungen. Eine treibende Kraft bei dieser Form religiöser Betätigung war der alte Demarest, ein frommer Gläubiger. Die wichtigste Lehre dieser ernsten Menschen lautete, daß die Toten als Geister um uns lebten und zu gewissen Zeiten durch Gebet oder anderes herbeigerufen werden könnten. Das hatte eigenartige Folgen.

Als wir in Bagellon House einmal beim Abendessen saßen, sagte Mutter, die bei ihren Verwandten als Medium bekannt war, plötzlich zu meinem Vater: »Das sind also die Jungen. Wie groß sie geworden sind. Kommt her, meine Lieben«, wobei sie Ed und mich abwechselnd ansah und die Hände nach uns ausstreckte, »und laßt euch betrachten!« Dies wohlgemerkt zu ihren eigenen Kindern, die sie den ganzen Tag umsorgt hatte.

Pop, der solche Auftritte gewöhnt war, forderte uns beide, die wir ziemlich verdattert waren, freundlich auf, wir sollten tun, wie uns geheißen – also gingen wir zu unserer Mutter und stellten uns neben sie. Sie legte jedem von uns eine Hand auf den Kopf und tätschelte uns mit beifälligem Lächeln und liebevoller Zärtlichkeit. »Wie gut sie aussehen. Ich bin ja so glücklich.«

Worauf Pop zu ihr sagte, zu seiner eigenen Frau: »Mit wem haben wir das Vergnügen zu sprechen?«

»Kennst du mich nicht?« gab Mutter zurück. »Na, ich bin's doch, Lou Paine.« Damit war der Anfall vorbei, und Mutter war wieder sie selbst. Alles ging weiter wie zuvor.

Später hat mir Pop oft erzählt, er habe damals umgehend ein Telegramm an Jesse Paine geschickt – einen alten Freund und Nachbarn von uns aus der Passaic

Avenue, der jetzt in Los Angeles lebte – und nachgefragt, ob seiner Frau Lou irgend etwas zugestoßen sei.

Zwei Wochen später bekam er einen Brief von Jesse, in dem dieser sich entschuldigte, daß er das Telegramm nicht früher habe beantworten können; Lou sei nämlich krank gewesen. Als er das Telegramm erhalten habe, habe sie im Krankenhaus gelegen und sei dort gerade an diesem Tag nach einer sehr risikoreichen Bauchoperation praktisch schon für tot erklärt worden. Inzwischen aber habe sie sich so weit erholt, daß er sein normales Leben wieder aufnehmen und sagen könne, sie sei über den Berg – und so weiter.

Diese spiritistischen Sitzungen, die der Gründung der Unitarischen Kirche und Sonntagsschule in Rutherford vorausgingen, wurden über Jahre hin fortgesetzt. Eines Abends saß Mutter, als die Sache noch in den Anfängen steckte und sie wegen ihrer Sprachprobleme mehr oder weniger als Außenseiterin galt, ein wenig abseits von den anderen und hörte bloß zu; plötzlich hob Grandma eine geschlossene Faust und bat denjenigen zu sprechen, der von dem repräsentiert werde, was sie, ohne es zu zeigen, in der Hand halte.

Gleich darauf, allem Anschein nach wahnsinnig geworden, rastete Mutter aus. Unfähig, sie zu beruhigen, fiel der alte Demarest auf die Knie und flehte Gott an, diese Frau wieder zur Besinnung zu bringen.

So inbrünstig war sein Gebet, und so beeindruckt waren alle Anwesenden vom Ernst der Situation, daß Mutter tatsächlich nach kurzer Zeit zu sich kam und sich wieder normal unter ihnen bewegen konnte – wofür Mr. Demarest Gott seinen Dank abstattete – und Grandma einen gehörigen Verweis für ihren Beitrag in dieser Sache erteilte.

Wie es scheint, hatte sie mit ihrer toten Tochter Rosita sprechen wollen, einer erst kürzlich verstorbenen

Epileptikerin, die Mutter gut gekannt hatte. Um dies zu bewerkstelligen, hatte sie, unbemerkt von den anderen, eine Haarlocke der Toten in ihrer Faust verborgen und dann nur darum gebeten, daß der Geist, ohne sich zu erkennen zu geben, auf irgendeine Weise sagen solle, daß er anwesend sei. Mutter, ihre alte Freundin, war das Medium, dessen sich die Unglückliche für ihr Erscheinen bedient hatte.

Bei solchen Gelegenheiten – und das zog sich über Jahre hin – wurde Mutter von einem unkontrollierbarem Kopfschütteln befallen. Überall und jederzeit konnte das auftreten. Einmal habe ich es sogar gesehen, als sie in der Sonntagsschule Klavier spielte. Ed und mir war das furchtbar peinlich. Aber am häufigsten zeigte es sich zu Hause, und da vor allem in emotionalen Streßsituationen, etwa nach dem Tod eines Freundes oder Vertrauten, wobei dies jedoch nicht unbedingt mit dem Erscheinen der betreffenden Person verbunden war.

Wir alle wußten dann immer gleich Bescheid – Mutters Blick wurde starr, ihr Gesicht rötete sich, und sie streckte einen Arm aus und nahm einen von uns bei der Hand. Manchmal deutete sie an, daß sie Ed oder mich oder irgendeinen anderen haben wollte. Dann fragte jemand: Meinst du den, oder vielleicht den? Worauf sie, wie gegen starken Widerstand ankämpfend, ihre Hand auszustrecken versuchte, was ihr aber nicht gelang. Sie mühte sich ab, die ihr angebotene Hand zu ergreifen, aber wenn es nicht die war, die sie haben wollte, zuckte sie heftig zurück und konnte sie einfach nicht anfassen. Ihr Gesicht war rot und verzerrt, sie konnte nicht sprechen, ihr ganzer Körper befand sich im Griff einer unergründlichen Gewalt.

Man nannte ihr einen Namen. Nein. Dann einen anderen. Sie schüttelte heftig den Kopf, die Wangen feuerrot, die Augen wie die eines Menschen, der sich ungeheuer anstrengt. Schließlich fragte Pop: »Ist es Carlos?«, womit er ihren Bruder meinte, worauf sie die hingehaltene Hand mit beiden Händen umfaßte und die Erscheinung sie verließ.

Wie Ed und ich diese Auftritte fürchteten! Pop hat wohl buchstäblich an ihre Authentizität geglaubt: daß die Geister der Toten sich wirklich durch Mutter materialisierten und zu uns zu kommen trachteten. Aber warum sie überhaupt kommen wollten, habe ich nie begreifen können.

Nachdem Pop gestorben war, bat Mutter einmal in einem ihrer Anfälle um einen Bleistift und versuchte zu schreiben, aber ihre Bewegungen waren zu ungestüm. Es kam nichts dabei heraus.

Kapitel 5

Ich als kleiner Junge

An einem 4. Juli – Onkel Carlos, mein Cousin Carlito und Cousine Raquel waren hier bei uns zu Besuch – ich war neun oder zehn Jahre alt – spielten wir Kinder mit einer Spielzeugkanone: wir luden sie mit Schwarzpulver, hämmerten einen Pfropf feuchten Papiers in die Mündung, steckten die Zündschnur eines Knallfroschs in das Zündloch und brannten sie an. Es gab ein sehr befriedigendes *Bumm!*, und wir waren entzückt. Nachdem uns dies mehrmals gelungen war, ging dann einmal etwas schief. Wir hatten wie üblich die Ladung mit einem Hammer und einem 10-Penny-Nagel hineingerammt – diesmal sogar extra fest, damit es ordentlich knallte –, die Zündschnur brannte herunter, aber es tat sich nichts. Wir warteten noch ein wenig, bis die Zündschnur erloschen war, dann ging ich näher und beugte mich mit dem Gesicht darüber, um herauszufinden, warum die Zündschnur ausgegangen war. Wir hatten die Ladung so festgestopft, daß sie offenbar nicht aus der Mündung der Kanone schießen konnte; statt dessen bahnte sich die Explosion ihren Weg durch das Zündloch und mir mitten in Gesicht und Augen!

Ich kreischte, ich sei blind! Mein Gesicht war übersät mit Pulvereinsprengungen, dennoch hatte ich großes Glück, weil in meinen Augen nur das Weiße betroffen war. Eine Infektion blieb aus. Noch Wochen später lag ich mit bandagiertem Gesicht im Bett, während Raquel mir mit einer Nadel die Pulverkörner aus Wangen, Nase und Stirn entfernte. Jahrelang hatte ich auf der Sklera meines linken Auges zwischen Iris und innerem Augenwinkel einen schwarzen Fleck, aber auch der ist schließlich verschwunden.

Kipps Wald, gleich hinter dem Gartenzaun, war unsere Wildnis. Schon der Zaun war uns eine Wonne, mit seinem Holztor, das in die Pfade zwischen dem Unkraut führte. Wir gingen freilich selten hindurch – sondern hinüber. Die Füße auf der obersten Zaunstange, konnte man stundenlang dort oben sitzen und reden. Ich kannte jeden Baum in diesem Wald, von dem Hickory, in dem ein Eichhörnchen sein Loch hatte, bis hin zum letzten Hartriegel, auf dem sich im Herbst die Wanderdrosseln versammelten, um die von ihnen so geliebten roten Beeren zu picken. Wir machten mit unseren Luftgewehren Jagd auf sie. Sie schmeckten auch gar nicht schlecht, aber da wir keine guten Schützen waren, erwischten wir niemals sehr viele.

Doch dem galt nicht mein größtes Interesse, und auch nicht den Kastanien, die wir unter den großen, schon von Holzfäule befallenen Bäumen fanden. Ich sah Mr. Kipp, begleitet von seinem farbigen Gehilfen und seinem Hund, mit einem schweren Holzhammer zu dem eben erwähnten Hickory gehen. Sie klopften mit dem Hammer an den Stamm, bis das Eichhörnchen herauskam, schlugen dann im richtigen Augenblick noch einmal auf den Stamm, so daß das Eichhörnchen auf den Boden fiel und von dem Hund getötet wurde. Einmal brachte Charlie Newland eine kleine Hündin hinter den Zaun und ließ sie vom Hund eines anderen bespringen. Auch das war es nicht.

Was ich dort wirklich lernte: wie das Moos die Wurzeln eines Baumes umschlang; wie Hartriegel und Eisenbaum aussahen, wenn sie wuchsen; wie faulende Blätter sich in einem Loch verklumpen – und wie sie riechen, wenn man sie umdreht –, jede Stelle zwischen den Bäumen, ob feucht oder trocken, hatte ihr Besonderes. Ich lernte Dosenschildkröte und Salamander und ihre Flecke kennen, und ich erfuhr, wie die erstere zischt, wenn man sie ärgert.

Heute denke ich gern an diese Dinge zurück, vor allem an die Pflanzen, die ich auf diesem Gelände kennenlernte. Damals dürfte ich mich meines Vergnügens daran ein wenig geschämt haben. Nur Jim Hyslop teilte meine Interessen. Der schlanke Hals der Anemone hat es mir aus irgendeinem Grund besonders angetan, und die verschiedenen Veilchenarten – die großen blauen, die mit den behaarten Stengeln und die großen, seltenen, Zweige treibenden gelben –, die Milchsterne, die Knollengrensel, die wilden Geranien, die Leberblümchen mit ihren dreilappigen Blättern. Mein Interesse an diesen Dingen war grenzenlos – sicher etwas Geheimnisvolles. Jeder von uns hat eine lange Vorgeschichte, die, mit der Welt konfrontiert, nicht bloß neu erwacht, sondern neu von uns Besitz ergreift. Aufblicken und an einem Baum gelbe und grüne Blüten sehen, so groß und schwer wie Tulpen – das war für mich etwas Erstaunliches. Die Blütenstände der Kastanie – junge und alte Bäume, Labkraut, Spinnen, glänzende Insekten – all diese Dinge waren ebenso Bestandteil meines sich ausdehnenden Daseins wie das Atmen. Sie spendeten mir Trost.

Es gab mir ein unbewußtes Triumphgefühl, den ganzen Tag draußen in meiner privaten Wildnis einfach herumlaufen zu können. Jim, der »Käferologe«, interessierte sich für Insekten und Schmetterlinge. Ich begleitete ihn auf seinen Streifzügen. Von den anderen hatte niemand Interesse. Nie kamen wir einander ins Gehege. Ich half ihm zwar beim Sammeln, aber meine besondere Neugier galt den Pflanzen und Bäumen. Die Bäume wollte ich anfassen und vor allem ersteigen, die Pflanzen einfach nur kennenlernen.

Einmal hörte ich Mutter nach mir rufen. Ich saß in den höchsten Ästen der Buche im hinteren Teil unseres Grundstücks, schaukelte mit herrlich langsamem Schwung hin und her und sah mich um. Ich konnte mir gar nicht denken, was sie hatte.

»Willie, komm runter, komm runter«, mit halb ängstlicher Stimme. Ich stieg hinunter und dachte, sie wollte mir irgendeine Besorgung auftragen. Nein. Es ging nur darum, daß ich abstürzen könnte.

Abstürzen? Pah, Harry Howard pflegte an der Union Avenue, dort, wo sein Vater eine Tischlerwerkstatt hatte, in einer Eichengruppe herumzuklettern – ich kenne sie heute noch – und wie ein Eichhörnchen vom Wipfel des einen Baums ins Geäst des nächsten zu springen, ohne abzustürzen. Einmal sprang ich vom Dach unseres Anbaus, doch bei der Landung krachten mir die Knie mit solcher Wucht ans Kinn, daß ich lang hinschlug.

Natürlich waren wir Racker: wie alle anderen Kinder auch haben wir gelogen, Obst stibitzt und Holz für neue

Bauten gestohlen. Immer etwas Neues. Peter Kipp war unser Feind, und wir seiner. Ein besonders schlimmer Streich von uns war es, kurz vor der Ernte durch seine Roggenfelder zu laufen.

Eines Tages waren vier bis fünf von uns tief in das mannshohe Feld vorgedrungen, als der alte Kipp und sein farbiger Gehilfe sich an uns heranschlichen. Jim, der eine Brille trug, hatte sich oben auf dem nahegelegenen Zaun postiert, um für uns Wache zu halten, war aber so kurzsichtig, daß er nicht viel nützen konnte. Ich war am weitesten vorgeprescht, mit einer Zaunlatte in den Händen, um das Korn vor mir niederzudrücken. Jim kreischte auf und fiel rückwärts vom Zaun, genau vor Kipps scheckigen Bullen. Wir alle rannten in Richtung Wald auf den Rand des Feldes zu. Die anderen entkamen auch, nur ich lief Kipp direkt in die Arme. Er packte mich am Hals, hob mich hoch, und halb warf, halb trat er mich über den Zaun. Ich landete auf den Füßen und rannte, ohne mich einmal umzusehen, in Deckung.

Aber boshaft waren wir nicht. Wir wollten nicht vorsätzlich etwas kaputtmachen, wie es die Angehörigen einer späteren Generation getan haben, die den alten Mann schließlich aus dem Geschäft vertrieben, indem sie seine Ernte ausrissen und verbrannten. Denn wie es die Tradition erheischte, gestanden wir unsere Schuld ein, nur um es bei der nächsten Gelegenheit noch toller zu treiben.

Einmal spielten wir auf dem Elliot Place Ball – etwa an der Stelle, wo mir eines Mitternachts eine Eule mit ihrem Flügel auf den Kopf schlug; die gleiche Stelle, wo ich ein andermal eine kleine Schar von Kreuzschnäbeln beim Fressen beobachtete (wie alt muß ich da gewesen sein, zwischen zwölf und dreizehn, nehme ich an, in der sechsten Klasse?) –, als ausgerechnet wer die

Straße herunterkam? Lizzie Nevins und ein anderes Mädchen, an dem ich ein besonderes, leidenschaftliches Interesse hatte. Die anderen Jungen begannen zu kichern und mich aufzuziehen, als Lizzie, die grinsend auf dem Bürgersteig herumstand, mir zurief, ich solle doch mal zu ihnen kommen. Mir war das peinlich, aber schließlich ging ich hin.

»Komm mit uns in den Wald«, sagte sie, »ich will dir was sagen, was dich interessieren wird.«

Nun, trotz meiner Demütigung vor den anderen und ihrer Empörung darüber, daß ich aus dem Spiel ausstieg, zogen wir drei in den Wald. Dort angekommen, sagte Lizzie zu mir: »Warte mal eben, ihr Schlüpfer ist runtergerutscht.«

Also wartete ich, während die Mädchen sich hinter einen Baum verzogen und das Kleidungsstück wieder befestigten. Dann begann Lizzie ihr Spiel.

»Zieht los, ihr zwei. Wenn ihr wollt, geht da rüber in das Roggenfeld, ich werde aufpassen. Na mach schon. Sie will es. Hat sie mir selbst gesagt. Mach schon!«

Kinder die wir waren, ließen wir sie also dort stehen und tasteten uns außer Sicht zwischen die grünen Roggenstengel, wo wir, beide unter demselben Bann, uns einander gegenübersetzten – zu verlegen, um auch nur den Mund zu einer Frage zu öffnen.

Kapitel 6

Sonntagsschule

Unterdessen sangen wir im Chor der Unitarischen Kirche; Mutter bediente dort gelegentlich das Klavier in der Sonntagsschule, in der Pop achtzehn Jahre lang das

Amt des Superintendenten innehatte. Zu festlichen Anlässen trugen Ed und ich manchmal das Manipel aus weißem Satin, auf dem in goldenen Lettern zu lesen stand: *Ein Kind wird sie führen.*

Nach dem Kindergarten war Mr. Luce unser Lehrer. Zuweilen las er uns Stellen aus Kant oder den Dialogen des Plato vor. Einmal, in einer gemischten Klasse, fragte ihn Louise Corey: »Mr. Luce, was bedeutet es eigentlich, wenn es heißt, Jesus sei beschnitten worden? Was ist das, Beschneidung?«

»Die Beschneidung ist ein feierlicher Verstümmelungsritus der Juden«, lautete die Antwort.

Weiß der Himmel, was Sonntagsschule und Kirche in der wundervollen, aber gestörten Welt meiner unmittelbaren Kontakte mit den anderen Jungen angerichtet haben. Wir waren eine kleine Sekte in einer kleinen Kirche, und entsprechend groß war das Zusammengehörigkeitsgefühl. Ich lauschte jedem einzelnen Wort. Es gefiel mir, daß die Göttlichkeit Jesu Christi auf dem Geist beruhte, der in ihm war, und nicht auf dem Wunder seiner Geburt. Das kam mir demokratisch und sachlich vor. Ich habe daran geglaubt. Beeindruckt hat mich auch das von den Unitariern verkündete Motto: »Allzeit voran und aufwärts«. Und ich empfand schon früh die Ruhe, die bei den Worten des Pfarrers über mich kam: »Und möge der Friede Gottes, der jenseits allen Verstehens liegt, jetzt und immerdar mit euch sein und bleiben. Amen.« Damit war der Gottesdienst beendet. Wenn wir aus der Kirche kamen, gingen wir wie auf Wolken.

Einige wenige Männer und Frauen riefen die Kirche bei uns in der Stadt ins Leben, mein Vater, Mr. Luce, Mr. Beaumont und die Herren Danheim, Hands und noch ein paar, der Pionier dieser Bewegung aber war George Bell gewesen, ein Mann, der auch in der

Rutherford Heights Association das Sagen hatte und einer ihrer wichtigsten Geldgeber war.

Bei einem der jährlichen Basare erblickte ich einmal einen Haufen Steine, etwa zwei oder drei Schubkarrenladungen, die mitten in der Kirche auf eine Leinwand geschüttet worden waren. Sie sahen metallhaltig aus, offenbar handelte es sich um irgendein Erz. Man sagte uns, es sei Kupfererz, das aus der wieder eröffneten Mine des alten Peter Stuyvesant stamme, die schon im 17. Jahrhundert betrieben worden sei. Wir alle kannten die alte Mine auf dem Bayless-Gelände in Arlington, wo die Sonntagsschule manchmal ihre Sommerpicknicks veranstaltete, aber wir hatten gedacht, sie wäre schon seit langer Zeit erschöpft.

Kupfer! in rauhen Mengen! nach all diesen Jahren sei man dort auf eine reiche Ader gestoßen! Mr. Bell tätige große Investitionen. Anteile an der Gesellschaft könnten zum Nennwert erworben werden. Die Kirche werde einen ansehnlichen Profit bei dem Geschäft machen. Schließlich sei eines ihrer wichtigsten Mitglieder, George Bayless selbst, Eigentümer des Geländes, auf dem sich die Mine befinde. Welch ein Glück für uns.

Die Lösung ließ nicht lange auf sich warten: die Mine war so steril wie seit hundertfünfzig Jahren; wahrscheinlich hatte man sie mit Erz aus Arizona »angereichert«. George Bell wurde ordentlich geschröpft. Die Kirche, die gleich das Gemeindehaus nebenan verkaufen mußte, hat sich nie von dem Schlag erholt. Der arme Bell ist darüber gestorben.

Einen Pfarrer wie Mr. Badger konnten wir uns nicht mehr leisten, und so legte Pop zuweilen seine gestreiften Hosen und den Gehrock an, um uns eine Predigt von George Minot Savage oder irgendeinem anderen berühmten Gottesmann vorzulesen.

In jenen Jahren erschien das Monstrum Wahnsinn unter uns. Eines Tages spielte eine Gruppe von uns im Keller unseres Hauses, als plötzlich Godwin, der Halbbruder meines Vaters mit dem geheimnisvollen Namen, dessen Bedeutung Grandma uns niemals enthüllen wollte, auftauchte und mit wütendem Gesicht auf Jim Hyslop losging. Hier wurde mir zum erstenmal bewußt, was da eigentlich vor sich ging. Ich hielt zu Jim, entschlossen, eher diesen Mann umzubringen, als zuzulassen, daß er meinem Freund etwas antat. Aber ein paar Minuten lang war es ziemlich bedrohlich. Ich wußte, daß auch ich in Gefahr war, denn Godwin war ein kräftiger Mann, doppelt so stark wie jeder von uns.

Er fing damit an, daß er behauptete, Jims Mutter und auch Jim würden über ihn reden, er habe sie flüstern gehört, und er würde sie am liebsten beide umbringen und werde dies auch tun, wenn sie nicht damit aufhörten. Wir da unten in unserem Keller unter den Balken waren völlig verblüfft über diese Attacke und konnten uns gar nicht vorstellen, was in den Mann gefahren war. Da stand er, mit geballten Fäusten und weißem Gesicht, und starrte uns drohend an. Der arme Jim blieb wie festgenagelt stehen. Ich redete. Godwin schob mich beiseite, aber ich redete weiter und sagte Jim, er solle aus dem Keller gehen.

In seiner paranoischen Wut wollte Godwin das zunächst nicht zulassen. Aber als ich ihm sagte, daß ich Pop erzählen würde, wie er sich hier aufführe, und daß es ihm noch leid tun werde, wenn er so weitermache, wandte er sich mürrisch ab und ließ uns vorbei.

Das schlimmste Erlebnis mit ihm aber hatte Ed, der bei einer späteren Gelegenheit beinahe gezwungen war, den armen Kerl zu erschießen. Er hatte versucht, unsere Haustür aufzubrechen, um über Mrs. Dodd, eine Besucherin, herzufallen, und als die Polizei zu seiner Festnahme erschien, kam es zu einer komischen Szene. Ich war zu der Zeit im College, aber Ed stand mit einer Pistole in der Hand hinter der Tür und glaubte, sie jeden Augenblick gebrauchen zu müssen; die Polizisten trafen Godwin unbewaffnet an. Aber das ist eine andere Geschichte. Er sagte zu ihnen: »Rühren Sie mich nicht an. Ich bin ein Gentleman!«

Ich habe immer darüber lächeln müssen; Grandmas Schule.

In jenen Tagen wurde von den Schlagzeilen immer wieder das Ende der Welt angekündigt, und irgendwo auf Long Island baute jemand eine Arche. Ich glaubte das alles, zumindest halb, und wartete nur auf Bestätigung durch den Eintritt des Ereignisses.

Es war gegen Abend. Ich war irgendwo im Haus, vielleicht machte ich mich gerade bettfertig. Bei Sonnenuntergang kam dichter Nebel auf, und plötzlich vernahm ich das wilde Heulen einer neuen Sirene, die man bei der Feuerwehr ausprobierte, aber sie kreischte allzu grell, und man hat sie dann später wieder abgeschafft. Aber als ich an diesem Abend den scheußlichen Lärm hörte, stürzte ich ans Fenster, und da sah ich ihn, den roten Nebel. Schon wurde die Welt von blutroten Flammen verzehrt. Auch ich kreischte und rannte in heller Aufregung durchs Haus, um ein letztesmal meine Eltern zu sehen, bevor ich mich auf mein Bett legte und meiner Vernichtung harrte. Mutter kam zu mir, noch entsetzter als ich, denn sie dachte, ich hätte den Verstand verloren. Mit ihrer Selbstsicherheit und ihren freundlichen Beteuerungen gelang es ihr allmählich, mich zum Zuhören zu bewegen. In der Außenwelt tat sich nichts mehr. Die Sirenen verstummten, und das Feuer im nächsten Block wurde unter Kontrolle gebracht. Beruhigt und sehr beschämt über mich selbst, stand ich auf.

Kapitel 7
Laufen

An einem der triumphalsten Tage meiner Kindheit lief ich auf dem Rasen der Episkopalkirche los, die Meute überquerte hinter mir her die Nebenstraße am Fuß der kleinen Böschung und nahm die Verfolgung auf. Hinter dem üblichen Bretterzaun lag ein Obstgarten, der sich über einen ganzen Block erstreckte. Ich hatte einen Vorsprung von dreißig Metern vor der Bande, und ich lief aus keinem anderen Grund als dem, ihnen möglichst zu entwischen.

Ich setzte über den Zaun und war für einen Moment vor ihren Blicken verborgen. Und im gleichen Augenblick faßte ich meinen Entschluß. Ich kam am Boden auf und warf mich mit derselben Bewegung in das hohe Gras dicht an den unteren Zaunbrettern, wo ich dann reglos verharrte und die Luft anhielt.

Als sie vorbei waren, erhob ich mich und ging ihnen nach, um sie auszulachen. Aber sie waren nirgends zu finden. Später erfuhr ich, daß mein Verschwinden sie völlig aus der Fassung gebracht hatte. Ich zog eine Stunde oder länger auf der Suche nach ihnen durch die Gegend, dann setzte ich mich an der Ecke des Zauns auf einen Pfosten. Sie waren wie vom Erdboden verschwunden. Schließlich sah mich einer. Wieder nahm ich Reißaus, aber diesmal waren sie dicht hinter mir. Als ich von hinten um ein Haus herumlief, um mich in den

Vordereingang zu ducken und wie beim erstenmal zu verstecken, erwischten sie mich. Laufen, laufen, laufen, das war alles, was ich wollte, und immer gewinnen – aber es sollte nicht sein. Ich war nicht der schnellste.

Ob ich in meiner späten Kindheit oder in meiner frühen Jugend den Entschluß faßte, vollkommen zu sein, weiß ich beim besten Willen nicht mehr; aber etwa um diese Zeit wird es gewesen sein. Die Faszination dieser Vorstellung berührt mich noch heute: Nie in irgendeiner Form Böses zu tun, vor allem nie zu lügen, zu verfälschen, zu betrügen, sondern stets die Wahrheit zu sagen, komme was da wolle. Ein solcher Entschluß versetzt einen in den siebten Himmel.

Er hielt nicht lange vor, denn meine Beobachtungen überzeugten mich bald davon, daß solche Entschlüsse, früher als mir lieb sein konnte, klar und unausweichlich den Tod herbeiführen würden. Ich sah zwar die Alternative – Heiligkeit –, aber mir stand nicht der Sinn nach dem Dasein eines toten Heiligen. Dennoch ist meine Sehnsucht, aufrichtig zu sein, nie ganz erloschen. Ich mußte mich auf eine haltbarere Position zurückziehen, die möglichst weit vorn liegen sollte, doch war mir bewußt, daß es ein Rückzug war. Ich war ein Lügner und würde immer einer sein, *sauve qui peut!*, den Feind wenn möglich niederwerfen und bekämpfen, das ja, aber die Heldenrolle des absolut Vollkommenen war meine Sache nicht, obwohl ich einen Blick auf die Gipfel erhascht hatte und sie nie vergessen würde.

In jenen Jahren gelangte ich zu manchen Erkenntnissen: ich konnte zwar schneller laufen als die meisten anderen, aber Deck Cormack war noch schneller; ich war ein begeisterter Ringer, aber es gab viele, die mich auf die Schultern werfen konnten; und Arthur Kaufman konnte (wie Pop) mit seinem Finger eine dreifache Zahlenkolonne herunterfahren und die korrekte Summe angeben. Ich nicht. Ich besah mein Gesicht im Spiegel und verfluchte meine »Schönheit«, meine Augen, mein braungelocktes Haar. Ich verging vor Scham über meine krummen Knöchel und dünnen Schenkel und bewunderte gleichzeitig die Kraft, die ich mit meinem Wurfarm vortäuschen konnte. Viele Jungen konnten weit besser Hockey spielen und Schlittschuhlaufen als ich. In meinen Träumen ging es nicht um körperliche Triumphe. Mir wurde bewußt, daß ich auf vielen Gebieten anderen unterlegen war. Zugleich aber dachte ich mir, daß es andere Gebiete gebe, auf denen ich erfolgreich sein könnte. Daß die Musik nicht dazu zählte, lehrte mich die Geige. Bildung – falls ich jemals so davon gedacht habe – war dort zu erlangen, wo ich (denn das *Ich* stand für mich an erster Stelle) das Feld behaupten und mit einiger Hoffnung auf Erfolg wirken konnte. Es mußte einen Platz für mich geben. Irgendwie würde ich überleben. Ich würde zwar in nahezu jedem bisher entdeckten Punkt den Rückzug antreten müssen, aber geschlagen war ich nicht, und kapitulieren würde ich nie. Kein Heiliger, aber ganz schön von sich eingenommen.

Kapitel 8

Die Schweiz

Um einmal kurz auf unseren ersten Ausflug nach Europa einzugehen. 1897 besuchten Ed und ich die achte Klasse der alten Park School in Rutherford, als Pop eines Abends um die Weihnachtszeit nach Hause kam und verkündete, er werde im nächsten Monat nach

Buenos Aires reisen, um dort eine Parfümfabrik aufzubauen, was ihn für mehr als ein Jahr von uns trennen werde. Auf jeden Fall wird er Mutter etwas derartiges gesagt haben. Wir erfuhren davon erst, als wir von der Schule genommen wurden und man uns sagte, daß wir mindestens ein Jahr lang nicht mehr dort hinzugehen brauchten. Wie ich es in Erinnerung habe, fragte Pop uns auf seine gewöhnliche Art, ob wir nicht gern für ein Jahr nach Europa gehen möchten. Ed war gerade dreizehn und ich vierzehn geworden. Wir waren sehr dafür.

Die Sache war die, daß Mutter einen letzten Blick auf Paris werfen wollte, bevor sie von ihrer romantischen Jugend Abschied nahm. Durch Vermietung des Hauses Nr. 131 ließ sich ein Großteil der Europakosten neutralisieren, und da es für Pop keinen Unterschied machte, wo wir uns, solange wir nur zufrieden wären, während seiner Abwesenheit aufhielten, konnten wir ebensogut dort wie hier leben. Darüber hinaus hätte es einen guten bildenden Einfluß auf »die Jungen«.

Wir verließen New York am 13. Januar 1897 mit dem French-Line-Dampfer *La Bretagne*, der an einem Kai im North River ablegte. An Bord war ein Junge, der ein wenig jünger war als ich – Alfred Knopf aus Linden, New Jersey. Ohne je den Versuch zu machen, es herauszufinden, habe ich mich oft gefragt, ob es sich dabei um den heutigen Verleger gleichen Namens gehandelt haben könnte.

Die ersten Worte, die wir bei unserer Ankunft im Hafen von Le Havre vernahmen, klangen etwa so:

Tarara boom de aye!
Voilà d'jolies violettes!
Voilà d'jolies violettes!

immer aufs neue wiederholt von einem Mädchen, das einen Korb voll davon im Arm und einen Strauß in der Hand trug und zum Verkauf anbot!

Ed und ich wurden in Château de Lancy unweit von Genf zur Schule geschickt; wir waren die reinsten Kleinkinder, Hunderte von Jahren jünger als die meisten der zweiundsechzig anderen Jungen dort.

Das waren Zeiten! Wie wir in diesem oder dem nächsten April auf den Salève kraxelten – das Wetter ungewöhnlich warm für diese Jahreszeit. Auf dem Gipfel knietief im morschen Schnee, der Boden zwischen den landkartenartigen Schneeflecken mit blauem Enzian bedeckt. Vogelnester suchen mit Leon Pont aus Radschputana in Indien – ein wilder Bursche, wenn es je einen gegeben hat. Der Tag, an dem ich von der britischen Gruppe, den älteren Jungen auf der Schule, Stockschläge auf den nackten Hintern bekam, weil ich einem Jungen namens Potter eine papierene Wasserbombe an den Kopf geworfen hatte. Welch ein wunderschöner Wurf mir da aus dem Fenster der dritten Etage gelungen war! Das entschädigte mich für die Prügel. Und der Witz dabei war – ich hatte gar nicht gewußt, daß es Potter war, ich hatte Potter gern. Daß sie mich an Händen und Füßen auf dem Bett festhielten, war völlig überflüssig: ich hätte mich auch so nicht gerührt – und tat es auch nicht. Glauben Sie vielleicht, ein Amerikaner würde angesichts eines Engländers mit der Wimper zucken? Wohl kaum. Ich dankte ihnen lächelnd und zog mir die Hose hoch. Ich hatte Potter nicht treffen wollen.

Aber mein größtes Vergnügen war der *ruisseau*, der eisigklare Bergbach neben dem Fußballplatz, und die Pflanzen, die im Frühling dort wuchsen, bevor die Felder gemäht wurden. Die einheimische gelbe Schlüsselblume mit ihrem wunderbaren Duft lernte ich dort kennen. Gewaltigen Eindruck auf mich machte die grünblühende Narzisse. Ich sammelte alle diese Pflanzen, soviel ich davon finden konnte, und preßte sie zwischen den Seiten eines Schreibhefts. Ich wurde groß und kräftig für mein Alter.

Später war es der Fußball – am Ende spielte ich in der Ersten Mannschaft. Bei 10° Celsius im Genfer See schwimmen! Briefmarken sammeln. Jeglicher Unfug, den man sich denken kann.

Unter den Schülern gab es einen dunkelhäutigen Franzosen namens Joncelin; er war einer der wenigen Jungen auf der Schule, die ein Fahrrad besaßen. Mit den Engländern und Amerikanern, die den jüngeren Teil der Schülerschaft ausmachten, gab er sich kaum ab; meist ging er mit finsterer Miene herum, bereit, beim geringsten Anlaß eine Schlägerei anzufangen – einmal kam es beim Mittagessen zu einer wüsten Prügelei mit Tum Devis, einem siamesischen Prinzen. Tafelmesser wurden gezückt. Wir Kleineren saßen an einem anderen Tisch; es gab einen hitzigen Wortwechsel, aber Tum wurde von seinem Bruder Priura an den Schultern festgehalten, und M. Brunel fuhr den Franzosen scharf an, so daß sich das Ganze ebenso rasch wieder beruhigte, wie es angefangen hatte. Aber so war der Mann nun einmal, und dies war die Reaktion, die er bei anderen hervorrief.

Der kleine Garten vor dem Château de Lancy (jetzt das Rathaus des Orts) war von Pfaden durchzogen, die von dichten, etwa einen Fuß hohen und mit starken bogenförmigen Metallgittern geschützten Buchsbaumhecken gesäumt waren. Diese Pfade waren gewunden und schmal. Aber zur Zeit des Sonnenuntergangs war es Joncelins einziges Vergnügen, auf sein Fahrrad zu steigen und mit halsbrecherischem Tempo durch diese schmalen Wege zu rasen. Vielleicht tat er es aus Angeberei, bloß damit ihn die anderen sähen, aber ein lohnender Anblick war es allemal, so kurze Zeit es auch nur dauerte; denn die ganze Strecke, eine Art doppelte Acht zwischen den Bäumen, dürfte höchstens siebzig Meter lang gewesen sein.

Das Abendessen war eben vorbei. Wir anderen schlenderten herum, und plötzlich fuhr er los, zunächst langsam, dann immer schneller, bis er in der Dämmerung schließlich wie ein Irrer um die Kurven fegte, vorne auftauchte, wendete und wieder hineinfuhr, eine Runde nach der anderen. Dann kam er heraus, bremste, stellte sein Fahrrad weg und verschwand. Mit uns anderen hatte er nie etwas im Sinn.

An Regentagen fuhr Joncelin innerhalb des Schulgebäudes nicht weniger wild als draußen seine Runden auf den schwarzweißen Fliesen der Eingangshalle. Es wundert mich, daß man ihm das erlaubt hat.

Eines Tages erschien er mit einer neumodischen Acetylen-Fahrradlampe, der ersten – Joncelin mußte immer der erste sein –, die jemals in dieser Gegend gesichtet wurde. Er befestigte sie an der Lenksäule seines Fahrrads, und dann fegte er wie früher bei Tageslicht in den Abendstunden durchs Gebüsch. Niemand hinderte ihn daran.

Aber gelegentlich ging an dem Fahrrad etwas kaputt. Er arbeitete mit Geduld daran, doch es konnte vorkommen, daß er plötzlich, wenn etwas schiefging, das ausgebaute Rad packte, es hochriß und vor unseren Augen wie von Sinnen auf den Boden schmetterte, immer und immer wieder, bis es nicht mehr zu erkennen war – und er eine Woche brauchte, es wieder zu reparieren.

Wir hatten Schüler aus zwölf Nationen auf der Schule: Russen, Deutsche, Engländer, Franzosen, Schweizer,

Rumänen, Spanier, Italiener, Argentinier, Siamesen, Amerikaner und ein Araber. Wenn man Fußball spielen wollte, mußte man wenigstens ein bißchen Englisch können. Mein spezieller Freund war ein kleiner Bursche, der aber etwas älter war als ich: Leon Pont aus Radschputana in Indien, dem man nach Molières Komödie *L'Avare* den Spitznamen »Harpagon« gegeben hatte, weil man ihn für ebenso knickrig hielt wie diesen. Ich selbst habe ihn nie so erlebt. Aber wenn es je einen Affen gab, der auf der Jagd nach einem Elsternnest besser in die höchsten Zweige einer Platane klettern konnte als er, würde ich ihn gern einmal sehen.

Pont und ich führten damals ein herrliches Leben.

Hinter l'Horloge, einem Gebäude auf der anderen Straßenseite, gegenüber dem Haupthaus, mit einer großen Uhr am niederen Vordergiebel, stand die Scheune, an der Schwalben nisteten, und dahinter gab es einen kleinen Obstgarten mit einem englischen Walnußbaum.

Jenseits davon, am Fuß eines kleinen Hangs, floß ein Bach mit einer kleinen steinernen Brücke, in deren Schatten große Forellen schwammen. Dieser Platz war mein besonderes Geheimnis. Als Mutter mich einmal besuchte, ließ ich mich dort, auf einer Baumwurzel sitzend, von ihr photographieren – das Bild liegt immer noch irgendwo im Haus herum. Hier habe ich zum erstenmal den Duft von Veilchen wahrgenommen. Ich ging dorthin, wann immer ich konnte, aber das war nicht oft, denn dies war verbotenes Gebiet für die jüngeren Schüler, die das eigentliche, von einer hohen Mauer umgebene Schulgelände nur bei seltenen Anlässen verlassen durften.

Zu einer bestimmten Tageszeit kam hier jedesmal ein barfüßiges Mädchen vorbei, mit dem ich nie gesprochen habe, ein Mädchen von zehn oder zwölf Jahren, Kind einer der ärmeren Familien von Lancy. Sie war immer schmutzig, die Beine schmuddelig, das Haar verfilzt, das Gesicht alles andere als sauber, und doch faszinierte sie mich. Ich hatte einen Plan, ohne ihn je auszuführen, ihrer irgendwie habhaft zu werden, sie auszuziehen, im Bach zu waschen und zu entführen.

Ganz zu Anfang des Frühlings gingen Pont und ich, die Vorschriften mißachtend, in diesem Bach baden. Es verschlug uns glatt den Atem, auch nur die Beine ins Wasser zu stecken, an Untertauchen war erst recht nicht zu denken – es brannte wie Feuer und trieb uns ans Ufer zurück, wo wir, naß wie wir waren, in unsere Kleider stürzten und uns über die Mauer wieder aufs Schulgelände schlichen.

Neben der gemeinsamen Suche nach Vogelnestern teilten wir, er und ich, noch ein Geheimnis. Unmittelbar an der Mauer an der dem Dorf zugewandten Ecke des Schulgrundstücks stand der langgestreckte, plumpe Bau der Turnhalle, ein niedriger Holzschuppen. Zwischen Gebäude und Mauer befand sich ein höchstens ein Meter breiter Streifen – ein ungenutztes Gebiet, auf dem gelegentlich Laub und Abfall abgeladen wurde und das vom eigentlichen Gelände durch ein altes Holztor abgesperrt war. Als wir auf der Jagd nach Vogelnestern und anderen Dingen jeden Zentimeter des Geländes untersuchten, entdeckten Pont und ich auch dieses Niemandsland. Dort konnten wir vom übrigen Schulgelände aus nicht gesehen werden. Die Turnhalle war abgeschlossen. Die senkrechten Bretter ihrer der Mauer zugewandten Seite waren an einen Balken genagelt, der auf dem Boden ruhte. Es machte uns keinerlei Schwierigkeiten, uns wie die Hunde in die Erde zu wühlen und ein Loch zu graben, bis wir, Aale die wir waren, hindurchkriechen konnten und unter dem Podium ins Innere der Turnhalle gelangten! Ein großer Erfolg, denn dort konnten wir niemals entdeckt werden.

Aber eines Tages konnten wir uns nicht beherrschen und liefen über das ordentlich geharkte Sägemehl auf dem Hallenboden, und damit waren wir aufgeflogen.

1898, als wir noch in Genf waren, gab es einen großen Wirbel, als die Kaiserin von Österreich zu einem kurzen Urlaub dort eintraf. Sie wohnte im Hôtel de la Paix am Seeufer, gleich gegenüber dem Place Brunswick mit seinen hohen, überladenen gotischen Türmen zwischen Rasenflächen und schlanken Bäumen. Mutter wohnte in der Pension De Wolff, einen Block vom See entfernt und auf der anderen Seite des kleinen Parks. Vom Balkon ihres Zimmers aus konnte man an dem Denkmal vorbei und durch die Zweige der Parkbäume das Hotel sehen, wo die Kaiserin abgestiegen war.

An jenem Samstagnachmittag wollte die hohe Besucherin eine Fahrt mit einem der Seedampfer machen. Zahlreiche Gäste der verschiedenen Hotels der Stadt waren gekommen, um sie auf dem kurzen Weg entlang der Kaimauer zur Anlegestelle zu beobachten. Die alte Dame ging am Arm eines Dieners: es war ein schöner Tag, die Menge wartete geduldig an den diversen Aussichtspunkten, und als die Kaiserin mit huldvoll langsamem Gang an ihnen vorbeischritt, nahmen die Männer ihre Hüte oder Mützen ab, und die Frauen machten Knickse.

Dann geschah es plötzlich. Ein schäbig gekleideter Kerl mit Schiebermütze stürzte auf sie zu, stieß sie rüde an, schien etwas in den See zu werfen und ergriff, von mehreren Männern verfolgt, die Flucht. Die Königin taumelte, faßte sich krampfhaft an die Brust und wäre zu Boden gestürzt, hätte der Diener sie nicht festgehalten. Aber so schnell es geschehen war, so schnell war es auch vorbei. Die alte Dame, und sie war wirklich alt, erholte sich bald wieder, lächelte den Umstehenden zu und gab durch einen Wink zu verstehen, man solle den Weg zu den Booten fortsetzen. Das mit Flaggen geschmückte Schiff wurde losgemacht, die Schaufelräder begannen sich zu drehen, und der Dampfer nahm Fahrt auf in Richtung Lausanne. Der Grobian, der die Königin angerempelt hatte, war praktisch schon vergessen.

Aber dann gab es eine Unterbrechung, die Schaufelräder hielten an, drehten sich wieder. Das Schiff wendete und kam zurück. Die Königin war ohnmächtig geworden. Und ehe irgend etwas unternommen werden konnte, war sie tot, ins Herz getroffen von einer nadelspitz geschliffenen stählernen Feile, die später am Grund des Sees gefunden wurde, wohin der Mann, wie viele Zeugen sich erinnerten, sie nach dem Überfall geworfen hatte.

Das kaiserliche Begräbnis nahm Mutter furchtbar mit; sie konnte vom Dach der Pension beobachten, wie die Massen durch den Park wogten und von der Kavallerie an den eisernen Zaun zurückgetrieben wurden.

Eines Tages unternahm Mutter mit uns die *tour du Lac*. Nie habe ich blaueres Wasser oder weißere Schwäne gesehen. Zu unserer Rechten die Alpen – im Mittelgrund, mir besonders vertraut, der Mole mit seinem ameisenhügelartigen Gipfel, den ich mit den anderen Jungen erstiegen hatte, wobei ich, um sie zu schlagen, die letzten dreißig Meter gelaufen war. Ich glaube, ich kam als zweiter oben an. Der klare Tag und die Brise machten mich besonders glücklich; wie meistens auf solchen Ausflügen schob ich mich in den vordersten Winkel des Bugs, um den Effekt zu erzielen, der mir so lieb war – allein zu sein, kein Schiff, kein Mensch, kein Geräusch außer dem Wind in meinen Ohren, während ich in mählichem Auf und Ab über den kristallklaren See dahinflog. Es war das Schönste, was ich mir vorstellen konnte, und ich genoß es bis zum letzten.

Auf einmal merkte ich, daß ich nicht allein in meinem kleinen Himmel war. Da war noch jemand, und der versuchte sich neben mich zu drängen. Die Störung ärgerte mich, und ich war entschlossen, um meinen Platz zu kämpfen. Als ich mich ein wenig zur Seite wandte, sah ich einen kleinen alten Mann mit einem weißen Bart, einen Mann, der auffallend gut gekleidet war und einen modischen Hut aufhatte. Notfalls hätte ich ihn umhauen können. Auf seinen Gehstock gestützt, hatte er mir irgendwie von vorne seine rechte Hand zwischen die Beine geschoben und übte jetzt einen beträchtlichen Druck aus.

Keiner von uns sagte ein Wort. Ich wich nur vor ihm zurück und ließ ihn angewidert stehen. Meine arme Mutter wußte nicht, was sie von meiner Geschichte halten sollte, und meinte schließlich, ich hätte sie mir ausgedacht. Für den Rest der Fahrt ging ich dem verschrumpelten kleinen Wesen aus dem Weg, aber der Vorfall hatte mich beeindruckt.

Und als ich zwei Monate später vor einem Schaufenster stand, um mir die dort ausgestellten Briefmarken anzusehen, und plötzlich wieder diese Hand genau wie damals nach mir fassen fühlte, drehte ich mich um und rannte weg. Das ging denn doch zu weit.

Kapitel 9

Paris

Nachdem wir Genf verlassen hatten, zogen wir zu Verwandten nach Paris, M. Trufly und seiner Frau Alice, die in der rue la Bruyère 42 in Montmartre wohnten, nicht weit von Place Pigalle, rue Blanche und Notre Dame de Lorette.

Ed und ich waren vierzehn bzw. fünfzehn, trugen Kniehosen und besuchten das Lycée Condorcet, eins der besseren Gymnasien von Paris. In dem Haus wohnten auch unsere Kusine Marguerite und ihre Katze Minnu, ein bedauernswertes Tier, das wir fast zu Tode quälten.

Ebenfalls auf dem Lycée war ein entfernterer Vetter von uns, Salvador Mestre, der den Ersten Weltkrieg als Kürassier mitmachen sollte – ein großer, sanfter Junge, für den ich hauptsächlich dazu da war, seine Gegner mit einem *coup de poing Américain,* einem ordentlichen Schlag auf die Nase niederzustrecken! Aber nach dergleichen stand mir nicht der Sinn. Wie hätte ich auf irgendeinen Burschen losgehen und ihn ohne jeden Grund verprügeln können?

Aber im Hochsprung schlug ich alle Mitschüler bis auf einen, obgleich ich sagen muß, daß manche mir in technischer Hinsicht überlegen waren. Besonders einer, eben der, gegen den Salvador mich in den Kampf schicken wollte, sprang aufrecht, die Füße zusammen, über die Latte. Er war ziemlich gut.

Aber im Unterricht konnten Ed und ich mit diesen Jungen unmöglich mithalten, denn wir hatten Schwierigkeiten mit der Sprache. Wir kamen soeben von dem alten Château de Lancy in Genf, wo man, wenn man kein Englisch konnte, keine Chance hatte; so daß wir herzlich wenig von dem Französischen mitbekamen, das wir dort eigentlich lernen wollten.

Das hatte zur Folge, daß wir auf dem Gymnasium nicht allzu lange blieben. Durch Vermittlung von M. Trufly, einem heruntergekommenen Anwalt, erhielt Mutter ihr Geld zurück, und wir lernten erst einmal Französisch bei Tante Alice, Alice Monsanto, die einen Block weiter östlich uns gegenüber in derselben Straße wohnte; eine freundliche Person, eine geborene Lehrerin, die in jenen glückseligen Zeiten Ende der siebziger Jahre, als Mutter für drei Jahre in ihrem geliebten Paris Kunst studiert hatte, eine ihrer besten Freundinnen gewesen war.

Ebenfalls zu Mutters Kreis hatte damals Alices Bruder Ludovic gezählt, auch ein Maler, dessen lebensgroßes Porträt von Mutter, in einem schwarzen Samtkleid, das Haar im spanischen Stil hochgesteckt, einen Fächer in der Hand, jetzt über dem Kamin meines Bruders hängt.

Alice, die in ihrem ganzen Leben nie auch nur die Stimme gegen irgendeine Kränkung erhoben hatte, empfing uns täglich für eine Stunde und ließ uns die Gedichte von La Fontaine und einigen anderen auswendig lernen. Einfache Stücke, von denen ich manche noch heute aufsagen kann. Wären wir länger in Paris unter ihrer Anleitung geblieben, hätten wir es in dieser Sprache zur Meisterschaft gebracht, aber das sollte nicht sein.

Meine Kusine Marguerite, Alice Truflys Schwester, brauchte dringend einen Mann. Da kam ich ihr gerade recht, und auch Ed hatte schon die richtige Kragenweite. Es machte ihr Spaß, uns zu necken; sie drückte sich von hinten an mich, wenn ich aus dem Fenster lehnte und die Vorgänge auf der Straße beobachtete: vorbeifahrende *pompiers*; einen Jungen, der lauthals *Paris Sports Couplet* anpries; eine Frau, die *A la moule! La moule est bonne, la moule est fraîche!* schrie; einen Mann, der *Vitrines!* brüllte – oder was auch immer es sein mochte.

Eines Tages ersannen Marguerite und ich einen Plan: ich sollte Tante Alice zu ihrem Geburtstag einen Besuch abstatten – aber in den Kleidern meiner Mutter.

Der Rest der Familie war entweder nicht da oder muß die Idee für so amüsant gehalten haben, daß man mich gewähren ließ. Jedenfalls zog Marguerite mir eins von Mutters Kleidern an (ich könnte ihre Sachen auch jetzt noch tragen), streifte mir Handschuhe über, aber vermutlich nicht ihre, und setzte mir einen Hut auf, ihr Häubchen, das ich zu meinem Pech nicht, wie es damals üblich war, mit einer Nadel in meinem Haar befestigen konnte. Das Kleid war ein einfaches Straßenkleid mit Keulenärmeln und einem langen Rock, der über den Boden schleifte.

Ich war noch keine drei Meter von der Haustür weg – Alice wohnte im nächsten Block –, als der Hut schon anfing, mir Schwierigkeiten zu machen. Ich legte den Kopf nach links und nach rechts, aber die Leute begannen mir nachzusehen, und ich wurde nervös. Aber ich ging weiter, gelangte an die richtige Tür, erstieg die drei Treppen und genoß den Triumph, daß Alice mich in die Arme nahm und rief: »Ma chère Hélène!«

Als ich es nicht mehr aushielt und zu lachen anfing, war die arme Alice sprachlos. Aber nach kurzem Zögern lachte auch sie, bis ihr plötzlich einfiel, daß es laut Gesetz streng verboten war, in der Öffentlichkeit das andere Geschlecht zu verkörpern. Sie jagte mir und sich selbst eine Heidenangst ein, sagte, ich solle schleunigst nach Hause gehen und so etwas nicht noch einmal versuchen. Ich vermute, ich hätte das Kleid ausziehen können, hatte aber wahrscheinlich nicht viel darunter. Der Rückweg verlief ohne Probleme, aber ich war ganz schön in Panik.

Mme. Trufly, in deren Wohnung wir alle lebten, muß mit ihrem runden Kopf und dem Mona-Lisa-Lächeln eine Schönheit gewesen sein, als ihr Mann sie in den achtziger Jahren in Panama kennengelernt hatte. Carlos war dagegen, daß sie den so viel älteren Mann heiratete. Aber sie wollte ihn haben, lahm und rücksichtslos wie er war, und am Ende brachte Trufly sie und Marguerite nach Paris – wo letztere mit ihrer Arbeit als Näherin ganz wesentlich dazu beitrug, sie alle über Wasser zu halten. Kinder hat das Paar zum Glück nicht bekommen.

Marguerite war die bei weitem klügere der beiden Schwestern. Zwar machte Alice rein äußerlich betrachtet einen sehr intelligenten Eindruck, doch konnte man die Arme getrost als dumm bezeichnen. Vielleicht war die fehlende Erziehung daran schuld, vielleicht auch waren es die unsicheren Umstände, unter denen sie aufwuchs. Das alles ging jedenfalls zurück in die Zeit, als Carlos in Paris Medizin studierte, wovon Mutter mich während meiner Kindheit immer wieder Gerüchte hören ließ; zurück zu Napoleon III., dem Krieg von 1870, einer Geschichte für sich. Carlos war damals mit einer Französin verheiratet und hatte drei Kinder. Doch als er nach Puerto Rico zurückkehrte, sah das Mädchen sich einmal um und ließ dann die ganze Baggage auf der Insel sitzen, floh nach Paris zurück und verschwand.

Von Port au Prince reiste Carlos mit seinen Kindern nach Panama weiter, wo Alice den Anwalt Trufly kennenlernte; er arbeitete für die Lesseps Compagnie, die damals mit dem Panamakanal-Projekt beschäftigt war –

eine kuriose Geschichte. Als die Gesellschaft bankrott ging, nahm sie Trufly mit.

Trufly hatte Alice erzählt, seine Mutter besitze ein Landgut in der Normandie, das dermaleinst ihm gehören werde. Ich glaube mich zu erinnern, daß es, obwohl sie schon in Panama geheiratet haben müssen, irgendwann später in diesem Haus auf dem Lande zu einer Neuauflage dieser Zeremonie gekommen ist, vielleicht, um seiner Familie eine Freude zu machen. Denn Alice erzählte uns, wie sie alle im Freien an einem langen Tisch gesessen hätten, *en champêtre*, man habe viel getrunken und stundenlang ausgelassen gefeiert, bis sie plötzlich etwas! eine Hand unter ihren Kleidern, an ihrem Knie gefühlt und laut aufgeschrien habe. Zu spät. Der Bösewicht, ein dorfbekannter Spaßvogel, hatte ihr Strumpfband gepackt und mit einem Ruck abgerissen. Ich höre förmlich, wie Trufly, ein wunderbar gutmütiger Mensch, mit mildem Kopfschütteln sagt: »Ein großartiger Fang! *Voyons! Voyons!*«, als der Bursche unter dem Tisch auftaucht und zu jedermanns Entzücken seine Trophäe schwingt.

Aber das waren andere Zeiten. Nachdem Trufly beim Bankrott der Kanalgesellschaft alles verloren hatte, was er besaß, Wertpapiere, Château und Ländereien, wurde er beim Konkurs einer Privatbank auch noch seine letzten Ersparnisse los. Sie lebten in der rue la Bruyère Nr. 42 von Tag zu Tag, von Woche zu Woche, hauptsächlich von Marguerites Fleiß und der Miete, die Mutter für sie bezahlte, mußten aber täglich damit rechnen, auf die Straße gesetzt zu werden.

Oft hörten wir Alice ihren Mann mit wütenden Vorwürfen überschütten, weil es ihm nicht einmal gelang, die wenigen sich bietenden Gelegenheiten zu ergreifen, in seinem Beruf (und er war ein guter Anwalt gewesen) ein paar erbärmliche Sous zu verdienen, da er einfach nie zur Stelle war, wenn er gebraucht wurde, oder aber, falls er doch einmal in seinem kleinen Büro saß, vom Absinth so besoffen war, daß er keine Arbeit übernehmen konnte. Der Mann nahm solche Gardinenpredigten sehr milde auf, versprach alles, damit seine Frau von ihm abließe, und dann ging er hin und lebte weiter wie bisher. Sie konnte ihn nicht davon abbringen. Er konnte sich selbst nicht davon abbringen.

In den Zwischenzeiten war er ein prächtiger Gefährte, besonders für Ed und mich. Er war es, der uns lehrte, bei Tisch Wein und Wasser zu trinken, weil das Pariser Wasser so *mauvais* sei. Er war es auch, der uns beibrachte, wie man eine Walnuß an der Tischkante knacken konnte, indem man den linken Daumen wie einen Schraubstock darüber spannte und dann mit der rechten Faust hart auf den Daumen schlug. Das erforderte einigen Mut, denn wenn die Nuß nicht aufsprang, quetschte man sich den Daumen. Schließlich überwanden wir unsere Zaghaftigkeit und schlugen fest genug zu, daß der Trick gelingen konnte.

Alle waren fröhlich – außer Alice, die immer spürte, wie die Dinge wirklich lagen –, wenn Trufly guter Laune war.

Als junger Mann hatte Trufly den französisch-preußischen Krieg mitgemacht. Eines Nachts lag er halb erfroren auf dem Boden, die Füße am offenen Feuer, das ihm übel die Beine versengte, ehe er aufwachte und sich selbst noch retten konnte. Seither war er lahm. Doch wenn er sich in seinen guten Anzug warf und uns nach Montmartre in ein Café mitnahm, oder einmal ins Theater, wurde sein stark humpelnder Gang ein Fest für uns.

Er kannte sein Paris und kam als Anwalt mehr herum als die meisten. Ich sehe ihn noch vor mir; es war der Tag, an dem wir irgendeine Show in der Nähe des Boulevard des Italiens besuchten. Alice, Marguerite, Mutter, Ed und ich und Trufly. Als wir uns durch das Gedränge hineinschoben, trieb er uns wie ein fröhlicher Hirte vor sich her. Doch als wir nach der Show ins Freie gelangten, regnete es in Strömen. Was tun? Wir hatten nicht damit gerechnet, wir hatten keinen Schirm dabei, nicht mal einen einzigen. Ein Taxi war nicht zu bekommen. Also nahm er Mutter beim Arm, hielt munter seinen Stock über ihre Köpfe und schritt los, und wir anderen marschierten ihm humpelnd nach zur Bushaltestelle.

In unsere Pariser Zeit fiel glücklicherweise auch der Karneval. Wir hatten einen Tisch in der ersten Reihe auf dem Bürgersteig, mitten in all dem Trubel – dergleichen wußte er immer zu deichseln. Früh am Morgen, als die Straße noch fast leer war, saßen wir bereits da, und als am Ende das Konfetti, blau, weiß und rot, knöcheltief von Rinnstein zu Rinnstein lag, waren wir immer noch da.

Es war ein schöner Tag, die Massen trieben hin und her, jeder bekam seine Handvoll Papierschnipsel ins Gesicht, alles kreischte und lachte, man zwackte die Mädchen vorne und hinten, sie schlugen kreischend nach den Angreifern zurück, alles wogte ausgelassen hin und her an unseren günstig gelegenen Tischen vorüber.

Allerlei Händler boten Waren feil. Ich erinnere mich an ein Kaspertheater, das vor uns aufgebaut wurde. Kleine Figuren traten in verschiedenen Rollen auf, wozu der Mann, der sie mit den Händen bewegte, gleichzeitig sang. Am Ende einer Szene trällerte er, noch ganz im Schwung der Vorstellung, *Tirez la ficelle!*, und gleich darauf fiel der Vorhang.

Und dann der *Petoman!* der Fürze ließ! auf Kommando! Sehr französisch und zum Schreien komisch, seine Nummer endete stets mit der grandiosen Freisetzung der ganzen restlichen Luft, die man ihm mit einer Fahrradpumpe ins Rektum gepumpt hatte – *»Ma Belle-Mère!«* – Meine Schwiegermutter. Wamm! und raus damit.

Ein anderer Mann, der sich mit einem Gummiband eine riesige rote Pappmaché-Nase vor den Rüssel gebunden hatte, verkaufte große Pappscheren. *»Rrrrr! Sécateur!«* rief er. *»Pour couper le petit bout – du nez. Pour la santé.«*

Es war die Zeit des Dreyfus-Prozesses und Zolas, die Zeit der starken antisemitischen Gefühle, die sich sogar hier, mitten im Karneval zeigten, wenn auch, das muß gesagt werden, auf eine eher gutmütige Art.

Und ich kann mich erinnern, wie in den Folies-Bergère das gesamte Publikum aufstand, die Arme über den Köpfen schwenkte und sang: *»Vive l'Armée – é! Vive l'Armée – é! Vive l'Armée!«*, worauf alles in wildes Geschrei ausbrach. Es war sehr ergreifend und sehr traurig.

Auf Truflys Anraten und mit seiner Unterstützung bekamen wir Fechtunterricht in der Salle d'armes Bernard, irgendwo in der Gegend des Boulevard des Italiens. Wir gingen dort zwei- oder dreimal die Woche hin und sahen Männer, die für Duelle fit gemacht wurden. Schüler in unserem Alter gab es sonst keine. Es war sehr lustig. Unter anderem waren da auch einige Amerikaner im Collegealter; einer davon war ein Roosevelt, von welchem Zweig der Familie, weiß ich nicht, aber ein netter Bursche, wie ich feststellen konnte. Er lud uns in seine Wohnung ein, um uns seine Briefmarken und Schwerter zu zeigen. Wir fragten Mutter, aber Trufly untersagte es uns; warum, war uns schleierhaft.

Wenn Trufly nichts anderes zu tun hatte, und das war fast immer so, organisierte er manchmal kleine Spaziergänge für uns, um uns die Sehenswürdigkeiten von Paris zu zeigen. Oder er nahm uns mit, wenn er Alice vorgemacht hatte, er müsse irgendeinen Klienten in der Nachbarschaft aufsuchen. Wir zogen los, aber kaum hatten wir ein paar Blocks hinter uns gebracht, steuerte er ein Café an, wo wir drei dann in der Sonne saßen, während, wie er sagte, sein steifes Bein ein wenig auftaute, damit wir weitergehen könnten.

Es lockerte sich denn auch bald unter dem Einfluß des großen, blaßgrünen, nach Lakritze riechenden Drinks, den er sich ausnahmslos bestellte, während wir neben ihm am gleichen runden Tisch unseren roten *sirop de framboise* oder *groseille* mit Wasser tranken. So ging das jedesmal. Dann brachen wir wieder auf, eines Tages zum Beispiel, um die Katakomben zu besichtigen.

Katakomben, ausgerechnet in Paris, wir konnten es kaum glauben, aber es gab sie. Sind wir in der Nähe des Panthéon hineingegangen? Ich kann mich nicht mehr erinnern; lange Tunnel unter der Erde, gesäumt von Knochen der Märtyrer, oder falls es keine Märtyrer waren, dann zumindest Leute, die hierherkamen, um religiöse Riten zu begehen. Ed und ich sahen, ordentlich an den Seiten der Gänge aufgestapelt, Schädel, Schenkelknochen und Rippen und waren sehr beeindruckt.

Unter Truflys Führung erstiegen wir den Eiffelturm; besuchten verschiedene Kirchen, besonders St. Germain des Prés, wo ein Priester in einer steinernen Nische am Eingang uns, als wir an ihm vorbeikamen, eine kleine Gerätschaft hinhielt, einen kurzen Stab mit einem Knäuel winziger Gummifinger an einem Ende. Was die anderen getan hatten, war mir entgangen, aber da ich das Ding für eine Art Souvenir hielt, das mir überreicht werden sollte, griff ich danach. Der Priester hielt am anderen Ende fest, er wollte es mir nicht lassen. Ich zerrte wohl eine Minute lang, aber dann wurden meine Hände feucht, und ich ließ los. Ich war verwirrt. Als die anderen meine Geschichte hörten, brachen sie, besonders Marguerite, in schallendes Gelächter aus, und Mutter bekam in dem heiligen Bauwerk – außer uns war niemand da – beinahe einen Lachkrampf, bis Trufly sie mit seinem »*Mais, voyons, ma tante, voyons, voyons*« endlich wieder beruhigte.

In Genf, gegen Ende unserer Schulzeit dort, hatte Mutter mit zwei russischen Schwestern Bekanntschaft geschlossen; sie hießen Proharoff und waren ernste und charmante Mädchen, die Französisch studierten und im übrigen möglichst viel von Europa sehen wollten, zwei auf sich gestellte Mädchen etwa im Alter unserer heutigen Collegegirls. Sie fanden Mutter und ihre sanfte Art sofort sympathisch, und Mutter mochte sie auch. Und als sie dann auf ihren Reisen nach Paris kamen, setzten sie sich mit ihr in Verbindung, da sie mehr von der verruchten Stadt sehen wollten, als ihnen allein möglich gewesen wäre. Mutter wandte sich an Trufly, der sich daraufhin anbot, die Mädchen an einem Abend auszuführen, freilich sollten sie, da es Kinder »wohlhabender aristokratischer Eltern« seien, ihre Kosten selbst bestreiten. Wir anderen sollten alle mitkommen, denn Trufly war sich gleich im klaren, daß, was immer er ihnen zeigte, sie hinreichend davon überzeugen würde, daß sie wirklich den Abschaum zu Gesicht bekommen hätten.

Montmartre war nur einen Steinwurf von der Wohnung entfernt, und so brachen wir eines Abends auf wie zu einem Picknick der Sonntagsschule, um die dortigen Sehenswürdigkeiten in Augenschein zu nehmen. Wir tranken eine Flasche Wein und hörten in finsteren Räumen die unanständigen Lieder, mit denen der gewöhnliche Tourist begrüßt wird. Beim Verlassen eines dieser Lokale bekam ich einen Wortwechsel – in *argot* – zwischen Trufly und den Sängern mit, wobei es in etwa darum ging, wie er mit so einem Zeug zu Rande käme? Als wir uns dann auf den Ausgang zubewegten, stimmten sie ihren Refrain an:

Tous les clients sont des cochons
La folie dondel, la folie dindon,
Principalement ceux qu s'en vont
La folie dondel, dindon!

Wir gingen dann noch zu den Särgen im Le Néant, tranken den Wein da, und das war alles.

Die arme Minnu. Die Katze mußte schwere Zeiten durchmachen. Warum nur müssen kleine Jungen immerzu Katzen quälen? Ich erinnere mich, wenn es Hackbraten gab, wanderte der Faden, von dem er zusammengehalten wurde, in den Abfalleimer. Dort zerrte Minnu ihn heraus, kaute darauf herum und verschlang ihn dann ganz. Wenn er sich am nächsten Tag hinten wieder zu zeigen begann, traten wir auf das heraushängende Ende, was der armen Katze starke Schmerzen machte. Hätte Mutter uns je dabei erwischt, so hätte sie dem sehr schnell ein Ende bereitet.

Kapitel 10

Wieder auf der Schule

Als wir im Frühjahr 1899 nach Amerika zurückkehrten, begann für uns wieder der Unterricht in der Public School von Rutherford. Gerade in diesem Jahr hatte man in Rutherford High-School-Klassen eingeführt; der Unterricht war nicht sonderlich. Ed hielt sich ganz gut, glaube ich, aber ich, ein Jahr älter als er und trotzdem stets mit ihm in derselben Klasse, war beträchtlich wilder. Entsprechend litten meine Leistungen. Ich begegnete einigen Mädchen wieder, die ich in der achten Klasse gekannt hatte. Die Ergebnisse waren wenig ermutigend.

Vielleicht spürten unsere Eltern, was los war, vielleicht auch schienen ihnen die Noten, die ich nach Hause brachte, nicht gerade vielversprechend. Auf jeden Fall wurden wir mit Beginn des Herbstsemesters – obwohl ich nicht weiß, wie Pop es geschafft hat, so viel Geld in unsere Erziehung zu investieren – an einer High-School in New York City angemeldet. Angeblich war dies die beste High-School im ganzen Osten: Horace Mann, nahe der Columbia University, Morningside Heights, 120. Straße. Und so begann in diesem Herbst unser täglicher Treck von Rutherford nach jenem fernen Ziel. Unser Zug fuhr um sieben Uhr sechzehn im Bahnhof von Rutherford ab. Das hieß, daß wir fünf Tage die Woche um sechs Uhr aufstehen mußten; dann anziehen, frühstücken und rechtzeitig für den zehnminütigen Marsch zum Bahnhof aus dem Haus gehen.

In Jersey City nahmen wir die Fähre; das war im Winter, wenn Eis auf dem Fluß lag, manchmal sehr aufregend. Als nächstes ging es über Warren oder Chambers Street zur Hochbahn in der Ninth oder Sixth Avenue. Mir waren sämtliche Gerüche des Weges vertraut. Dann begann die lange Fahrt zur 116. oder 125. Straße, auf der wir nicht selten Klassenkameraden von uns trafen, Aegeltinger, Fischer und wie sie alle hießen. Wir rannten die hohen Treppen hinunter und jagten dann durch den Park oder daran vorbei, um rechtzeitig um neun in der Schule zu sein. Eine strapaziöse Angelegenheit, die am Nachmittag in umgekehrter Richtung wiederholt wurde. Das nahm uns ziemlich mit, aber es lohnte sich. Kameradschaft und Unterricht dort waren ausgezeichnet.

Gleich zu Beginn wurde eine Entscheidung getroffen, die sich auf mein ganzes weiteres Leben ausgewirkt hat: man sieht daran, wie wenig ich das Schreiben in meine Planungen einbezogen hatte. Man konnte zwischen drei Zweigen wählen: dem humanistischen Kurs mit Griechisch und Latein; dem gemischten Kurs; und dem naturwissenschaftlich ausgerichteten Kurs. Nach Prüfung meiner Vorlieben wurde ich auf Anraten des Rektors, Mr. Prettyman, für den letzteren Zweig angemeldet. Dort gab es ein bißchen Latein, Französisch (das ich sprechen konnte), Deutsch und kein Griechisch. Statt dessen Mathematik, Chemie, Physik und die Grundlagen der Tischlerei. Ich hatte viele ernste Mitschüler und begann die Arbeit mit großem Enthusiasmus.

Die Klassenzimmer waren nicht weniger stimulierend als die Lehrer selbst, die Elite der Stadt. Zum erstenmal wurde mir bewußt, was es heißt, zu arbeiten, angetrieben zu werden, im Wettbewerb mit den Besten zu stehen. Ganz am Anfang trat jedoch ein Problem auf: einer der Lehrer, ein hagerer junger Mann mit tiefer Stimme, sollte uns die lateinische Sprache mit einer neuen Methode beibringen, die entweder von ihm selbst stammte oder experimentell an uns ausprobiert werden sollte. Wir durften im Unterricht nur lateinisch sprechen. Wenn die Anwesenheitsliste vorgelesen wurde, mußten wir uns mit *adsum* melden; wenn jemand fehlte, hieß es *abest. Hoc est sagitta*, erklärte uns der schätzenswerte junge Mann, oder aber er sagte *Illud est sagitta* und zeigte weit aus dem Fenster, um uns das Bild von Entfernung zu vermitteln. Die Idee war glänzend, nahm aber zuviel Zeit in Anspruch, der Unterricht fiel hinter den Lehrplan zurück und mußte aufgegeben werden. Und damit war ich mit meinem Latein am Ende!

Im Englischen hatte ich dafür mehr Glück. Wir wurden in diesem Fach von einem Mann unterrichtet, Uncle Billy Abbott, der mir zum erstenmal in meinem Leben nahebrachte, wie aufregend große Bücher sein können. Es war nur ein Anfang. Mir war nicht vollständig klar, was da vor sich ging, aber ich war verrückt nach diesen Stunden, auch wenn ich das niemandem eingestanden hätte. Zum erstenmal hatte ich mir wirklich ein Gedicht angesehen. Und es hatte mich interessiert. Ich las *The Ancient Mariner, Lycidas* und *Comus* und lernte ein Verfahren kennen, das mir bis dahin unbekannt gewesen war. Ich las *L'Allegro* und *Il Penseroso.* Einmal gab mir Uncle Billy die Bestnote für eine Arbeit, in der eine Geschichte von Robert Louis Stevenson nacherzählt werden sollte. Es ging um eine Kanufahrt in den Niederlanden; irgendwann kippte das Kanu um, der Mann wurde ins Wasser geschleudert, verlor aber trotz allem das Paddel nicht; und das war es: er hatte sein Paddel nicht verloren. Daran hielt ich mich fest und legte eindringlich klar: er hatte sein Paddel nicht verloren! Uncle Billy gab mir eine Eins. Das war mein erster literarischer Erfolg.

Ich hatte auch Freude an griechischer, römischer und vor allem englischer Geschichte bei Miss Butler und natürlich am Französischunterricht bei »Mamselle«, einer reizenden alten Person, die uns, da sie wußte, daß wir bereits ein wenig Französisch konnten, besonders zugetan war. Die Mathematik hingegen zählte nicht zu meinen Stärken. Ich staune heute noch über den Scharfsinn jenes Mr. Bickford, der mir die Abschlußprüfung in Höherer Algebra abnahm. Am schwersten machte mir die Theorie der quadratischen Gleichungen zu schaffen. Aegeltinger, das mathematische Wunderkind, hatte seine Arbeit fertig und den Raum verlassen, war vermutlich schon zu Hause, als ich gerade erst die ersten zwei Fragen beantwortet hatte. Ich plackte mich weiter ab. Ein Mitschüler nach dem anderen gab seine Arbeit ab und ging, bis ich am Ende ganz allein dasaß; die Stunde war vorbei, und ich hatte nur acht von zehn Fragen beantwortet. Aber die Zeit war abgelaufen, und ich hatte getan, was ich konnte. Mir war ziemlich traurig zumute, als mir klar wurde, daß ich durchgefallen war.

Mr. Bickford war älter als die meisten anderen Lehrer und stand in dem Ruf, der beste Mann seines Fachs zu sein. Als ich dort als letzter im Klassenzimmer stand und ihm zusah, wie er auf seinem Schnurrbart herumkaute – er trug einen kleinen schwarzen Schnurrbart –, während er die von mir abgegebene Arbeit studierte, versuchte ich mich so gut es ging auf das Urteil gefaßt zu machen.

Nach einer Weile blickte er zu mir auf, sein Gesicht war vollkommen ausdruckslos.

»Ein Mathematiker werden Sie nie, Williams«, teilte er mir mit.

Ich stimmte ihm zu.

»Aber Sie zeigen ein gewisses Verständnis für das Verfahren.« Er machte eine Pause. »Und ich werde Sie bestehen lassen!«

Ich konnte mich vor Freude nicht rühren. Das war, zumal von einem Lehrer, das intelligenteste Urteil, das ich jemals gehört habe. Es ist schwer abzuschätzen, wie wichtig ein solcher Augenblick im Leben eines Menschen sein kann. Diese eine intelligente Tat hat mehr dazu beigetragen, meine Probleme zu beheben und mich auf den richtigen Weg zu bringen, als jede andere einzelne Sache, an die ich mich erinnern kann. Er sah, was für einen Kopf ich hatte, und erkannte, wofür dieser nicht geschaffen war. Und handelte entsprechend. Genau das macht einen guten Lehrer aus.

Auf der Horace-Mann-High-School probierte ich sämtliche Sportarten aus. Für Football war ich nicht groß genug, obwohl ich mir Mühe gab; aber in Leichtathletik und Baseball war ich nicht schlecht, wenn auch Ed mich inzwischen weit übertraf. Immerhin konnte ich laufen und hatte bei den Spielen anläßlich der Abschlußfeier am Ende meines ersten Jahres nicht übel abgeschnitten.

Aber eben das war mein Verderben. Denn zu Beginn des zweiten Jahres wurde ich offiziell in die Leichtathletikmannschaft aufgenommen und begann mit dem Training, das darin bestand, daß ich auf dem Rasen neben der Turnhalle der Columbia am Zaun entlang meine Runden drehte, um mich auf meinen Start bei einem der für dieses Jahr angesetzten Armory-Wettkämpfe vorzubereiten. Wir trainierten endlos. Man hatte mich für ein 300-Yards-Rennen für Anfänger angemeldet. Da es sich um ein Vorgaberennen handelte und mir als Neuling eine nicht unbedeutende Strecke zugeteilt worden war, sah man in mir einen heimlichen Favoriten und baute mich als möglichen Gewinner auf. Jeden Nachmittag ging es zum Training auf den Platz des 22. Regiments; anschließend zog ich mich um, nahm wie gewöhnlich die Hochbahn und zwitscherte nach Hause ab. Ich nehme an, das war zuviel für mich. Auf jeden Fall hatten wir eines Nachmittags kurz vor dem Rennen gerade die letzte Viertelmeile hinter uns, ich hatte meinen Sprint durchgezogen und wollte mich eben zum Gehen fertig machen, als irgend jemand schrie: »Du mußt noch eine Runde laufen!«

Ich wußte, wer auch immer diese Anweisung gegeben

hatte, hatte sich geirrt; ich wußte, ich hätte es nicht tun sollen, aber Befehl war Befehl, und so mußte ich weiterlaufen. Fix und fertig, wie ich war, legte ich los, lief eine weitere Runde, zog noch einen Sprint durch und – brach zusammen. Nach einer Weile rappelte ich mich auf, gelangte endlich nach Hause und wurde für eine Woche ins Bett gesteckt. Der Arzt wurde gerufen, und damit war meine Karriere als Läufer vorbei. »Jugendliche Herzschwäche«, lautete das Urteil. Von nun an, so wurde mir gesagt, würde ich nie mehr am Sport teilnehmen können; äußerstenfalls gestattet seien mir lange Spaziergänge auf dem Lande. Ich mußte alle meine Hoffnungen fahren lassen, alle meine Gedanken an eine Sportlerkarriere waren ausgelöscht, von einem Augenblick zum andern sah man in mir nur noch einen besseren Invaliden. Auch dies spielte eine bedeutende Rolle bei der Festlegung meiner weiteren Laufbahn. Geistig war ich am Boden zerstört.

Wie ich bei der Brunst, die mich in jenen Tagen schier zu Asche verbrannte, überhaupt die Schule geschafft habe, ist mir ein Rätsel. Aber es ging vorbei, und seltsamerweise war ich hinterher genauso unschuldig wie zuvor. Vermutlich interessierte ich mich schließlich doch mehr für andere Dinge. Aber ich weiß nicht recht, denn später ging es ja wieder damit los!

Etwa um diese Zeit machte ich eine asketische Phase durch. Vielleicht war das meine Rettung, denn es fiel zwischen die Jahre meiner Leidenschaft für den Sport und die spätere Zeit meiner Leidenschaft für die Kunst.

In dieser Phase erwachte mein Interesse für Gedichte. Bis zu meinem achtzehnten Lebensjahr oder noch länger hatte ich nicht die leiseste Absicht, etwa zu schreiben oder mich sonst irgendwie künstlerisch zu betätigen. Mutter malte ein wenig, und folglich malten auch Ed und ich; wir benutzten ihre alten Tuben und Paletten, die wir auf dem Dachboden fanden. Ich weiß, daß irgendwo noch etliche Ölbilder herumliegen, die ich in jener Zeit verbrochen habe.

Mein erstes Gedicht entstand wie ein Blitz aus heiterem Himmel. Es kam unaufgefordert und brach einen Bann aus Enttäuschung und Selbstmordgedanken. Hier ist es:

Eine schwarze schwarze Wolke
flog über die Sonne
getrieben von heftigem fliegendem
Regen.

Die Freude, die ich empfand, die geheimnisvolle, tief befriedigende Freude, die mich in diesem Augenblick überkam, wurde nur getrübt von der kritischen Bemerkung, die gleich darauf folgte: Wie können Wolken vom Regen getrieben werden? Albern.

Aber die Freude blieb. Von diesem Augenblick an war ich ein Dichter.

An einem kleinen See bei Esopus, New York, hatte ich einmal eine leidenschaftliche Liebesaffäre mit zwei Mädchenbeinen, die mir dort unter Wasser begegneten. Ihr Vater betrachtete mich mit Mißtrauen. Ich war ein junger Mann mit den besten Absichten, aber er behielt uns verdammt gut im Auge, als wir in jener Woche auf dem Hof und in der näheren Umgebung des Hauses spielten, in dem die Familie wohnte. Ach, diese Sommer zwischen dem fünfzehnten und siebzehnten Lebensjahr! Und vielleicht auch ein wenig später!

Eines regnerischen Tages entdeckten diese weißen Beine und ich in der Scheune den wohlgefüllten Heuboden, legten uns unter dem ratternden Dach still nebeneinander und lauschten. Als wir genug davon hatten, gruben wir uns tiefer ins Heu, wobei unsere Körper dicht zusammengeworfen wurden. Das war sehr erregend, wie wir gewiß bald eingeräumt haben, aber man begann nach uns zu suchen, jagte uns schließlich unter lautem Geschrei hinaus und schärfte uns ein, niemals wieder dort hinzugehen. Wie können, unter solchen Umständen, zwei Beine ihrem Vater trotzen?

Eines Tages gingen wir alle zum Angeln. Der alte Herr war wohlbeleibt und trug einen Strohhut. Er angelte am Ende des Stegs, während wir nicht weit von ihm unsere Ruten über das Wasser hielten – oder vielleicht saß er auch in einem Boot oder irgendwo unter einem schützenden Baum. Ein schöner warmer Tag, der See kristallklar, am Grund zugewachsen, darüber kleine Fische. Jene lieblichen weißen Beine baumelten dicht neben meinen – und die waren auch nicht schlecht für einen Jungen von meiner Statur – und bewegten sich sachte im Wasser des kühlen Sees hin und her.

Aber nach einer Weile, vielleicht durch Zufall, kam eins meiner Beine mit den anderen unter Wasser in Berührung. Sie wurden nicht weggezogen – nicht weggezogen! –, und die Sonne und die Wolken, die sich über unseren Köpfen begegneten, vollführten einen seraphischen *pas de deux*, so daß mir die Welt wie ein Paradies erschien. Es währte nicht lange, bis ich diese anderen Beine unter Wasser mit den meinen rieb und diese anderen so gut es ging mit den meinen umschlang. Käme mir dieser See oder Teich heute vor Augen, würde ich ihn für ein Schlammloch halten. Ihre Briefe an mich habe ich im Lauf meines ersten Jahres in Pennsylvania verbrannt – letzter Akt vor der nächsten Etappe.

Der große Kampf fand am Anfang statt, als ich einen Entschluß zu fassen suchte, was ich aus meinem beginnenden Leben machen sollte.

Bei dem einleitenden Scharmützel ging es um die Frage, auf welche Kunst ich mich verlegen sollte. Musik schied aus: darin hatte ich mich versucht und als untauglich erwiesen. Im übrigen schwebte mir etwas Aussagekräftigeres vor. Malerei – schön und gut, aber mit Schmutz und Mühe verbunden. Bildhauerei? Ich habe mir einmal einen Stein angesehen und ihn so, wie er war, für schön genug gehalten. Ich konnte mir nicht vorstellen, Steine zu behauen, meine Beine waren zu unternehmungslustig, um so lange stillstehen zu können. Tanzen? Nichts zu machen, Beine zu krumm.

Worte boten sich von selbst an, und ich stürzte mich darauf. Schreiben wie Shakespeare! Und außerdem wollte ich den Leuten was erzählen, ihnen die Meinung sagen, und zwar reichlich. Dieser Gedanke war von einer bitteren Süße; bitter, weil ich instinktiv wußte, daß nicht viele mir zuhören würden. Na und? Ich wollte schreiben, und zum Schreiben waren keine Utensilien nötig. Und so endete dieses frühe Scharmützel mit jenem spontanen Gedicht – Eine schwarze schwarze Wolke etc.

Nachdem dies ein für allemal beschlossen war, galt es zu klären, was aus meiner gegenwärtigen Beschäftigung, dem Medizinstudium, werden sollte. Sollte ich es aufgeben? Warum?

Was gewänne ich damit, wenn ich es aufgäbe? Ich habe niemals auch nur eine Sekunde daran gedacht, welche Arbeit es mit sich brächte, wenn ich daran festhielte. Oh, hundert Alternativen wurden diskutiert:

Erstens, niemand sollte jemals in der Lage sein, mir hereinreden zu können, was ich schreiben sollte, und das kannst du ruhig zweimal sagen. Niemand, und ich meinte wirklich niemand, sollte (für Geld) jemals (niemals) in der Lage sein, mir hereinreden zu können, wie oder was ich schreiben sollte. Das war Punkt Eins.

Also würde ich mit dem Schreiben kein Geld verdienen. Also brauchte ich etwas, womit ich mich, während ich lernte, über Wasser halten konnte. Denn ich hatte nicht die Absicht, für die Kunst zu sterben, ihr als Wanzenfutter zu dienen oder irgendwen um Hilfe zu bitten, auch meinen verflixten Vater nicht, der ohnehin nichts hatte, und auch niemand anderen. Zum Teufel mit diesem ganzen Verein.

Ich würde dafür arbeiten, mit meinen Händen, die, wie man mir gesagt hatte (ich wußte es freilich selbst), die Hände eines Steinmetzen waren. Ich besah auch meine ziemlich plumpen Finger und lächelte. Ein Ästhet, wie? Daß ich nicht lache.

Kapitel 11
Medizin

Am College bin ich nie gewesen. War auch nicht nötig, denn damals wurden an der Universität von Pennsylvania ausgewählte Schüler bestimmter High-Schools zum Medizinstudium zugelassen, und ich hatte die Horace Mann in New York besucht, die als eine der besten galt; außerdem hatten wir ein Jahr in Europa gelebt. Natürlich mußte man die Zulassungsvoraussetzungen fürs College erfüllen. Dies tat ich zu jedermanns Zufriedenheit. An der medizinischen Fakultät war ich der zweitjüngste der 120 Studenten meines Semesters und kam gut mit der Arbeit voran.

An dieser Stelle möchte ich meinem Vater und meiner Mutter den längst überfälligen Dank dafür abstatten. Sie haben Ed und mir in allem, was wir tun wollten, Unterstützung gewährt. Pop hat in seinem ganzen Leben nie mehr als das absolute Minimum dessen verdient, was zur Ernährung zweier Familien, seiner eigenen und der seiner Mutter, erforderlich war. Und dennoch hatten wir gelegentlich eine Kiste Château Lafite im Keller.

So erfreulich ich es fand, an der Universität von Pennsylvania Medizin zu studieren, schien es mir doch unmöglich, mich darauf zu beschränken. Kaum hatte ich im Jahre 1902 das Studium begonnen, wollte ich es auch schon aufgeben und mich ganz dem Schreiben widmen.

Ich werde nie vergessen, mit welcher Faszination ich *Les Misérables*, das ich gerade entdeckt hatte, in der Originalsprache las, während ich eigentlich Anatomie hätte pauken müssen. Ich lese langsam. Es hatte eine betäubende Wirkung. Erst kürzlich habe ich einen Brief von damals gefunden, in dem ich Mutter von meinem Entschluß berichte, von nun an »gut« zu sein und meine Zeit nicht mehr zu vergeuden.

Andererseits war mir klar, daß das, was ich schreiben wollte, sich nicht verkaufen lassen würde. Ich wies es ja sogar von mir, eine Zigarette zu rauchen, um die Schärfe meines Verstandes nicht stumpf zu machen! Ab und zu trank ich ein Glas Sherry, aber das war auch alles – obwohl ich zur selben Zeit durch die Straßen von Philadelphia hastete: kein Glück.

Der Kampf war eröffnet. Der Mask and Wig Club der Uni hatte mich aufgenommen, und ich begann bei den Aufführungen mitzuwirken. Vielleicht bot mir ja das Theater eine Chance? Ich überlegte, das Medizinstudium aufzugeben und mir einen Job als Kulissenschieber zu besorgen! So groß war meine Bescheidenheit. Ich erinnere mich, daß ich Zeuge war, als Kyrle Bellew neben Janet Beecher in *Romeo und Julia* spielte. Ich schrieb Miss Beecher einen Brief, den sie nie beantwortet hat. Ich beantworte jeden Brief, doch andere haben selten auf die geantwortet, die ich in meiner Verzweiflung abgeschickt habe. Auch D. H. Lawrence hat mir nicht geantwortet, als ich ihm später einmal geschrieben habe.

Damals brauchte man, um ein gutes Schauspiel zu sehen, für einen Platz auf der Galerie nur fünfundzwanzig Cents zu bezahlen. Ich wollte schreiben, Stücke schreiben – Stücke in Versen! Ich sah eine Freilichtaufführung der großartigen Ben Greet Players im Botanischen Garten, mit Edith Wynne Matthison als Rosalind in *Wie es euch gefällt.* Um das mitzubekommen, stieg ich über den drei Meter hohen, mit Eisenspitzen versehenen Zaun des angrenzenden Friedhofs. Geld hatte ich keins.

Aber Geld gab am Ende den Ausschlag. Eben weil ich entschlossen war, Dichter zu werden, wollte ich Arzt werden; nur die Medizin, ein Job, an dem ich Freude hatte, würde es mir ermöglichen, so zu leben und zu schreiben, wie ich wollte. Ich würde leben: dies zuerst, und schreiben, bei Gott, wie *ich* es wollte, und wenn es die gesamte Ewigkeit brauchen würde, meinen Plan auszuführen. Ich sehnte mich inbrünstig danach, normal zu sein, nüchtern, in allem ausgeglichen. Ich würde heiraten (aber noch nicht gleich!), Kinder haben und trotzdem schreiben, ja, eben deswegen schreiben. Ich würde mich nicht in Gefahr bringen, krank zu werden, ich würde nicht der Kunst zuliebe in Slums leben und mich den Läusen zum Fraß hinwerfen. Ich würde nicht »für die Kunst sterben«, sondern für sie leben, mit Haut und

Haaren! und arbeiten, arbeiten, arbeiten (wie Pop), ich würde es schaffen und frei sein (wie Mom, die arme Seele!), und schreiben, schreiben so, wie ich allein schreiben wollte – um den Rausch voll auszukosten, hätte ich hinzufügen können. Und dazu völlige Mißachtung der Welt oder dessen, was danach kommen mochte, wenn überhaupt. Ich kannte meinen Chatterton.

In dieser Zeit traf ich mich öfter mit Ezra Pound in meinem Wohnheimzimmer. Ich lernte Hilda Doolittle kennen und muß in Bryn Mawr auch Marianne Moore gesehen haben, ohne sie aber kennenzulernen. Bei einer Schüssel Pflaumen in Mrs. Chains Pension in der Locust Street lernte ich Charles Demuth kennen und schloß mit dem lieben Charlie, der inzwischen lange tot ist, auf der Stelle eine lebenslange Freundschaft.

Denn ich war noch immer unentschlossen, ob ich nicht doch Maler werden sollte. Noch einmal rechnete ich kühl sämtliche Möglichkeiten durch.

Worte sollten es sein und ihre Intervalle: Bamm! Bamm! Ich begann jetzt Keats zu lesen – und wie ich ihn las! Darin unterschied ich mich von Pound. Er war immer viel schneller als ich und war bereits wie ein Besessener bis zu Yeats vorgedrungen – der übrigens 1903 nach Philadelphia kam und den Studenten aus seinen Werken vorlas. Ich habe mir das nicht angehört.

Beim Wig and Mask Club bewarb ich mich im zweiten Studienjahr und schaffte den Durchbruch mit meiner Gesangsnummer »Tit Willow« aus dem *Mikado*. Ich hatte ein rundes, glattes Gesicht, wie man auf dem Halbtonbild im *Philadelphia Bulletin* erkennen kann. Wären meine Beine dafür geeignet gewesen, hätte ich in der nächsten Uni-Inszenierung die Rolle eines hübschen Mädchens übernehmen können. So aber wies man mir schließlich die Rolle des Polonius im *Hamlet* zu, der in

Atlantic City (eine Woche lang) gegeben wurde, und dann in Wilmington, Baltimore und Washington. Dort erlebte ich zum erstenmal das Gefühl, für einen köstlichen Augenblick das Publikum ganz für mich allein zu haben. Ich hatte in meinen Text einen Scherz über Präsident Roosevelt eingearbeitet: Er sei ausgerechnet jetzt nicht da, bloß weil er in den Ozarks auf Bärenjagd gehen müsse. Ich bekam stürmischen Beifall. Sogar die Mitwirkenden brachen in schallendes Gelächter aus. Ich war ein Held.

Beim eigentlichen Medizinstudium galt meine Begeisterung, abgesehen von den Wundern der Embryologie, Histologie und Anatomie, allein der Neurologie unter Professor Spiller. Ich mochte diesen Mann mit seinem großen runden Kopf und den wie Schlangen an seinen Schläfen hervortretenden Adern. Hätte ich mich für stabil genug gehalten, hätte ich mir nichts Schöneres denken können, als mich auf der Stelle auf die Neurologie zu verlegen. Von Behandlung war damals noch kaum die Rede. Die Diagnose war Spillers Stärke. Vielleicht war ich nur auf der Suche. Beim Studium erwarb ich mir auch jenen sechsten Sinn, den Sinn für chirurgische Sterilität.

Gemeinsam mit Hilda Doolittle (»H. D.«) entdeckte ich in jenen Tagen die Wunder von *Aucassin and Nicolette,* abwechselnd in Prosa und Versen geschrieben. Dann Villon, soweit ich das alte Französisch verstehen konnte; Rabelais, in der bekannten Übersetzung Urquharts, Brocken der alten Sprache, nur gekostet. Aber das Schild über dem Eingang zum Paradies: *Faîtes ce que voudrais!* habe ich dabei nie vergessen.

Im Frühjahr, wenn wir nach dem Abendessen keine Lust verspürten, auf unsere Zimmer zurückzugehen, nahm Charlie Demuth mich auf lange Spaziergänge durch die Nebenstraßen von West Philadelphia mit (wohin Grandma Wellcome, die Mutter meines Vaters, vor kurzem umgezogen war). An der Südseite der Locust Street, etwas westlich der 36. Straße, zog sich eine hohe Backsteinmauer hin, hinter der ein alter, lange vernachlässigter Garten gelegen haben muß. Die Vorstellung faszinierte mich. Charlie lachte, als ich davon sprach. »Nicht viele sind fähig, eine solche Sache auf die Weise zu genießen«, sagte er, »daß sie bloß die Außenseite einer Mauer anschauen.«

Dies war die Zeit, als Ezra Pound, abgesehen von anderen Dingen, täglich ein Sonett verfaßte. Am Ende des Jahres hat er sie alle vernichtet. Ich habe nie etwas davon gesehen. Auch ich schrieb, und zwar ein Monumentalwerk, ein romantisches Gedicht in vier Büchern. Nicht einmal den Titel weiß ich mehr.

Keats war in den letzten Jahren des Studiums mein Gott. *Endymion* hat mich wachgerüttelt. Keats' Stil andächtig nachahmend, begann ich mein *magnum opus* jener Tage nach dem Muster von *Endymion*.

Meine whitmanesken »Gedanken« behielt ich jedoch meinen Notizbüchern vor (die wohl niemand je zu Gesicht bekommen hat); sie dienten mir als Bad und Beichtstuhl, worin ich Kopf und Herz von schwülstigen Obsessionen befreien konnte. Schon damals pflegte Ezra mir (wie er es noch heute tut) meine mangelhafte Bildung und Belesenheit vorzuwerfen. Oft sagte er, ich sollte mich mit der Differentialrechnung vertraut machen – wie er selbst natürlich. Worauf ich erwiderte, was das beträfe, könnte ihm ein Kurs in vergleichender Anatomie auch nichts schaden.

Meine Gedanken wurden in den bereits erwähnten 10-Cent-Schreibheften festgehalten. Sie hatten steife Pappumschläge mit einem schwarz-beigen Wellenmuster und eine farblich leicht davon abweichende graue Stoffbindung. Bevor sie schließlich, ich weiß selbst nicht wohin, verschwanden, sammelten sich dreiundzwanzig Stück davon an. Ich glaube nicht, daß ich sie verbrannt habe. Immerhin haben sie mir viele Jahre lang einen wunderbaren Trost gewährt.

Ed, dem ich während meiner Studienjahre regelmäßig lange Briefe schrieb – nebulös, aber hochgeistig (er hat sie alle aufbewahrt) –, studierte Architektur am Massachusetts Institute of Technology. Dort hatte er einen Englisch-Prof namens Arlo Bates. Ed sprach mit Bates über seinen literarischen Bruder, und es gelang ihm, mit dem berühmten Mann einen Termin für mich auszumachen. Ed mochte ihn, und das genügte mir. An dem festgelegten Wochenende – es muß ein Wochenende gewesen sein, an dem eins der Penn-Harvard-Footballspiele ausgetragen wurde – eilte ich also nach Boston. Dieser Bates war übrigens derselbe, dem, als er zum erstenmal in die Vereinigten Staaten kam, Robert Louis Stevensons Frage gegolten hatte: »Wer zum Teufel ist Arlo Bates?«

Ein breites Gummiband hielt die dicke Rolle meines *Endymion*-Manuskripts zusammen, genau wie bei dem Dichter aus den Witzblättern. Als ich Bates aufsuchte, trug ich das Ding unverpackt in der Hand.

Seine Wohnung lag im alten Back-Bay-Viertel von Boston, gegenüber dem Charles Basin. Ich läutete. Wenn ich nicht irre, befand sich die Tür auf gleicher Höhe mit der Straße. Sein Hausdiener ließ mich ein: Mr. Bates werde mich sogleich empfangen: Erste Tür rechts, bitte. Doch beim Betreten der Bibliothek stolperte ich über die Schwelle, und mein dreipfündiges Gedicht rollte mir erbärmlich in das Zimmer voraus. Was blieb mir anderes übrig, als es wieder aufzuheben?

Mr. Bates, ein großer Mann in den mittleren Jahren mit weißen Haaren, saß an einem kleinen Schreibtisch neben dem Fenster. Er war sehr freundlich. Mein Besuch bei ihm hatte den Zweck, ihn zu fragen, ob ich seiner Ansicht nach das Medizinstudium aufgeben und nur noch schreiben sollte oder nicht. Bates ließ sich Zeit, sah das Gedicht sorgsam und bedächtig durch, während ich abwartend dasaß. Endlich blickte er auf.

»Ich sehe, Sie besitzen ein sensibles Verständnis für das Werk von John Keats, was Form und Zeilenfall betrifft«, sagte er. »Sie haben einige achtbare Imitate seines Werkes geschaffen. Nicht schlecht. In zwanzig Jahren vielleicht, ja, in zwanzig Jahren (wir befanden uns etwa im November 1905) könnte es Ihnen vielleicht gelingen, ein wenig auf sich aufmerksam zu machen. Vielleicht! Unterdessen setzen Sie Ihr Medizinstudium fort.«

Darauf zog er, ein wenig mitleidig, die mittlere Schublade seines Schreibtischs auf und fuhr fort: »Auch ich schreibe Gedichte. Und wenn sie fertig sind, lege ich sie hier hinein – und mache die Schublade zu.« Ich dankte ihm und ging. Ich erinnere mich, wie angenehm mir die Luft vorkam, als ich kurz auf dem Bürgersteig verweilte und mir das Charles Basin ansah.

Als wir etwas größer waren, »gingen« Ed und ich häufig mit Schwestern. Schließlich verlobte er sich mit einer und ich mich mit der anderen, die ich auch heiratete, während seine Verlobung wieder gelöst wurde.

Dies war das Ende meiner Jugend. Denn es war das Ende meiner leidenschaftlichen Identifizierung mit meinem Bruder.

Ich habe nie so ganz verstehen können, was damals passiert ist, denn es hat sich da etwas Tiefgehendes ereignet, etwas Umwälzendes und Endgültiges.

Im Lauf meines Lebens hatte ich einige, aber nicht sehr viele enge Freundschaften mit Männern, bei denen vermutlich die Erfahrungen meiner Jugend mit meinem Bruder Pate gestanden haben. Zu erwähnen wären Ezra Pound, Charles Demuth, Bob McAlmon und ein paar andere. Man könnte sie zweifellos an den Fingern einer Hand abzählen. Nur Künstler. Auf der anderen Seite habe ich Flossie, meine Frau; sie ist der Fels, auf dem ich gebaut habe. Aber was mein Verlangen angeht, so könnten auch fünfhundert Frauen es nicht befriedigen. Wie schon zu Beginn gesagt, ich bin immer ein unschuldiges Kind gewesen.

Dabei fällt mir ein, daß ich mich als Medizinstudent einmal in die Leiche einer jungen Negerin verliebte, eine »Hellhäutige«, die ausgezogen auf dem Seziertisch vor mir lag.

Männer haben meinem Leben die Richtung gewiesen, und Frauen haben mir die Energie geliefert.

Kapitel 12
Ezra Pound

Ezra Pound besuchte mich öfter auf meinem Zimmer, um mir seine Gedichte vorzulesen, die ganz frühen, von denen einige in *A Lume Spento* zu finden sind. Es war eine schmerzliche Erfahrung. Denn so wie er vorlas, konnte man viele Verse gar nicht verstehen, und ich wollte ihm doch um nichts in der Welt weh tun – ganz gleich, wie nichtssagend und wertlos ich mich als Kritiker gefühlt haben mochte. Aber ich hörte zu; das war alles, was er wollte, nehme ich an. In den Schlußversen vieler Gedichte verlor sich seine Stimme, bis nichts mehr zu hören war – vor lauter Eindringlichkeit. Ich ließ mir selten etwas anmerken und platzte nur gelegentlich mit der Bemerkung heraus, wie er denn, wenn ich die Verse nicht *hören* könne, von mir erwarten könne, daß ich mir eine Meinung dazu bilde? Wofür er mich denn halte, für einen Kiwi?

Ezra nahm damals Fechtunterricht bei Signor Terrone, dem Uni-Trainer. Ich hatte 1898 in Paris fechten gelernt, auf die französische Art, die sich ein wenig von der italienischen unterscheidet. Ich bewarb mich um Aufnahme in das Team. Unterdessen hatte Ez das Fechten aufgegeben und war der Lacrosse-Mannschaft beigetreten. Auch da blieb er nicht lange.

Klavierspielen lernte er nie, obwohl seine Mutter versuchte, es ihm beizubringen. Aber er »spielte« trotzdem. Ich erinnere mich, wie er sich bei uns zu Hause zum Erstaunen meiner Mutter vor die Tasten setzte und – ernsthaft – loslegte. Man könnte sagen, es kam alles dabei heraus, nur keine Musik. Er brachte es mit einem Satz zur Meisterschaft; spielte Liszt, Chopin – oder irgendeinen beliebigen anderen –, die Tonleitern rauf und runter, irgendwelche Tonfolgen, die für sein Gefühl zusammenpaßten. Auch darin zeigte sich sein Selbstvertrauen. Meine Schwägerin war Konzertpianistin. Ez konnte sie nicht leiden.

Das waren seltsame Frühlingsabende; Männer saßen in Gruppen auf dem Gras des Triangle und besangen Lydia Pinkhams Gemüseallerlei, das angeblich alle Leiden des weiblichen Geschlechts kurieren konnte!

Einmal bat mich Ez, ihn auf einer geheimen Mission zu begleiten – es ging darum, ein Mädchen aufzugabeln, ja, *ein* Mädchen, so daß mir völlig unbegreiflich war, wozu er *mich* dabeihaben wollte. Ihm war aufgefallen, daß ein ausnehmend hübsches Ding, höchstens fünfzehn Jahre alt, allabendlich um die gleiche Zeit auf dem Heimweg von der Schule durch die Chestnut Street kam. Ich sage Schule, weil sie, als ich sie sah, Bücher unter den Armen trug. Ich mußte zugeben, sie war umwerfend.

Als sie an uns vorbeikam, schoben wir uns neben sie, einer links, einer rechts. Ich war nicht interessiert und fand das Ganze lächerlich. Ezra war Ronsard. Das arme Kind, halb gelähmt und sprachlos vor Angst, brachte gerade noch mit heiser keuchender Stimme heraus: »Geht! Geht weg! Bitte! Bitte!« Ich blieb zurück. Ezra ging noch zwanzig Schritte weiter neben ihr her und ließ es dann ebenfalls sein – bloß um mich anzuschnauzen, ich hätte zu früh aufgegeben. Ich sagte ihm, was ich von ihm dachte. Was wäre denn schließlich für mich dabei herausgekommen?

Ich erinnere mich auch an einen abenteuerlichen Mondscheinspaziergang, als wir uns außerhalb des Campus in der Nähe einer Schule in Chestnut Hill mit zwei Mädchen treffen wollten. Genauso ergebnislos.

Als der Absolventenjahrgang der Uni Pennsylvania unter Professor Clark in der Philadelphia Academy of Music Euripides' *Iphigenie in Aulis* in griechischer Sprache aufführte, war Ezra eine der Frauen des Chors. Ich saß in der Galerie. Der Bursche, der den Boten spielte, war an jenem Abend ausgezeichnet in Form und bekam rauschenden Beifall für seinen leidenschaftlichen Vortrag. Aber Ezra stand nicht minder im Zentrum der Aufmerksamkeit, zumindest bei mir. Er trug ein griechisches Gewand, erinnere ich mich, ein togaähnliches Ensemble, und dazu eine große blonde Perücke, an der er herumzerrte, während er mit den Armen fuchtelte und im Taumel höchster Gefühlswallungen seine massigen Brüste schwenkte.

Im Gegensatz zu mir verbreitete Ezra sich nie über

sein Schreiben, weder im Ernst noch im Scherz, sondern bewahrte stets eine geheimnisvolle, unerschütterlich ernste Haltung diesem Thema gegenüber. Über alles andere konnte er ziemlich derbe Witze machen. Das faszinierte mich. Er war das energischste, intelligenteste und unerklärlichste Wesen, das ich je erlebt hatte, und er war sehr amüsant – bis auf sein oftmals quälendes Selbstbewußtsein und sein bellendes Lachen. Es war herrlich, im Lauf der Jahre gelegentlich mit ihm zusammen zu sein, aber dies durfte nicht zu oft oder über einen längeren Zeitraum geschehen. Meist hatte ich nach wenigen Tagen die Nase gestrichen voll von ihm. Und ihm wird es mit mir nicht anders gegangen sein.

Ich hätte niemals regelmäßigen Umgang mit ihm pflegen können. Niemals. Er war oft brillant, und trotzdem ein Esel. Aber ich bin (solange er Abstand hielt) seiner nie überdrüssig geworden und habe auch nie aufgehört ihn zu lieben. Er brauchte es, geliebt zu werden, selbst wenn er einem dafür die Zähne einschlug (aber das hat er nie getan); er sah so aus, als könnte er es fertigbringen, war aber im Grunde seines Herzens viel zu sanft, ein viel zu guter Freund, um so etwas zu tun. Und er besaß eine unerschöpfliche Geduld, eine unendlich tiefe menschliche Phantasie und Fähigkeit zur Anteilnahme. Boshaft, zuweilen gehässig, nachlässig, wenn er annahm, daß es einem nichts ausmachte, aber warm und anhänglich – und auch komisch, wie gesagt. Wir gingen, bis zu einem gewissen Grade jedenfalls, gemeinsam, und nicht aufeinander, auf die Jagd.

Was ich an Pound nie habe tolerieren oder für mich selbst habe erstreben können, war die »Seite«, die zu seiner Posiererei als Dichter gehörte. Für mich war das ein uralter Hut. Ich glaubte, jeder Einfaltspinsel müsse sofort erkennen, was dafür verantwortlich sei: der Konflikt zwischen einem Adel der Geburt und dem von Geist und Denken – eine alberne und überflüssige Sache. Ein Dichter, der den anderen verhöhnt, macht sich selbst lächerlich, indem er nur nachahmt, was er verachtet. Meine Erziehung verlangte eher die Bescheidenheit und Behutsamkeit des Wissenschaftlers. Man war, oder man war nicht *da.* Und wenn man da war, hatte man die Pflicht, sein Allerbestes zu geben und, davon abgesehen, denn dies Ringen ist eine Sache für sich, ein möglichst unauffälliges Leben zu führen und zielstrebig sein Pensum zu erfüllen. Nicht so der liebe Ezra.

Den Titel des Gedichts, an dem ich im Studentenwohnheim (bei gleichzeitiger Keats-Lektüre) und 1908-9 während meines Praktikums im Französischen Krankenhaus und in der Entbindungs- und Kinderklinik an den freien Wochenenden zu Hause so viel Zeit verbracht habe, weiß ich nicht mehr. Irgendwann habe ich es schließlich verbrannt. Aber wenn auch der Titel fehlt, falls es einen hatte (es war das Gedicht, das ich Arlo Bates gezeigt habe), so mag es doch der Mühe wert sein, an dieser Stelle ein paar Worte darüber zu verlieren – denn ich bin ja immer noch da.

Wie *Endymion* war es eine Erzählung aus jenem undeutlichen Vorstellungsgebiet, das sich mit einer romantischen Vergangenheit befaßt. Mittelalterliche Kostüme, Burgen, Könige und Prinzen. Als Prolog gab es ein Sonett à la Keats, gefolgt von einem »Vorspiel«, das in Blankversen von einer tragischen Begebenheit berichtete.

Der Prinz sollte mit einer keuschen und reizenden Dame seiner Wahl die Ehe schließen. Das Ganze begann mit der auf die Zeremonie folgenden Feier, jedoch vor dem eigentlichen Vollzug der Ehe; man saß noch an der Festtafel. Die ganze königliche Familie war versammelt.

Den Beweggrund habe ich vergessen, aber aus einem der romantischen (und realen) Beweggründe, die in solchen Fällen stets zum Tragen kommen, hatte jemand Gift in den Pokal gemischt, der zum Höhepunkt der Feierlichkeiten die Runde machen sollte. Das Gebräu tötete alle Anwesenden – das heißt, sie lagen alle da wie tot, der Prinz und die anderen. Hätte seine »betagte« Amme nicht eilends den Schauplatz betreten, ihn aus diesem Schlachthaus geschleppt, ihm das Gegenmittel besorgt und den noch Atmenden auf ein Bett gelegt, hätte aus dem Gedicht nichts werden können.

Das eigentliche Gedicht begann an dieser Stelle; der junge Prinz war in seinem Traumzustand entführt und in ein »fremdes Land« gebracht worden, weit entfernt von dem Königreich, das jetzt ihm gehörte. Hier erwachte er aus seinem Schlummer. Die Schilderung seines Erwachens werde ich nie vergessen! Es geschah in einem (wagnerhaften?) Wald, über den soeben ein Sturm hinweggefegt war; vermutlich hatte ein Donnerschlag hierfür herhalten müssen.

Als er die Augen aufschlug, sah er sich allein auf einem behaglichen Plätzchen unter den Bäumen liegen, ganz im Freien, rings um ihn verstreut zerfetzte Zweige und Felsbrocken, an denen abgerissene Blätter klebten. Zu seinem Unglück jedoch kannte er die Stelle nicht. Niemand war da, ihm zu sagen, wo er sich befand, und als er dann doch noch anderen Menschen begegnete, konnten sie seine Sprache nicht verstehen, geschweige denn sprechen. An die Vergangenheit hatte er keinerlei Erinnerung mehr.

Nun hatte er einen sekundären Traum, dessen Szenerie bewußt nach Böcklins Bild *Insel des Todes* gestaltet war, das ich irgendwann einmal als billige Reproduktion gesehen hatte.

Der Prinz sah sich mit einem Boot an jenen unheimlichen Ort gebracht werden – aber an dieser Stelle blieb das Gedicht stecken. Ich hatte mich entschlossen, diesen Abschnitt – ähnlich wie die Reden der Schauspieler im *Hamlet* – in fünfhebigen Jamben zu schreiben. Es wollte mir trotz aller Mühe nicht gelingen, und so ließ ich es ungeduldig liegen, um es später fertig zu machen und erst einmal die Hauptgeschichte zu beenden.

Bei dieser handelte es sich um nicht mehr und nicht weniger als die meist ziellosen Wanderungen des jungen Prinzen in seinem Bemühen, sowohl wieder nach Hause zu finden als auch dahinterzukommen, was überhaupt mit ihm geschehen war – er hatte keine Erinnerung an die Einzelheiten, sondern »fühlte« sie bloß: daß es da eine schöne Braut gegeben hatte, einen Vater, eine Mutter; daß irgendein katastrophales Ereignis sich zugetragen hatte, dessen Opfer er nun war. Und so zog er weiter nach der Heimat beziehungsweise suchte danach, und all dies in einem »fremden« Land, dessen Sprache barbarisch war.

So folgte ein Buch auf das andere mit poetischen Naturschilderungen, hauptsächlich von Bäumen, »Wäldern«, seltsamen Wäldern – und ziellosen, führerlosen, einsamen Wanderungen.

Jedesmal wenn ich mich zum Schreiben hinsetzte, erfand ich eine neue Szene, neue Verwicklungen. (Ich hatte ein wenig von Edmund Spenser, Keats' Lieblingsdichter, gelesen, aber nicht mehr als ein paar Szenen.) Es war eine reizvolle Vorstellung, das Gedicht stets in meinem Kopf zu haben, bei allem, was ich gerade tun mochte, ob ich im Operationssaal jemandem Äther gab oder mit einem Mädchen auf dem Dach hinter dem

Wassertank saß oder Krumwiede am Klavier die langsamen Anfangstakte der Ouvertüre des *Parsifal* spielen hörte, dessen »unsinnliche« Musik auf den Orgasmus des *Tristan* folgte.

Irgendwo in diesem »Urwald« fand ich mein Thema fürs Wochenende, fuhr nach Rutherford zurück, hörte Charlotte (Flossies ältere Schwester) Chopin spielen und zog mich zu Hause in mein Zimmer zurück, um zu dichten.

Und dann eines Tages, vielleicht aus Ungeduld über meine »Jamben«, packte ich angewidert das umfängliche Manuskript, rannte, bevor ich zu »denken« anfangen konnte, die Treppe hinunter, öffnete die Ofentür und stieß es hinein!

An dessen Stelle trat *The Wanderer*, worin meine Großmutter, der Fluß, der Passaic River, die Hauptrollen spielten – mein erstes »langes« Gedicht, das wiederum zu *Paterson* führte. Der »Vers« war für mich der Schlüssel – das Studium des Verses als solcher, das war es, was mich herausforderte.

Ich gab Keats in demselben Augenblick auf, da er selbst sich aufgab – mit Hyperions Schrei. *Lamia* habe ich nie ganz gelesen, obwohl mir sein »Eve of St. Agnes« und seine Oden einmal so vertraut waren wie das Atmen. Als ich kürzlich John Crowe Ranson über die Oden (einschließlich »Autumn«) reden hörte, hatte ich das Gefühl, wie in einem traurigen, aber sehnsüchtigen Traum den seit langem verstorbenen Mitgliedern der Familie meiner Mutter – und besonders der meines Vaters (denn er ist noch länger tot) – wiederzubegegnen. Mir war, als hätte ich diese Gedichte selbst geschrieben, und das stimmt ja auch. Ich hatte sie immer und immer wieder geschrieben; Arlo Bates hat es bemerkt und mich sachte deswegen ermahnt.

An der Uni hatte ich, abgesehen von Ezra und Charlie Demuth, nur wenige enge Freunde unter meinen Kommilitonen; aber jemand anderer, der gar nichts mit der Universität zu tun hatte, John Wilson, ein Maler, ein Mann Anfang Fünfzig, nehme ich an, hatte es mir sehr angetan. Er war schmuddlig und klein von Gestalt und wohnte in einem der typischen kleinen Häuser mit flachen weißen Marmorstufen vor der Eingangstür, wie man sie in Richtung Stadtmitte nördlich oder südlich der Hauptkreuzung fast überall finden kann. Wilson, ein verkrachter Künstler, der aus dem Kopf heraus Landschaften mit Kühen malte, Bilder von schätzungsweise 60 mal 90 Zentimeter, die er für zehn bis zwanzig Dollar als »Kunst« an den Mann brachte, hatte sich dennoch jenen Funken von Begeisterung bewahrt, der ihn seinen Beruf lieben ließ. Er malte, weil das alles war, was er konnte, und alles, was er wollte. Solange er seine Bilder noch irgendwo absetzen konnte, war er zufrieden. Er hatte eine recht patente Frau, die zweifellos ein bißchen Zaster hätte brauchen können, um das Haus aufzumöbeln, aber trotzdem nie ein böses Wort verlor.

Aber der alte Mann war mein Freund, und ich machte keinen Hehl daraus, auf welcher Seite ich stand. Denn er hatte eine Tochter, Dorothy, im heiratsfähigen Alter, die sonntags, wenn ich dort vorbeikam, ebenfalls da war; und niemand wäre mir wohl böse gewesen, wenn ich sie geheiratet hätte. Doch als ich eines Tages einwilligte, sie zum Tanzen auszuführen, und dann erst am Abend *nach* der Veranstaltung im Smoking dort auftauchte, nahm man ziemlich gründlich Abschied von dieser Idee.

Mein Vergnügen war es, den alten Knaben in seinem im ersten Stock und nach Norden gelegenen Atelier aufzusuchen und dort den ganzen Sonntagnachmittag zu sitzen, während er, immer wieder das gleiche von vorn, seine Bäume und Kühe auf einen schwach getönten Hintergrund pinselte. Anfangs saß ich nur da und hörte ihm zu, bis er eines Tages sagte: »Wie wär's, wenn du's mal selbst versuchen würdest? Hier, ich bau dir eine Leinwand auf.« Er tat es. »Hier hast du ein paar saubere Pinsel, hier sind die Farben« – er stopfte eine Handvoll andere Pinsel, die Haare nach oben, in einen kleinen Topf und stellte ihn vor mich hin – »Da, mal das ab!«

Und damit drehte er sich um und machte mit seiner eigenen Arbeit weiter. Das hat Spaß gemacht.

Meine zweite Beschäftigung an den Sonntagen war die Kirche. Ich war noch immer allein, und so arm, daß ich meine Pfennige zählen mußte, um festzustellen, ob das Geld reichte und ich zur First Unitarian Church, wo Reverend Ecob predigte, fahren konnte oder ob ich zu Fuß gehen mußte.

In der Kirche gab es auch ein gutes gemischtes Quartett, das auf einem kleinen Balkon an der linken Wand, gegenüber der Kanzel, zu singen pflegte. Aber mich interessierte nur der alte geheimnisvolle Ecob selbst. Er war ein kleiner grauhaariger Mann, ein ehemaliger Presbyterianer, der zum beträchtlichen Mißbehagen seiner Familie zum Unitarismus, diesem höchst unbeliebten, beinahe unchristlichen Glauben übergetreten war. Unchristlich jedenfalls nach allgemeiner Ansicht. Besonders seine drei Töchter schienen sich wegen seines Abfalls vom orthodoxen Glauben nie wohl in ihrer Haut zu fühlen und zeigten dies auch in ihrem ganzen Gebaren. Die älteste Tochter, wesentlich älter als ich, spielte Klavier – mit vielsagenden Gesten. Er hatte auch einen Sohn, der ihm ähnlich war, ein stiller, nach innen gekehrter Bursche, der an der Uni Pennsylvania Architektur studierte.

Die Ecob-Mädchen, besonders das jüngste, hätten mein heimliches Elend womöglich lindern können, aber wie gesagt, ich war arm, sehr arm. Einmal lud ich die Jüngste zu einem Spaziergang im Fairmont Park ein. Ich spürte, daß sie mich nicht mochte, falls sie mich nicht schlankweg haßte. Aber sie war die Tochter des Pfarrers, und es war ein schöner Sonntag, also machten wir uns, sie vermutlich auf Drängen ihrer Mutter, auf den Weg.

Wenigstens redeten wir miteinander; es war die reinste Kinderei. Aber als wir einmal einen kleinen Grashang hinaufstiegen und ich die Hand ausstreckte, um ihr zu helfen, zog sie den Arm weg und sagte: »Rühr mich nicht an!« Ich blieb stehen und sah sie an.

Was ich als nächstes gesagt habe, weiß ich nicht mehr, aber viel war es nicht. Ich fühlte mich schon niedergeschlagen genug, ohne mir auch so etwas noch gefallen lassen zu müssen. Also nehmen wir an, sie ging ihren Weg und ich meinen – auf der Stelle.

Einmal, vor oder nach dieser Szene, hatte ich ein anderes demütigendes Erlebnis, das mich schließlich, mit weiteren dieser Art, dazu bewog, mit den Ecobs Schluß zu machen.

Die Kirche war vorbei, und ich blieb, nachdem ich sehr bewegt der Rede des Predigers zugehört hatte, noch da, um ihm ein Wort des Dankes zu sagen, denn ich war diesem Mann wirklich zugetan. Er lud mich freundlich zum Mittagessen mit seiner Familie ein.

»Ich werde ein wenig später nachkommen«, sagte er, »aber gehen Sie nur schon mit den Mädchen vor.«

Schön. Wir warteten an der Ecke vor der Kirche in der Chestnut Street auf den Trolleybus, und als er kam, drängten wir uns hinein. Doch als ich die Hand in meine Tasche steckte, fand ich keinen Cent, nicht einen einzigen Cent. Die Mädchen mußten für mich bezahlen. Das habe ich nie so ganz verwinden können.

Der alte Ecob, so kam es mir immer vor, sah aus wie ein vorzeitlicher Britannier, und ich nehme an, sein Name stammte noch aus der Epoche vor der Eroberung Englands durch die Römer. Am Ende brachten ihn Blakes kreisende Sphären fast um den Verstand, worauf seine vornehme Gemeinde ihm und vermutlich seiner Familie gleich mit den Laufpaß gab und sich einen praktischer denkenden Unterweiser zulegte.

In einem Frühjahr sprach es sich auf dem Campus herum, daß die Ben Greet Players auf dem Rasen des Botanischen Garten Shakespeares *Wie es euch gefällt* aufführen würden. Nichts hätte mich in größere Begeisterung versetzen können. Um mir dies nicht entgehen zu lassen, hätte ich alles gegeben, was ich besaß – wozu der Dollar Eintrittsgeld leider nicht gehörte.

An jenem Samstagmorgen – es war ein wunderschöner Tag im Mai – stahl ich mich davon und durchstreifte das Gelände hinter dem Wohnheim, wo die Aufführung um zwei Uhr nachmittags stattfinden sollte, um mir irgendwo zwischen den Büschen ein Versteck zu suchen. Die Schauspieler hatten geprobt. Ich sah, wo die Bühne sein sollte: auf einer von Strauchwerk umgebenen Böschung in der Nähe der Gewächshäuser, und als ich den Weg am Froschteich entlangging, sah ich zwei der Darstellerinnen in ihren Kostümen behaglich miteinander redend auf dem leuchtenden Gras liegen. Göttinnen! Wenn das keine Qual ist – sehen und begehren, und nicht wissen, wie man es anfangen soll –, dann weiß ich nicht, was Qualen sind.

Ich ging an ihnen vorbei – verstecken konnte ich mich nicht –, aber ich wußte, ich würde das Stück sehen, komme was da wolle.

Nach dem Mittagessen begann ich meine Manöver. Das in den Garten führende Hoftor war bewacht, ebenso der Durchgang an der Vorderseite der medizinischen Abteilung. Ich hätte aus einem der unteren, von Bäumen gedeckten Fenster des Wohnheims steigen können, kannte aber niemanden, der dort ein Zimmer hatte. Abgesehen davon, daß ich pleite war, hätte ich mich auch noch zum Narren machen müssen.

Also ging ich die Woodland Avenue hinunter zum hinteren Eingang des Gartens, fand aber auch diesen verschlossen. Damit war die Sache entschieden. Um dort hineinzukommen, blieb mir nur noch der Weg über den Friedhofszaun. Innerhalb der Einfriedung gab es damals eine mit Unterholz bewachsene Stelle; diese grenzte an einen drei Meter hohen Lattenzaun, der den Friedhof vom Botanischen Garten trennte. Ich kletterte daran hoch, richtete mich auf und sprang. Ich war drin – aber noch nicht bei der Aufführung. Ich erinnere mich, daß ich eine Melone auf dem Kopf hatte.

Nach kurzer Erkundung bemerkte ich, daß der Zugang zu den Sitzplätzen über zwei Stufen in eins der Gewächshäuser führte, durch dessen hintere Seite man auf die Bühne gelangte. Ich ging auf die offene Gewächshaustür zu und wollte gerade eintreten, als ich angehalten wurde.

Man warf mich hinaus.

Ich blieb in kurzer Entfernung stehen und entschloß mich zu einem weiteren Versuch. Und als dann eine kleine Gruppe von Männern und Frauen auf den Eingang zustrebte, ging ich dicht hinter ihnen her und schob mich, während man ihnen die Eintrittskarten abnahm, mit tief ins Gesicht gezogenem Hut durch die Sperre. Jemand schrie mir nach, aber diesmal ging ich weiter.

Alle Sitze waren besetzt, und so legte ich mich, als das

Stück anfing, sehr nah bei den Schauspielern ins Gras – und von da an, könnte man sagen, habe ich den ganzen Nachmittag, bis es vorbei war, keinen einzigen vollständigen Atemzug getan.

Pounds Tage in Wyncotte, Pennsylvania, standen im Zeichen gelegentlicher Partys, bei denen wir uns um das Klavier zu versammeln und zu singen pflegten. Auch Mrs. Pound war dabei, eine distanzierte, konfuse Frau, aufrecht und ziemlich schön auf eine gleichgültige, ihrem Alter entsprechende Weise; ab und zu spielte sie uns etwas vor. Ich brachte meine Geige mit. Die anderen, Hilda Doolittle, die älteren Snivelys, Bob Lamberton und zwei oder drei, die ich vergessen habe, hielten sich im Hintergrund. Richtig singen konnte niemand. Wir taten unser Bestes, Mrs. Pound eine Freude zu machen. Ezra selbst konnte nicht einmal einen Ton halten, soweit ich es mitbekommen habe.

Als ich eines Tages nach Wyncotte kam, einer für Philadelphia durchaus typischen Vorstadt, deren heimlicher Herrscher der Inhaber der Curtis Publishing Company war, Besitzer eines imposanten Hauses mit großen Rasenflächen und dem üblichen Wohlstandsprunk, erzählte mir Ezra schadenfroh, wie jener bedeutende Mann eines Sonntagsmorgens seiner Mutter, gewissermaßen christlich, guter Nachbar und alles, ein herablassendes Lächeln geschenkt und sie angesehen habe, als könnte er vielleicht mit ihr reden. Sie hat ihn abblitzen lassen.

Weil sie fand, ihr Sohn könnte ein wenig körperliche Bewegung vertragen, hatte Mrs. Pound ihn einmal gebeten, nach draußen zu gehen und das Maiglöckchenbeet zu jäten. Gehorsam machte er sich an die Arbeit und rupfte die Maiglöckchen aus. Sie lachte.

Aber als ich an diesem Tag – Ezra hatte das Fechten

schon lange aufgegeben, während ich noch immer regelmäßig zum Unterricht ging –, spät nachmittags bei ihm ins Haus trat, begrüßte er mich mit dem Angebot, er wolle einen kleinen Kampf mit mir austragen, und zwar mit zwei Spazierstöcken seines Vaters. Ich nahm einen, vollführte ein paar vorschriftsmäßige Schwünge und ging in *en garde*-Stellung. Er aber drang, als ich ihn eben lachend provozieren wollte, ungestüm und hemmungslos auf mich ein und traf mich mit der Spitze seines Stocks über dem rechten Auge, anscheinend, um mich gleich k. o. zu schlagen. Ich nehme an, ich habe ihm gesagt, was ich von ihm halte, und meinen Stock hingeschmissen. Er triumphierte, weil er mit diesem einen Streich das komplette Team der University of Pennsylvania besiegt zu haben glaubte. So einem Kerl kann man nie über den Weg trauen!

Mehrere Leute haben mich nach Mary Moore gefragt, der Pound eins seiner frühen Bücher gewidmet hat – da fällt mir ein, kürzlich bin ich auf ein Buch von Stirling Ford gestoßen, mit Ezras Namen auf dem Vorsatzblatt. Meine Schwiegermutter hat es mir gegeben; ich wüßte nicht, wie ich sonst dazu gekommen sein könnte.

Ich erinnere mich nicht, daß er je von Mary Moore gesprochen hat – es sei denn, sie war das Mädchen, das wir in jener mondlosen Nacht vor der Schule in Chestnut Hill gesehen haben: Mary Moore aus Trenton, New Jersey. Aber in vergleichsweise jüngerer Zeit hat mir jemand erzählt – auch sein Name ist mir entfallen –, Ezra sei tatsächlich einmal bei den Moores, wo auch immer das war, zu Besuch gewesen. Es war im Sommer. Die Terrassenfenster innerhalb der umbauten Veranda reichten bis zum Boden. Sie standen offen, und Ezra stieg durch eins der Fenster hinein. Danach bestand er darauf, das Haus nur noch auf diese Weise zu betreten.

Mehr weiß ich nicht von Mary Moore, einer Königin in Ezras Jugend.

Vor mir liegt noch ein Buch aus seinem Besitz, auf dem Vorsatzblatt mit E. Pound gezeichnet. *Literary Criticisms* von Thomas De Quincey. Vielleicht waren es Schulbücher. Ihr Äußeres läßt nicht darauf schließen, daß er sie je gelesen hat. Immerhin hat er vorne seinen Namen reingeschrieben. Vielleicht hat er sie mir einmal gegeben und gesagt, *ich* solle sie lesen. Das sähe ihm ähnlich. Ein Buch, das er mir nicht gegeben hat, das ich aber auf seine dringende Bitte gelesen habe, war *Longinus über das Erhabene.* Ich las auch *Vita Nuova* und *Convivio* – natürlich in Übersetzungen. Jetzt, da ich von Büchern im allgemeinen rede, kommt es mir auf einmal seltsam vor, daß die *Apologia pro Vita Sua* heutigentags vor allem wegen ihres haarspalterischen Stils und der Tatsache, daß Charles Kingsley den Anstoß dazu gab, so hoch geschätzt wird. Sonderbarer Wandel der Mode. Alles, was jene Epoche heute von Savonarola lehrt, ist, daß Botticelli aus Verzweiflung über seinen Tod alle seine Skizzen (wie viele, weiß niemand) von jungen Nackten mit einem einzigen Schlag vernichtet hat! Alles weg, bloß weil ihm die Gefühle durchgegangen sind!

Ein Darbender schätzt geringen Lohn sehr hoch, er findet ihn eben darum nicht gering, weil es alles ist, was er hat. Auch dies bewirkt die Einbildungskraft, ähnlich wie zuviel Fleisch uns übersättigt. Eine Frau verleiht uns Flügel, eine andere erdrückt uns unausweichlich mit zu vielem, das allzu gut bekannt ist. Die Stimmungswechsel der Jugend sind vollkommen unerklärlich, so kurzlebig der Einzelfall auch sein mag, am Dienstag begeistert, am Freitag bis zum Erbrechen angewidert; was zeigt, daß dies alles nur immateriell ist, nur im Geist existiert. Und doch lockt uns das Fleisch, nicht anders als die Kunst, immer wieder aufs neue; nur sein Auftreten ödet uns an. Scheidungen finden viel häufiger außerhalb als innerhalb des Gerichtssaals statt. Eine Wirkung führt zur anderen: es ist beim Frühstück passiert, und es mag eine Woche lang fortdauern, und dann plötzlich, binnen weniger Stunden, wendet sich uns ein anderes Gesicht zu, und – wir sind entronnen.

Kapitel 13

Das Observatorium

Das Observatorium in Upper Darby war ein ideales Ziel für ländliche Spaziergänge. Das Gelände war sanft gewellt und leicht bewaldet und bot meilenweit im Umkreis keine nennenswerten Hindernisse. Nichts als offene Felder, kleine Waldstücke und schmale Wege.

Mit den Überland-Trolleybussen jener Tage fuhren wir vom Campus aus los und waren im Handumdrehen da. Hilda, Professor Doolittles jüngste Tochter aus seiner zweiten Ehe, war die Attraktion: zumindest war sie es, was Pound mir dort vorführen wollte. Jedenfalls ging es ihm bestimmt nicht darum, mich durch ein Teleskop blicken zu lassen. Auch darüber gab es eine Menge Geschichten, und über Dr. Doolittles fleißige, sorgfältige Vermessungen der schwankenden Drehbewegungen der Erdachse. Ein großer hagerer Mann, der selbst bei Tisch mit seinen Gedanken meist buchstäblich hinter dem Mond verweilte. Wenn ihr Mann sich zum Sprechen anschickte, brachte Mrs. Doolittle, beträchtlich jünger als er, alle anderen mit einem Blick zum Schweigen. Über die Köpfe der ihm gegenüber Sitzenden hinwegblickend, machte er sodann seine Ausführungen, worauf die Kinder und wir anderen, nachdem wir artig gewartet hatten, um festzustellen, ob er fertig sei, mit unserem Geplauder fortfuhren.

Hilda – groß und blond, mit langem Kinn und munteren blauen Augen – war ihrem Vater sehr ähnlich, nehme ich an, auch wenn ich nie bemerkt habe, daß sie ihm besondere Achtung gezollt hätte.

Sie hatte etwas, das man zuweilen bei wilden Tieren antrifft, eine atemlose Unrast, einen schier törichten Widerwillen, zur Sache zu kommen. Sie kicherte und zuckte die Achseln wie ein kleines Mädchen, was bei einem so großen und eckigen Ding irgendwie absurd wirkte. Ich fand sie faszinierend, aber nicht wegen ihrer Schönheit, die, wenn auch für meinen Geschmack recht bizarr, zweifellos vorhanden war, sondern wegen ihrer provozierenden Gleichgültigkeit gegenüber Regeln und Ordnung; das gefiel mir. Sie kleidete sich gleichgültig, nahezu nachlässig, und wirkte auf einen jungen Mann, wenn sie lächelte, nicht einladend – daran mangelte es ihr vollständig –, sondern irritierend.

Ezra war wundervoll in sie verliebt und stellte, wie ich fand, ihre Schönheit lächerlich übertrieben dar. Für mich war sie bloß ein guter Kumpel, und auf eine gewisse beunruhigende Weise gefiel es mir, mit ihr zusammen zu sein. Denn manchmal besuchte ich sie allein im Observatorium und blieb sogar über Nacht – was mich einmal sehr in Verlegenheit brachte. Eines Abends ging ich mit Hilda zu einer Probevorstellung des Mask and Wig Clubs mit anschließendem Tanz und handelte mir damit böse Blicke von Ezra ein.

»Um Gottes willen«, sagte ich zu ihm, »ich bin nicht in Hilda verliebt, und sie nicht in mich. Sie ist dein Mädchen, das weiß ich. Sei kein Esel.«

Einmal, es dürfte im April gewesen sein, ging ich mit Hilda allein in dieser damals wirklich lyrischen Landschaft von Upper Darby spazieren. Besonders deutlich erinnere ich mich an die tiefblauen Traubenhyazinthen in einem Graben am Wegrand, eine Pflanze, die mir vollkommen unbekannt war. Hilda erzählte mir von ihrem Griechischstudium, und sie habe gehört, daß auch ich Gedichte schreiben würde. Das tat mir weh. Ich wollte nicht darüber reden, da ich in meinen Augen eigentlich noch gar nichts geschrieben hatte. Ezra war natürlich der Held.

Na ja, fügte sie hinzu, vermutlich, um mir die Zunge zu lösen, ich habe auch ein wenig geschrieben. Ein paar Übersetzungen, sagte sie – um Tadel auszuweichen. Wir wanderten weiter. Ihr Rock schleifte hinten nach, sie hatte keine Hüften, kein gar nichts, war einfach Hilda; durch hohes Gras, über Zäune, Stacheldraht (ich erinnere mich, wie Edmonson mir einmal nach einer Gruppenwanderung erzählte, gelegentlich müsse ein Mann einfach mal hinsehen! so unbekümmert war sie).

Während wir so dahingingen – und wovon redeten? –, bemerkte ich, daß ein Gewitter bevorstand, und schlug vor, den Rückweg anzutreten.

Ha!

Sie fragte mich, ob mein Schreibtisch, wenn ich zu schreiben anfinge, sauber und aufgeräumt sein müsse, ob ich die Utensilien bereitlegen müsse oder ob ich mich einfach hinsetzen und schreiben würde.

Ich sagte, ich hätte es gern ordentlich.

Haha!

Sie sagte, wenn sie schreibe, sei es ihr eine große Hilfe – so denke sie und handle entsprechend –, aus ihrem Füller etwas Tinte sich auf die Kleider zu klecksen, das vermittle ihr ein Gefühl von Freiheit und Gleichgültigkeit gegenüber den bloßen Erfordernissen des Schreibens.

Na – wenn es dir gefällt.

Im Westen gab es ein paar Donnerschläge, und ich sah, daß es verdammt bald regnen würde, und zwar kräftig. Wir standen völlig im Freien am Rand einer grasigen Weide, Blick nach Westen, und der dem Gewitter vorangehende Sturm blies uns in die Gesichter. Nun, das war schließlich ihre Sache, und ich machte einfach mit.

Anstatt zu einem Baum zu laufen oder auch nur zu gehen, setzte sich Hilda am Rand des Hügels ins Gras und ließ es auf sich zukommen.

»Komm, schöner Regen«, sagte sie und streckte die Arme aus. »Schöner Regen, willkommen.« Ich stand hinter ihr und fühlte keinerlei Neigung, mich ihrer Stimmung anzuschließen. Und ich sage euch, es hat geregnet, und zwar reichlich. Was weder ihrer Schönheit noch meiner Meinung von ihr gutgetan hat – aber bewundern mußte ich sie, falls es das war, was sie wollte.

Einige Jahre, vielleicht auch nur ein Jahr später gab Bob Lamberton, ehemaliger Stürmer der Uni-Footballmannschaft und ständiges Mitglied unserer Clique, für uns alle eine Abschlußparty in Point Pleasant, New Jersey, wo seine Familie ein Sommerhaus hatte. Es war im Juni 1906. Alle waren eingeladen, und ich glaube, es kamen auch alle, darunter die Snivelys, Hilda, Ezra und ich.

Ich konnte mich nur schwer freimachen. Mein Praktikum im Französischen Krankenhaus sollte demnächst anfangen, und ich kam etwas später, erst kurz nach der Flut an den Strand, wo die anderen alle um die Mittagszeit schwimmen gegangen waren.

»Wo ist Hilda?«

Also erzählten sie es mir.

Hilda war kurz vor mir gekommen, in ihre Badesachen gestiegen und den anderen ans Ufer gefolgt. Sie alle hatten es gesehen. Es hatte ein Gewitter gegeben, und schwere Brecher donnerten mit überwältigender Wucht an die Küste. Aber Hilda war hingerissen. Ich nehme an, sie war mit dem Ozean ohnehin nicht vertraut und wußte gar nicht, worauf sie sich da einließ. Denn sie schritt, gedankenlos und unbesonnen, einfach mitten in die Wellen hinein. Schwimmen konnte sie vermutlich, ich weiß es nicht, aber als sie drin war, riß die erste Welle sie um, die zweite warf sie in die Unterströmung, und wäre der kräftige Lamberton nicht zur Stelle gewesen, hätte es übel ausgehen können. Man zog sie bewußtlos heraus, rief sie ins Leben zurück und hatte sie gerade eben ins Haus gebracht.

Ein oder zwei Stunden später brach ein zweites Gewitter über uns herein; in wilder Hast stürzten wir zusammen mit anderen Badegästen in den Pavillon. Zuerst fielen Hagelkörner, etwa so groß und auch ähnlich geformt wie 50-Cent-Stücke. Ich ging hinaus und las ein paar davon aus dem Sand, um sie den anderen zu zeigen. Dann wurde der Hagel zu Regen.

Kurz darauf – ich stand auf einen Billardstock gestützt, in dem engen Raum schwitzten zwanzig bis dreißig Leute – krachte direkt über unseren Köpfen ein Blitz in die Fahnenstange. Ich sah den Blitz an mir vorbei aus der Tür fahren und spürte den Schlag in meinem Nacken, im Handgelenk der Hand, die den Billardstock hielt, und in einem Fußknöchel. Eine korpulente Dame, die unmittelbar vor mir stand, fiel flach auf den Rücken. Aber es ging so schnell, ich konnte nur mit Lachen darauf reagieren, denn ich fühlte, wir waren einer Katastrophe entgangen. Es war vorbei, ehe es stattgefunden hatte, könnte man sagen, und das erste, was mir davon zu Bewußtsein kam, war, daß es vorbei war, daß wir es überlebt hatten.

Später, nach Sonnenuntergang, machten wir alle

eine Kanufahrt auf dem Fluß und sangen Abschiedslieder. Danach haben wir uns nie mehr als Gruppe getroffen.

Kapitel 14

Dr. Henna

Beim Ausbruch des Mount Pelée im Jahre 1902 kam der Rest der Familie meiner Mutter, die Hurrards, ums Leben.

1906 schloß ich das Medizinstudium ab, erhielt meinen akademischen Grad und eine Stelle als Praktikant am alten Französischen Krankenhaus in der 34. Straße, zwischen der Ninth und Tenth Avenue, in New York. An den Wochenenden fuhr ich, Äthergestank verbreitend, nach Hause und schrieb an meinem großen Gedicht; Sonntagabend ging es wieder zurück zur Schufterei im Krankenhaus.

Kurz vor Weihnachten 1906 trat J. Julio Henna, einer der älteren leitenden Ärzte dort, mit einem Vorschlag an mich heran. Henna war ein alter Freund meines Vaters aus der Zeit in Westindien und hatte mich während meines letzten Studienjahres auf die Idee gebracht, mich um eine Praktikantenstelle am Französischen Krankenhaus zu bewerben. Er war einer von drei Revolutionären, denen die Spanier die Hölle heiß gemacht hatten. Drei junge Ärzte, er, Betanzes und ein anderer, hatten Puerto Rico Anfang der achtziger Jahre in aller Eile verlassen müssen. Er war ein großer, schwerer Mann mit rotem Kopf und einem langen grauen Schnurrbart und muß meiner Familie sehr zugetan gewesen sein. Früher, als ich mein Praktikum gerade erst angetreten hatte, hatte er mich eines Tages gefragt: »Willie, wollen Sie eine Million Dollar haben?«

»Klar«, sagte ich. »Wie kann ich da rankommen?«

»Kommen Sie morgen nachmittag in mein Büro. Das ist Ihr freies Wochenende. Ich möchte Sie einer südamerikanischen Witwe vorstellen, die sich hier einen jungen Arzt suchen möchte, der die Praxis ihres verstorbenen Mannes übernehmen soll.«

»Ach!« sagte ich.

»Ja. Sie wird Sie mögen.«

»Wie alt ist sie?«

»Och, etwa zehn Jahre älter als Sie. Sieht aber nicht übel aus. Sie möchte heiraten, und Sie doch wohl auch.«

Ich mußte laut lachen. Er war beleidigt. »Eine Million Dollar sind nicht zum Lachen«, sagte er. »Wissen Sie, was das bedeutet? Eine Million Dollar?«

»Aber woher soll ich wissen, daß sie *mich* da auch ranläßt? Nein. Nichts zu machen!«

»Aber ich sage Ihnen, es ist wirklich so. Sie hat über eine Million, und sie sieht keineswegs schlecht aus.«

Ich schüttelte bloß den Kopf. Später sagte er zu Pop: »Ihr Sohn ist ein komischer Mensch, Williams. Ich biete ihm eine Million Dollar an, und er lacht mich aus.«

Ein wenig später kam Henna mit was anderem.

»Ich habe da etwas für Sie, das Sie tun sollten«, sagte er – ich bewunderte den Mann trotz mancher seiner Eigenheiten und schenkte ihm stets Gehör –, »einer meiner Patienten, ein alter Mexikaner, sehr reich, hat eine Lungenentzündung hinter sich; jetzt will er, daß ich ihn, bevor er stirbt, nach Hause bringe. Ich kann hier nicht weg. Wollen Sie das für mich tun?«

»Aber ich kann doch nicht einfach von meiner Arbeit im Krankenhaus fernbleiben?«

»Das werde ich regeln.«

Er ging unverzüglich mit mir zum Belmont Hotel, das damals gegenüber der Grand Central Station lag, und vierundzwanzig Stunden später hatte ich meine Sachen gepackt und saß, während draußen ein Schneesturm tobte, in einem Sonderwagen am Ende eines New-York-Central-Schnellzuges. Ziel der Reise: San Luis Potosi, Mexiko.

Mein Patient, ein Señor Gonzales, Besitzer von Schafherden und Eisenbahnmanager, ungeheuer reich, war wirklich ein alter Mann. Er war auf einer Reise nach Frankreich erkrankt, hatte sich, Henna zufolge, eine Lungenentzündung zugezogen, war halbwegs davon genesen und wußte, daß er sterben würde, wollte aber vorher nach Hause. Sein Kreislauf war zusammengebrochen, er war kurzatmig und ödematös – seine Beine waren auf das Doppelte ihres normalen Umfangs angeschwollen –, und dennoch fand ich ihn munter und vor allem geduldig. Als ich ihm vorgestellt wurde, sah er mich und ich ihn einmal kurz an, dann sagte er ein paar Worte auf spanisch, und die Sache war abgemacht.

Mit von der Partie waren sein Sohn und dessen Frau – beide Anfang Dreißig, dunkelhäutig und nicht gut auf die Gringos zu sprechen – und noch eine Frau. Ich weiß nicht mehr, wie sie hieß. Mein Auftrag lautete, den alten Knaben bis zum Eintreffen in seiner Heimatstadt am Leben zu halten. Es sah nicht so aus, als ob ich das schaffen könnte. Mehr als einmal hatte ich Visionen, in denen ich gelyncht wurde, falls ich in ein paar Tagen mit einer Leiche an der Grenze ankommen sollte.

Und so fuhren wir, an einen D-Zug angehängt, an jenem Wintertag um sechs Uhr abends los, und zwar seltsamerweise erst einmal nach Norden, Richtung Albany.

Wir hatten ihn auf eine salzfreie, eiweißreiche Diät gesetzt – er nahm freilich ohnehin nichts zu sich –, und da war ich nun.

Drei Tage lang saß ich ununterbrochen ihm gegenüber und versuchte sein Herz in Gang zu halten, indem ich mit ihm redete und ihm gelegentlich eine Spritze gab, Koffein und Natriumbenzoat – damals wie heute mein Lieblingsmittel in solchen Fällen. Wie gesagt, er war ein wunderbarer Mensch, ein zäher ergrauter Naturbursche, immer freundlich, stets bemüht, mir zu helfen, mich nicht zu enttäuschen, und jedesmal wenn ich etwas für ihn tat, sagte er *gracias*. Abends brachten wir ihn ins Bett, und morgens setzten wir ihn ans Fenster. Ich massierte ihm behutsam die Beine, die er immer hochlegen mußte, und so saßen wir uns Stunde um Stunde gegenüber und fuhren durch die Landschaft im Norden des Staates New York, dann weiter nach Indiana und über den Mississippi nach St. Louis.

Sämtliche Anschlußzüge warteten auf uns; wir wurden ans Ende des nächsten Schnellzuges gekoppelt, und weiter ging's zur nächsten Etappe. Man sieht daran, wieviel diese Leute bezahlt haben müssen. Mein Spanisch war nicht gerade umwerfend, aber wir konnten ein bißchen Französisch; die anderen blieben unter sich, der Sohn oder Schwiegersohn warf mir hin und wieder finstere Blicke zu – nie aber der alte Mann.

Erst tief in Texas wandte ich der Landschaft, die mir vollkommen unvertraut war, einige Aufmerksamkeit zu. Die Gleise schienen damals direkt, ohne Böschung, auf dem Boden zu liegen; links und rechts im Sand wuchsen Mesquitsträucher und Zwergpalmen, dazwischen hier und da vereinzelte Opuntien und Kugelkakteen. Ich erinnere mich an einen Indianer, der auf dem Weg hinter dem Stacheldraht die Bahnstrecke abschritt; er bewegte sich in der gleichen Richtung wie der Zug, eine Decke um die Schultern, den Kopf gesenkt, ganz in sich versunken. Ab und zu ging ich ans Ende des Wagens und sah den Gleisen nach, die mit dem Auf und

Ab sanfter Meereswellen in gerader Linie nach hinten wichen.

Der dritte Tag, der Morgen, an dem wir uns Laredo und der mexikanischen Grenze näherten, verlief nicht anders als die Tage vorher, nur daß jetzt alle sehr aufgeregt waren: der alte Mann über die Aussicht, bald zu Hause zu sein; und ich, weil ich noch immer im ungewissen war, ob wir es schaffen würden, denn er zeigte jetzt Symptome einer Zyanose. Daß wir am Ende den Sieg davontrugen, war wohl nur seiner Entschlossenheit zu verdanken, dort anzukommen.

War ich glücklich, als auf der mexikanischen Seite der junge mexikanische Arzt in den Wagen stieg, um mich abzulösen! Immerhin war ich ja nur ein Praktikant, ohne Approbation, und wurde auch von allen entsprechend behandelt, nur von dem alten Knaben nicht, der darauf bestand, daß ich ihn bis nach San Luis Potosi begleiten sollte.

Endlich konnte ich mich entspannen. Während wir über die mexikanische Hochebene rollten, saß ich den ganzen Tag am Fenster und beobachtete die bis zu den Ohren in ihre Umhänge gehüllten Bewohner dieses Landes, die Hunde, die Hühner, die Packesel und die Kinder, die sich, je näher der Mittag rückte, allmählich von der kühlen Dämmerung zu erholen schienen. Und um Mittag waren wir da.

Die ganze Stadt war auf den Beinen, zwanzig Reihen tief knieten die Peons im Staub, als ihr Señor behutsam in seinen Wagen gehoben und Gott sei Dank lebendig nach Hause gebracht wurde.

Ich folgte zu Fuß, geführt von einem jungen Bediensteten. Wir besuchten den Markt, scherzten hin und her. Mir war verboten, irgendwelches Obst zu kaufen oder zu essen, und eine Stunde später wurde ich auf besonderen Wunsch des alten Mannes zu ihm zurückgebracht, damit er von mir Abschied nehmen konnte.

Da saß er, hochgestützt in seinem riesigen Bett, ein Bild des Triumphs. Er nahm meine Hand und dankte mir noch einmal lächelnd für meine Pflege, und dann entfernte ich mich aus den Augen all der Männer und Frauen, die sich um ihn scharten. Vierundzwanzig Stunden später war er tot.

Unten zählte der Sohn zehn 20-Dollar-Goldstücke ab und legte sie mir eins auf das andere in die Hand; dann machte er eine Geste und sagte auf seine verbitterte Art, ich solle die schöne Täfelung des Zimmers beachten. »Sie sehen, wir leben ein wenig besser – *un poco mejor que los negros.*« Und da begriff ich etwas von dem, was er durchgestanden hatte.

Als ich um drei den Schnellzug nach New York bestieg, begrüßte mich der Schaffner mit einem breiten Grinsen. Was für ein erfreulicher Anblick! Vier Tage hatte ich für die Hinfahrt gebraucht, und vier Tage brauchte ich für die Rückfahrt; insgesamt acht Tage, und ich hatte nur eine Woche Urlaub. In San Luis Potosi war ich drei Stunden gewesen. Im Krankenhaus hätte man mich beinahe gefeuert. Aber immerhin hatte ich zehn goldene 20-Dollar-Münzen auf der Bank. Möchte wissen, was aus denen geworden ist.

Kapitel 15

Das Französische Krankenhaus

Aber Unschuld verdirbt nicht. Selbst das Gebäude des alten Französischen Krankenhauses ist nicht mehr da – es stand gegenüber der Stelle an der 34. Straße West, wo heute der Lincoln-Tunnel herauskommt – völlig verschwunden. Beinahe unvorstellbar, daß ich dort in der Inneren Abteilung einmal auf den großen Griechen gestoßen bin und, splitternackt wie er war, mit ihm gerungen habe.

Der große Grieche hatte Lungenentzündung und lag, wenn man vom Flur hineinkam, im hinteren Bett links. Miss McGrath, alles andere als *»petite«*, badete ihn gerade hinter dem üblichen Wandschirm, als er ihr, wie ich später erfuhr, plötzlich mit geballter Faust einen Hieb zwischen die Augen verpaßte. Sie fiel rückwärts in den Wandschirm, über dem ein Laken hing, und ging damit zu Boden. Während sie sich hochrappelte, sprang er hinter ihr herum, nackt, ein Kerl mit Muskeln wie ein Preisringer. Als ich dazukam, stand er mitten im Flur und kämpfte um den Besitz des tönernen Wasserkrugs, den wir immer auf einem Tisch dort stehen hatten und den jetzt ein kleiner Bursche, der mit Typhus eingeliefert worden war, mit aller Kraft festhielt. Die Oberschwester und Miss McGrath versperrten ihm den Ausgang, dahinter standen die anderen Mädchen und sahen fasziniert dem Treiben zu.

Bei meinem Erscheinen ließ der Mann den Krug fahren und ging auf mich los. Ich mußte ihn mir packen. Zum Glück für mich war er krank gewesen und hatte noch immer hohes Fieber, 41° Celsius oder mehr. Ich umklammerte seinen Hals und versuchte ihn zu Fall zu bringen, aber er senkte mir die Zähne in die Schulter. Ich bekam einen Fuß hinter ihn, und wir gingen zusammen zu Boden, wobei ich glücklicherweise auf ihn fiel. Plötzlich hatte er keine Lust zum Kämpfen mehr. Ich ließ ihn aufstehen und führte ihn zu seinem Bett zurück. In diesem Augenblick aber zeigte sich alarmierend deutlich, daß er nackt war! Die Mädchen liefen auseinander; Gaskins, einer der Praktikanten, nahm ein Laken zwischen die Hände und schassierte idiotisch grinsend hinter uns her. Was für ein Clown.

Ich erinnere mich, daß Eugene Pool am Ende meiner Zeit im Französischen Krankenhaus mit der Frage an mich herantrat, was ich nun weiter vorhätte. Von ihm hatte ich den Spitznamen »der kleine Chirurg« bekommen, nachdem er mich eines Tages dabei angetroffen hatte, wie ich versuchte, einen Bartholindrüsen-Abszeß zu präparieren.

»Eins steht fest«, sagte ich zu ihm, »auf die Chirurgie werde ich mich nicht verlegen.«

»Warum denn nicht?«

»Ich habe keine Lust, mein Leben lang in anderer Leute Gedärmen herumzuwühlen.«

Er lachte. »Das finde ich sehr klug von Ihnen«, sagte er. »Es gibt viele junge Männer in Ihrem Alter mit dreimal soviel Erfahrung in der Chirurgie wie Sie, und die trotzdem Schwierigkeiten haben, es hier in der Stadt zu etwas zu bringen.«

»Ich werde mich in den Außenbezirken niederlassen«, sagte ich, »aber noch nicht gleich. Ich glaube, ich werde noch ein Praktikum in Geburtshilfe und Kinderkrankheiten machen und dann praktischer Arzt werden.«

»Sehr gut«, sagte er. »Wenn Sie in der Stadt bleiben, brauchen Sie zwanzig Jahre (zwischen Wunsch und Erfüllung müssen immer zwanzig Jahre vergehen), und wenn Sie dann endlich Boden unter den Füßen haben und sich einen Namen machen, sind Sie ein alter Knacker.« Mir war schon damals bekannt, daß Pool die Tochter eines der Direktoren des New York Hospital geheiratet hatte – völlig übergeschnappt, dachte ich, und dankte ihm. Sicher, Geld hatte er; ich hatte keins, und auch keine Vorstellung, wie ich je welches bekommen könnte.

Einmal brachte man uns einen französischen Fischer, der zwei Wochen lang in einem offenen Boot in den Grand Banks herumgeirrt war und sich bloß von einem Schluck Wasser und ein paar Keksen täglich hatte ernähren können. Er war ein kräftiger Mann gewesen, jetzt aber zu einem Haufen Haut und Knochen abgemagert. Ein andermal hatten wir es mit einem Franzosen – stark gebaut und mit dickem braunen Bart – aus dem spanischen Valencia zu tun; man hatte ihn aus Frankreich ins Exil geschickt, weil er royalistisch gesinnt war und, wie ich mir gut vorstellen kann, auch entsprechend gehandelt hatte. Wir hatten jede Menge Fälle von Malaria und Typhus unter den Seeleuten. Einmal schluckte ein Betrunkener eine Schale voll mit einer 1:10.000-Lösung Quecksilbersublimat herunter. Er biß die Zähne zusammen und weigerte sich, sich von uns den Magen auspumpen zu lassen. Klar, eine Spritze in den Arm durfte ich ihm geben. Warum nicht? Er wußte freilich nicht, daß ich ihm Apomorphin verpaßte. Es war ein zwerchfellerschütternder Anblick, wie seine Miene sich änderte, als das unkontrollierbare Erbrechen einsetzte. Einmal habe ich einem Matrosen ein Messer unterm Kopfkissen weggenommen. Die Krankenschwestern waren freundlich – wollten aber geheiratet werden.

Einmal lag ich im Französischen Krankenhaus nackt auf dem Rücken und ruhte mich aus, bevor es wieder in den Operationssaal zurückgehen sollte. Es war ein höllischer Sommertag, und ich war müde. Wie alt war ich da? Drei- oder vierundzwanzig, ehe sich mir vollkommen erschloß, was jenes Geheimnis namens »Liebe« zu bedeuten hatte. Kein Wunder, dachte ich, als ich mich an Doc Martins Vortrag zu diesem Thema erinnerte: »Jeder in diesem Raum hat schon einmal masturbiert, mich selbst nicht ausgenommen – wir sollten diese Sache nicht allzu wichtig nehmen.« Ich hatte nicht verstanden, was er damit meinte.

Die französischen Schwestern, die die Hauptlast der gewöhnlichen Arbeiten zu tragen hatten, waren immer freundlich zu mir, vor allem wohl deshalb, weil ich Französisch sprach. Es gab sie in allen Jahrgängen und Güteklassen, angefangen bei der fetten Schwester Pelagia – die sich immer selbst im Wege stand und die wegen ihrer gleichgültigen Unbeholfenheit von den Patienten gehaßt wurde – bis hin zu der kleinen naiven Elizabeth, einer Landpomeranze, die schockiert war, als sie erfuhr, daß ich, der doch so nett sein konnte, nicht katholisch war. Die gute Seele – für mich war sie ein kleines Rotkehlchen, oder ein Kätzchen.

Wieder ein ganz anderer Typ war Schwester Julianna, die Oberschwester, eine ältere Frau mit schwarzen Augen und messerscharfer Intelligenz. Sie war der Boß und alles andere als prüde. Eines Tages sprang eine alte Patientin, eine unserer »Chronischen«, aus einem Fenster im vierten Stock und schlug unten auf dem Betonboden des Lichtschachts auf. Es wurde Alarm gegeben. Ich sprang mit nackten Beinen in meine weiße Hose und rannte zu den Aufzügen. Schwester J. erwischte denselben Lift wie ich. Wir lachten, wir taten nur unsere Pflicht, keiner war sonderlich aufgeregt.

»Sehen Sie, wie ich angezogen bin«, sagte ich zu ihr.

»Na sehen Sie mal, wie *ich* angezogen bin«, sagte sie und hob sich den Nonnenkittel über die nackten Knie. Eine wunderbare Frau, ich hatte sie gern. Ich mußte sie gern haben und sie mich, denn mehr als einmal behielt ich meine Stelle nur dank ihrer Fürsprache.

Wir waren fünf Praktikanten, wenn man Krumwiede

mitzählt – was für ein Name im Französischen Krankenhaus! Wir nannten ihn »Der Zorn Gottes«, nach seinem Aussehen morgens beim Frühstück. Smith, der neben einer frisch operierten, schönen jungen Patientin auf den Rücken fiel – er hatte versucht, auf der Querstange am Fußende ihres Betts einen Handstand zu machen – seine Füße schlugen auf ihrem Kopfkissen auf! Maloney, der ungerechterweise entlassen wurde, weil er sich bei einem Zeitungsreporter über unser Essen beschwert hatte; und Gaskins, mein engster Freund – einer der übermütigsten und komischsten Männer, die ich je kennengelernt habe, und der beste Freund, den man sich denken konnte. Nach Maloneys Rausschmiß kam Eberhard, ein fetter Kerl aus Brooklyn.

Charles Krumwiede, der Pathologe, pflegte erst spät morgens aufzustehen, nachdem er bis zwei oder drei Uhr nachts in seinem 20-bändigen *System der anatomischen Mißbildungen* gelesen hatte. Gewiß hatten wir Respekt vor ihm, aber wir waren trotzdem sauer; denn wir mußten um sieben oder acht anfangen, und da kam es gar nicht gut bei uns an, wenn er zu einem gemütlichen Frühstück hereingeschlurft kam, während wir gerade den letzten Schluck dünnen Kaffee herunterstürzten und dann zum Dienst eilen mußten. Mich mochte Krumwiede besonders gern, denn er hatte ein Klavier. Er besaß Partituren diverser Opern und spielte auf dem Klavier die Orchesterpartien, wozu ich auf der Geige die Gesangsstimmen hinzufügte. Wir hatten prächtige Zeiten miteinander.

Einmal hatten wir vier Praktikanten ein Dienstmädchen, falls man das so nennen kann, sie war die Ungeschicklichkeit in Person, brachte uns aber wenigstens das Essen und steckte in einer Haut, die so prall gefüllt mit Leckerbissen war, wie ein junger Praktikant es sich nur wünschen kann. Sie war Irin, und sie war fix, stark und schlagfertig. Eberhard überrumpelte sie eines Tages und nahm sie in die Arme, aber sie versetzte ihm einen Schlag und riß sich los. Er ihr nach. Als sie durch die Glastür der Küche lief – er um Haaresbreite hinter ihr her –, schlug sie die Tür zurück, so daß seine kräftige rechte Pranke durch die Glasscheibe krachte – ohne ihn ernstlich zu verletzen. Nie habe ich vier Männer so schnell verschwinden sehen. Und nie bin ich dahintergekommen, wie sie das geschafft haben.

Ich war damals der Älteste. Zeitgleich mit dem Splittern des Glases, so schien es jedenfalls, stand die Oberschwester im Raum. Ich hatte mich nicht gerührt.

»Was geht hier vor?« brüllte sie.

»Nichts besonders Schlimmes, Schwester«, sagte ich. »Das Glas bezahlen wir.«

Sie sah mich kurz an und lächelte schließlich.

»Erzählen Sie mir, was passiert ist.«

Ich erzählte es ihr.

»Nun«, sagte Sie, »weil Sie es sind, wollen wir nicht mehr davon reden.«

»Ich danke Ihnen, Schwester.«

»Aber daß mir das nicht noch mal vorkommt.«

»Bestimmt nicht, Schwester.«

Eines Abends kam ich mit einer schweren Erkältung an. Ich konnte kaum sprechen. In der Vorhalle lief mir Schwester Julianna über den Weg und packte mich an der Schulter.

»Kommen Sie mit«, sagte sie. »Also ihr jungen Männer!«

Wir gingen in die Schwesternkantine; es war spät, der Raum war leer. Sie setzte mich an einen der kleinen Tische, holte eine Untertasse und stellte eine Teetasse darauf. Dann brachte sie ein Schälchen Würfelzucker, nahm von irgendwoher eine Flasche Brandy und machte sich an die Arbeit.

Als erstes legte sie drei Stück Würfelzucker auf den Boden der Tasse. Darauf plazierte sie zwei weitere und oben drauf noch eins: fertig war die Pyramide. Ich sah ihr gespannt zu. Als nächstes füllte sie die Tasse mit Brandy, und wenn ich sage »füllte«, dann meine ich es auch.

»He, warten Sie mal«, sagte ich.

»*Sie* warten jetzt mal«, sagte sie. »Das ist *meine* Sache.«

Und damit riß sie ein Streichholz an und entzündete das obere, brandygetränkte Stück Zucker. Wir sahen in die blaue Flamme, während sie mir eine Predigt über mein Verhalten hielt und allerlei Vorhaltungen machte. Der Brandy brannte und brannte – es dauerte mehrere Minuten, bis die Flamme flackernd ausging. Und jetzt – der Zucker hatte sich aufgelöst, die Lösung war von der Flamme erhitzt, der meiste Alkohol verdampft – zeigte sie auf die Tasse und sagte: »Trinken Sie!«

Ich kippte das Zeug mit einem Schluck runter.

»Und jetzt seien Sie brav und legen sich ins Bett.«

Vielleicht war es am nächsten Abend, jedenfalls ging ich am Schaufenster von Saks vorbei, an der Ecke 34. Straße und Sixth Avenue, und wurde dort Zeuge eines Vorganges, der mich wirklich verblüffte.

Es war kalt, naß und böig, kaum einer auf der Straße. Am Bordstein wartete ein Taxi, und mit dem Rücken zum Schaufenster stand eine junge Frau. Die Prostituierten des Viertels suchten diese Stelle häufig auf. Vor ihr stand ein Geistlicher und redete eindringlich auf sie ein. Ich konnte ihr ansehen, was da vorging. Ich hatte es schon einen halben Block vorher gesehen: er redete ihr ins Gewissen, versuchte sie auf den rechten Weg zu bringen. Sie hielt, leicht von ihm abgewandt, den Blick gesenkt, weigerte sich, ihm zuzuhören – und gerade als ich an den beiden vorbeiging, sah ich den Taxifahrer hinter ihm auftauchen. Der Priester bemerkte den

Mann erst, als er ihm von hinten auf die Schulter tippte. Er drehte sich um. Der Mann lud ihn und das Mädchen lächelnd in sein Taxi ein, dann könnten sie zusammen irgendwo hinfahren. Die zornige Entrüstung des frommen Mannes und das schuldbewußte Lächeln des Mädchens war alles, was ich noch mitbekommen konnte.

Dies war im französischen Viertel, wo Mouquin sein berühmtes Restaurant hatte, mit eisernen Fenstergittern und einer Außentreppe, die in die reichgeschmückte zweite Etage führte.

Die armen Priester, ich habe in diesem Krankenhaus so viel von Priestern – hauptsächlich Paulisten-Patres – und ihrem Elend erfahren, daß es für mein ganzes Leben gereicht hat. Ich habe ihnen den Magen ausgespült, sie so gut es ging getröstet und auch mehr als einen von ihnen sterben sehen. Sie taten mir leid. Einer erzählte mir, an seinem kranken Magen sei das Leben schuld, das er irgendwo in einer der weit außerhalb im Westen liegenden Gemeinden zu führen habe; manchmal müsse er zwischen zwei Kirchen fünfzehn oder zwanzig Meilen zu Pferde zurücklegen, um eine Messe zu halten, aber essen dürfe er erst nach Beendigung der letzten Messe. Ich war ein geduldiger Zuhörer. Der, an den ich jetzt denke, wollte sich von niemand anderem den Magenschlauch setzen lassen. Gott hab ihn selig.

Aber wir hatten alle möglichen Patienten. Eines Morgens kam eine arme Hure zu uns, sie war in furchtbarem Zustand. Ich kannte mich noch kaum mit Frauen aus und hegte für sie alle zärtliche Gefühle, besonders, und wem geht es anders, wenn sie noch einen Rest von Schönheit bewahrt hatten. Diese Frau war jung und vollbusig. Sie war grausam geschlagen worden. Ihre Augen waren zugeschwollen, ihre Lippen blutig, wo die Zähne sie aufgestoßen hatten, ihre Arme blutverschmiert und voller blauer Flecke. Aber vollends aus der Fassung brachte mich der Zustand ihrer Brüste; sie waren besonders übel zerkratzt, und auf einer sah man tief eingegrabene Zahnabdrücke, als ob irgendein Tier versucht hätte, das Gewebe herauszureißen.

Das alte Krankenhaus an der Vierunddreißigsten zwischen der Ninth und Tenth Avenue lag nur einen kleinen Block entfernt von der Stelle, wo damals die Ausschachtungsarbeiten für die neue Pennsylvania Station durchgeführt wurden. Täglich bekamen wir Opfer von Sandstrahlgebläsen in die Klinik geliefert. Aber eines Tages brachte man uns einen schweren Brocken von Mann herein; er trug einen schmutzigen Overall und war bewußtlos. Er hatte vom Ende eines Gerüsts Schotter aus einer Schubkarre auf den sechs Meter darunter liegenden Haufen gekippt und war dabei aus irgendeinem Grund mitsamt der Karre abgestürzt. Er war am ganzen Körper böse zugerichtet, blutete aus Mund und Nase und war, wie gesagt, bewußtlos. Ich sah ihn mir an, roch Whisky und sagte den Mädchen, sie sollten ihn entkleiden. Ich war mir nicht sicher, ob er eine Schädelfraktur hatte oder bloß simulierte. In einem solchen Fall ist es nicht immer leicht, eine Blitzdiagnose zu stellen.

Ich ging, um mich solange auf den Stuhl bei den Schautafeln zu setzen, hörte aber fast im selben Augenblick die Mädchen aufkreischen und hinter der Trennwand hervorstürzen.

»Was gibt's?«

»Sehen Sie doch.«

Ich ging hin und staunte nicht wenig über ihre Entdeckung. Der Mann war groß und massig und seine Sachen blutverschmiert, doch als sie ihm die äußeren Kleidungsstücke entfernten, erblickten sie darunter eine seidene Damenbluse mit kleinen Zierbändern über den Brustwarzen; seine Brust und schließlich seine Beine waren rasiert; er trug Damenschlüpfer und lange Seidenstrümpfe.

Die Mädchen wollten nichts mehr mit ihm zu tun haben. Ich rief den Pfleger, und das war's dann! Er war noch immer bewußtlos und offensichtlich in schlimmer Verfassung. Als man seine Frau von dem Unfall benachrichtigte und ihr von der ungewöhnlichen Kleidung ihres Mannes erzählte, sagte sie lediglich, er habe diese Dinge gern, er sei ein guter Ehemann und sie könne sich nicht über ihn beklagen. Sie war völlig aufgelöst über seinen kritischen Zustand und ging weinend wieder weg.

Am nächsten Morgen – der Mann hatte zweifellos eine Schädelfraktur und war noch immer bewußtlos – fuhr vor dem Krankenhaus ein prächtiger offener Wagen vor, Baujahr 1907; eine ungewöhnliche Luxuskarosse, der eine Gestalt entstieg, wie man sie nicht so bald vergessen kann. Er war über einsfünfundachtzig groß, hielt sich sehr aufrecht und war auf eine Weise gekleidet, die jeden anderen in seiner Nähe wie einen Lakaien erscheinen ließ. Er erkundigte sich nach seinem Freund, dem verletzten Arbeiter. Ich sprach mit ihm in der Vorhalle. Seinen wirklich schönen Kopf bedeckten schlohweiße Löckchen. Er war ruhig, aber bestimmt. Ich teilte ihm den Zustand seines Freundes mit und sagte ihm, was zu erwarten sei.

»Verlegen Sie ihn auf ein Einzelzimmer. Geben Sie ihm das Beste, was Sie haben.« Nein, sehen wolle er ihn nicht. »Schicken Sie alle Rechnungen an mich.« Er nannte mir seinen Namen – einen der prominentesten im ganzen Bundesstaat – und kam fortan täglich vorbei, um sich nach dem Befinden des Mannes zu erkundigen. Als der Mann starb, erhielt seine Frau den Leichnam zurück, und er bekam ein anständiges Begräbnis.

Kurze Zeit darauf mußte Maloney gehen. Er ging nicht freiwillig. Eines Nachts hatten wir einen Notfall. Ich kümmerte mich darum, obwohl ich den Anfang nicht mitbekommen hatte. Ein Taxi fuhr an der Notaufnahme vor. Ehe wir irgendwen erkennen konnten, wurde ein junger Bursche hinausgestoßen, und schon waren seine Freunde wieder verschwunden. Also untersuchten wir ihn und entdeckten in seiner Brust eine Stichwunde, nicht allzu schlimm. Aber damals war jede Brustverletzung schlimm, und wir nahmen ihn auf – er war noch ein Junge, nicht mal zwanzig.

Aber am nächsten Tag hatten wir die Reporter am Hals; sie drängten sich an der Empfangsschwester vorbei, quollen unangemeldet aus den Aufzügen, versuchten eine Story zu ergattern. Es gab keine nennenswerte Story, bloß eine Messerstecherei. Also begann einer der Schlaumeier von der Presse nach irgend etwas herumzuschnüffeln, das er der Stadtredaktion übermitteln könnte. Wie er darauf gestoßen ist, weiß ich nicht, aber jedenfalls bekam er Maloney zu fassen und fragte ihn, vielleicht nur beiläufig, wie denn so das Essen sei. Zufällig war es damals gerade schauderhaft, was in gewissen Krankenhäusern häufig vorkommt, und wir hatten nicht selten darüber gelästert. Zum Beispiel hatte man uns einmal das Hirn irgendeines Tieres serviert; ob Schaf, Kalb oder Schwein, war nicht zu erkennen. Es lag ohne jede Beilage auf der Platte und sah aus, als käme es direkt vom Obduktionstisch. Wir hätten es beinahe aus dem Fenster geschmissen.

Jedenfalls verbreitete sich der arme Maloney über unsere Bauchschmerzen, und der Reporter machte einen Knüller daraus. Wenn ich mich recht erinnere, gab es um diese Zeit in anderen Krankenhäusern der Stadt ähnliche Vorkommnisse, so daß wir lediglich die Bestätigung lieferten. Maloney wurde vor die zuständige Behörde zitiert und gefeuert. Meine Dienstzeit wurde um sechs Monate gekürzt, so daß ich nicht zwei, sondern nur anderthalb Jahre in dem Krankenhaus arbeitete, bevor ich in die Entbindungs- und Kinderklinik kam. Ein großer Einschnitt in meinem Leben.

Gaskins war mir sechs Monate voraus. Sein Leben bot Stoff für ein ganzes Buch: ein geborener Komödiant, rundlich, nicht größer als einsfünfundsechzig, kleiner blonder Schmetterlingsschnurrbart und großer runder Kopf – man lachte, wenn man ihn nur ansah. Nach Abschluß seines Praktikums wollte er nach Jacksonville, Florida, gehen, wo sein Vater als Vertreter der Standard Oil Company arbeitete. Er hatte vor, sich das größte Automobil zu kaufen, das er bekommen könnte. Er wollte es rot anstreichen, den Kofferraum mit chirurgischen Instrumenten vollstopfen und damit durch die Straßen fahren; und genau das tat er dann auch und wurde zu einem der bekanntesten Gynäkologen von Florida. Gaskins witterte überall Amtsmißbrauch. Als er mich zum erstenmal sah – mein Name hatte ihn einen groben rotblonden Waliser erwarten lassen –, stieß er ein wildes Johlen aus.

»Da haben wir's, da haben wir's. Hab ich's nicht gleich gesagt?« Er machte Henna und familiäre Beziehungen und was sonst noch alles dafür verantwortlich, daß ich die Stellung im Krankenhaus bekommen hatte. Aber die Wahrheit sah anders aus: als ich bei der Prüfung einem Patienten den Befund stellen sollte, bat ich um einen Gummihandschuh, nahm an dem armen Burschen eine rektale Untersuchung vor und diagnostizierte einen inoperablen Krebs – oder zumindest eine Geschwulst, die, wie ich behauptete, eindeutig bösartig sei. Krumwiede sagte, mir sei die Malaria des Mannes entgangen; er habe eigens einen Blutausstrich bereitgelegt, an dem ich das hätte erkennen sollen, doch ließ er das durchgehen. Von Schwester Julianna erfuhr ich später, ich hätte eine gute Note bekommen. Einer meiner Rivalen von Johns Hopkins sei über das Ergebnis sehr verärgert gewesen. Gaskins blieb überzeugt davon, daß Henna an der Sache gedreht haben müßte.

Nie habe ich in einer kurzen Freundschaft mehr Spaß gehabt. Wir beide waren harte Arbeiter, aber es gelang uns, dieses Jahr im Krankenhaus, ob Sommer oder Winter, zu einem fröhlichen Fest zu gestalten. Im Sommer setzten wir einmal alles aufs Spiel, was wir uns erhoffen durften, und stiegen um Mitternacht in den Schlaftrakt der Schwestern im fünften Stock, um mit ihnen zu tanzen; sie in Nachthemden und wir in Pyjamas. Sie können mir ohne weiteres glauben, daß wir nicht lange da geblieben sind.

Der arme Kerl starb 1918 nach kurzer Krankheit während der großen Grippeepidemie, von welcher die Weltbevölkerung dezimiert wurde.

Schwester Eleanor war von einem ganz anderen Schlag als die kleine Landpomeranze Elizabeth. Sie war ausdrücklich von der den Schwestern auferlegten Vorschrift befreit, nach der sie immer und bei allen Gelegenheiten ihre Tracht zu tragen hatten. Im Operationssaal, ihrem Arbeitsgebiet, durfte sie das schwarze Übergewand ablegen und beim Schrubben ihre schönen Arme bis zu den Schultern entblößen. Sie erschien dann in makellosem Weiß – unten trug sie natürlich einen voluminösen Rock, aber ihr Oberkörper stak von der Hüfte aufwärts in einem gestärkten Leibchen, das ihr ausnehmend gut stand. Große dunkle Augen, volle Lippen, und eines Tages sagte sie in ausgezeichnetem Englisch zu mir: »Doktor Williams, wenn ich keine Schwester wäre, würde ich Sie heiraten!«

Dann lachte sie.

»Nun«, sagte ich, »wenn Sie keine Schwester wären ...« Und auch ich lachte.

Im alten Französischen Krankenhaus habe ich meinen ersten Patienten sterben sehen – in dem Zimmer zwischen den Abteilungen, wohin die Patienten verlegt wurden, die in den letzten Zügen lagen. Für einen jungen Mann ein bedrückender Anblick. Aber dann ist der Mann gestorben, du stehst mit einer jungen Schwester daneben, sie sieht dich an, und plötzlich bist du allein mit ihr.

Es gab dort eine Schwesternschule, an der Mädchen von den Schwestern zu Helferinnen ausgebildet wurden. Das war auch so etwas. Wir schlichen uns bei Nacht aufs Dach, versteckten uns hinter dem Wassertank und betrachteten die Sterne. Aber mein geregeltes Leben gönnte mir nicht viele solcher Späße. Der alte Eberhard versuchte ständig, mich zur Hurerei anzustacheln; ich erinnere mich, wie er einmal zu mir sagte, er habe diese Nacht zwei Mädchen für uns in einem Zimmer in Brooklyn. Er war sehr ungehalten, weil ich nicht mitgehen wollte, und erzählte mir später, er habe sich fürstlich mit den beiden amüsiert.

Kapitel 16

»Der Zorn Gottes«

Krumwiede, »Der Zorn Gottes«, wie wir ihn nannten, war in jenen Tagen ein hervorragender angehender Pathologe. Er las ohne Ende; sein Labor hielt er, soweit seine Ausrüstung es zuließ, peinlich genau in Ordnung. Ich hegte viel Sympathie, aber auch Respekt für diesen

Mann, und er für mich – in fast jeder Hinsicht. Ich bewunderte diese deutsche Liebe zum Detail, diese Gründlichkeit, diese unerbittliche Entschlossenheit, einem Problem zu Leibe zu rücken, bis der schwer faßbare Kern bloßgelegt war. Aber ich konnte das nicht so gut wie er. Als er einmal seine zwei Wochen Urlaub nahm – mehr gab es für uns alle im Sommer nicht –, übertrug er die Verantwortung mir.

Nun, es gab im alten Französischen Krankenhaus eine Menge Fälle von Malaria zu behandeln. Da ich einige Übung darin hatte, das Plasmodium auf den Ausstrichen zu erkennen, ging Krumwiede davon aus, dieses spezielle Detail getrost mir überlassen zu können.

Die Ausstriche wurden unten gesammelt, oder ich fertigte sie selbst an, färbte sie ein und besah sie im Mikroskop. Ich entdeckte in diesem Sommer eine Reihe von Malariafällen und nahm sie in Behandlung. Aber um vollkommen sicher zu gehen, hatte Krumwiede mir eingeschärft, daß ich jeden Ausstrich, korrekt mit Namen versehen, aufbewahren sollte, damit er meine Ergebnisse nach seiner Rückkehr überprüfen könne. Und als er dann zurückkam, entdeckte und bewies er mir, daß ich mehrere positive Proben übersehen hatte. Sein Gesicht sprach Bände: ich, ein Mann, dem er vertraut hatte, hatte ihn so sehr enttäuscht – ich sah mich tief und für immer in seiner Achtung sinken.

Ich blieb zwar sein Freund, spürte aber, daß er mich in eine weit tiefere Kategorie eingestuft hatte als zuvor. Er liebte seine Ausstriche. Und wer seine Blutausstriche entweihte, war für ihn kaum besser als ein Krimineller.

Das alte Französische Krankenhaus war selbst für damalige Verhältnisse kein besonders modernes Haus. Wie in allen Krankenhäusern wurde auch hier ein endloser Kampf gegen das Ungeziefer geführt. Und dies war ein altes Gebäude.

Für den Wiedal-Test kamen ein oder zwei Tropfen Blut auf einen Objektträger; diese wurden gesammelt, getrocknet und ins Labor hinaufgeschickt. Manchmal bekam Krumwiede ein Dutzend auf einmal zur Untersuchung. Sie wurden, mit Namenszetteln versehen, auf den Labortisch gelegt, so daß der Pathologe sie am nächsten Morgen testen konnte. Aber am Morgen war kein Tropfen des getrockneten Blutes mehr darauf zu finden. Die Kakerlaken hatten alles ratzekahl weggefressen. »Der Zorn Gottes« stampfte wütend auf und ab, raufte sein widerspenstiges Haar und fluchte auf alle, die irgendwie mit diesem Unglück zu tun hatten.

»Warum haben Sie das nicht abgedeckt? Wenn Sie selbst zu wenig Hirn besitzen, es von allein zu tun, warum fragen Sie dann nicht jemanden, der es weiß?«

Eines Tages trat er unschlüssig an mich heran und bat um meine Mithilfe. Die anderen hätten ihm nicht einmal zugehört. Er hatte nämlich eine Idee. Und in dieser Nacht wollte er sie ausführen. Niemand sonst sollte davon erfahren – man hätte ihn ausgelacht –, aber es war ihm vollständig ernst, es war ihm geradezu wahnsinnig ernst, als er mich aufforderte, ihm in das dunkle Labor zu folgen.

Als wir die geschlossene Labortür erreicht hatten, sagte er mir, was er vorhatte, und übergab mir gleichzeitig eine Dose mit Äther und eine Nadel, mit der ich ein Loch in die weiche Metallkappe stoßen konnte. Bei absoluter Finsternis schoben wir nun die Tür auf und gingen auf Zehenspitzen hinein. Ich übernahm einen Teil der Tische, während er sich an einer anderen Stelle postierte. Ich machte ein Loch in meine Ätherdose. Er, ebenso bewaffnet, tat das gleiche.

»Also! Wenn ich das Licht anmache«, flüsterte er, »zeigen wir's ihnen. Fertig? Los!«

Eine Hundertschaft Kakerlaken, manche so lang wie mein kleiner Finger, versuchte nach den Zuleitungsrohren an der Wand und in den Winkeln um das Waschbecken zu entkommen – die Tische waren bedeckt mit ihnen! Doch als sie nach den Schlupflöchern flitzten, lenkte ich den nadelfeinen Ätherstrom auf ihren Fluchtpunkt und ließ sie durcheinanderpurzeln. Er tat das gleiche. Im Handumdrehn hatten wir zwei Dutzend oder mehr abgeschlachtet, und er zielte wütend auf die Nachzügler. Er äußerte ein grimmiges Entzücken, obwohl er ebenso leicht wie ich erkennen konnte, daß viel mehr geflohen waren, als wir getötet hatten. Ich weiß nicht, wie lange wir noch weitergemacht haben. Aus meiner Sicht war die Sache hoffnungslos.

Der arme Krumwiede, später wurde er Leiter des Gesundheitsamts von New York City. Ein Mann, vor dem ich Respekt hatte.

Obwohl ich wußte, daß er noch längst keine dreißig war, kam der Mann mir alt vor. Auch war er für mich der typische Deutsche, ein Denker, ein Mann, der sich der nüchternen Wahrheit verschrieben hatte, der geborene Wissenschaftler. Ihn interessierten nur Fakten, Dinge, die in Büchern zu finden waren – zumindest lag in Büchern oft der Schlüssel zum Verständnis einer intelligenten Interpretation der Natur.

Man nenne einen solchen Mann einen Skeptiker, einen Agnostiker, aber damit bezeichnet man nur seine Oberfläche. Er ist ein Gläubiger, er hat einen Glauben, der die härtesten Schläge aushält und für den er es bereitwillig mit jeglichem Widerstand aufnimmt, um dem, was seiner Überzeugung nach die Wurzel des betreffenden Problems ist, auf den Grund zu gehen. Er hält seine Sinne offen und haßt nur die Dunkelheit, die ihm genaue Erkenntnis verwehren möchte. So gesehen, nach dem alten Stereotyp, war Krumwiede ein Ungläubiger – einer, der den Gefangenen, den Menschen, der zu denken aufgehört hat, für eine Jammergestalt, ja mehr oder weniger für einen Idioten hält. Er konnte solche Menschen nicht ertragen und rechnete mich nicht darunter. Wenn er solch einen anderen bewunderte oder ihm zugetan war, bemühte er sich folglich, ihm zu geben, was er, Krumwiede, für sein Bestes hielt, und dies war eben seine Skepsis gegenüber der herkömmlichen Religion. Er wollte den anderen befreien, einen besseren Menschen aus ihm machen.

Bei mir brauchte er sich nicht anzustrengen, denn ich verstand und achtete ihn bereits. Aber eines Tages erzählte er mir von einem Collegefreund, einem Katholiken, den er ein Jahr lang eifrig bearbeitet hatte, um ihm den Wert wissenschaftlichen Bewußtseins zu demonstrieren – nennen wir es einen Prä-Whitehead-Glauben an die Wissenschaft als die für einen wirklich intelligenten Menschen einzig mögliche Geisteshaltung. Und er hatte Erfolg mit seiner Attacke. Nach geduldiger und sorgfältiger Arbeit überzeugte er seinen Freund davon, daß sein bisheriger Glaube unhaltbar und die Wissenschaft das Größte sei. Aber, wie Krummie mir gestand, mußte er zu seinem Entsetzen bald feststellen, daß es ihm nur gelungen war, seinen Freund zutiefst unglücklich zu machen. Anfangs glaubte er, das werde sich geben, aber als der Mann nach einem Jahr noch immer nicht aus seiner Deprimiertheit gefunden hatte, faßte Krumwiede, wie er mir erzählte, den Entschluß, sich nie wieder in die ererbten Überzeugungen eines Menschen einmischen zu wollen.

»Sollen sie glauben, was sie wollen. Was macht das schon für einen Unterschied?«

Ich lächelte, da ich weder so noch so betroffen war; wir errichten großartige Systeme auf der Phantasie und wollen ihr doch nie die Herrschaft anvertrauen.

Kapitel 17

Teufels Küche

In der Entbindungs- und Kinderklinik, Ecke 61. Straße und Tenth Avenue, wo ich fast ein Jahr lang mein zweites Praktikum absolvierte, war die Situation völlig verschieden von der, die ich im Französischen Krankenhaus kennengelernt hatte. Zunächst einmal lag die Klinik in einer anderen Gegend. Zwar noch immer auf der Westseite der Stadt, aber etwas weiter uptown in einem berüchtigten Viertel, San Juan Hill genannt nach jenem berühmten Hügel auf Kuba, der im spanisch-amerikanischen Krieg von einem Farbigen-Regiment angegriffen und erobert worden war. Früher hatte es schlicht Hell's kitchen geheißen.

Pound war nach London gegangen. Und wenig später begannen von dort seine Bücher einzutreffen: *Personae* (sein erster Erfolg) und dann *Exultations.* »Komm rüber«, hatte er mir geschrieben, »und hilf mir, einen dicken Batzen zu kauen.« Aber wie konnte ich weg? Dann schrieb mir eines Tages Hilda Doolittle, daß auch sie nach London gehen werde. Das überraschte mich. Ich fuhr zum Hafen, um ihr Lebwohl zu sagen, und da saß sie auf einem Koffer; neben ihr der alte Astronom, ihr Vater, wortkarg wie immer. Ich bezweifle, daß er mich überhaupt wahrgenommen hat. Es war ein trostloses Bild.

Irgendwann vor Hildas Entschluß, ins Ausland zu gehen, war Ezra wegen eines Anfalls von Gelbsucht in die Staaten zurückgekommen und hatte eine Woche lang in unserem Haus in Rutherford gewohnt. Eines Tages unternahmen wir einen Spaziergang um die alte Kipp-Farm, die damals das Zentrum von Rutherford einnahm. Ezra fürchtete ständig, sich eine Lungenentzündung zu holen, und hatte sich von Ed einen dicken weißen Pullover geliehen, einen normalen Football-Sweater, der ihn vor dem kalten Wind schützen sollte. Als wir die Union Avenue hinuntergingen, Ez wie immer stolz ausschreitend, sagte ich zu ihm: »Sieh mal, Ez, der Winterweizen (er stand etwa zehn Zentimeter hoch) kommt, um dich zu grüßen.«

»Das ist der erste intelligente Weizen, den ich je gesehen habe«, lautete seine Antwort. So empfand er wirklich. Solche Gedanken lagen bei ihm immer nahe. Das schien ihm angemessen.

Ezra hat immer wieder behauptet, ich würde in meinem Leben den väterlichen Anteil zugunsten des mütterlichen vernachlässigen. Oh, das Weibliche ist schon wichtig, räumte er ein, aber die Gestalt, wenn nicht gar die Richtung meines Lebens habe der alte Herr, der Engländer mir vorgegeben, und dies wolle ich nicht eingestehen. Seiner Behauptung, Pop sei Engländer, setzte ich zuweilen den Einwand entgegen, daß er auf einer karibischen Insel, also eher in tropischen Gewässern als in der Nähe der Ostsee aufgewachsen sei. Dennoch war er, das mußte man zugeben, im Grunde ein nordischer Typ. Er beharrte zäh auf seinen Prinzipien, das kann man wohl sagen, und wenn er mit einer Sache anfing, verfolgte er sie bis zum bitteren Ende, um herauszufinden, was es damit auf sich hatte. Wenn ihm etwas unbegreiflich blieb, lehnte er es schließlich ab, und das war etwas anderes als Mutters versöhnliche Art, der Welt entgegenzutreten.

Als Ezra einmal für kurze Zeit bei uns wohnte, betrachtete Pop ihn mit einigem Argwohn. Daß Ezra eine ganze Menge wußte, erkannte er an, nur war Pop sich durchaus nicht sicher, *was* er wußte. Er wußte auch, daß Ezra als mein Freund in unserem Haus willkommen war. Er war neugierig auf ihn: er wollte diesen jungen Mann Theorien entwickeln hören, die er, der ältere, im großen ganzen grundsätzlich ablehnte; doch als intelligenter und großmütiger Mann wollte er meinem Freund Gelegenheit geben, sich zu äußern. Mit anderen Worten, er wollte, daß Ezra ihm seine Gedichte vorlas, daß er sie interpretierte, wenn er dies wünschte; anschließend würde mein Vater sich eine Meinung bilden und zu einem Urteil über ihren Wert kommen.

Also las Ezra eines Abends einige Gedichte vor. Pop lauschte. Ich lauschte ebenfalls, Mutter saß schweigend dabei. Er las natürlich aus seinen frühen Sachen, und mir war klar, das mußte ihnen unverständlich bleiben. Aber an einem Gedicht hielt Pop sich besonders lange auf. Ezra hatte ein kurzes Stück über die Rücken gewisser Bücher geschrieben, die bei uns im Schrank standen, oder falls nicht bei uns im Schrank – obwohl ich meine, daß er es bei uns geschrieben hat –, zumindest in irgendeinem Bücherschrank. Er sprach in dem Gedicht von gewissen Juwelen, roten und blauen und grünen. Die Idee war nicht schlecht, und Ezra führte sie mit beträchtlichem Geschick und Leidenschaft aus. Pop konnte nichts damit anfangen.

»Was haben diese ganzen Juwelen zu bedeuten?« fragte er. Ich muß sagen, daß ich mir selbst nicht vollständig im klaren darüber war. »Sie haben das schön erzählt«, fuhr Pop fort, »aber ich weiß nicht, wovon Sie reden.«

Ich erinnere mich nicht mehr genau, was danach kam und was Ezra darauf antwortete oder wie er es anpackte. Aber da Pop und Ezra gut miteinander auskamen und Ezra den Älteren respektierte, dürfte es schlicht und offen mit der Feststellung geendet haben: »Die Juwelen, von denen ich spreche, sind die Rücken von Büchern in einem Bücherschrank.«

»Aha«, sagte Pop. »Natürlich«, fuhr er fort, »Bücher sind Ihnen als Dichter und Mann des Geistes teuer, Sie sehen darin einen Schatz und nennen sie daher Juwelen. Das verstehe ich. Aber wenn es das ist, was Ihr Leser verstehen soll, was einen intelligenten Eindruck auf ihn machen soll – warum sagen Sie dann nicht, daß es sich um Bücher handelt?« Ezra scheint diese Lektion nie vergessen zu haben.

In diesen Tagen machte Ezra einen Vorschlag, über den mein Vater, als ich ihn deswegen fragte, nur den Kopf schütteln konnte. Es ging um folgendes: Wir sollten uns einen großen Vorrat »606« – das neue arsenhaltige Antisyphilitikum, mit dem Ehrlich vor kurzem an die Öffentlichkeit getreten war – anschaffen und damit unverzüglich an die Nordküste Afrikas reisen und ein Geschäft eröffnen. Wir beide, ich mit meiner medizinischen Ausbildung und Erfahrung, er mit seinen sozialen Neigungen, könnten mit der Behandlung all der reichen alten Nabobs dort – vermutlich allesamt von der Krankheit befallen – eine Million absahnen und uns nach spätestens einem Jahr für unsere literarischen Vergnügungen zur Ruhe setzen. Vielleicht war ja etwas dran, ich weiß es nicht. Aber wenn ich Ez je etwas von einer Herxheimer-Reaktion erzählt hätte, würde er gedacht haben, ich rede wie ein deutscher Bauer aus Pennsylvanien. Risiken? Die praktischen Details kümmerten Ezra nicht. Mich erinnerte das zu sehr an einen Job, der mir einmal angeboten worden war – einen reichen, aber wahnsinnigen jungen Mann mit gemeingefährlichen Veranlagungen auf einer Europareise zu begleiten. Aber Ezra konnte meine Einwände nicht verstehen. Wir ließen es bleiben.

Wie ich überhaupt in die Entbindungs- und Kinderklinik geraten bin, weiß ich nicht mehr. Vermutlich war es einfach so, daß ich mich beworben habe und sie mich genommen haben. Keine Woche nach dem Ende meines Praktikums am Französischen Krankenhaus habe ich dort angefangen. Doc Richardson arbeitete schon länger dort; wir waren nur zu zweit. Ich hatte unbedingt unter der Leitung von Charles Gilmore Kerley arbeiten wollen, einem der führenden Pädiater jener Tage, und war sehr zufrieden mit meinem Glück.

Die Situation in diesem Haus war völlig verschieden von der im Französischen Krankenhaus, so verschieden wie Tag und Nacht; die Organisation hier war sehr viel freier, und es gab keine Barmherzigen Schwestern. Das eben erst fertiggestellte Hauptgebäude lag an der Ecke 61. Straße und Tenth Avenue, ein sechsstöckiger Backsteinbau unmittelbar gegenüber dem verrufensten Block der kriminellen West Side von New York, San Juan Hill oder Teufels Küche, wie man es damals nannte. Nach Einbruch der Dunkelheit gingen wir, Männer und Frauen, nur selten ohne Begleitung aus. Praktisch jedes Wochenende gab es Schießereien, Krawalle und Schlimmeres. Angeblich war dieser Block, der am dichtesten bevölkerte der ganzen Stadt, von einem komplexen Tunnelsystem durchzogen, so daß jemand, der vor der Polizei das Weite suchte, nur irgendeinen Eingang zu erreichen brauchte, um auf Nimmerwiedersehen zu verschwinden.

Unsere Kinderabteilung lag hinter dem Hauptgebäude mit der Wöchnerinnenstation. Ein zweistöckiger Backsteinwürfel mit links und rechts je zwei Krankensälen zu acht Betten auf jeder der beiden Etagen.

Die Leitung des Hauses – das Pflegepersonal ausgenommen – war durch und durch korrupt. Es gab dort einige Schwestern aus verschiedenen auswärtigen Krankenhäusern, die hier ihre pädiatrische und geburtshilfliche Ausbildung bekommen sollten, aber eine Schule gab es nicht. Verantwortlich für diese Ausbildung war Miss Cuthbertson, eine große, freimütige Kanadierin. Miss Malzacher, ein dunkles verschwitztes Wesen mit verstohlenen, hervorquellenden Augen, kümmerte sich um die geschäftlichen Dinge, und eine andere sanfte, dicke kleine Frau, deren Namen ich vergessen habe, führte die Oberaufsicht im Haus, eine dekorative kleine Gestalt um die fünfzig, die Richardson und mich mit ausgezeichnetem Essen versorgte, aber das war auch alles. Tatsächlich sagte sie einmal, nur auf diese Weise sei es ihr möglich, im Haus wohnende Ärzte zu halten: indem sie ihnen gut zu essen gebe. Unsere Schlafräume waren nichts, schlimmer als nichts, und obendrein nicht selten mit Wanzen verseucht. Aber das Essen war wunderbar, und in unsere Arbeit mischte sich so gut wie niemand ein. Ich kann mich noch an diese Mahlzeiten zu viert mit der Chefin und Miss Cuthbertson erinnern. Madame legte Wert darauf, daß Braten, Hühner und anderes Fleisch, das sie auftischte, vom Dienstälteren tranchiert werden sollten. Sie hielt es für ihre Pflicht, uns Manieren beizubringen. Wir aßen ihr buchstäblich aus der Hand. Miss Cuthbertson war unsere Freundin. Wir vertrugen uns prächtig in diesem kleinen intimen Eßzimmer auf dem hinteren Flur des alten Teils des ursprünglichen Gebäudes.

Arbeit gab es reichlich. Das war, aus medizinischer Sicht, das einzig Gute an diesem Haus. Ich habe in meiner Zeit dort dreihundert Babys auf die Welt geholt und jede Komplikation erlebt, die man sich denken kann.

Ich habe dort Frauen, eine bestimmte Art von Frauen, kennen- und bewundern gelernt. Sie führten ein hartes Leben, hatten sich aber dennoch eine gewisse Sanftheit und Freundlichkeit bewahrt, womit sie allem, was ein Mann unter gleichen Umständen zu bieten haben könnte, weit überlegen waren. Ich habe noch keine einzige Frau erlebt, ob schwarz oder weiß, die mir nicht, wenn ich sie halbwegs anständig behandelte, eine Chance gegeben hätte.

Im Kreißsaal führte Miss Diamond, die vorne einen Goldzahn trug, vortrefflich das Kommando. Miss Becksted, Chefin des Pädiatrischen Dienstes, eine robuste kleine Engländerin, zählte ebenfalls zu meinen Freunden. Zu Anfang glaubte ich mir nichts Besseres wünschen zu können. Miss Diamond war die richtige Frau am richtigen Ort. Wie sie einmal sagte: »Ich werde noch mal unter den Fenstern der sechsten Etage ein meterhohes Spruchband ums Haus wickeln, mit der Aufschrift: STÜNDLICH FRISCHE BABYS IN JEDER GEWÜNSCHTEN FARBE, 100% UNEHELICH!«

Und das war kein Scherz. Unsere Patientinnen waren der Abschaum der Stadt, eine feine Bande. Einmal sollte ich Miss Diamond helfen, fünf von ihnen, die sich eine Schlägerei lieferten, auseinanderzubringen. Sie lagen, alle kurz vor der Niederkunft, auf dem Steinboden eines der oberen Gänge und knurrten und fauchten wie die Katzen. Miss Diamond sagte mir, zwei oder mehr von ihnen seien von demselben Mann schwanger, und die anderen hätten sich auf die eine oder andere Seite geschlagen. Sie packte eine am Fuß und versuchte sie aus dem Haufen zu ziehen, aber sie war so kräftig und der Boden so glatt, daß sie die ganze geifernde Masse nur hin und her zerrte. Ich stand daneben, sah ihr zu und zögerte, mich dort einzumischen.

»Packen Sie ein Bein, und ziehen Sie in die andere Richtung«, kreischte sie. Also tat ich ihr den Gefallen, konnte aber den armen Dingern nicht weh tun.

»Ziehen!« sagte sie. Aber das brachte auch nichts, da die Frauen sich gegenseitig in den Haaren verkrallt hatten.

»Na *schön*, ihr Miststücke«, sagte sie zu ihnen, »dann hol ich jetzt die Ätherdose!« Und das tat sie. Sie nahm ein Handtuch, tränkte es mit Äther und ging damit auf sie los. Und da endlich ließen sie voneinander ab und rappelten sich schweigend hoch. Ich sagte, daß ich so etwas noch nie erlebt hätte.

»Ah, das war noch gar nichts. So was kommt hier immer wieder vor. Die brauchen nur eine Rädelsführerin, und schon geht's rund. Ich weiß jetzt, wer das ist, und die behalte ich im Auge. Das wird nicht noch einmal passieren.«

Miss Diamond – ich glaube, ihren Vornamen habe ich nie erfahren – war eine große Wasserstoffblondine mit spitzem Kinn und einem Goldzahn mitten im Gesicht. Jung und durchaus nicht übel anzusehen, erinnerte sie ein wenig an Mae West. Meist kuschten die Frauen, wenn sie eine strenge Miene aufsetzte und ihre blauen Augen blitzen ließ; aber sie war eine gute Krankenschwester, die rasch zupacken konnte. Letztlich wußten die Frauen, daß sie auf ihrer Seite stand. Sie respektierten sie. Ich tat es auch. Sie hat mir viel über Geburtshilfe beigebracht.

Als ich im Sommer mein pädiatrisches Praktikum angetreten hatte – am Französischen Krankenhaus hatte es nichts dergleichen gegeben –, war ich von der Arbeit fasziniert und wußte sofort, dabei würde ich bleiben. Wie man sich denken kann, bekamen wir alle möglichen Fälle eingeliefert. Die meisten Findelkinder der Stadt landeten bei uns, wenn Bellevue sie nicht haben wollte.

Ich werde diesen Sommer nie vergessen. Eine wohltätig gesinnte Frau vom Riverside Drive, damals eine vornehme Gegend, bot uns ihre Wohnung als Genesungsheim an, wobei sie nur die eine Bedingung stellte, daß wir keine kranken Kinder dort unterbringen dürften, das heißt sehr kranke Kleinkinder, die womöglich dort sterben könnten.

Dem wurde zugestimmt. Sie hatte die Möbel aus Wohn- und Eßzimmer entfernt, Spiegel und Teppiche mit Vorhängen und Läufern abgedeckt. Wir stellten auf beiden Seiten Kinderbetten auf und betrauten einige Schwestern und Krankenpflegerinnen mit der Fürsorge für ein Dutzend oder mehr Kleinkinder, die dort untergebracht werden sollten. Es war eine schöne Geste von dieser Frau, und wir hielten uns peinlich genau an unsere Abmachung.

Aber wie es unter solchen Umständen nun einmal ist, passierte doch etwas und machte alle unsere Pläne zunichte. Eins der Kinder bekam eine schwere infektiöse Gastroenteritis und war, ehe wir es uns versahen, binnen drei Tagen gestorben. Darauf waren wir nun gar nicht vorbereitet. Die Dame durfte nichts davon erfahren, aber wir mußten natürlich irgend etwas mit dem Leichnam machen. Und so erhielt ich, als einer der Kinderärzte der Klinik, den Auftrag, die Sache zu vertuschen. Ich sollte mit der Straßenbahn zur Wohnung fahren und das tote Kind in einem Koffer, der mir gestellt wurde, zu uns in die Leichenhalle bringen. Und so saß ich denn, den Koffer unter meinen Knien, in einem öffentlichen Verkehrsmittel und schaute mich um. Ich war nicht glücklich damit und malte mir aus, was alles passieren könnte, wenn der altersschwache Behälter aufklappen und die Leiche des Kindes genau im falschen Moment herausfallen würde. Ich kann Ihnen sagen, ich habe reichlich geschwitzt. Und als ich es geschafft hatte, sagte ich den anderen: Nie mehr!

Binnen ein oder zwei Tagen war die ganze Gruppe angesteckt; wir verloren 90% dieser Kinder, aber eine zweite Leiche habe ich nicht mehr abgeholt. Die Sache mußte aufgegeben werden.

Als ich bei den Säuglingen und anderen Kindern in dem kleinen Gebäude hinter der Entbindungs- und Kinderklinik meinen Dienst tat, erhielt ich einmal Besuch von Viola Baxter, einer Freundin von Pound aus seiner Zeit in Utica, wo er am Hamilton College studiert hatte. Sie war schön und sympathisch, doch als sie sah, was wir da in Pflege hatten, nämlich den Abschaum der Straßen der Stadt, war sie schockiert – über unsere Grausamkeit!

»Grausamkeit!« sagte ich. »Wie meinen Sie das? Wir können sie doch nicht in hübsche Kleidchen stecken und zur Schau stellen.«

»Aber sehen Sie doch diese armen unglücklichen Bälger! Wie sie schreien! Sie sind brutal, Sie sind herzlos – Sie sind unmöglich.«

»Sie wissen nicht, wovon Sie reden«, sagte ich. »Sie hätten diesen Balg mal sehen sollen, als er zu uns kam. Er war bloß ein klatschnasses, vernachlässigtes, schmutziges, ausgemergeltes Stück Müll – Sie können sich gar nicht vorstellen, wie er ausgesehen hat – überall Entzündungen, Rachitis, die Beine mißgestaltet; und sehen Sie ihn sich jetzt an – er ist wunderschön!«

»Wunderschön? Ihm muß auf der Stelle die Windel gewechselt werden! Wo sind die Schwestern? Sie haben doch keine Ahnung von diesen Dingen, das versteht nur eine Frau. Er stinkt.«

»Was erwarten Sie von mir?« fragte ich. Ich hätte sie aus dem Haus werfen können. Tatsächlich waren wir gerade auf dieses Kind besonders stolz, das geduldigste kleine Biest, das mir je untergekommen ist – und eins der verständnisvollsten.

Nicht alle waren so wie er. Manche konnten mich mit ihrem Geschrei halb in den Wahnsinn treiben. Eines Tages, ich muß es gestehen, riß mir tatsächlich der Geduldsfaden bei einem Balg, für dessen Wiederherstellung ich mich schier zerrissen hatte. Nachts kreischte er, jede Nacht und nur nachts, direkt unter meinem Schlafzimmerfenster auf der anderen Seite des Gangs, er kreischte, bis ich eines Nachts zu seinem Bettchen ging und ihm – da ich nichts bemerkte, was sein Geschrei hätte erklären können – einen Streifen dreizölliges Klebeband auf den Mund pappte. Er konnte noch durch die Nase atmen, aber nach einigen Minuten überlegte ich es mir doch anders und nahm es wieder ab.

Dann kam mir eine Idee. Eines Abends schnappte ich mir die diensthabende Schwester – sie pflegte lange Unterhosen zu tragen – und sagte ihr, ich brauchte ihre Hilfe. In der Isolierstation unten hatten wir einen Jungen liegen, der etwas älter war als die anderen und ziemliche Schwierigkeiten machte. Er ließ sich durch nichts zufriedenstellen. An diesem Abend also wies ich sie ein. Wir machten sämtliche Lichter aus, verdunkelten die Fenster und begaben uns in das Zimmer des Jungen.

»Hier haben Sie eine Taschenlampe«, sagte ich. »Bleiben Sie hier stehen, und wenn ich sage: Los, knipsen Sie die Lampe an und richten sie auf die Stelle, wo der Junge liegt.« Ah, der Schatten des alten Krumwiede!

»O. K.«

»Fertig«, sagte ich.

»O. K.«

»Los!« und ich warf die Decken mit einem Ruck zurück, so daß der Junge nackt auf seinem Laken lag!

Etwa zwanzig fette Wanzen spritzten in alle Richtungen von seinem Körper weg und verschwanden in den Winkeln des Betts. Ich hatte mein Problem gelöst!

Am nächsten Tag wurde ich ermächtigt, einen Sackvoll Stangenschwefel einzukaufen, große Stücke vom Umfang meines Handgelenks. Ich besorgte mir sechs alte Emaillebecken, stellte sie in der Mitte der Krankensäle und anderer Räume des Gebäudes auf Ziegelsteine, goß je einen Viertelliter Alkohol hinein, ließ von unserem Techniker die Ritzen um Türen und Fenster versiegeln, ausgenommen die um die Ausgangstür – alle gebrauchten Decken, Laken und Kleidungsstücke blieben im Gebäude –, und ließ mir dann an der einzigen noch zugänglichen Tür jedes einzelne Kind nackt von den Schwestern aushändigen. Das Wetter war gut. Ich wickelte jedes Kind in eine frische sterile Decke, trug es zu einer sonnigen Stelle an der Südseite des Gebäudes und legte es dort auf ein Brett. Amüsanter Anblick, wie sie da so lagen. Wir machten Bilder davon.

Als dies erledigt war und ich noch einmal im Gebäude nachgesehen hatte, ob auch wirklich alles Lebendige außer den Wanzen sich an der frischen Luft befand, begab ich mich in den hinteren Teil der zweiten Etage und fing von dort aus an, den Alkohol in den Schüsseln anzuzünden. Das Zeug fing blitzschnell Feuer. Ich mußte Reißaus nehmen. Draußen versiegelte ich die letzte Tür. Dann beobachteten wir alle durch die Fenster, wie die Schwefelwolken in dem Raum immer dichter wurden. Ich konnte das Teufelszeug in der nächststehenden Schüssel Blasen werfen sehen, während es verbrannte.

Als wir dann später am Tag das Haus betraten, lagen auf den Fußböden und in den Ecken der Betten unglaubliche Massen von toten Insekten! Wir fegten sie zu wahren Pyramiden zusammen.

Ich hatte mich als so famoser Kammerjäger erwiesen, daß mir als nächstes der Schwesternschlaftrakt übertragen wurde – aber dort sickerten die schweren Dämpfe unter der Eingangstür durch und wallten die Treppe hinunter, so daß die Privatpatienten in den darunterliegenden Zimmern verdammt nah am Ersticken waren.

Später machte ich das Ganze noch einmal im Hauptbüro, wo zwei Stunden lang, während wir versuchten, einen Platz für ihn zu finden, ein schwer an Diphtherie erkrankter Säugling gelegen hatte. Dort zündete ich eine Formalinkerze an. Als ich Stunden später die Tür öffnete, kam unter Miss Malzachers Schreibtisch hustend und fauchend eine unserer berühmten Katzen hervorgestürzt. Ihre Flöhe waren hoffentlich beeindruckt.

Dann gab es eines Abends auf der Avenue einen ungeheuren Lärm: erst Geschrei und schließlich ein Pistolenschuß, worauf die Ambulanzklingel läutete. Teufels Küche beziehungsweise San Juan Hill machte seinem Ruf mal wieder alle Ehre. Ich kümmerte mich nicht darum und ging weiter meiner Arbeit nach, bis der Hergang der Geschichte sich zu mir herumgesprochen hatte.

Die Polizei hatte ein ziemlich übel zugerichtetes junges Mädchen eingeliefert. Normalerweise gaben wir uns mit solchen Fällen nicht ab, doch unter diesen Umständen mußten die Schwestern sie wenigstens ein bißchen wieder zurechtflicken. Wobei sie herausfanden, daß es gar kein Mädchen war, sondern ein Junge. Offenbar hatte er in den Torwegen und Hauseingängen des Blocks Freier empfangen, die übliche billige Nummer im Stehen; und einer seiner Kunden war ihm auf die Schliche gekommen. Der junge Mann hatte sich nämlich, um seine Chancen am Markt zu verbessern, eine aufblasbare Gummivagina zwischen die Beine geschnallt. Eine Zeitlang muß das gutgegangen sein, bis dieser eine Kerl sich betrogen sah, das Ding betastete und darauf dem Anbieter einen Kinnhaken verpaßte. Und dann ging es los!

Einmal hatten wir eine hochschwangere Farbige von den Bahamas; eines Tages ging sie in eins der hinteren Zimmer, setzte sich auf die Toilette und bekam dort ihr Kind. Dann ließ sie das Wasser laufen, bis es unter der Toilettentür hervor auf die Fliesen strömte und das ganze Zimmer überflutete. Wir brachen die Tür auf, hoben sie vom Sitz und trennten die Nabelschnur ab; wie sich herausstellte, war das Kind vollkommen wohlauf. Wir entließen die beiden eine Woche später. Es war mitten im Winter, und am nächsten Morgen fand man den Säugling, in eine Zeitung gewickelt, unter einer Bank im Prospect Park. Automatisch wurde er bei uns eingeliefert. Eins der Mädchen sah ihn an und erkannte ihn sofort wieder.

»He, das ist doch Joe, den wir gestern entlassen haben! Seht ihn euch an, ist das nicht Joe?«

Alles drängte sich herum. Kein Zweifel, es war Joe.

Eines Tages untersuchte ich eine fünfzehnjährige Weiße – die niedliche Kleine war von ihrer Mutter zur Diagnose in die Klinik gebracht worden; sie wollte wissen, weshalb ihr Bauch so dick angeschwollen war. Das Kind war nicht dumm und machte uns die Arbeit so schwer wie möglich. Ihre Mutter drohte, ich argumentierte, und schließlich konnten wir sie überzeugen, sich das Kleid ausziehen zu lassen, doch im nächsten Augenblick ging sie auf uns los, stürzte in ihrer Unterwäsche aus der Tür und rannte wie ein junges Geißlein die Straße hinunter. Ich habe sie nicht wiedergesehen.

Ein andermal hatte ich gerade eine Entbindung, als man einen zweiten Entbindungsfall in den Kreißsaal schob. Es war ein Kopf-an-Kopf-Rennen. Ich stand zwischen den Tischen – Handschuhe an beiden Händen und zwei Schwestern zur Seite –, als Miss Diamond mit einem dritten kam, eine Matratze hereinschleppte, sie mit einem sterilen Laken abdeckte und das Mädchen anwies, sich darauf zu legen, auf den Boden. Das war so ihre Art.

Dies waren unsere gewöhnlichen Patientinnen. Sie kamen um den sechsten oder achten Monat und machten sich irgendwie nützlich oder taten einfach gar nichts, bis die Wehen einsetzten, Frauen jeder Sorte. Einmal, erinnere ich mich, hatten wir eine Morphiumsüchtige, die mich um einen Schuß anbettelte, drei Gramm wollte sie haben. Ich sagte ihr, ein Viertelgran könne ich ihr geben, mehr auf keinen Fall. Sie bat und flehte um mehr, aber ich hatte keine Weisung und wollte sie nicht umbringen. Wie sollte ich wissen, was sie vorhatte? Anscheinend machte ich einen nachgiebigen Eindruck, und sie alle versuchten mir etwas abzuschwatzen. Ich erhöhte auf ein halbes, schließlich auf dreiviertel Gran alle sechs bis acht Stunden, und dies bis zu ihrer Niederkunft; sie sagte, wir wollten sie umbringen.

Wir hatten auch ein paar Privatzimmer. Dort lagen Frauen einer anderen Art. Meine ersten Zwillinge, erinnere ich mich, hatte ich auf dieser Etage. Und einmal erzählte mir eine junge Frau bei der Anamnese die folgende Geschichte:

Es war Ende Juni, sie hatte vor kurzem ihr Jahr an einem örtlichen College beendet. Im Jahr zuvor war sie vom Vorarbeiter auf der Farm ihres Vaters im Mittelwesten verführt worden. Als sie feststellte, daß sie schwanger war, brachte sie ihren Vater dazu, sie ein College im Osten besuchen zu lassen. Während der Weihnachtsferien wohnte sie bei Freunden, und am Ende des

Semesters kam sie dann zu uns. Ein einfacher Fall. Sie gab das Baby zur Adoption frei und fuhr für den Sommer nach Hause. Die Frau war mir sehr sympathisch.

Die Klinik grenzte hinten an einige Wohnungen, in denen Farbige lebten. Manchmal sahen wir bei der Arbeit müßig dort hinein. Überall gab es streunende Katzen. Nachts, wenn sie auf Nahrungssuche waren, nehme ich an, sprangen sie auf die Serviertische und machten einen ungeheuren Radau, so daß jemand einen Vierteldollar für jeden Katzenschwanz aussetzte, den wir erwischen würden. Gelegentlich trieben wir in der Apotheke eine in die Enge, fingen sie ein und gaben sie dem großen Schweden, wirklich ein Baum von einem Mann, der sich um die Heizung kümmerte. Zumindest taten wir dies so lange, bis wir erfuhren, daß er den armen Viechern, um die Prämie zu kassieren, mit seinen Riesenhänden die Schwänze ausriß – mochten sie ihn kratzen, wie sie wollten – und die Kadaver dann in den Heizkessel warf.

Unsere Medikamente stellten wir in der Apotheke nachts oft selbst her. Einmal kam die neue Nachtschwester herein, um etwas zu holen, und binnen weniger Minuten hielt ich sie in den Armen.

Sie war nicht so jung wie ich und hatte eine traurige Geschichte – das Haus war voll von traurigen Geschichten. Einer unserer Chirurgen, ein Dr. Tuttle, wollte ihr die Leitung seines Genesungsheims irgendwo in den Bergen von Virginia anvertrauen. Wo das Mädchen herkam, habe ich nie herausgefunden – sie war äußerst hübsch, ungewöhnlich gut gebaut, aber nicht gerade eine Intellektuelle – eine oberflächliche, mutlose, einsame Frau genau von der Art, die in einer solchen Einrichtung den Job einer Nachtschwester übernehmen würde. Miss Cuthbertson fand offenbar, sie sei in Ordnung, aber sie hatte schon etwas sehr Rätselhaftes an sich. Sie lächelte nur selten. Ich vermute, sie war verheiratet gewesen, oder irgendwie betrogen worden, oder vielleicht waren ihre Prüfungsnoten nicht so besonders.

Danach nahmen die Abende in der Apotheke leicht bedenkliche Formen an. Eines Tages fragte sie mich, ob ich – oder vielleicht habe ich sie gefragt –, ob ich sie in ihrem Zimmer an der 23. Straße, damals noch die alte Häuserzeile zwischen Eighth und Ninth Avenue, besuchen könnte.

»Ja«, sagte sie. Sie hatte volle Lippen und große Puppenaugen.

Also ging ich hin. Das Zimmer lag im dritten Stock, direkt unterm Dach, und bot gerade Platz genug für das Bett, die Frisierkommode und einen Stuhl. Die Ärmste schien in dieser Umgebung wirklich arm und gedemütigt. Sie hatte das Zimmer mit roten Kerzen und das Bett mit einer schicken Rosendecke dekoriert. Ich wollte mich mit ihr hinlegen. Sie schüttelte den Kopf.

»Aber du hast mich hergebeten, und da sind wir nun.«

Sie zauderte. »Sag nur ein Wort«, beschied sie mich, »und du kannst alles haben, was ich besitze.«

Es hing also an einem einzigen Wort. Welches Wort? fragte ich mich, denn so was hatte ich nicht zum erstenmal gehört. Heiraten, natürlich. Ich habe dieses kleine Zimmer unterm Dach an der West 23. Straße nicht vergessen. Es war so aufgeräumt, und so sinnlos.

Inzwischen hatte Richardson sein Praktikum beendet; ich hatte das erste halbe Jahr hinter mir, und man übertrug jetzt mir die Leitung. Bis dahin hatte ich mit Miss Malzacher im Büro nie etwas zu tun gehabt, aber es war auch so gegangen, und daher war ich völlig unvorbereitet auf das, was nun auf mich zukam. Denn am Ende des ersten Monats des Jahres 1909 erhielt ich aus Albany die offiziellen Formulare, auf denen ich über die Geschäfte der Klinik Rechenschaft ablegen sollte: aufgenommene Patienten, Todesfälle, Heilerfolge, entlassene Patienten und so weiter. Ein umfangreicher und eingehender Fragebogen, den ich als in der Klinik wohnender Arzt jetzt ausfüllen und unterschreiben mußte.

Die Klinik, so fand ich dabei heraus, wurde teilweise staatlich gefördert, hatte aber ihre eigene Verwaltung, deren Leiter einer der bekanntesten Bankiers von der Wall Street war. Wir bekamen monatlich, entsprechend der Zahl unserer Zu- und Abgänge im jeweiligen Monat, aus Albany Geld überwiesen. Miss Malzacher gab mir einen Zettel mit den erforderlichen Angaben, die ich handschriftlich übertragen und unterschreiben sollte; dann sollte ich ihr den Fragebogen zurückgeben, und sie würde ihn dann zusammen mit den anderen Unterlagen in die Hauptstadt schicken.

»Schön«, sagte ich. »Aber wo bekommen Sie diese Zahlen her?«

»Von den blauen Karten«, sagte sie.

»Sehr schön«, sagte ich. »Zeigen Sie mir die blauen Karten.« Die Sache war so: wir hatten blaue und lachsrosa Karteikarten, die einen für die große Ambulanzstation, die anderen für die kleine Kinderabteilung.

»Das geht nicht«, sagte sie. »Das ist eine geschäftliche, keine medizinische Angelegenheit; wir dürfen die nicht herausgeben.«

»Wenn das so ist«, sagte ich, »kann ich den Bericht nicht unterschreiben.«

»Also bis jetzt hat noch nie jemand wegen einer solchen Kleinigkeit so ein Theater gemacht. Sie werden das unterschreiben müssen.«

»Sicher, wenn ich die Karten gesehen habe.« Meine

Eltern hatten mich nun einmal so erzogen, mir blieb gar keine andere Wahl.

Also ging das Ganze ohne meine Unterschrift nach Albany. Und dann brach die Hölle los.

Der Bericht kam postwendend zurück, und die Malzacher begann mich von neuem zu bearbeiten.

Aber da war nichts zu machen.

Nach der Malzacher nahmen die Ärzte sich der Sache an. Es waren einige der führenden Leute des Ostens, wenn dies auch nicht zu ihren wichtigeren Ämtern zählte: Kerley, Davis, Mabbott und etliche andere – die Mädchen hatten ihm den Spitznamen »Maggoty« Mabbott verpaßt, weil er sich bei Vaginaluntersuchungen stets so viel Zeit ließ. Kerley war einer der schlimmsten, und dies auch noch zu einer ungünstigen Zeit für mich; er hatte mich nämlich gefragt, was ich nach Abschluß meines Praktikums an der Entbindungs- und Kinderklinik vorhätte, und als ich ihm sagte, ich hätte noch keine Pläne, fragte er mich, ob ich dann nicht zunächst einmal für ein Jahr in seine Praxis kommen wollte. Was für eine Chance! Ein New Yorker Facharzt. Da bin ich praktisch ein gemachter Mann, dachte ich.

Kerley kam zu mir und sagte: »Sehen Sie, Williams, warum unterschreiben Sie diesen Bericht nicht einfach? Ist doch nur eine Routineangelegenheit. Das läuft schon seit Jahren so. Sie haben keinen Grund, unehrliche Machenschaften zu argwöhnen. Sie kennen den Verwaltungsvorsitzenden. Unterschreiben Sie das verdammte Ding, und vergessen Sie's.«

»Entschuldigen Sie, Dr. Kerley«, sagte ich, »aber solange ich nicht nachprüfen kann, was ich da unterschreiben soll, kann ich meinen Namen nicht daruntersetzen.« Er zog entrüstet ab.

Davis versuchte sich lachend darüber hinwegzusetzen, vergeblich. Und dann nahm Mabbott, der gute alte

Maggoty Mabbott, die Sache in die Hand. Unterdessen wurden unsere Betriebsgelder zurückgehalten.

»Williams, wir alle haben Sie gern in diesem Haus. Sie haben ausgezeichnete, hervorragende Arbeit geleistet. Sie haben eine glänzende Zukunft als Kinderarzt oder Geburtshelfer vor sich. Ich weiß, Sie sind jung und nehmen es mit Ihren Prinzipien sehr genau. Aber schauen Sie, wir Ärzte können uns nicht gegen den Geschäftsgang einer Einrichtung wie dieser stellen. Unsere Aufgabe ist es, Kranke zu heilen, und nicht, uns Gedanken darüber zu machen, wo das Geld herkommt. Mit diesem exzentrischen Verhalten tun Sie wirklich allen Beteiligten unrecht. Also los, unterschreiben Sie diese Papiere, bringen Sie diese alberne Sache hinter sich.« Er schwieg und lächelte mich milde an.

Ich sah ihn an und sagte: »Dr. Mabbott, wenn Ihnen jemand einen Zettel mit ein paar hingekritzelten Zahlen gibt und Ihnen sagt, Sie sollen die in einen offiziellen Bericht übertragen, Zahlen, deren Nachprüfung man Ihnen verweigert – könnten Sie als ein Mann, der etwas auf sich hält, Ihren Namen unter diese Zahlen setzen, und würden Sie es tun?« Ich sagte ihm das offen ins Gesicht.

Er sah mich durchdringend an, und sein roter Kopf wurde noch röter. Nach kurzem Schweigen meinte er: »Nein, den Teufel würde ich tun«, drehte sich um und entschwand.

Der gute alte Maggoty Mabbott. Aber die Verwaltung ließ nicht locker. Von dort hieß es, man habe den Schatzmeister der Einrichtung angewiesen, den Bericht zu unterschreiben; ich selbst sei wegen Widersetzlichkeit für zwei Wochen vom Dienst suspendiert.

Ich hätte platzen können, aber bevor ich ging, kam Miss Cuthbertson, die die Vorgänge mit zunehmender Spannung verfolgt hatte, zu mir und bat mich, nicht zu kündigen, sondern weiterzumachen. Sie habe gewisse Informationen, die sie zur gegebenen Zeit und am rechten Ort vorbringen werde; ich solle bitte nicht dem Druck weichen und kündigen, ich solle sie nicht im Stich lassen. Die zwei Wochen verbrachte ich zu Hause. Pop bemerkte dazu lediglich, daß ich richtig gehandelt habe. Nach Ablauf der zwei Wochen trat ich meinen Dienst wieder an. Alles schien in Ordnung.

Doch Ende Februar begann es von neuem. Albany gab sich mit dem vom Schatzmeister unterzeichneten Bericht des Vormonats nicht zufrieden. Man verlangte *meine* Unterschrift, und das Büro weigerte sich noch immer, mich die Karten sehen und zählen zu lassen. Nun legte Miss Cuthbertson ihre Karten offen – aber nicht offiziell, sondern nur mir gegenüber, und das nützte nichts. In der Öffentlichkeit hat sie diese Tatsachen nicht bekanntgemacht.

Eines Tages war sie – nicht ganz zufällig, sondern sie wußte, daß jemand im Sitzungssaal war – nachsehen gegangen, warum es dort drin so still war. Als sie die Tür aufmachte, gewahrte sie am Ende des Tisches Miss M. und ihr gegenüber den Vorstandsvorsitzenden, in einer Stellung, die sie, Miss Cuthbertson, mir nicht genauer schildern wollte. Das also war es, klar wie der hellichte Tag, der ganze Grund, warum man dieser Frau ihren Amtsmißbrauch durchgehen ließ – dieser reiche Mann.

Wenn ich das in die Zeitung bringen könnte, dachte ich. Doch Pop riet mir davon ab.

Ein Rechtsanwalt?

Nein. Wie konnten wir es uns leisten, dagegen anzukämpfen? Zumal einige der führenden Fachärzte von New York zu feige waren, mich zu unterstützen; sie hatten Angst vor dem großen Geld, Angst, sich das stinkende Fell gerben zu lassen. Ich war krank, hatte furchtbare Halsschmerzen, konnte praktisch nur noch flüstern, und so gab ich auf. Ich sprach mit niemandem darüber, sondern schrieb einen Brief an die Verwaltung, in dem ich ihnen die Meinung sagte, und begann den Laden dichtzumachen.

Die Mädchen waren sehr lieb zu mir. Sie brachten mir heiße Getränke ins Zimmer, legten mir kalte Kompressen auf den Hals, und es fehlte nur noch, daß sie sich, um mich zu wärmen, wenn ich fröstelte, zu mir ins Bett gelegt und mir einen Gutenachtkuß gegeben hätten – aber den Brief schrieb ich trotzdem, ging nach unten und warf ihn in den Hausbriefkasten neben dem Eingang zum Büro.

Miss Cuthbertson hatte mich gehen sehen, und da sie meine Gemütslage kannte, eilte sie zu mir und fragte, was ich da getan hätte.

»Ich habe gekündigt«, sagte ich. »Ich habe einen Brief an den Aufsichtsrat geschrieben und denen gesagt, was ich von ihnen halte; jetzt ist er im Briefkasten.«

»Dummkopf. Wo?«

»Unten beim Büro.«

Sie rannte aus meinem Zimmer, denn dieser Briefkasten gehörte nicht der Post und ließ sich mit einem Schlüssel öffnen. Aber wenig später kam sie niedergeschlagen zurück.

»Jetzt ist es passiert. Diese Frau war schneller als ich. Sie muß geahnt haben, was Sie vorhatten. Sie hat Ihren Brief genommen und draußen in den Briefkasten an der Ecke geworfen. Ich habe den Beamten an der Tür gefragt. Er hat sie gesehen. Sie sind ein Dummkopf – ausgerechnet jetzt, wo wir sie hätten unterkriegen können.«

Mir war das völlig egal. Ja, ich fühlte mich besser als je in den vergangenen zwei Monaten, so beklommen mir auch im Innern zumute gewesen sein mag. Ich hätte mit dieser Bande nicht mehr zusammenarbeiten können. Meine Kündigung wurde offiziell angenommen. Ich packte meine Sachen, verabschiedete mich und fuhr nach Hause. Meine Zeit als Praktikant war abgelaufen. Kein einziger der anderen Ärzte hatte zu mir gehalten. Zum Teufel mit ihnen allen, dachte ich.

Kapitel 18

Das erste Buch

Während der nun folgenden Frühlingsmonate fiel mir auf der Rutherforder Park Avenue zum erstenmal die junge Flossie auf, und mein ganzes Leben spitzte sich zu. Ansonsten unbeschäftigt, hatte ich mein Schauspiel *Betty Putnam* beendet, und wir begannen mit den Proben; es war das erste der von mir für Freilichtaufführungen geplanten Stücke. Wir spielten es auf der Uferböschung beim Rutherford Town Tennis Club.

Ed bewarb sich um ein Architektur-Stipendium für die American Academy in Rom. Pound war auch mal wieder im Lande. Mein großes Opus, das *Endymion* nachempfundene romantische Gedicht, war abgeschlossen (vielleicht schon verbrannt), und ich konnte mich, so rastlos ich auch war, für ein paar göttliche Wochen dem Müßiggang ergeben! Manchmal ging ich in die Felder am Fluß und malte ein wenig, wie Mr. Wilson es mir beigebracht hatte. Ich hatte keine Ahnung, wo es mit mir hinging – ein vollkommen lyrischer Zustand.

1909, etwa um diese Zeit, erschien mein erster Gedichtband. Ich war noch immer nicht von den Strapazen genesen, denen John Keats mich ausgesetzt hatte; ich hatte endlos an meinem romantischen Gedicht herumgeschrieben; unter meine Krankenhausarbeit war ein jäher Schlußstrich gezogen worden, und so faßte ich in dieser Zeit des ziellosen Umhertreibens den Entschluß, auf eigene Kosten einen Band mit Gedichten zu veröffentlichen. Ich mußte sie mir irgendwie vom Leibe schaffen. Und das war die Lösung.

Wer würde so etwas machen? Vielleicht ist ein Teil meines mexikanischen Goldes ja hierbei draufgegangen. Mr. Howell, ein Freund meines Vaters, hatte seine Anstellung als Drucker in New York gekündigt und sich in Rutherford ein kleines Haus gekauft, um dort eine eigene Druckerei aufzumachen.

Der Mann war ein guter Leser und hatte Freude an Büchern, überhaupt an literarischen Dingen. Ich erzählte ihm meine Geschichte, zeigte ihm mein Manuskript. Er war sehr nachsichtig und sagte mir, die Sache sei abgemacht – der Preis kann nicht über fünfzig Dollar gelegen haben. Der Handel umfaßte auch ein kleines Buch für Jim Hyslop, das dieser über seine Beobachtungen an den Insekten unserer Gegend geschrieben hatte. Eigentlich waren es bloß Broschüren mit Papierumschlägen. Die örtlichen Handwerker dürften ziemlich darüber geschwitzt haben, denn so etwas hatten sie in ihrem ganzen Leben noch nicht zu setzen gehabt; als ich mir den ersten fertigen Band ansah, fiel ich beinahe in Ohnmacht. Ich habe das Ding noch oben in meiner Truhe: diese halb verdrehten Sachen – zum Beispiel der Passaic River in seinem Verhältnis zu den damaligen Abwässerkanälen. Indem ich mir diese katastrophale Erstausgabe (niemals erschienen) jetzt ansehe, fällt mir auf, daß sie von hinten bis vorn mit Pops Korrekturen und Vorschlägen übersät ist – die meisten dieser Änderungen habe ich übernommen. Armer Pop, was muß er gelitten haben.

Die Gedichte waren schlechter Keats, sonst nichts – oder doch, schlechter Whitman auch. Aber mir waren sie sehr teuer. Wo nimmt ein junger Mann bloß den Mut zu solchen Mißgeburten her? Meine Not muß wahrlich groß gewesen sein. In dem ganzen dünnen Büchlein findet sich nichts, was auch nur den geringsten Wert besäße – außer der guten Absicht.

Da war es also. Inzwischen korrigiert, das Beste, was mir möglich schien, voller Inversionen, ungenauer Reime und stereotyper Formen. Ed machte mir einen Entwurf für die Titelseite; ich suchte aus Shakespeare und Keats kurze Zitate als Leitsprüche heraus und brachte ein Dutzend Exemplare zu Garrisons Schreibwarenhandlung, um sie dort zum Verkauf anzubieten.

Ezra schwieg dazu, falls er das Ding überhaupt je gesehen hat, was ich nicht hoffen will.

Dort bei Garrison lagen sie ein oder zwei Monate; vier Stück waren verkauft worden: ein Dollar. Die übrigen nahm ich wieder mit nach Hause und verteilte sie in der Familie. Mr. Howell verschnürte die restlichen etwa hundert Exemplare zu einem sauberen Bündel (zu dieser Zeit dürfte ich in Deutschland gewesen sein) und verstaute sie an einem sicheren Ort. Nachdem sie zehn oder mehr Jahre auf einem Balken unterm Dach seines alten Hühnerstalls geruht hatten, wurden sie versehentlich ins Feuer geworfen.

Überlegungen, unter welchem Namen ich in die literarische Welt eintreten sollte, hielten mich in Trab – natürlich sollte es etwas tief Bedeutsames sein. Ein mit meinem Vater befreundeter Werbeagent wollte mir ein schlichtes »W. Williams« aufschwatzen. »Das ist ein gewöhnlicher Name«, meinte er, »aber bedenken Sie, wie vorteilhaft es ist, *der* W. Williams zu sein.« Mir erschien der volle Name weit aufschlußreicher und daher besser.

Da ich noch zu jung war, eine Praxis zu eröffnen, und meine Chancen, mich in New York als Facharzt zu etablieren, durch meine letzten Erfahrungen praktisch zunichte gemacht worden waren, war ich vorübergehend im ungewissen, wie es weitergehen sollte.

Pop hatte gesagt: »Wenn Ed den *Prix de Rome* bekommt, schicke ich dich für ein Jahr nach Deutschland.« Ed erwies sich wie stets als kooperativ und bekam den Preis.

Ich hielt um Floss' Hand an und wurde, unbemittelt wie ich war, nur unter Vorbehalt akzeptiert. Mitte Juli ging ich daher, mit einem halben Kuß meiner künftigen Braut versehen, in New York an Bord eines Zweiter-Klasse-Schiffs und trat die Fahrt nach Deutschland an.

Kapitel 19
Leipzig

Zu Pounds Entrüstung entschied ich mich für Leipzig. Ich wollte nicht nach London. Was hätte ich in London tun sollen? Ich war Arzt; das sollte mein Leben sein, zumal ich für literarische Intrigen keinerlei Begabung besaß. Ich wußte, daß ich nicht so leben konnte wie Pound, und hatte außerdem auch keine Lust auf Experimente.

Mit meinem Deutsch war es nicht weit her, aber da ich im August hinüberfuhr, glaubte ich bis zur Aufnahme meiner Arbeit im September immerhin so viel aufpicken zu können, daß es für den Anfang reichen würde. Ich hatte eine Reise quer durch Deutschland gebucht, wozu auch eine Fahrt auf dem Rhein gehörte, von Köln nach weiß der Teufel wohin, bekam aber solches Heimweh, daß ich die Sache schon in Bonn abbrach und nach Köln zurückfuhr, wo ich noch am selben Abend den Schlafwagen nach Leipzig nahm und es dabei bewenden ließ. Das letzte, woran ich mich nach Aachen noch erinnern kann, sind die Westfälischen Schinken, die auf den Weiden links und rechts des Zuges herumstanden. Vielleicht war es ein Fehler, nach Leipzig zu gehen, aber ich war in eine Konzertpianistin verliebt gewesen, die am dortigen Konservatorium drei Jahre verbracht hatte, und deshalb fuhr ich hin.

Einsam und verlassen kam ich in die alte sächsische Stadt; nach der ersten Nacht studierte ich zunächst einmal die Mietangebote in der örtlichen Zeitung. Ich befragte meine Geldbörse und landete irgendwo, wo genau, habe ich vergessen, in der Wohnung einer Frau, die mir anfangs recht akzeptabel schien, bis ich eines Abends zufällig ins Eßzimmer kam, wo sie sich gerade mit ihrem »Vetter« verlustierte. Es war im Leipzig jener Tage wohl nicht so einfach, sich über Wasser zu halten.

Am ersten Sonntag verging ich beinahe vor Einsamkeit. Als ich auf dem Ring spazierenging, kam ein kleines Mädchen auf mich zu und fragte: »Wieviel Uhr ist es?« Da ich es ihr nicht sagen konnte, zog ich einfach meine Uhr hervor. Sie dankte mir lächelnd. Nie werde ich dieses Glücksgefühl vergessen: jemand hatte mit mir gesprochen, und ich hatte geantwortet.

Mein zweiter Versuch, eine Wohnung zu finden, führte mich zu Frau Jeneke in der Münzgasse, die arme Seele. Einmal gab sie mir zum Abendessen ein Ei, das mir bis zum heutigen Tage rätselhaft geblieben ist. Es schmeckte nach Essig; offenbar war es hartgekocht und dann eingelegt worden. Gar nicht so übel. Bei ihr habe ich auch zum erstenmal Räucherlachs gegessen.

Später mietete ich mir gelegentlich ein Fahrrad und machte Ausflüge in Die Nonne; das war ein wunderbar gepflegter, waldähnlicher Park, der in diesen Tagen so ziemlich mein einziges Vergnügen darstellte. Karl, Frau Jenekes Sohn, fuhr des öfteren mit: eines Sonntags tranken wir Brüderschaft in der Obstschenke, südlich der Stadt, wo mich eine stämmige Bauernmaid, mit der ich die Drehe tanzte, schier bis zum Schwindeln herumwirbelte. Die Einzelheiten sind zu banal: die alte Frau, die an jedem schönen Morgen das geschnittene Gras vor dem Rathaus zusammenharkte; die ordentlichen Blumenbeete, steif und förmlich. Zwecklos.

Ich schrieb so gut wie nichts. Ich war auf der Suche nach einer kleinen Form, die aber kein Sonett sein sollte. Schon damals konnte ich Sonette nicht ausstehen. Ich hatte mir etwas in jambischen Pentametern mit dem Reimschema *abba bccb caac* ausgedacht. Eines Tages unternahm ich allein einen Ausflug nach Grimma unweit von Leipzig, um mir die Reste des Nonnenklosters anzusehen, in dem Katherina von Bora, Luthers Braut, gelebt hatte. Es war ein romantischer Feiertag, alles in allem schrecklich sentimental – aber er wird mir unvergeßlich bleiben. Ich schrieb etwas darüber, aber das war es auch schon. Das einzig Handfeste war ein köstlicher Hasenpfeffer voller Schrotkugeln in der dortigen Kneipe. Diese Dinge sind aus meiner Welt verschwunden.

In Leipzig sah ich für 15 Cents Ibsens *Ein Puppenheim* und *Die Wildente* im Alten Theater am Ring. Ich sehe das zwischen Bäume und Büsche geduckte Bauwerk noch vor mir. Ferner habe ich mir, angefangen bei *Die Räuber*, sämtliche Dramen Schillers angesehen. Und ich hörte Sohmer in Strauss' *Elektra* und den Wotan in der *Götterdämmerung* singen. Donnerstagnachmittags ging ich häufig zu den Chorproben für die Bachschen Motetten in der Thomaskirche. Und Weihnachten sah ich den großen, nur mit schlanken weißen Wachskerzen geschmückten Baum am Altar der Nikolaikirche. Seltsame, zusammenhanglose Erinnerungen. Aber ich bin trotzdem froh, daß ich sie besitze. Begeistert las ich Heine und Sudermanns *Frau Sorge*; und sein *Johannisfeuer*.

Zum Ausgleich für die Monotonie meiner ärztlichen Arbeit (mein Deutsch machte inzwischen ganz gute Fortschritte) schrieb ich mich an der Universität für ein Seminar über das moderne britische Drama ein, erfuhr aber erst in der ersten Stunde, daß es in Englisch abgehalten wurde. Eigentlich hatte ich mein Deutsch verbessern wollen. Statt dessen geriet ich an einen jungen Dozenten mit deutlich ausgeprägtem Südstaatlerakzent! Ich saß in der vordersten Reihe eines kleinen Hörsaals und musterte ihn. Er mich ebenfalls. Aber ich ließ mir drei Stunden lang nichts anmerken, während er über Bulwer-Lytton und eine Menge anderes Zeug redete, das mich nicht interessierte. »Ich habe mir Gedanken über Sie gemacht«, sagte er später, »bin aber nicht schlau aus Ihnen geworden. Ich hielt Sie für einen jungen Russen.«

Als ich mich in der Allgemeinen Creditanstalt als »Doktor Williams« vorstellte, schüttelte der alte Knabe hinterm Schalterfenster den Kopf. »Nein«, sagte er, indem er annahm, ich sei der Sprache noch nicht ganz mächtig, »nicht Doktor, sondern Student der Medizin.« Er konnte gar nicht glauben, daß ich mein Studium bereits abgeschlossen hatte. Ich sah noch immer zu jung aus.

Viel Vergnügen hatte ich in Leipzig nicht. Wäre ich länger geblieben, hätte sich das vielleicht noch geändert. Gegen Ende des Jahres machte mich mein amerikanischer Lehrer schließlich mit einigen Mitgliedern des Philosophischen Vereins bekannt; ich glaube, sie haben mich sogar aufgenommen. Auf jeden Fall nahm ich einmal an einem ihrer Katerbummel teil – eine wüste Bierparty, auf der ich ein paar kräftigen Mädchen zutrank, die es offenbar darauf abgesehen hatten, umworben zu werden. Richtig kennengelernt habe ich in diesem Jahr kein einziges Mädchen, abgesehen von einer englischen Musikstudentin; sie hieß Ivy Peabody. Ach ja, und einmal nahm ich eine Amerikanerin in eine Aufführung der *Elektra* in der Oper mit, aber die neurotische Musik machte mich so fertig und lenkte mich so von meiner Begleiterin ab, daß sie danach nie mehr mit mir ausgehen wollte. Außerdem hatten wir beide Frostbeulen.

Aber eines Nachts las ich mit einem zögernden »Gehen Sie ganz allein?« ein junges Straßenmädchen auf. Ich meinte, nun könnte ich mich endlich einmal amüsieren. Natürlich war sie allein. Doch als wir das große, hell erleuchtete Restaurant betraten, verdrehte sich die ganze Versammlung schier die Hälse nach uns. Ich nehme an, sie war eine stadtbekannte Erscheinung. Sie verlangte Champagner, doch als ich auf einem Bier beharrte – wieder so eine Gelegenheit, bei der sich meine Armut als Tugendhelferin erwies –, ließ sie mich für eine Bande von Südamerikanern sitzen. Ich werde nie vergessen, wie sie das anstellte. Sie bat mich um zehn Pfennig für die Toilette und fügte noch hinzu: »Aber Sie sind wie ein Professor.« Vielleicht hatte sie Angst – ich weiß es nicht –, jedenfalls kam sie nicht mehr wieder. Ich war froh, sie los zu sein. Von Leipzig hatte ich ohnehin genug. Ed war in Rom, in der Villa Mirafiore, und lud mich ein, für einige Zeit bei ihm zu wohnen, bevor er zu seiner Arbeit nach Hause zurückkehrte. Ezra sagte, vorher sollte ich ihn besuchen. Und so fuhr ich über Holland nach London.

Kapitel 20

Ezra in London

In jenen Tagen bewohnte der »Große Mann« am Church Walk in Kensington ein kleines Zimmer, das er gastfreundlich mit mir teilen wollte. Aber meine Bekannte Ivy Peabody hatte mich gefragt, ob ich nicht zuerst ihre Eltern in Olney, Buckinghamshire, besuchen wollte. Es war April; ich wollte wenigstens einmal einen Blick auf die englische Landschaft werfen. Ezra schäumte – wie immer. »Bist du hier, um mich zu besuchen, oder die Schafe im Hyde Park?« fragte er. Aber ich hatte viel Spaß an diesem eintägigen Besuch in Olney und war von den Veilchen auf der Eisenbahnböschung gebührend beeindruckt.

Die Peabodys waren eine reizende, große Familie. Vater Peabody, der eine kleine Gerberei besaß, war von mittelgroßer, anmutiger Gestalt, ein Mann Mitte Vierzig, nehme ich an. An jenem Abend wollte er unbedingt »When the Swallows Homeward Fly« singen, seine Frau sollte ihn begleiten. Sie mußte ihre ganze List und Ausdauer aufbieten (unter anderem klagte sie, ihre Brille sei zu schwach, so daß sie die Noten nicht sehen könne), um ihn davon abzubringen. Die Gegenwart eines Amerikaners schüchterte die ganze Familie schrecklich ein. Ausgenommen die kleinen Mädchen. Die konnten sich gar nicht genug über mich amüsieren.

Nach dem Abendessen unternahmen Mr. und Mrs. Peabody, der Sohn der Familie und ich einen Spaziergang in der Dämmerung. Der Sohn träumte davon, nach Südafrika zu gehen. Gott stehe ihm bei, schon in fünf Jahren sollte der Erste Weltkrieg ausbrechen. England und dieser Spaziergang waren für mich seither stets synonym: vorbei an der von Efeu überwucherten

Kirchmauer, über einen Rasen voller Gänseblümchen und Primeln – wozu der Familie bloß einfiel, sie ausrotten zu lassen, um das Gras zu verbessern. Als wir uns einem kleinen Acker näherten, flog irgendein großer Vogel vor uns auf, vielleicht ein Fasan.

Am nächsten Morgen (ich wünschte, ich könnte mich erinnern, in was für einem Bett ich geschlafen habe) versammelte sich die ganze Familie zum Frühstück; man reichte mir ein rundes, drehbares Ding, eine Art Menage, in der zehn oder mehr weichgekochte Eier steckten. Ich nahm mir eins und sah mich dann, das heiße Ei in der Hand, nach einem Becher um. Ich hatte den Becher in der Menage gelassen, worin man mir Ei und Becher als eine Einheit angeboten hatte. Schreckliche Sekunden vergingen. Ich war verwirrt, und die Familie brachte keinen Ton heraus, bis eins der kleinen Mädchen losplatzte. Mrs. Peabody lief puterrot an; Mr. Peabody fuhr wutschnaubend zu dem Kind herum. »Ah, ich verstehe«, sagte ich und griff nach dem leeren Becher. Ich fand das alles herrlich.

In dieser Woche lernte ich in London Ezras Freundinnen, die Shakespeares, kennen. Also Mrs. Shakespeare und Dorothy, die Ezra später zur Frau nehmen sollte. An einem Abend gingen wir alle zusammen William Butler Yeats besuchen.

Studioatmosphäre, sehr gedämpft. Auf Zehenspitzen traten wir ein. In einem abgedunkelten Zimmer las Yeats bei Kerzenschein vor einer kleinen, einer sehr kleinen Versammlung seiner Günstlinge; es waren Mitglieder des Abbey-Theatre-Ensembles, fünf oder sechs Männer und Frauen. Als wir hineinkamen und uns setzten, würdigte er uns keines Blickes, sondern las einfach weiter; und zwar ausgerechnet aus Ernest Dowsons

»Cynara« – mit schöner Stimme, das muß ich zugeben, aber ich konnte nichts damit anfangen.

Wir wurden nicht einmal begrüßt, und nach einer Weile standen wir auf, um zu gehen. Bis dahin hatte niemand von unserer Anwesenheit Notiz genommen, doch als wir schon fast an der Tür waren, rief Yeats plötzlich: »War das nicht Ezra Pound?«

Wir waren im Flur bereits um eine Ecke gebogen. »Ja«, sagte jemand, »das war Ezra Pound.«

»Sagen Sie ihm, er soll einen Moment warten, ich möchte mit ihm reden.« Wir anderen gingen hinaus, Ezra machte kehrt und blieb noch ein wenig bei dem großen Mann; wir warteten solange. Das war 1910. Ob dies Ezra Pounds erstes Zusammentreffen mit Yeats war oder nicht, kann ich nicht sagen.

In dieser Woche gingen Ezra und ich einmal eine Straße in der Nähe des Church Walk entlang, vielleicht an der Kirche vorbei, von der die Straße ihren Namen hatte. Ez trug seinen schweren pelzgefütterten Allzweckmantel und einen Hut mit breiter Krempe; als wir an einem Strauß welker Veilchen vorbeikamen, sah er zu Boden. Uns beiden fielen die Blumen auf. Er blieb stehen, zögerte kurz, hob sie aus ihrer bedrängten Lage und wußte zunächst nicht, was er nun mit ihnen machen sollte; dann bemerkte er den hohen schmiedeeisernen Friedhofszaun und plazierte die Blumen auf der oberen Querstange zwischen den Spitzen – all dies mit einer nicht zu übersehenden Großspurigkeit.

An einem anderen Abend besuchten wir im Adelphi Club eine Benefizveranstaltung, auf der W. B. Yeats einen Vortrag über die Werke einiger jüngerer irischer Dichter hielt. Es ging dort sehr vornehm zu; den Vorsitz hatte Sir Edmund Gosse, der den Iren offenbar nicht ausstehen konnte. Die Eintrittskarten kosteten eine Guinee, wir hatten sie geschenkt bekommen.

Ezra und seine Leute saßen irgendwo anders im Saal, ich war allein. Das Ganze faszinierte mich, und ich hörte konzentriert zu. Die Stunde näherte sich dem Ende, als Yeats von jenen jungen Männern, darunter Lionel Johnson, zu sprechen begann, die man in England beharrlich ignoriert habe, obwohl sie seiner Meinung nach durchaus verdienten, gehört zu werden.

Was bliebe ihnen also anderes übrig, als so dekadent zu leben, wie sie es täten? Könnten sie, mißachtet wie sie sich fühlten, irgend etwas anderes tun, als sich der Trunksucht, der Sinnlichkeit und unmoralischem Verhalten jeglicher Art ergeben?

Weiter kam er nicht, denn an dieser Stelle schlug Sir Edmund zu jedermanns Bestürzung mit der flachen Rechten auf eine Glocke, die neben ihm auf dem Tisch befestigt war. Yeats stutzte, fuhr aber nach kurzem Zögern fort, oder versuchte es jedenfalls. Wieder hieb Sir Edmund rüde auf die Glocke – und wieder versuchte Yeats weiterzusprechen. Doch nach dem drittenmal – Gosse und Yeats beide mit roten Gesichtern – war der Dichter gezwungen, sich hinzusetzen; sein Vortrag war beendet. Auch ich war knallrot angelaufen, mir wollten schier die Schläfen platzen, aber ich brachte es nicht über mich, aufzustehen und Protest zu erheben.

»Warum haben *Sie* es nicht getan?« sagte eine der Damen zu Ezra. »Warum haben Sie nicht für Ihren Freund Partei ergriffen? Keiner von Ihnen hat sich getraut. Sie haben sich ohne Widerrede von ihm tyrannisieren lassen.«

Welche Chance bot sich mir da – aber ich war nicht in der Lage, sie zu nutzen. Man schien mir jedoch ansehen zu können, wie kurz vorm Explodieren ich war, denn eine Frau hinter mir, eine außerordentlich gut aussehende Frau, hätte beinahe etwas gesagt – tat es aber nicht, und so sank ich einmal mehr in die Anonymität zurück.

An einem anderen Abend besuchten Ez und ich allein ein Restaurant in der Nähe; es war so gut, wie er, Ezra, es sich leisten konnte. Er bestellte Risotto, ein preiswertes und sättigendes Mahl, und eine Flasche billigen Wein. Wir hatten Hunger, und es schmeckte uns. Das war alles. Während des Essens blickte er unverfroren um sich, rutschte auf seinem Stuhl hin und her, drehte sich um und musterte auf seine dreiste Art die Gesichter der anderen Gäste; ich selbst saß ihm gleichgültig gegenüber und aß. Als wir fertig waren, schob er seinen Stuhl zurück und stand auf. Ich nahm ohne Umstände seinen schweren Mantel von dem Ständer neben uns, um ihm hineinzuhelfen.

Da fuhr er zu mir herum, hielt mir in aller Deutlichkeit meine Anmaßung vor Augen, riß mir den Mantel aus den Händen und übergab ihn dem Kellner zum Halten, während er weiter auf mich einschimpfte und mir klarmachte, daß dergleichen in London nicht üblich sei. Ich wartete wütend, bis er fertig war, und gab dann dem Kellner meinen Mantel; vom ganzen Restaurant belächelt, begaben wir uns auf die Straße.

Einmal gingen wir uns ein paar junge Männer anhören, die einem kleinen Publikum Ibsens *Gespenster* vorlasen – gegen Bezahlung, nehme ich an. Keine schlechte Idee.

Auf Ezras Kamin brannte ständig eine Kerze vor dem Photo eines Mädchens, über dessen Identität er mir nie etwas verraten hat. Die Zubereitung des Kaffees war für ihn ein wichtiges Ritual. Es war der beste holländische Kaffee, den man kaufen konnte; gemahlen und sorgfältig aufbewahrt in einem verschlossenen Gefäß, das

Ezra allmorgendlich öffnete. Dann häufte er einen Teelöffel des Pulvers auf ein Stück Mull oder feines Leinen, das er irgendwie über seine Tasse gespannt hatte, und goß tröpfenweise kochendes Wasser darüber. Nur so, erklärte der Dichter, könne man genießbaren Kaffee herstellen. Wir teilten uns die Tasse, der Kaffee war stark und gut.

Und dann das große Finale meiner Erinnerungen an diese wundervolle Woche: wir gingen zusammen ins British Museum, um uns die Elgin Marbles und gewisse Bilder anzusehen, Werke von Bellini und aus der Frührenaissance.

Als wir kamen, wurde gerade die verrußte Rokoko-Täfelung an der hohen Decke ausgebessert. Mitten auf dem Boden hatte man ein leichtes Gerüst errichtet, auf dessen oberer Plattform zwei Männer emsig bei der Arbeit waren.

Doch befand sich in diesem Raum auch eine junge Frau; ein auf ungewöhnliche Weise attraktives Wesen, groß und ziemlich blaß, eine sonderbare, unterkühlte Gestalt, die dort von einem Bild zum anderen ging. Ezra wurde sofort auf sie aufmerksam. Mit einemmal gab es für ihn nichts anderes mehr in diesem Raum – in dem sich außer ihr, den Arbeitern und mir selbst niemand aufhielt. Er warf sich in Pose, stützte sich, breitbeinig nach hinten gelehnt, auf seinen Stock (hatte er einen Stock? vielleicht nicht), reckte seinen Spitzbart vor und starrte sie unverwandt an. Sie bekam das natürlich mit und begann nun ihrerseits Schenkel und Becken auf eine Art zu bewegen, die keinen Zweifel daran ließ, daß ihr vollkommen bewußt war, was sich da abspielte. Den Kopf hielt sie abgewandt, doch war sie ganz offensichtlich sehr bewegt und beeindruckt.

Jetzt ließ sich von der Decke ein Kichern hören. Ich blieb im Hintergrund und fragte mich, was nun wohl geschehen würde. Ezra trat ein paar Schritte zurück, richtete seinen Blick von der jungen Frau nach oben zu den Arbeitern und starrte sie so lange an, bis ihre Belustigung sich gelegt hatte. Unterdessen war aber die Frau verschwunden – eine Gestalt, die durchaus Modell gestanden haben könnte für die, die in *Mauberley* mit einem ans Geländer wehenden Strang Seide verglichen wird.

Es war eine lehrreiche Woche für mich. Wir teilten ein kleines Zimmer im ersten Stock. Dort herrschte eine intensive literarische Atmosphäre, die mich, so anregend sie auch sein mochte, aufs äußerste ermüdete. Ich weiß nicht, wie Ezra das ertragen konnte; mich hätte es binnen eines Monats umgebracht. Mir schien das völlig unvereinbar mit allem, was ich erstrebte. Ich war froh, von dort fortzukommen.

Kapitel 21

Paris und Italien

In Paris blieb ich ein paar Tage bei Eliza Anduze, einer Engländerin, die dort lebte und in Regierungskreisen gut bekannt war. Sie war eine Verwandte oder Bekannte meines Vaters – was genau, habe ich nie so recht herausfinden können – und schien glücklich, seinen Sohn, der Arzt geworden war, kennenzulernen. Sie lebte schlicht, geradezu ärmlich, allein in ihrer Wohnung, schien aber finanziell unabhängig.

Am Morgen nach meiner Ankunft wachte ich früh auf, blieb aber noch im Bett und las mir leise aus Heines *Buch der Lieder* vor. Ich hatte Heine erst vor kurzem näher kennengelernt, nachdem ich das Buch vor meiner Abreise aus Deutschland in irgendeinem Leipziger Antiquariat erstanden hatte. Da lag ich also und sprach ein Gedicht nach dem anderen vor mich hin. Schöne Stücke. Ich habe mehrere von ihnen auswendig gelernt.

»Was um alles in der Welt lesen Sie da?« fragte Eliza, die plötzlich in der Tür stand.

»Ich lese mir etwas vor«, sagte ich.

»Aber was denn?«

»Gedichte von Heine.«

»Heine? Auf deutsch?« Ich weiß, sie war aufrichtig bestürzt. Sie dachte daran, daß ich ein Jahr Leipzig hinter mir hatte, und nun hielt sie mich für einen Anhänger des kriegslüsternen Kaisers. Das schmerzte sie. Ich legte das Buch weg, zog mich an und ging frühstücken.

Am nächsten Abend nahm sie mich in die Comédie Française mit, zu einer Aufführung von *Le Monde où l'on s'ennuie*; das Stück machte einen bedrückenden Eindruck auf mich: unzugänglich, gestelzt, vollkommen gekünstelt.

Im Foyer, wo sämtliche Zuschauer promenierten, um zu sehen und gesehen zu werden, fiel mir offenbar nichts besseres ein, als ihr auf die Schleppe ihres Kleides zu treten – so elend war mir zumute. Eliza dürfte wenig Anlaß zur Begeisterung über ihren entfernten jungen Vetter gehabt haben. Das war keine Atmosphäre für mich. Ich konnte es kaum erwarten, da herauszukommen.

Und trotzdem, wenn ich jetzt daran denke, an meine Einfältigkeit, deutsche Gedichte in *ihrem* Haus zu lesen, was sie unangenehm berühren mußte, an die Comédie Française, die Normierung der offiziellen Sprache – typisch französisch! Für die Franzosen bedeutet Kunst Geschicklichkeit; sie wollen die Teile so manipulieren, daß eine Wirkung erzielt wird, die meinen eigenen

Werten diametral entgegengesetzt ist, da ich aus Mangel an Geschicklichkeit gezwungen bin, ohne sie auszukommen. Arme Eliza Anduze.

Ich fuhr über Lausanne nach Italien; im Abteil des Zuges begann ein Priester ein Gespräch mit mir. Er war Mitte Dreißig, und nachdem er mich als Amerikaner erkannt hatte, konnte er seine Neugier nicht mehr zügeln und mußte mich nach jenem wundersamen Land im Westen ausfragen. Wie sehe es dort aus? Sei es wirklich so reich, wie die Leute sagen? Ob es stimme, daß dort jeder in der Spanne eines Lebens von unten nach ganz oben kommen könne?

Ich sagte ihm, dies sei wirklich der Fall. Einer damals beliebten Darstellung zufolge hatte jemand aus einem halben Dutzend Zitronen ein Vermögen gemacht.

Er schüttelte ungläubig den Kopf. »Also stimmt es doch. Hier sind wir arm, da ist nichts zu ändern.« Und man sah dem Ärmsten an, daß er wirklich sehr arm war. »Aber für die katholische Kirche ist Amerika das Land der Zukunft.« Ob ich katholisch sei? Nein. »Wie bedauerlich« – aber er könne das verstehen. Dennoch fühle er, daß seine Kirche in Amerika eine große Zukunft habe.

Ich fragte ihn, wie weit er noch zu fahren habe. Er sagte: nur noch ein paar Kilometer, er kehre nach einem kurzen Urlaub zu seiner Gemeinde zurück. »Sehen Sie das kleine Tal, das dort in die Berge hineingeht?« Es war unmittelbar hinter dem Dent du Midi. »Dort macht man einen sehr guten und starken Wein!« sagte er. »Man setzt sich zum Essen an den Tisch und trinkt diesen Wein. Er kommt einem leicht und harmlos vor, aber wenn man dann aufstehen will, *ça vous coupe les jambes* – haut es Ihnen die Beine weg« – er schwenkte die Arme und lachte zahnlos.

»Wunderbar!« sagte ich. »Etwas Derartiges werden Sie in Amerika vergeblich suchen.«

So vieles muß unerwähnt bleiben: der Zeppelin, der während der letzten Tage meines Aufenthalts in Deutschland aus dem Nebel über Leipzig sank, und die Armeefahrzeuge, die ihm unten auf den Straßen nachjagten; die holländischen Bildergalerien; das Schiff von The Hook nach England und der größere Teil meiner Fahrt zu Ed nach Italien; wie der Zug bei Domodossola aus dem winterlichen Tunnel unter den Alpen kam und ich rings um mich her die Wasserfälle in der ganzen Pracht der italienischen Sonne von den Felsen springen sah. Das werde ich nie vergessen! Ich muß ein sehr empfänglicher junger Mann gewesen sein.

Aus dem Winter des Schweizer Tunnels bei Domodossola in den strahlenden Sonnenschein Italiens zu kommen, das läßt sich gewiß nicht angemessen beschreiben – keine Kunst konnte daran herankommen. Es war umwerfend, es war unbeschreiblich!

In Italien nahm Ed mich unter seine Fittiche und zeigte mir die Wunder der Architektur und Malerei des Mittelalters und der Renaissance: Siena brach jäh über mich herein; Bramantes Kuppel des Duomo; die Fresken von Pinturicchio. Dann der Ausflug nach Fiesole; die goldenen griechischen Tempel in Paestum; Amalfi natürlich; Sorrento; Capri und unser Besuch bei Elihu Vedder. Das wilde Anacapri auf seinen Felsspitzen im Meer – wenn irgend etwas in Europa vorchristlich ist, dann das. Die Mädchen, die Körbe voll frisch gepflückter Zitronen die Klippenstufen hinuntertrugen. Pompeji. Neapel, wo kleine Straßenjungen uns auf der Domtreppe mit Steinen bewarfen, weil wir unser Gepäck selbst tragen wollten.

Mr. Crowninshield von der American Academy in Rom hatte Ed ein Empfehlungsschreiben für Vedder mitgegeben. Der alte Knabe freute sich, zwei amerikanische Jungs zu sehen, die darauf versessen waren, ihre Herzen für die Schönheiten Italiens zu öffnen. Er lebte auf einer kahlen Anhöhe irgendwo im Innern Capris hoch über dem Meer und zeigte uns, mit welchem Trick er die Fliegen aus seinem Atelier fernhielt. Die Fliegentür vorm Eingang bestand aus den üblichen zwei Teilen, einer oben, einer unten, dazwischen ein Querbalken. Aber dieser Querbalken war oben und unten einen Zoll weit von dem Drahtnetz zurückgesetzt, so daß an den Kanten freie Durchlässe blieben.

»Fliegen wollen immer nach draußen«, erklärte er uns; »sie streben zum Hellen und landen am Gitter. Wir aber hindern sie am Entkommen, indem wir die Ausgänge versperren. Ich lasse ihnen einen Weg frei. Daher habe ich keine Fliegen.« Und er hatte auch keine, jedenfalls nicht viele.

Ed und ich stiegen die Klippe hinunter, von der Tiberius seine Frauen zu stürzen pflegte, wenn er ihrer überdrüssig war; etwa sieben Meter unterhalb dieser Stelle gab es einen schrägen, mit saftigem Gras bewachsenen Vorsprung, auf dem wir uns in der Sonne ausstreckten, einsam und glücklich, hoch über dem Meer, wunderbar zufrieden. Dann aber erschien über uns eine Uniform voller wild gestikulierender Arme und Verwünschungen. Dieser Schweinehund. Wir mußten wieder hochkraxeln.

Vom Forum ist zu wenig übrig, als daß es ein anschauliches Bild von der Vergangenheit vermitteln könnte; aber es gab ja auch die großartigen Thermen des Diokletian und die Venus Andromeda, vor der ich so lange stand, bis ich mich schämte, in ihrer Nähe gesehen zu werden.

Im Restaurant des Hotels in Siena bekamen Ed und ich, nachdem uns Wanzen die erste Nacht vergällt hatten, Honig zum Frühstück. Als ich mir davon nahm, blieb der Honig wie üblich am Servierlöffel hängen, und ich packte wie üblich mit der anderen Hand meinen Teelöffel, um ihn abzustreifen. Ed, der schon in jüngeren Jahren eine Vorliebe für weiße Westen hatte, sah mich an. »Was ist denn?« fragte ich. »Also, wenn du mehr Honig haben willst«, antwortete er, »nimm doch eine Suppenkelle.« Ich sah ein, daß er recht hatte.

Dann hieß es von Ed Abschied nehmen. Mein Schiff fuhr in Neapel ab und machte in Palermo halt, wo die Sonne so grell schien, daß ich eine Sonnenbrille aufsetzen mußte. In Palermo sah ich den Monreale mit seinen Mosaiken auf Goldgrund. Doch als das Schiff auf seinem Weg zurück in die Neue Welt, an die ich in diesen Tagen unablässig denken mußte, Kurs auf Gibraltar nahm, begann ich mich unwohl zu fühlen. Es war ein altes deutsches Schiff. Den Namen habe ich vergessen. Allmählich bekam ich starke Schmerzen in der rechten Seite. Als Arzt brauchte ich niemand um Rat zu fragen. Ich stellte das Rauchen ein, aß nichts mehr und harrte diese zwei oder drei Tage auf meinem Liegestuhl aus; ich hatte nämlich den Schiffsdoktor gesehen und war fest entschlossen, mich von *ihm nicht* aufschneiden zu lassen. Nie im Leben! Ich wollte versuchen, bis zum nächsten Hafen durchzuhalten, und dort einen Arzt der britischen Armee konsultieren. Zumindest hätte ich dann festen Boden unter den Füßen, und ein Krankenhaus gab es dort auch.

Ich verbrachte in Gibraltar eine Nacht im Hotel; nachdem das Schiff ohne mich abgefahren war, fühlte ich mich wieder vollkommen wohlauf. Auf das nächste Schiff dieser Linie mußte ich zwei Wochen warten. Da ich noch sechzig Dollar in der Tasche hatte, beschloß ich, mir Spanien anzusehen. Nie hat sich eine leichte Blinddarmentzündung so gut ausgezahlt. Wenn ich nur ein bißchen mehr Weltkenntnis besessen hätte – was hätte ich mir da mit sechzig Dollar für ein Leben machen können!

Dabei war es gar nicht so schlecht. Vor allem wollte ich Palòs sehen, oder eher Huelva, von wo Kolumbus zu seiner ersten Fahrt nach Amerika in See gestochen war; eine kahle, sandige Stelle zwischen flachen Dünen und kleinen, aufs Meer blickenden Sommerhütten, dazu ein starker ablandiger Wind. Es sah perfekt aus für meine Zwecke – falls ich je eine Chance haben sollte, darüber zu schreiben.

Dann Sevilla: *»El que no a vista Sevilla«*, wie Mutter zu sagen pflegte, *»no a vista maravilla!«* Die Kathedrale – dieser Berg –, vor der ich einen Bettler ertappte, wie er aus seinen Lumpen in einen anständigen Straßenanzug stieg. Er lächelte mich an und zuckte die Achseln.

In Sevilla war gerade Karneval, die Straßen voller Leute. Dort sah ich ein erstaunliches Mädchen; sie war höchstens fünfzehn Jahre alt und tanzte vor einer begeisterten Menge auf der Bühne einer kleinen Marktbude Fandango, und bis zum heutigen Tag habe ich noch auf keiner kultivierteren Bühne je eine Aufführung dieses Tanzes gesehen, die an diese auch nur von weitem herangereicht hätte. Hätte ich den Mut oder die Tollheit besessen, der kleinen Hure nachzugehen, die mir am Abend in der Nähe der Plaza mit dem Hintern zuwackelte – wer weiß, wo ich dann noch gelandet wäre, in dieser Welt oder in der nächsten. Ich habe es aber nicht getan, und so bin ich jetzt Schriftsteller.

Granada – das ist das Ende der Welt. Aber damals hatte noch niemand, am allerwenigsten ich, etwas von Lorca gehört. In einer schmalen Rinne auf dem Steingeländer der sanften Gartentreppe sah ich Quellwasser rinnen – zur Kühlung der Luft unter den Granatapfelbäumen. Aber wie üblich riß ich mich von dem Zauber los; und von den Bettlern, die noch heute an dem kleinen Bach unterhalb der Mauern der Alhambra Gold waschen. Man kann sich vorstellen, wieviel sie finden.

Ich riß mich los und ging in die kahlen gelben Hügel jenseits der Stadt, um allein zu sein, um diese Unerträglichkeit vergangener Pracht von mir abzuschütteln. Dort, oder eher auf dem Weg dorthin, wurde ich von einem Zigeunermädchen aufgelesen; sie mochte zwölf oder vierzehn Jahre alt sein, und während sie mich aus dem Dorf hinausbegleitete, auf dessen Wegen ich mich verirrt hatte, führte ich ein unschuldiges Gespräch mit ihr. Ich sagte ihr, wie schön sie sei – wenn auch ziemlich schmutzig. Sie sagte mir, wie schön ich sei. Damit verbeugten wir uns voreinander und nahmen Abschied. Bloß ein Kind.

In Toledo verbrachte ich einen Abend in einer winzigen Bar, zusammen mit ein paar Trinkern, Schafhirten vermutlich, und lauschte einem Gitarrenspieler. Das ist auch so ein Ort, an dem ich spurlos hätte verschwinden können. Sie hätten mich ausrauben, mich abstechen und die Leiche in einen Abgrund werfen können, ohne daß irgendwer es gemerkt hätte. Tatsächlich aber tranken wir alle ein paar Runden billigen Wein, und ich ging wie üblich ins Hotel und legte mich schlafen.

In Toledo – gleichsam gefangen in den Schlingen des schmalen Flusses, der tief in der Schlucht zu seinen Füßen fließt – bekam ich, einsam wie ich war, einen Eindruck des ursprünglichen Spaniens, der sich mir am deutlichsten ins Gedächtnis geprägt hat. Auf meinem Rundgang durch die Stadt kam ich zu der schmalen Brücke, die die Zitadelle – denn so muß man diesen Ort eigentlich nennen – mit der Außenwelt verbindet.

Es ist eine extrem schmale alte Steinbrücke, die ohne weiteres noch von den Römern stammen könnte. Kaum hatte ich sie betreten, um hinüberzugehen, schlurfte ein großer zerlumpter Kerl an mir vorbei, begleitet von zwei ausgemergelten Hunden, die mir fast bis an die Schultern reichten, und ein paar Schafen. Und dann, ehe ich mich versah, war die alte Brücke dicht vollgepackt mit blökenden Schafen, die sich zu Hunderten von Geländer zu Geländer an mir vorbeidrängten. Es hätte jeder Augenblick in den letzten zweitausend Jahren sein können, als ich da so stand und fühlte und roch, wie die Tiere zu allen Seiten über das Pflaster um mich herumströmten. Dann waren sie vorbei, und ihnen nach schritt ein zweiter zerlumpter Hirte mit seinem klapprigen Hund, genauso groß wie die anderen.

An einem anderen Tag sah ich einen Ochsenkarren, der am Fuß des steilen Hügels steckengeblieben war. Die Ladung war ziemlich schwer, Felsbrocken oder Steine, schien aber nicht zu schwer für die beiden davorgespannten riesenhaften Tiere, die sich aber trotzdem weigerten, sie weiterzuziehen.

Der Fuhrmann stand mit einem langen spitzen Stock vor ihnen und versuchte sie voranzulocken. Vergebens. Er trat neben den Kopf des rechten Tieres und tänzelte rückwärts auf den Karren zu, um ihnen so etwas wie Vorwärtsbewegung zu suggerieren. Dachte ich; aber plötzlich stach er den Ochsen mit seinem spitzen Stock und stieß erst gegen das eine, dann gegen das andere Tier wilde Flüche aus. Vergebens. Sie rührten sich nicht vom Fleck. Darauf trat er beiseite, zündete sich eine Zigarette an und ruhte sich aus. Ich dachte, er hätte aufgegeben.

Aber dies war nicht der Fall. Denn in diesem Augenblick sah ich auf dem Gipfel des Hügels, den er bereits erklommen hatte, einen zweiten Fuhrknecht, der eben sein Gespann von einem anderen, ähnlich beladenen Karren losmachte.

Jetzt, dachte ich, werden sie das Ortscheit dieses Gespanns ans Ende der Deichsel des anderen ankoppeln und die zweite Ladung zusammen hochziehen.

Die Tiere wurden vom Hügel heruntergeführt und vor ihren Brüdern aufgestellt. Eigentlich hätte nun das Geschirr angespannt werden müssen, aber statt dessen hörte ich den zweiten Burschen dem ersten zurufen: *»Quando usted quiere!«*

Ihre Stöcke schwingend, brüllten die beiden Männer gleichzeitig los, und die vier Ochsen zogen an wie einer und klommen den Hügel hinauf – nur daß das vordere Paar *nicht* mit dem hinteren verbunden war. Die beiden gingen einfach frei voraus; das zweite Paar folgte ihnen und zog die Last.

Dann Madrid und die Goyas. El Escorial, unvergleichlich im kargen Spanien – obwohl ich mich an die Gerüche einer Schokoladenfabrik erinnere, in der Nähe des Bahnhofs. Dort merkte ich, daß mir ein junger Mann folgte, vielleicht ein Agent der Regierung. Ich hatte ihn schon in Granada gesehen. Später sprachen wir miteinander. Er schien in Ordnung zu sein.

Als letztes stieg ich in Cordoba aus dem Zug und besichtigte auf der anderen Seite des Flusses die tiefgelegene Moschee, eine der großen Hinterlassenschaften der Mauren – deren einzigartige Symmetrie von einer christlichen Kapelle genau in der Mitte der Perspektive verschandelt wird. Und dort beobachtete ich während der Messe einen Priester, der sich räusperte und übers Geländer spuckte; ein kleiner Meßdiener in weißem Chorhemd erwiderte meinen Blick von dort oben herab mit einem Lächeln.

TEIL 2

Kapitel 22
Die ersten Jahre in der Praxis

Wieder zu Hause, galt es, die medizinische Praxis zu beginnen. Geld war wenig vorhanden. Ich hatte natürlich gar keins. Unser Eingangsflur diente mir als Wartezimmer, der alte Anrichteraum als Sprechzimmer. Meine Hausbesuche erledigte ich zu Fuß oder mit dem Fahrrad. Dann mietete ich mir für ein paar Monate eine kleine Stute, Astrid. Im ersten Jahr verdiente ich siebenhundertundfünfzig Dollar. Dann, Ende 1911, bekam ich meinen ersten Ford! Das Prachtstück hatte Messingstangen zum Festmachen der Windschutzscheibe, es hatte Acetylenlampen, aber keinen Anlasser! An so manchem Wintertag ging ich nach draußen, kurbelte zwanzig Minuten an dem Wagen herum, bis er angesprungen war, begab mich dann, den Motor laufen lassend, schweißtriefend ins Haus, nahm ein rasches Bad, zog mich um und konnte nun endlich zu meinen Hausbesuchen aufbrechen. Einmal schlug das Ding zurück, und der Kurbelgriff traf mich über dem linken Auge. Es hätte schlimmer kommen können. Der Trick bestand darin, zum Kurbeln die linke Hand zu benutzen, so daß der Griff, wenn er zurückschlug, aus den Fingern sprang und einem nicht das Handgelenk zertrümmerte. Ich hatte die linke Hand benutzt und wurde statt dessen überm Auge getroffen.

Als erstes hatte ich einen Fall von Schuppen zu behandeln, denen ich mit einem einfachen Mittel zu Leibe rückte; sie verschwanden zu jedermanns Zufriedenheit. Aber meine Praxis lag nicht gerade in einer vornehmen Gegend, und ich fürchte, ich habe auf meine potentiellen Kunden nicht allzu vertrauenswürdig gewirkt. Wie auch? Ich hatte ja selbst nur wenig Vertrauen zu mir, und in meinem Kopf sah es wüst aus – was mir, wie ich glaubte, jeder ansehen mußte.

Floss und ich waren noch nicht verheiratet, sahen uns aber täglich, oder nachts: drei Jahre kann man nicht auf die Hochzeit warten. Ich spürte, daß es Pop ein wenig auf die Nerven ging, wie ich die Straßen zwischen beiden Häusern abwetzte. Glückliche Tage und Nächte – falls Liebende jemals glücklich sind!

Floss war noch immer kaum mehr als ein Kind, und was ich war, weiß Gott allein.

Es muß im Frühling 1912 gewesen sein, als es nicht mehr länger auszuhalten war. Ich sprach mit Pop und fragte ihn, ob wir das Haus 131 West Passaic Avenue nicht für zwei Familien herrichten könnten; dann könnten er und Mutter oben wohnen und Floss und ich unten neben der Praxis. Er besprach sich mit Mutter und stimmte der Veränderung zu. Hocherfreut begann ich sofort, die Sache im Kopf herumzuwälzen, und erzählte ihm begeistert von meinen Plänen, was ich tun wollte und wie ich es tun wollte. Seine Miene wurde eisig.

»Nein«, sagte er, »nicht, solange ich in diesem Haus wohne. Nein. Das werde ich dir nicht gestatten. Solange ich hier lebe, ist das immer noch mein Haus.«

Eine kalte Dusche. Wütend erklärte ich ihm, ich würde *entweder* in meinen Angelegenheiten selbst entscheiden können oder mir eine andere Wohnung suchen. Da er mir keine Hoffnung machte, kehrte ich ihm den Rücken zu, setzte meinen Hut auf – es war etwa zehn Uhr abends – und ging aus dem Haus.

Zu Floss konnte ich um diese Zeit nicht gehen, und im übrigen wollte ich sie nicht mit solchen Dingen beunruhigen. Sie hatte es ohnehin schon schwer genug, sich mit meiner Unentschlossenheit abzufinden. Also schritt ich auf der Straße nach Hackensack in Richtung

Norden. Die Nacht war schön, und ich ging immer weiter, ohne zu wissen, wie die Sache ausgehen sollte.

Die verdammte Stadt verlassen? In den Norden des Bundesstaates New York ziehen? Meine Approbation erlaubte mir, sowohl in New York als auch in New Jersey zu praktizieren; Floss würde mitkommen, irgendwohin, wo ich mir das Leben leisten und noch einmal von vorn anfangen konnte.

Ich ging bis etwa zwei Uhr morgens weiter und kam fast bis Oradel, zehn oder fünfzehn Meilen nördlich von Rutherford. Endlich abgekühlt, drehte ich mich um und trat den Rückweg an.

Arme Mutter! Sie sagte, sie und Pop wären erst zur Ruhe gekommen, als sie bei Anbruch der Dämmerung meinen Hausschlüssel in der Tür gehört hätten. Dabei fällt mir ein, was für ein herrliches Gefühl es war, als ich meinen ersten Hausschlüssel bekam.

Der Plan, zu zwei Familien in einem Haus zu leben, war gestrichen. Soweit ich weiß, ist das Thema weder von Pop noch von mir jemals wieder erwähnt worden. Ich ließ meine Praxis, wo sie war, und besorgte mir bei den Ackers nebenan eine Wohnung. Im Dezember wollten Floss und ich heiraten. Pa Herman nahm uns auf Partys beim New Yorker *Liederkranz* mit, und mindestens einmal bekam ich während dieser Verlobungsphase in Rutherford Besuch von Ezra Pound und Hilda Doolittle. Floss fühlte sich in Gesellschaft der beiden nicht wohl, doch kamen wir alle mehr oder weniger gut miteinander aus. Einmal hatten uns die Hermans zum Abendessen eingeladen, dazu gab es Wein, Rüdesheimer 1905, glaube ich. Ezra, überschwenglich begeistert und im Bewußtsein der Reputation New Jerseys, stieg bei Tisch auf seinen Stuhl und tötete einen Moskito an der Zimmerdecke. Pa Herman war nachsichtig wie immer.

An einem anderen Abend gaben sie eine Party für uns, auf der Millard Ashton, einer unserer Freunde, zum großen Verdruß des guten Ezra den Clown markierte. Als zum Nachtisch Eis und Kuchen herumgereicht wurden, sagte Ezra zu dem jungen Mann: »In der Küche wird gerade eine Extraportion mit Arsen für dich zubereitet.«

Den Sommer verbrachten die Hermans in Cook's Falls am Oberlauf des Delaware, wo ich sie besuchte und, stets ein Buch in der Tasche, mit Floss über die Felder wanderte – ich mußte eine Menge an mir arbeiten, um für die Ehe geschmeidig zu werden. Floss und ich sondierten unbeholfen unsere Gefühle. Ich glaube, diese lange Phase der Akklimatisation hat entscheidend dazu beigetragen, daß wir es später in der Ehe miteinander aushalten konnten. Ich habe einen Schnappschuß von ihr, da steht sie aufrecht und trotzig zwischen Brombeersträuchern – ein Mädchen mit schmalen Hüften, das ich noch immer mit Verwunderung betrachte. Die künftige Braut des blassen jungen Dichters und Arztes, von dem sie mit Sicherheit dann oder wann gedacht haben muß, er habe nicht alle Tassen im Schrank. Später erzählte sie mir, ihre Familie habe sie immer wieder vor mir und meinen Eigenheiten gewarnt – nur ihr Vater nicht. Paul Herman hatte selber eine künstlerische Ader. Jedenfalls ging er in Cook's Falls gerne angeln und lieferte nicht selten eine gute Schnur Forellen in der Hotelküche ab. Manchmal begleiteten wir ihn auf seinen Streifzügen.

Eines Tages ging ich ihm behutsam zu der Stelle nach, wo er am liebsten angelte; dort sah ich, wie er etwas von seinem Zigarrenstummel abzupfte und ins Wasser schnippte. Das Wasser strudelte und schäumte, eine große Forelle erschien und schnappte den Köder. Er hatte damit geprahlt, eine Forelle bloß mit Hilfe eines Zigarrenstummels fangen zu können, und auf diese Weise sein Wort eingelöst.

In dieser Zeit schrieb ich das Gedicht »A Coronal«. Floss und ich lagen unter den Bäumen, und ich las ihr vor. Meine Gedanken rebellierten ständig, ich war nervös. Das also war meine künftige Frau, die alle anderen ausschließen sollte. Wie konnte man das ertragen oder begreifen? Aber da war sie nun einmal: Flossie; gewiß keine Venus von Milo – sondern eben Flossie, in mancher Beziehung hart wie Stahl, dem Himmel sei Dank. Sie konnte es brauchen.

Und dann also Hochzeit. Nach drei Jahren vertraulichen Umgangs kannten wir einander ziemlich gut. Was ging uns beide dieser Mummenschanz an? Für mich war das Ganze keine ernste Angelegenheit, sondern eher so etwas wie eine Aufführung des Wig and Mask Club. Aber daß ich's nur gestehe: als ich dort wartete und das blasse Mädchen am Arm seines Vaters durch die Kirche auf mich zuschreiten sah, überkam mich Rührung. Ich wollte ihr entgegengehen und sie beschützen.

Nach der Zeremonie floß der Champagner wie Quellwasser; Pa Herman wußte eine Party zu schmeißen, wenn er Lust dazu hatte. Als wir gehen wollten, band man uns mit einem Seil die Haustür zu. Die dezemberliche Fahrt in die Stadt im offenen Wagen; Umarmungen, Erkundungen, gegenseitiges Durchdringen, der grimmige Ernst der Sache inmitten von Konfetti und künstlichen Rosenblütenblättern! Wir hatten die Feier so gelegt, daß wir am nächsten Tag mit dem Schiff auf die Bermudas fahren konnten. Als Floss den Ring zum Juwelier brachte, um das Hochzeitsdatum eingravieren zu lassen, sagte dieser: »Hm, ganz schön schlau!«

»Was ist schlau?« fragte sie.

»12. 12. 12«, er zeigte es ihr. Also sei unserer Ehe Glück beschieden. Aber die Abfahrt des Schiffes wurde um fünf Tage verschoben, und wir fuhren erst einmal nach Boston zu Ed (er lehrte an der Boston Tech). Er besorgte uns Zimmer im Hotel Victoria. Auf der Suche nach einer kleinen Zerstreuung fuhr ich am nächsten Tag mit Floss nach Concord, wo die Ärmste sich auf jemandes Grab erbrach.

Nach der rauhen Hinfahrt waren die tropisch schönen Bermudas eine Wohltat für uns; die kleinen farbenprächtigen Fische im klaren Wasser unweit des Fährhafens, die üppigen Weihnachtssterne in voller Blüte. Ah ja …

Nach unserer Rückkehr von den Bermudas zogen wir bei »den Ackers« ein; das Haus war der ehemalige Wohnsitz der Norsworthys und lag neben dem meines Vaters. Dort hatten wir zwei Zimmer, die wenigstens uns allein gehörten: ein großes Zimmer nach vorne raus, in dem ich ab und zu ein wenig malte, und ein anderes, das mit zwei Betten vollgestellt war; dazu, einzigartiger Luxus, ein eigenes Bad. Wir aßen an Mutters Tisch: nicht viel Grünzeug, das Floss so gern hatte, aber reichlich Bohnen, Reis, Kartoffeln und Fleisch, gründlich gekocht, so wie Pop es liebte. Wir beide hatten noch viel zu lernen.

Wir waren in unserer Wonne so unerfahren wie jedes andere junge Paar auch. Manchmal staune ich, wenn ich daran denke. Aber auf seltsame Weise hatten wir doch unseren Spaß, während wir bei unserem Bemühen, einander besser kennenzulernen, eine Schranke nach der anderen einrissen. Ich muß damals ziemlich viel gemalt haben. Einmal, erinnere ich mich, habe ich Floss mit einem meiner Werke richtig amüsiert. Es war auf eine schmale Holztafel gemalt, die ich aus einer alten Tür geschlagen hatte: Über die ganze Breite lief ein kleiner Bach, an dessen Ufern nackte Gestalten beiderlei Geschlechts, jung und alt, in grotesken Haltungen gelagert waren. Floss muß noch heute lachen, wenn sie daran denkt.

Als die junge Gattin dann manchmal morgens vor dem Frühstück Übelkeit empfand, standen wir beide vor einem Rätsel. Daß es an der kleinen Dosis Arsen liegen könnte, die ich ihr in Pillenform als Stärkungsmittel nach dem harten Winter verabreichte, konnte ich nicht glauben. Doch ehe wir weiter darüber nachdenken konnten, geschah etwas, das uns vollständig von diesem Thema ablenkte.

Dr. Wood, unser Zahnarzt und ein ehemaliger Kommilitone von mir, bemerkte eines Tages beiläufig, wie im Vorübergehen, er wolle mir sein Haus in der Nine Ridge Road verkaufen. Nicht einmal in meinen wildesten Phantasien hatte ich je an so etwas gedacht, so daß ich ziemlich überrumpelt war. Ich wandte ein, daß ich mir ein solches Haus, eins der auffälligsten im ganzen Ort, nicht leisten könne.

»Wo soll ich denn das Geld hernehmen?« fragte ich ihn.

Er lachte mich nur aus. Ich muß gestehen, seine Behauptung, ich könne doch ohne jede Schwierigkeit einen Kredit aufnehmen, schmeichelte und imponierte mir. Seine Frau wolle aus dem Geschäftsviertel wegziehen, er verlange auch nur eine kleine Anzahlung, die Lage des Hauses sei für einen jungen Arzt schlechthin ideal (was zutraf) ... Und so weiter und so fort. Ich erzählte Floss davon. Inzwischen wußten wir, daß sie schwanger war. Unsere Wohnung wäre bald zu klein. Warum es nicht riskieren? Ich brauchte ein Darlehen. Pop konnte unmöglich noch mehr für mich tun, also wandte ich mich mit Floss' Einverständnis an ihren Vater.

Dr. Wood hatte seinen Preis genannt. »Biete ihm fünfhundert weniger an«, sagte der alte Herr. Dies teilte ich dem Doktor mit. Er lächelte, wollte aber nicht mit seinem Preis heruntergehen; und so schlossen wir nach einigen weiteren Präliminarien den Handel ab und schickten uns an, von unserem prächtigen neuen Eigentum Besitz zu ergreifen.

Weder Floss noch ich werden den Tag unseres Einzugs jemals vergessen. Es war, als hätten wir einen Palast der Medici bezogen. Floss war inzwischen im siebten Monat.

In dem großen Vorderzimmer, einem länglichen Viereck, war der Boden aufgrund eines schadhaften Tragbalkens an einer Stelle um gut zwei Zoll eingesunken. Wenn man darauf herumsprang, wackelte das ganze Haus. Genau auf diese Stelle hatten die Möbelpacker die riesige Majolika-Vase gestellt, die Ed uns zur Hochzeit aus Rom geschickt hatte. Sie war so ziemlich alles, was wir besaßen. Wir sahen einander an und schüttelten die Köpfe.

Ich erinnere mich, wie Pop reagierte, als ich ihm erzählte, was wir getan hatten. Mir war klar, daß er uns gern geholfen hätte. Er beneidete Pa Herman um seine Großzügigkeit, als ob er, mein Vater, und auch meine Mutter mich nicht lange genug unterstützt hätten. Ich sagte ihm dies und versicherte, ich hätte das nicht vergessen. Die Zinsen für das Darlehen zahlten wir regelmäßig, doch ebenso regelmäßig gab Pa Herman seiner Tochter das Geld als Geburtstags- oder Weihnachtsgeschenk zurück.

Wir waren begeistert von dem neuen Haus; nur die vordere Terrasse befand sich in einem schrecklichen Zustand. Ich habe sie eigenhändig planiert, eine sanfte Schräge angelegt, sämtliche Löcher ausgefüllt und die Nachbarskinder gebeten, sich davon fernzuhalten. Sie waren folgsam, und wir wurden gute Freunde. Während ich dort draußen vor aller Augen arbeitete, erlebte ich zwei interessante Dinge. Das erste war die Bemerkung einer Farbigen, mit der ich bereits recht gut bekannt war. Sie blieb stehen, sah mir eine Zeitlang zu, wie ich dort mit Spaten und Schaufel schwitzte, und sagte dann: »Doktor, Sie nehmen einem anderen, der es brauchen könnte, Arbeit weg.«

»Suchen Sie einen Job?« fragte ich. Damit war die Sache erledigt. Bei der zweiten Szene lief es anders. Ich hatte angefangen, entlang der Vorderseite des Hauses einen metertiefen Graben anzulegen. Später wollte ich ihn mit Laub füllen und die Erde zurückschütten, um dann irgendwann einmal Rhododendren dort anzupflanzen. Während ich schwitzend herumschaufelte, kam eine junge Bekannte von mir die Straße hinunter; sie blieb stehen und sagte: »Glücklich?«

Verblüffende Frage.

»Sicher, warum nicht?« sagte ich. Sie lachte und ging weiter.

»Was ist denn mit der los?« dachte ich. »Aber bin ich«, fragte ich mich, »wirklich glücklich? Wer kann das wissen?«

Die nächsten zehn Jahre, von 1912 bis 1922, hatte ich alle Hände voll zu tun. An drei Tagen in der Woche arbeitete ich in New Yorker Kinderkliniken. Zuerst anderthalb Jahre im Babies' Hospital, dann noch einmal die gleiche Zeit lang im Post Graduate.

Schauspiele schienen mich besonders zu reizen, denn in dieser Zeit verfaßte ich drei davon. Eins hieß *Frances for Freedom* und folgte ziemlich genau dem

Muster von Shaws *Fanny's First Play*; aber ein anderes war schon origineller. Es handelte von einem Kriminellen, der sich aus seinem Milieu löst und es in der Gesellschaft zu etwas bringt. Das Thema dieses Stückes habe ich nie vergessen, denn Clifford Odets hat es später in seinem *Golden Boy* mit beträchtlichem Erfolg weiterentwickelt, einschließlich einer Schlägerei, allerdings mit Handschuhen, in einer Küche. Es hatte mich einiges gekostet, diese beiden Stücke von einer New Yorker Schreibkraft abtippen zu lassen; aber später habe ich sie verbrannt. Zu dumm.

Kapitel 23

Maler und Feste

In den Jahren vor dem Ersten Weltkrieg brach in New York ein regelrechtes Kunstfieber aus. Am beliebtesten war die Malerei. Ihren Höhepunkt erreichte diese Entwicklung 1913 mit der berühmten »Armory Show«. Auch ich ging dorthin und begaffte zusammen mit den anderen ein »Bild«, auf dem eine Glühbirne an- und ausging; oder Duchamps prächtige Skulptur (von »Mott & Co.«), ein gußeisernes, glänzendweiß emailliertes Pissoir. Über diesen ebenso ungewöhnlichen wie beliebten jungen Mann ging damals die Geschichte um, er gehe täglich in irgendeinen Laden und kaufe dort irgend etwas, was gerade seine Phantasie anrege – etwas Neues – etwas Amerikanisches. Was auch immer es sein mochte, dies war seine »Konstruktion« für diesen Tag. Die törichten Esel vom Komitee verbannten das Pissoir aus der Ausstellung. Der »Akt, eine Treppe hinabsteigend« ist mir so vertraut, daß ich jetzt keine deutliche Erinnerung mehr daran habe. Ich weiß nur noch, daß ich laut auflachte, als ich ihn zum erstenmal sah, glücklich und erleichtert.

1913 bekam Ezra in London mein kleines Buch *The Tempers,* das bei Elkin Matthews erschienen war. Es gab darin wenigstens ein Gedicht, das ihm gefiel: »The Coroner's Merry Little Children«. Ein anderes war Flossie gewidmet und hieß »The Lady of Dusk Wood Fastnesses«.

– dies Haus klingelt wie verrückt: Telephon, Hintertür, Vordertür, Praxis. Heut erwachte ich im Morgengraun vom schrillen Klang der Praxisklingel, wie mir schien. Ich zog mich halb an und ging nach unten; niemand da. Und niemand dagewesen. Es hatte in meinem Kopf geklingelt. Jetzt hat die Hausklingel geläutet. Floss war oben. Es läutete und läutete. Floss ging nach unten. Jemand, der das Buch Make Light of It *abholen wollte, in das ich kürzlich eine Widmung für die Tochter eines alten Schulfreundes geschrieben hatte.*

Walter Arensberg und Alfred Kreymborg hatten zusammen die kleine Lyrik-Zeitschrift *Others* gegründet. Walter gab seine Führungsrolle fast gleich wieder auf, um seine Zeit und seine Mittel fortan der Malerei zu widmen.

Brennpunkt all dieser Ereignisse war Grantwood. Ich war völlig begeistert von dem, was sich dort abspielte. Vor Jahren hatte jemand aus irgendeinem unerfindlichen Grund dort im Wald einige Holzhütten gebaut, vielleicht sollte es eine Sommersiedlung sein, nun, ich weiß es nicht – auf alle Fälle waren sie da und konnten spottbillig gemietet werden. Es wohnten mehrere Schriftsteller dort, aber mein Hauptinteresse galt dem von Alfred und Gertrude Kreymborg bewohnten Haus; ich nutzte wie besessen jede Gelegenheit, mit meinem Auto dort hinzufahren, um bei der Herausgabe der Zeitschrift zu helfen, die mir als Schriftsteller das Leben gerettet hatte. Fünfundzwanzig Dollar im Monat reichten für ihren Unterhalt, und allmählich kamen auch die Manuskripte. Kreymborg hat das Geld irgendwie aufgetrieben. Wie, habe ich nie erfahren, aber ich habe geholfen, so gut ich konnte.

Orrick Johns, der zusammen mit Edna St. Vincent Millay vor kurzem den ersten *Lyric Year*-Preis erhalten hatte, machte jetzt mit seinen »blauen Unterhemden an einer Wäscheleine« aufs neue von sich reden. Orrick und sein Holzbein, das ihm gelegentlich auf einer Zechtour abhanden kam oder gestohlen wurde; Peggy Johns und Malcolm Cowley lebten dort eine Zeitlang, und Man Ray, der sich, argwöhnisch umherblickend, auf seine Abreise nach Paris vorbereitete. Nie werde ich die ziemlich verschüchterte Freude vergessen, mit der ich Duchamp begegnete, dem großen Marcel, der ab und zu dort auftauchte. Ich konnte mich fast nur an Sonntagnachmittagen freimachen, um dort hinzufahren.

Das einzige »große Haus« in Grantwood war das von Bob Brown. Zu seinen Gästen zählten Orrick Johns, Alanson Hartpence und seine Frau Slade, Man Ray, vielleicht Malcolm Cowley, Peggy Johns und, als gelegentliche Besucher, Helen Hoyt, Arensberg, Mina Loy, ein paarmal auch Marcel Duchamp, Sanborn, ich selbst und einige andere, darunter in späteren Jahren Maxwell Bodenheim. Das hört sich wenig aufregend an, war es aber. Unsere Partys waren billig – ein paar Drinks, Butterbrote, Kaffee –, aber die Gärung im Reich der Poesie war ungeheuer anregend.

Ich hatte es, ebenso wie später mein Sohn, instinktiv

vermieden, eine Praxis in New York City zu eröffnen. Ich wollte das einfach nicht. Sondern ich wollte eine Weile leben, mit mir allein sein und herausfinden, wo es langging. Meine Ziele waren weitgesteckt.

Meist setzte ich mich an Sonntagen zu der Clique ab, um ihnen zu zeigen, was ich geschrieben hatte, oder Kreymborg beim Umbruch zu helfen. Wir konnten ganze Nachmittage lang über den Kubismus diskutieren. Ähnlich hoch ging es her, wenn wir von der Struktur der Gedichte sprachen. Wir fanden es gewagt, die Anfangsworte der Verszeilen klein zu schreiben. Der Reim ging über Bord. Kurz, wir waren »Rebellen« und wurden entsprechend behandelt.

In diesem Winter begannen die abendlichen Treffen in verschiedenen Schlupfwinkeln um die 14. Straße, entweder bei Kreymborg oder in Lola Ridges Wohnung. Sie erhob das zur Religion.

Dort irgendwo – war es die erste Armory Show oder eine andere vergleichbare Ausstellung? – wurden Lyriklesungen veranstaltet, auf denen auch Mina Loy und ich auftraten. Es war, erinnere ich mich, ein großer, mit Wandschirmen abgeteilter Saal.

An jenem Nachmittag las ich zwei Gedichte: »Overture to a Dance of Locomotives« und »Portrait of a Woman in Bed«. Als ich das letztere zu lesen begann, erhob sich eine große, gutgekleidete Frau von ihrem Sitz, kehrte mir den Rücken zu und ging hinaus. Mina erklärte zu meiner Überraschung, mein Auftritt sei der beste gewesen.

Zu den Partys in Arensbergs Atelier kamen vornehmlich Maler. Hier ging es anders zu als auf unseren meist »ärmlichen« Zusammenkünften. Arensberg konnte es sich leisten, reichlich Essen und Trinken aufzufahren. Marcel Duchamp traf man dort regelmäßig. Sein Gemälde auf Glas stand halb fertig irgendwo herum, einige seiner früheren Werke hingen an der Wand, daneben Cézannes »Badende«, Werke von Gleizes und anderen. Das beunruhigte und faszinierte mich gleichermaßen. Ich muß gestehen, daß es mir schwerfiel, damit zurechtzukommen.

Ein Erlebnis bei Arensberg hat sich mir tief eingeprägt; es war so demütigend für mich, daß ich es nie vergessen werde. Schließlich waren wir alle noch Anfänger auf dem Gebiet der Kunst, so sehr wir uns auch bemühen mochten, dies zu verheimlichen; wir waren unerfahrene Stümper, die den Intellektuellen vom Montmartre nicht das Wasser reichen konnten. Dazu gab es eine beträchtliche Sprachbarriere. Kein Wunder, daß einige sofort dorthin aufbrechen wollten. Jedenfalls waren wir, oder ich zumindest, nicht in der Lage, mit frisch aus Paris eingetroffenen Leuten eine geistreiche Konversation auf französisch zu betreiben.

Ich besah mir also in Arensbergs Atelier ein neues Bild von Duchamp – fünf Köpfe in Pastelltönen, die Köpfe von fünf jungen Frauen in verschiedenen Haltungen; ich glaube, es hieß »Die Schwestern« (vermutlich war es ein Porträt seiner eigenen Schwestern) – und wollte ihm etwas dazu sagen. Er hatte getrunken. Ich war nüchtern. Wir gingen im Raum umher, und als wir uns einmal gegenüberstanden, sagte ich: »Ihr Bild gefällt mir«, und zeigte auf das eben erwähnte Gemälde.

Er sah mich an und sagte: »Tatsächlich?«

Das war alles.

Falls er mir einen Tiefschlag versetzen wollte, hatte er es geschafft. Ich wollte im Boden versinken, mit den Zähnen knirschen, mich von ihm abwenden und ausspucken. Eine zweite Chance habe ich ihm nicht mehr gegeben. Mir wurde auf der Stelle bewußt, daß es mir von diesem Augenblick an bis in alle Ewigkeit nie mehr möglich sein würde, zu irgend jemandem aus dieser Clique irgend etwas zu sagen – aber, bei Gott, eines Tages würde einer von ihnen zu mir kommen und mir die gleiche Chance geben, und dann würde ich ihn ebenso abblitzen lassen – wenn ich es fertigbrächte. Lauern und warten. Und unterdessen arbeiten.

Duchamp arbeitete damals an seinem Glasbild. Es stand noch unvollendet im Atelier und wurde als ein Wunder der Bleiglasbildnerei bezeichnet. Ich stapfte wie ein Bauerntrampel mit zusammengekniffenen Augen durch diese Zeiten, spürte meine Unzulänglichkeit und brannte dennoch vor Begierde zu schreiben.

Einmal besuchte ich in Grantwood eine Soiree, die von Bob Brown, dem Plutokraten der Kolonie, gegeben wurde. Aber da ich kein Trinker war, hatte ich wenig Lust, an Bobs späteren, noch wilderen Partys teilzunehmen. Aus diesem Grund habe ich ihn, zu meinem Bedauern, damals nicht so gut kennengelernt wie einige der anderen Habitués.

Wie von ihm angekündigt, hatte Bob es irgendwie geschafft, seine Hunderttausend zusammenzukriegen, und die Arbeit für immer aufgegeben. Er kam gerade von einer Weltreise zurück, und da war er nun – einer von uns. Ein phantastischer Augenblick. Wie ich hörte (gesehen habe ich sie erst, als sie leer war), hatte er auf die Betonbrüstung seiner Vorderveranda eine Gartenvase voller alter römischer Münzen gestellt, von denen sich jeder nach Belieben nehmen durfte. Viele taten es. Bald waren die Münzen verschwunden.

Durchaus nicht alles spiegelte sich auf dieser Oberfläche. Hier lag meine Chance, das war alles, was ich wußte. Irgendwo war eine Bresche geschlagen worden, wir strömten hindurch, jeder mit seinen eigenen Gedanken, mit seinen eigenen Plänen und Zielen beschäftigt. Ob es die Bilder auf der Armory Show waren oder ob dies nur einen Aspekt der Sache darstellte – jedenfalls ging es uns jetzt um den lyrischen Vers, um die Art und Weise, wie die Idee auf der Buchseite erscheinen sollte. Für mich selbst bedeutete dies, im Material meiner Umgebung, in dem, was ich am besten kannte, eine auf das Lokale bezogene Aussage zu finden – zu meiner fortwährenden Erleichterung. Nie zuvor in meinem Leben hatte ich so etwas empfunden. Ich war ungeheuer aufgewühlt.

Kreymborg schrieb seine Versdramen für die Poet Mimes. Kurz nachdem die Provincetown Players in der MacDougal Street mit einigen älteren Stücken von O'Neill ihre ersten Vorstellungen gegeben hatten, erzählte Kreymborg uns, sie hätten ihm angeboten, sein *Lima Beans* aufzuführen. Drei Rollen waren dafür zu besetzen: Mina Loy sollte die Soubrette spielen, der vielversprechende junge Bildhauer Bill Zorach übernahm den Part des Hausierers; und ich durfte den Liebhaber mimen.

Mina war eine typische Engländerin, sehr scheu und zurückhaltend, eine Frau mit langen Gliedmaßen, die zu klug war, sich nach ihrer katastrophalen ersten Ehe mit irgendeinem von uns einzulassen – aber freundlich war sie, und sie hatte ein paar reizvolle Gedichte geschrieben. Ich erinnere mich an eine Bemerkung von ihr über Kreymborgs Buch *Mushrooms* – etwas wie: man dürfe von einer Frau nicht erwarten, daß sie ein Sofa, auf dem bloß ein Haufen rosa und blaue Kissen läge, allzu ernst nehmen könne. Doch nachdem die Provincetown Players Kreymborgs Stück akzeptiert hatten, erklärte Mina sich einverstanden, die Hauptrolle zu übernehmen. Ich sollte als ihr Gegenspieler agieren.

Es war hart, aber irgendwie gelang es mir, dreimal wöchentlich abends nach der Arbeit von Rutherford loszukommen und an den Proben teilzunehmen. Es war faszinierend. Immerhin hatte ich am College ein wenig Bühnenerfahrung gesammelt, und wer weiß? vielleicht lag dort ja meine Zukunft.

Jedenfalls machten wir uns an die Arbeit. Oft mußten wir in dem engen kalten Saal warten, während noch eins von O'Neills Stücken eingeübt wurde. Ein kurzes Schauspiel habe ich in Erinnerung, es hieß *Fog*. Es ist mir unvergeßlich – ein kleines Boot vor der Küste, halb sichtbar vor einem improvisierten Nebelvorhang aus irgendeinem Schleierstoff; eine gefährliche Situation, man hört Männer, die sich alles mögliche zurufen. Im Saal stand der alte O'Neill (der große Mann von Monte-Cristo) und schrie seinem Sohn und den Schauspielern Anweisungen und Vorschläge zu. Sehr bewegend.

Dann kamen wir an die Reihe, unseren Text durchzugehen. Bill Zorach, der aussah wie Harpo Marx, rief seine Waren aus, und ich tat mein Bestes – aber es war schon delikat. An einer Stelle mußte ich Mina in die Arme nehmen und sie küssen. Für mich war das keine leidenschaftliche Geste, sondern eher so, als hätte ich einer Porzellanpuppe einen flüchtigen Kuß aufzudrücken. Ich brachte es hinter mich, aber aus dem dunklen Saal schrie jemand zu mir hoch: »Verdammt, du sollst sie küssen!«

Ich sah meine Rolle anders. Am Ende war niemand zufrieden. Wir gaben das Stück dreimal. Kein voller Erfolg.

An einem Abend – es dürfte der Abend der Premiere oder eher der Kostümprobe gewesen sein – holte ich Mina in ihrer Wohnung in der 57. Straße ab und ließ anschließend meine Aktentasche mit allen meinen neueren Werken in einem Taxi liegen. Hatte sie völlig vergessen. Die Sachen schienen auf immer verloren. Übrigens war es an diesem Abend, daß sie mich nach der Höhe meines jährlichen Einkommens als Arzt fragte. Die Frage kam mir seltsam vor. Ich antwortete: dreitausend Dollar.

Ein paar Tage später erhielt ich einen Brief von Burgess Williams oder irgendeinem anderen Williams; jedenfalls wohnte der Mann in demselben Gebäude unweit der Carnegie Hall wie Mina. Der Taxifahrer hatte meine Tasche aufgemacht und den Namen Williams gesehen, und als der Williams, dem er die Tasche ablieferte, den Namen sah, war er aufgeweckt genug, sie sich aushändigen zu lassen und später dann mir zurückzugeben.

Auch ich wollte ein Stück auf diese Bühne bringen und schrieb eins, in dem ein improvisierter Vorhang aus Zeitungspapier benötigt wurde; aus seiner Mitte sollte eine Fahnenstange bis über die ersten Sitzreihen ragen. Zu Beginn des Stücks wurde der Papiervorhang von den Schauspielern niedergerissen, und die ziemlich laszive Handlung konnte beginnen; die Akteure waren mit »Kluger junger Mann« usw. bezeichnet, wozu Mattie Josephson bemerkte, dies erinnere ihn an Dekker oder jemand ähnlichen. Das ganze Stück ist verlorengegangen.

Dann schrieb ich – sehr wichtig – mein erstes kleines Schauspiel in Versen: *The Old Apple Tree.* Floss fand es faszinierend. Frau Apfelbaum trug Blüten; das waren ihre Töchter, die von den Bienen, ihren Freiern, besucht wurden. Ich erinnere mich, daß in einer Szene die alte Baummutter einem der Besucher eine Tasse Tee anbot, soll heißen, den Saft des Baumes selbst.

»Schmeckt bitter«, sagte der Mann.

»Nehmen Sie noch etwas«, sagte sie.

Kreymborg hat das Manuskript verloren. Ich war sehr wütend deswegen. Er sagte, er wüßte einfach nicht, wo es hingeraten sein könnte. Ich hatte noch ein anderes kurzes Stück fertig, und dann sollten er und ich im Bramhall Theatre ein Programm aufführen. Eine wunderbare Chance. Aber es tat sich nichts. Ich hatte genug mit meiner Arbeit zu tun und dachte, die Sache habe sich aus irgendeinem Grund verzögert, bis ich Kreymborg eines Tages in der Stadt traf und ihn fragte, was denn los sei.

Sichtlich verlegen bekannte er, daß er pleite sei; er müsse versuchen, hier und da einen Dollar zu verdienen, und werde demnächst mit Edna St. Vincent Millay ein Stück mit dem Titel *Da Capo* aufführen. Ob ich was dagegen habe?

Ob ich was dagegen hatte? Na, es hat mich umgehauen. Ich habe das Stück gesehen und mich wirklich gut unterhalten, aber von da an sind Kreymborg und ich nicht mehr so gut miteinander ausgekommen.

Als ich ihn einmal in einem seiner Schlupfwinkel besuchte, traf ich dort Gertrude und ihre Mutter an. Ich habe erst später erfahren, wie die Dinge standen. Die Wohnung hatte zwei Ebenen; das Zimmer, in dem Kreymborg mit den Damen saß, lag einen halben Meter höher als der Eingang. Mein völlig unerwartetes Auftauchen hatte offensichtlich eine erbitterte, zumindest ernste und heftige Diskussion zwischen Mutter, Tochter und Kreymborg unterbrochen, denn als er mich erblickte, sprang er hastig auf, um mich zu begrüßen. Doch als er durch die niedrige Verbindungstür hechtete, krachte sein Kopf mit voller Wucht an den oberen Teil des Türrahmens. Ein Wunder, daß er nicht tot umgefallen ist. Aber die Spannung war damit gelöst!

Einmal lud Mina mich ein, um mir John Craven vorzustellen. Ich kam ein bißchen zu spät, und das kleine Zimmer war bereits voller Leute – hauptsächlich Franzosen. Natürlich war auch Marcel Duchamp dabei. Weiter hinten im Zimmer war eine junge Französin, höchstens achtzehn Jahre alt; neben ihr eine ältere Frau. Die Kleine lag mit gerade ausgestreckten Beinen auf einem Diwan; um sie herum standen junge Männer, von denen jeder einen Teil ihres Körpers in Besitz genommen hatte und, als gäbe es keine Rivalen, aufmerksam streichelte. Zwei oder drei widmeten sich zu beiden Seiten ihren Schultern, ihren Ellbogen, ihren Handgelenken, ihren Händen, womöglich jedem einzelnen Finger, ich weiß es nicht mehr – das gleiche geschah mit ihren Beinen. Sie trug ein schwarzes Spitzenkleid und war vollkommen entspannt. Ich hatte so etwas noch nie gesehen. Man küßte ihre Füße, ihre Schienbeine, ihre Knie und sogar ihre Oberschenkel, hatte jedoch anscheinend vereinbart, sie nicht an Ort und Stelle zu entkleiden.

Ich sah mich nach Mina um. Aber sie war zu sehr mit Craven beschäftigt. Nach ein paar Drinks wurde ich dem Mann vorgestellt, und wie es meine Gewohnheit war, ging ich schließlich gelangweilt nach Hause.

Später heiratete Mina Craven und folgte ihm nach Mittelamerika, wo er irgendein hochseetüchtiges Schiff erwarb und eigenhändig umbaute. Als er mit der Arbeit fertig war, ging er eines Abends an Bord, um es vor dem Essen schnell mal in der Bucht auszuprobieren. Er ist nie zurückgekommen. Die schwangere Mina stand am Ufer und sah das kleine Schiff in der Ferne verschwinden. Jahrelang glaubte sie, sie werde ihn wiedersehen – vor wieviel Jahren war das? Kaum zu glauben! Fünfunddreißig. Angeblich war er ein Sohn von Oscar Wilde; auf alle Fälle war er ein guter Boxer und hatte einmal in Spanien sogar gegen Jack Johnson geboxt.

Skip Cannell erzählte mir einmal, wie der große Johnson sich bei einer Schlägerei in einem Pariser Café verhalten hatte. Man riß die Beine von den Stühlen, um sich damit zu prügeln. Als die Sache vorbei war und die Lichter wieder angingen, fand man den Weltmeister völlig verängstigt unter einem Tisch.

»An dieser Art von Kampf bin ich nicht interessiert«, sagte er freimütig.

Nach den ersten zehn oder zwölf Ausgaben von *Others* legte Kreymborg sein Amt als Herausgeber nieder; ich weiß, daß er glaubte, ich hätte die Zeitschrift letztlich sabotiert. Aber sie war am Ende. Sie hatte genug veröffentlicht, um einigen jungen Männern und Frauen auf die Beine zu helfen – Kreymborg, Maxwell Bodenheim, mir selbst –, aber ihr fehlte die Kritikfähigkeit, und als Sammelplatz für eine neue Bewegung war sie kaum geeignet. Für manchen von uns einzelnen war sie nützlich gewesen; angesichts der allgemeinen Weigerung, neue Arbeiten junger Dichter zu veröffentlichen und zu bezahlen, verschaffte sie uns ein Podium. Sie hatte das Eis für weitere poetische Experimente gebrochen, aber das war auch alles. Bald standen die Häuser in Grantwood wieder leer: der Erste Weltkrieg war ausgebrochen.

Die Partys in der Gegend der 14. Straße gingen freilich weiter, und ständig kamen neue Gesichter hinzu. John Reed, Kay Boyle, Louise Bogan, Louise Bryant. Ich denke jetzt besonders an den Abend, als Reed dort auftauchte. Ein dicker gutmütiger Bursche, der sich mächtig ins Zeug gelegt hatte und auf dem Weg nach oben war. Er spielte mit dem Gedicht, war aber nicht in erster Linie am Schreiben interessiert. Es gab Gerüchte, daß er krank sei, daß ihm bereits eine Niere herausgenommen worden sei, aber das schien seinen Stil kaum zu beeinträchtigen. Er sah uns an, als könne er nicht schlau daraus werden, was wir eigentlich wollten, halb amüsiert, halb verwirrt. Louise Bryant, seine Frau, die ihn an diesem Abend begleitete, trug einen schweren, einen sehr schweren weißen Seidenrock, der so gewebt war, daß er wie ein glitzernder Wasserfall über die Rundung ihres Hinterns fiel. Der Rock schmiegte sich so in die Spalte, daß sie darunter nichts getragen haben kann. Kein Irrtum möglich. Auch sie sollte uns demnächst, zusammen mit John aus Portland, verlassen. Schlau von ihm, so früh loszulegen.

Kapitel 24

Unser Fischmann

Ein herausragendes Muster für tugendhaftes Verhalten bot uns ein unermüdlicher junger Italiener namens Joe, der 1913 an unsere Hintertür kam und Fisch verkaufte. Einmal fragte ich ihn nach seinem Nachnamen. Er nannte ihn mir, aber ich habe ihn vergessen. Das war Joe. Ich wollte ihm eins meiner Bücher widmen. Sein Name muß noch irgendwo in meinen Unterlagen stehen.

Vor unserem Umzug in die Nine Ridge Road hatte er im Haus nebenan regelmäßig seine Ware angeboten. Wir sahen ihn häufig, doch machte er keine Anstalten, an uns heranzutreten, bis wir ihn eines Tages fragten, ob sein Fisch gut sei. Antwort: »Der beste.«

Von diesem Tag unseres ersten Versuches an ist Joe dreißig Jahre lang, sommers wie winters, zweimal die Woche mit seiner Ware zu uns gekommen. Kein einziges Mal in dieser ganzen Zeit hat er uns etwas Minderwertiges verkauft. Und niemals hat er den Mund aufgemacht, es sei denn, um eine Frage nach Art oder

Preis der von ihm angebotenen Produkte zu beantworten.

Bekleidet mit Arbeiterjacke und Schirmmütze, schob er seinen kleinen dreirädrigen Karren den Hügel zu uns hinauf, stellte ihn am Bordstein ab, kam an die Hintertür und zählte auf, was er anzubieten hatte – mit leiser Stimme und unbewegtem Gesicht, allenfalls einem Lächeln. Seebarsch, Schellfisch, Goldmakrelen, frischer Kabeljau, Goldbrassen. Wenn Floss ihre Bestellung aufgegeben hatte, ging er zu seinem Karren, säuberte und zerlegte den Fisch, wog ihn ab und brachte ihn auf einem Blechteller herein. Nun bekam er von Floss einen Porzellanteller, legte den Fisch darauf, nahm sein Geld und verschwand – absolut unpersönlich. Wenn man zu ihm sagte: »Heute nicht«, kam er, falls es keinen besonderen Grund dazu gab, beim nächsten Mal nicht vorbei. Er schätzte Stammkunden, und die bediente er gut; was er hatte, war für sie bestimmt.

Dreißig Jahre lang holte er auf dem New Yorker Fulton Market seine Fische ab, stieg mit dem Korb auf den Schultern um 7 Uhr 45 hier aus dem Zug, ging vom Bahnhof zu dem unbebauten Grundstück hinter der Fabrikhalle an der Eric Avenue, wo er seinen Karren abgestellt hatte, packte die Fische in Eis und brach dann zu seinem Rundgang auf.

Zu uns, das heißt in die östlichen Stadtteile, kam er zweimal die Woche. An zwei anderen Tagen zog er durch den Westteil. An einem Tag überquerte er das Bahngelände und ging nach East Rutherford, und wenn er genug Bestellungen hatte, kam er auch noch samstags und verkaufte Hummer, Krabben, Austern und Muscheln. Stets beste Ware und durchaus nicht billig, aber die Fische, frisch aus dem Meer und erste Wahl, waren ihr Geld immer wert. Dreißig Jahre lang ist er kein einziges Mal ausgeblieben.

Von ihm haben wir Weißfisch kennengelernt, »Frostfische«, wie er sie nannte. Sie wurden erfroren am Strand aufgesammelt, wohin sie von größeren Fischen getrieben worden waren. Gelegentlich, je nach Saison und Marktlage, brachte er auch Lachs von der Atlantikküste, Rotbarsch, Stint oder irgendwelche anderen Neuheiten und Leckerbissen.

An ganz schlechten Tagen, wenn eisglatte Straßen oder tiefer Schnee es ihm unmöglich machten, seinen Karren zu schieben, zog er mit dem Korb auf den Schultern seine Runden; aber das kam nicht oft vor – ein kompakter, wohlproportionierter junger Mann mit sanften, intelligenten Augen, der nie anders als mit leiser Stimme das Beste aus seinem Angebot aufzählte.

Wir erfuhren – vermutlich von ihm selbst –, daß er mehrere Kinder hatte. Floss meinte immer, er müsse in New York City wohnen. Sie glaubt sich zu erinnern, daß er in späteren Jahren ein paarmal einen kleinen Jungen dabeigehabt hat.

Wenn er seinen Karren bis zum frühen Nachmittag noch nicht ganz ausverkauft hatte, begab er sich in den ärmeren Teil der Stadt am Fuß des Hügels unweit der Meadows, wo er das übrige zum halben Preis verkaufte.

Was mag er bei einem Tagesumsatz von einhundert Pfund Fisch verdient haben? Ich weiß es nicht. Gewiß nicht mehr als zehn oder höchstens fünfzehn Dollar, nehme ich an. Fisch war damals ziemlich billig. Floss sagt, sie habe selten mehr als einen Dollar bezahlt. Vielleicht hat seine Frau auch gearbeitet. Vielleicht haben später die Kinder das Geschäft übernommen, wie es in solchen Fällen ja häufig geschieht. Vielleicht lebt er noch.

Jedenfalls begann er etwa ab 1940 kürzerzutreten. Behauptete, er habe Rheuma, aber Floss war ziemlich sicher, daß er was mit dem Herzen hatte. Er war blaß und abgemagert. Schließlich kam er gar nicht mehr. Kitty Hoagland hatte er erzählt, er glaube, daß er Magenkrebs habe, einfach so. Niemand trat an seine Stelle. Wie unsere alte Katze, die nach zwölf Jahren eines Nachts in den Keller ging, sich unter einen alten Stuhl legte und starb, muß er nach Hause gegangen sein und den Geist aufgegeben haben.

Kapitel 25

Das wüste Land

Es waren die Jahre kurz vor der großen Katastrophe für unsere Literatur – dem Erscheinen von T. S. Eliots *Das wüste Land.* Mit Eifer, Herz und Elan bei der Sache, hatten wir bei der Wiederentdeckung des Grundprinzips jeglicher Kunst, jener ursprünglichen Kraft, die in den örtlichen Gegebenheiten liegt, einige Fortschritte erzielt. Aber dann kam Eliot; sein Geniestreich, der das Gedicht den Akademikern zurückgab, lähmte uns für einige Zeit. Wir wußten nicht, wie wir darauf reagieren sollten.

Marianne Moore, die wie ein Dachbalken den Oberbau unseres unfertigen Gebäudes trug – eine Karyatide mit rotem Haar, das sie in Zöpfen zweimal um ihr zierliches Haupt gewunden trug –, war auch nicht besser dran als wir anderen, und sie zählte doch nun wahrlich zu den Hauptstützen der neuen Ordnung. Eines Abends (Mina Loy war auch dabei) trafen wir uns, etwa zwanzig Leute, zum Essen in einem billigen Restaurant in der Gegend der 15. Straße. Marianne, die so verstohlen lachen und den Kopf schütteln konnte, äußerte für Minas langbeinigen Charme ganz kindlich und unverhohlen ehrfürchtige Bewunderung. Dergleichen gehörte bei uns zur besten Tradition. Marianne war unsere Heilige – falls wir denn eine hatten; wir alle spürten instinktiv, daß sie es war, die unsere Ziele zu einem Strom bündelte. Jeder hatte sie gern.

Die ersten Nummern des *Dial* erschienen, mit Scofield Thayers Geld im Rücken. *Others*, der alternde Pionier dieser Art von Kunst, wurde (nach etwa fünfzehn Ausgaben) eingestellt, weil Kreymborg sich nur noch auf das Drama, auf seine Schauspiele in Versen konzentrieren wollte.

Hinter all dem stand als förmliche Liturgie Menckens *The American Language*. Männer wie der Maler Marsden Hartley nahmen gelegentlich an unseren Zusammenkünften teil. Niemand hatte Geld, aber wir waren von dem beflügelnden Gefühl beseelt, sämtliche Künste würden sich zu einer einzigen vereinigen (*The Seven Arts* war eine wichtige Publikation jener Tage, ebenso wie später *The Soil* – drei Ausgaben – von R. J. Coady). Jeder von uns trug unbewußt dazu bei, den neuen Geist zu stärken.

Einige Ausgaben von *Others* waren Meilensteine. Ich werde nie vergessen, welche Faszination Minas »Pig Cupid, his rosy snout rooting erotic garbage« auf uns ausübte.

Amy Lowell hatte Bodenheim geschrieben, sie wünschte, sie hätte seine Metapher von einer braunen Wolke »gesehen«. Ich habe sie einmal auf einer Party in ihrem Zimmer im Belmont Hotel getroffen, eine würdevolle, aber ziemlich befangene Frau; sie verteidigte die Privilegien ihres Reichtums, deren sie nicht allzu sicher war, und rauchte, gar nicht befangen, ihre dicken Zigarren. Ich hatte ihr nicht viel zu sagen.

Einmal lud sie Bogey zu sich nach Brookline ein. Sie

muß ihm das Fahrgeld geschickt haben. Er fuhr hin und fand ein großes, von Bäumen überwölbtes und von einem hohen Eisenzaun umgebenes Haus. Kaum hatte er das Grundstück betreten, fielen etliche riesige Hunde über ihn her. Vielleicht wollten sie ja nur mit ihm spielen, aber er mußte einiges durchmachen: sie warfen ihn zu Boden und zerrissen ihm die Kleider. Erst als der Lärm in Miss Lowells Ohren drang und sie seiner mißlichen Lage gewahr wurde, gelang es Bogey, sich ins Haus zu flüchten. Dort nahm die Gastgeberin sich seiner an, erquickte ihn und kaufte ihm am Ende einen neuen Anzug.

Bodenheim stotterte sehr stark, jedoch nicht, wenn seine Stimme von rhythmischen Versen getragen wurde. Er erzählte mir, daß er früher einmal bei den U.S.-Marines gedient habe. Doch sei er der harten Ausbildung auf Parris Island schon bald überdrüssig geworden. Ich weiß noch, was er vom Marschieren erzählte: unter sengender Sonne, mit voller Ausrüstung und aufgepflanztem Bajonett, dazu einen schweren Rucksack auf dem Rücken, wurden sie manchmal stundenlang gedrillt; mußten ein Stück vorwärtslaufen und sich dann auf Kommando mit dem Gesicht auf die Erde werfen. Man bekam das schnell satt. Es war noch vor dem Ersten Weltkrieg, und da ihn nichts zwang, dabeizubleiben, beschloß er den Dienst zu quittieren.

Ich weiß nicht, wie man so etwas macht, vielleicht hat er den Gehorsam verweigert oder sich vollaufen lassen oder irgend etwas anderes Unschickliches angestellt. Jedenfalls kam er vors Kriegsgericht. Am Ende fragte ihn der verantwortliche Offizier, ob er noch etwas zu seiner Verteidigung vorzubringen habe. Er richtete sich hoch auf, blickte mit seinem flachen Gesicht und den vergißmeinnichtblauen Augen starr geradeaus und stotterte, so wie nur er stottern konnte: »Sie sind ja n-n-nur ein Sch-sch-sch-sch-schatten von einem M-m-m-mann.«

Das war's. Seine Gedichte waren immer farbenfroh, die Bilder feinfühlig und gut beobachtet.

Was haben wir gesucht? Niemand wußte das hinreichend genau, um eine »Bewegung« gründen zu können. Wir waren rastlos und verkrampft, und eng mit den Malern verbündet. Impressionismus, Dadaismus, Surrealismus: das alles ließ sich auf die Malerei ebenso wie auf die Dichtung anwenden. Was haben wir allein für einen Tanz aufgeführt, um uns von der Großschreibung am Anfang der Verszeilen zu emanzipieren! Das Unmittelbare, also das Impressionistische, faszinierte uns alle. Wir waren Pounds Anweisungen gefolgt, seinen berühmten Verboten: also keine Inversionen mehr, nichts mehr von dem, was uns tautologisch erschien, was bloß noch irgendwelche klassischen Formen ausfüllte. Literarische Anspielungen waren uns allenfalls in sehr abgeschwächter Form bekannt. Nur wenige waren dazu belesen genug.

Die Gelehrten und solche, die sich an deren Normen hielten, rümpften die Nase über uns. Für mich war dasjenige, was uns am ehesten den Anschein eines Anliegens verlieh, nicht die Idee des Imagismus, sondern der Vers: der poetische Vers und unsere Hoffnung, ihn aus seiner Erschlaffung erlösen zu können – ähnlich, wie man Salz durch chemische Wirkung aus einer Lösung wieder herauslösen kann. Für die meisten Leser waren wir Zerstörer, Barbaren, Dunkelmänner; auch wenn gelegentlich ein geistreicher Vers, eine ungewöhnliche Anspielung oder ein absichtlich schiefes Gleichnis, das eher mit der Realität als mit der Lektüreerfahrung übereinstimmen sollte – und etwas unmittelbar »Materielles« in den Blick rückte –, bei aufmerksamen Lesern auf Widerhall stieß.

Die Praxis lief gut. Meine wunderbaren Freunde, die Italiener von Guinea Hill, kamen jetzt regelmäßig zu mir, nachdem Doktor Calhoun, ihr alter Freund, der mich mit ihnen bekannt gemacht hatte, in den Ruhestand gegangen war. In diesen Jahren »brachte« ich, wie eine Frau es ausdrückte, beinahe jedes Baby »zur Welt«, das in der Gegend oberhalb der alten Kupferminen geboren wurde.

Die Monacos, die Albinos, die Coggianos, die Petrillos, alle haben sie mich gerufen. Manchmal geriet ich in arge Verlegenheit. Zum Beispiel werde ich nie den Hausbesuch bei einer ältlichen Frau vergessen, deren Plazenta sich nicht lösen wollte. Während ich die noch festsitzende Plazenta in den Fingern hatte, aber einfach nicht richtig herausbekam, brachte eine noch ältere Nachbarin eine leere Flasche ins Zimmer. Sie hielt der Patientin die Flasche hin und schnatterte italienisch auf sie ein. Ich blickte auf. Die Frau im Bett, umringt von mindestens acht Freunden und Nachbarn, ihrem Mann und mehreren Kindern, holte tief Luft, setzte den Flaschenhals an den Mund und pustete mit aller Kraft hinein. Das wirkte: meine Hand wurde mitsamt der Plazenta, die sie festhielt, umgehend ausgestoßen! Kopfschüttelnd begann ich aufzuräumen.

Ein andermal kam ich an einem kalten Winterabend in ein winziges Haus – zwei Zimmer, eins über dem andern – zu einer Schwangeren; sie lag quer auf dem Bett, ihr Mann hielt sie von hinten unter den Achseln leicht hoch, und ich mühte mich nach Kräften mit der Zange am Kopf des Kindes ab.

Das ging so etwa eine Stunde lang; es gab nicht mal einen Topf keimfreien Wassers in dem Haus, von etwas

Ofenähnlichem ganz zu schweigen. Ich zerrte mit aller Kraft, bis der Hydrocephalus platzte und die Entbindung ohne weitere Zwischenfälle über die Bühne ging. Am nächsten Tag war sie schon wieder auf und machte die Wäsche.

Nach erfolgreichem Abschluß einer Geburt mußte man immer mit den Onkels und dem Großvater einen Drink kippen. Da kam einiges zusammen, hauptsächlich Anisett oder auch mal ein echter Roggenwhisky. Aber einmal hat es mich wirklich umgehauen. Höflichkeit hin, Höflichkeit her, ich mußte das Zeug in die Spüle spucken. Destilliert wurde es aus einem Kessel voll Maische; die aufsteigenden Essenzen wurden über einen Gummischlauch bis zur Decke und von dort langsam wieder herunter in eine im Spülbecken stehende Flasche geleitet. Irre!

Als ich einmal bei den Coggianos um drei Uhr morgens mit der Arbeit fertig war, sagte Joe zu mir: »Doc, ich fahre mit Ihnen zur Rutherford Avenue. Welchen Weg nehmen Sie?«

»Durch den Friedhof.«

»O. K.« Ich bemerkte, daß er eine Pistole in der Manteltasche hatte.

Ohne genau zu wissen, wo ich dran war, fuhr ich also die Straße hinunter, bis er mich am Ausgang des Friedhofs anzuhalten bat. Ich hielt an, und er stieg aus.

»Was soll das eigentlich?« wollte ich wissen.

»Och«, antwortete er, »da waren zwei Vettern meiner Frau aus Newark, die haben Ihren Wagen angesehen. Das sind schlechte Menschen. Aber wenn sie wissen, daß ich bei Ihnen bin, tun sie Ihnen nichts.«

»Na, vielen Dank«, sagte ich. »Und was werden Sie jetzt tun?«

»Zurückgehen. Fahren Sie weiter. Bis morgen.«

Während der Prohibition hat dieser Mann uns aus

Trauben, die wir ihm gekauft hatten, ein ganzes Faß Wein gemacht. Gar nicht schlecht. Den Bodensatz wollte er zurückhaben. Er sagte, der zweite Aufguß sei der beste. Das ganze Haus war in diesen Wochen von dem Duft erfüllt und der Keller voller Fruchtfliegen; aber das war uns die Sache wert.

Sie haben alles für mich getan, nie habe ich bessere Menschen kennengelernt. Als ich einmal nachts bei ihnen auf drei Stühlen schlief (den Betten vertraute ich nicht), legten sie mir saubere Laken hin und gaben mir einen frischen Kopfkissenbezug. Doch als ein lauteres Stöhnen der Frau mich aufweckte, war das ganze weiße Zeug mit Wanzen bedeckt.

Bevor ich, sagen wir gegen drei Uhr morgens, nach Hause fuhr, stieg ich mit Mantel, Schuhen und allem in die leere Badewanne; dann zog ich mich nach und nach aus und legte jedes einzelne Kleidungsstück, nachdem ich es inspiziert hatte, auf den Boden neben der Wanne. Und jedesmal entdeckte ich drei oder vier Mitfahrer. Einmal im Sommer kam ich von einer Entbindung; das Ritual hatte ich bereits hinter mir, als mir plötzlich mein Strohhut einfiel. Ich zog das lederne Schweißband herunter, und na bitte! da saß sie, groß und dick wie eine Linse. Ich stieg aus dem Wagen und legte sie im dicken Staub der Straße schlafen.

Kapitel 26

Charles Demuth

Der arme alte Charles Demuth, damals gab es noch kein Insulin, und er starb an Diabetes. Sein Atelier lag im zweiten Stock nach vorne heraus, in einem der Gebäude am Washington Square South. Eines Tages bestellte er mich zu sich. Ich sollte seinen Rücken untersuchen, der aussah, als hätte ein junger Tiger ihn von oben bis unten mit seinen Krallen aufgerissen. Lange tiefe Kratzer, frisch verschorft. Charley sorgte sich wegen einer möglichen Infektion.

»Was um Gottes willen ist denn mit dir passiert?« fragte ich.

»Meinst du, es ist gefährlich?« sagte er.

»Nein. Aber wie kommst du an solche Kratzwunden?«

»Eine Freundin.«

»Reizendes Mädchen«, sagte ich gedankenlos.

Demuth betätigte sich auch als Schriftsteller. Sein Stil erinnerte an Whistler, den er, wie ich annehmen darf, fleißig kopierte; und das mit achtbaren Resultaten. Ich frage mich, was aus seinem Schauspiel geworden ist.

Nach seiner Rückkehr nach Amerika war Demuth in schlechter Verfassung. Ich glaube, damals habe ich zum erstenmal seine Mutter gesehen. Sie war ein Pferd von einer Frau, eine seltsame Mutter für einen so schmächtigen Mann: er war gelähmt, er hatte Tuberkulose, sein Kinn glich dem von Robert Louis Stevenson, er hatte lange schlanke Finger, und wenn er einen anredete, sah er ausweichend zu Boden oder an die Decke und warf einem dann heftig fragende Blicke zu.

Seine Mutter hatte ihn nach Lancaster, Pennsylvania, zu sich nach Hause geholt, um für ihn zu sorgen. In ihrem kleinen Garten – höchstens neun mal zehn Meter groß, umgeben von einem hohen Bretterzaun, an dem entlang ein rechtwinkliger Pfad um die schmalen Beete herumführte – entstanden die meisten seiner Blumenbilder.

Im gleichen Jahr eröffnete Dr. Allen in Morristown

ein Sanatorium zur diätetischen Behandlung von Diabetes. Demuth war einer seiner ersten Patienten. Seine Nahrungsaufnahme wurde auf das zur Wärmeerhaltung des Körpers notwendige Minimum beschränkt. Das Ergebnis war erschreckend. Charley magerte bis auf die Knochen ab, konnte aber trotzdem sein Leben weiterführen. Gelegentlich erlaubte man ihm einen kurzen Besuch bei uns zu Hause, doch mußte ich ihn abends jedesmal zurückbringen. Er brachte eine Waage mit und wog sein Essen sorgfältig ab. Nie habe ich einen dünneren Menschen gesehen (wie gesagt, das Insulin war noch nicht entdeckt worden), der noch aktiv war, sich auf den Beinen halten und herumgehen konnte.

Ich habe Demuth, während er in Dr. Allens Sanatorium war, mehrmals besucht und einmal, glaube ich, auch Marianne Moore mitgenommen. Jedenfalls hat sie ihn dort aufgesucht, und er war ihr dankbar dafür. Wir führten großartige Gespräche. Er nannte mich immer Carlos und malte einmal ein »literarisches« Bild um meinen Namen und ein Gedicht, das ich über »Die Große Ziffer« geschrieben hatte (die Ziffer 5 auf einem Feuerwehrwagen, der in wilder Fahrt durch die Straßen New Yorks rattert). Das Insulin kam gerade noch rechtzeitig, um Charley vor der Auflösung zu bewahren, aber er war leichtsinnig und starb später trotzdem – auf dem Heimweg nach Lancaster – entweder an Insulinmangel oder an einer Überdosis; ich habe das nie herausfinden können. In jenen Tagen bemalte er einmal eine Scheunenwand mit originellen Mustern, die mit den in dieser Gegend verbreiteten Hexenzeichen spielten. Ich weiß nicht mehr, welche Scheune das war, jedenfalls kam die Neuerung bei den Bewohnern des Ortes gut an.

Im Frühjahr 1916, vor unserem Eintritt in den Krieg, gaben wir in Rutherford eine große Party. Floss war im sechsten Monat schwanger mit unserem zweiten Sohn. Sie wundert sich noch heute, wie sie das geschafft hat. Die Party begann an einem Sonntagvormittag. Walter Arensberg und seine Frau blieben nur kurz, aber die meisten anderen Gäste mußten wir am frühen Montagmorgen rauswerfen. Wir fragten uns, was die Nachbarn denken mochten; aber deren Verhalten war einwandfrei, wie schon bei vielen anderen Gelegenheiten in der Vergangenheit.

Den ganzen Tag gab es Essen und Wein. Unterm Kirschbaum entstand der Schnappschuß mit den Arensbergs, M. Gleizes, Marcel Duchamp, Kreymborg, Sanborn, Man Ray, Hartpence und Bodenheim. Auf einem anderen Bild waren ihre Frauen und Geliebten, darunter Gertrude Kreymborg. Auch Ferdinand Rhyer war da; und Skip Cannell, der auf den Kofferraum eines Wagens sprang, mit dem jemand an diesem Sonntag zu meinem Bruder fahren wollte, um Eis zu holen. Ich hatte Angst, er würde abstürzen und sich verletzen. Duchamp amüsierte sich sehr über Bodenheims tragische Pose. Wir waren fast den ganzen Tag draußen auf dem Rasen. Falls irgendwas gesagt wurde, habe ich es vergessen. Aber es war eine gute Party.

Bevor ich anfangen konnte, bei uns im Garten eine Freiluftbühne für meine Theaterstücke anzulegen, mußte ich den Strunk einer Gerbereiche ausgraben und beseitigen, die Weinstöcke und die Weinlaube entfernen und am oberen Rand der Böschung ein Rosenspalier konstruieren. Als nächstes transportierte Tom Hairston, ein großer Farbiger aus der Nachbarschaft, mit seinem Gespann Doc Woods' Garage von der äußersten Südostecke des Gartens an eine Stelle näher zur Straße hin. Mein Sohn Bill war inzwischen groß genug, daß er rittlings auf einem von Toms

Pferden sitzen und sich da oben photographieren lassen konnte.

Damit war der ganze Rasen hinterm Haus freigeräumt und vor Blicken von außen abgeschirmt; nur daß der Garten von hinten zum Haus hin anstieg. Das kehrte ich um: baute die Rückseite höher, ebnete das Ganze ein und ließ es vorne steil abfallen, so daß zwischen dem Haus und dieser Schräge eine Art Orchestergraben entstand – dort, wo wir zuerst Rosen gepflanzt hatten und später Kohl wachsen ließen.

In diesem Theater gaben wir keins meiner Stücke, aber immerhin eine Vorstellung. Vier Akte. Der fünfjährige Bill trug ein hellblaues Häschenkostüm mit langen Ohren und tanzte mit Jane Grafe, die ein ähnliches Kostüm anhatte. Noch heute hat er daran zu beißen, wenn sein jüngerer Bruder in der richtigen Stimmung ist. Peggy Orr, eine dicke Elfe, legte einen Mondtanz hin, und wir hatten einen Berufstänzer, Charles Henri, der eine Pantomime zu Debussys »Sunken Cathedral« und einigen anderen Stücken aufführte. Wir bekamen aber unerwünschtes Publikum, Kinder und erwachsene Rüpel, die unsere Darsteller von der Einfahrt nebenan und aus dem Gebüsch weiter hinten anfeuerten und auspfiffen, was den Effekt doch beträchtlich minderte.

Wir benutzten die umgesetzte Garage als Garderobe und linken Bühneneingang; auf dem Weg vom Haus stand, abgeschirmt, ein Klavier. Richtig, dort standen Büsche. Ed bediente vom Badezimmer aus den Scheinwerfer. So erblühte mein Theater im Garten und starb. Immerhin lernten wir daraus, daß es ohne Privatsphäre, die aber hier nicht zu haben war, unmöglich wäre, dort ein Theaterstück aufzuführen.

Julia Burrell, »Dudu« genannt, wohnte bei uns und half Floss bei der Hausarbeit. Außerdem hatten wir ein junges Mädchen, Kathleen, für die Kinder. Und für besondere Fälle hielt sich unsere Freundin »Wee Wee« bereit, die nach Pauls Geburt bei uns die Regie übernahm. Dann hatten wir noch Mother Kitty, die schwarze Perserkatze, die Kathleen als kleines Kätzchen von der Straße aufgelesen hatte. Drei Wochen später hatten wir alle Scherpilzflechte auf Armen, Brust und Hals. Schnell geheilt. Ich nahm die Katze, wickelte sie in ein Handtuch und tunkte sie in einen Eimer mit einer schwachen Kreolin-Lösung. Sie hat es überlebt und ist zwölf Jahre alt geworden.

Inzwischen war der Krieg ausgebrochen; Pa Herman, ein gebürtiger Ostpreuße aus der Nähe von Breslau, war emotional stark daran beteiligt. Dies prägte eine Phase in unserem Leben. Ich stand ganz auf der Seite des Mannes, den ich zutiefst bewunderte. Und das brachte uns arg in die Klemme. Offiziell waren wir vor 1917 neutral, aber individuell waren die meisten von uns profranzösisch oder probritisch eingestellt. Pa Herman jedoch war unverblümt prodeutsch. Außerdem war er Vorsitzender *des* gesellschaftlichen Vereins bei uns in der Stadt, der alle vierzehn Tage eine relativ förmliche Versammlung abhielt; und als der Verein sich geschlossen mit einem Schreiben an den Präsidenten wenden wollte, um für eine Unterstützung Großbritanniens einzutreten, stimmte Pa Herman mit Nein.

Man bemühte sich um eine einstimmige Verabschiedung des Antrags, aber wieder stimmte er mit Nein. Die Folge war, daß er, nachdem wir Deutschland 1917 den Krieg erklärt hatten, als illoyal eingestuft und sein Haus von der örtlichen Bürgerwehr, der einige seiner besten Freunde angehörten, unter Aufsicht gestellt wurde. Dies verletzte ihn tief, denn einen loyaleren Bürger als ihn konnte man sich kaum vorstellen. Nie im Leben hätte er sich an irgendeiner heimlichen Aktion beteiligt. Ja, nachdem wir einmal in den Krieg eingetreten waren, tat er alles, was von ihm verlangt wurde, um die Regierung zu unterstützen – nur eins nicht. Er weigerte sich, die von seiner Druckerei belegte Etage für die Unterbringung von Lord Northcliffe zu räumen, denn er wußte, daß dessen Propaganda gegen Deutschland zum größten Teil aus Lügen bestand. Man versuchte ihn mit einer stattlichen Summe zu bestechen, doch er ließ sich nicht vertreiben. Seine dreitausend Dollar Liberty-Loan-Spende ging sehr zum Verdruß der örtlichen Kommission nicht nach Rutherford, sondern nach New York City.

Dies und anderes hatte zur Folge, daß die Hermans für immer aus Rutherford fortzogen, und zwar nach Monroe, vierzig Meilen weiter nördlich im Bundesstaat New York, gleich hinter der Grenze von Jersey, wo sie schon viele Sommer verbracht hatten.

Es ist kaum zu glauben, wie viel – vom Glück bis zur Katastrophe – in so wenigen Jahren passieren kann. Doch bevor die Hermans Rutherford verließen, mußte ich erleben, daß mein eigenes Mütterchen sich gegen mich wandte, nur weil ich Pa Herman ständig in Schutz nahm. Mit zornfunkelnden Augen warf sie mir deutschfreundliche Gesinnung vor. »Du«, sagte sie, »der du halb Franzose (was nicht mal zur Hälfte stimmte) und halb Engländer bist! Ich kann dich nicht verstehen!« (Das hat sie leider nie gekonnt.) »Jetzt bist du für die Deutschen.«

Das war schlicht falsch. Richtig war jedoch, daß sie die Preußen nicht ausstehen konnte – ein Überbleibsel aus ihrer Kindheit, die sie im Paris der Jahre nach dem Krieg von 1870 verbracht hatte.

Die in Rutherford zirkulierenden idiotischen Geschichten von einem deutschen Regiment, das in Carlstadt, dem übernächsten Ort nördlich von uns, angeblich rekrutiert wurde, machten mich wütend. Louise, unsere liebe Wee Wee, kam aus Carlstadt, wie auch einige andere meiner Freunde. Ich wurde unverzüglich Mitglied beim Carlstädter Turnverein, wo diese erdichtete Truppe trainierte, und habe mich dort sehr wohl gefühlt.

Ein Rutherforder Arzt schrieb sogar einen Brief an die Zeitungen, worin er mich einen Deutschfreundlichen nannte und die Leute aufforderte, meine Praxis zu boykottieren. Später nannten dieselben Mäuler mich einen Kommunisten und behaupteten, Flossie sei ins Ausland gegangen und wolle sich wegen meines ausschweifenden Lebenswandels von mir scheiden lassen. Protest gegen derlei Unfug erhob ich nur in meinen Gedichten, Essays, Theaterstücken und Rezensionen.

Der von bösen Zungen herbeigeredete Wohnsitzwechsel geriet für Pa Herman zur Katastrophe. Zuerst kaufte er eine heruntergekommene Farm in der Nähe von Harriman. Dann ging er zu einer ungünstigen Zeit das waghalsige Risiko ein, Haus und Ställe zu bauen und Kühe, Obstbäume, Pferde, Schweine und Hühner anzuschaffen. Flossies ältere Schwester trennte sich von meinem Bruder Ed und brannte mit einem verheirateten Mann durch. Damit war Rutherford für Pa Herman gestorben, und er ließ sich endgültig in Harriman nieder. Dann stolperte Paul, sein einziger Sohn, Flossies vierzehn Jahre alter Bruder, am Rand eines steilen Abhangs über einen im Gras versteckten Stacheldraht, fiel hinunter und wurde von seinem eigenen Gewehr, aus dem sich ein Schuß löste, als es ihm über die Böschung nachrutschte, tödlich getroffen.

Dennoch verlebten Floss und ich in jenen zehn oder zwölf Jahren zusammen mit unseren heranwachsenden Jungen viele glückliche Stunden auf der Farm. Manchmal fuhren wir nach Connecticut, wo wir nicht weit von

Grandma Wellcomes Haus in einer kleinen Hütte an der Felsenküste kampierten. Man konnte dort nach Muscheln graben, schwimmen und wandern, aber Floss hat sich dort nie wohl gefühlt.

Danach verbrachten wir unsere Sommer in Wilmington, Vermont, wo in der Nähe eines Berges, den sie Mount Olga nannten, Flossies Tante und Onkel eine alte Farm bewohnten. Hilda, Flossies Tante, hatte diesen Berg vor vielen Jahren für ein paar hundert Dollar käuflich erworben. Das fanden wir alle sehr lustig. Dort lernte ich Flossies norwegische Vorfahren und ihr freundliches Wesen kennen.

»Mein schöner Berg!« pflegte Flossies Tante zu sagen, denn er erinnerte sie an ihre norwegische Heimat. Später, als sie zu alt und blind war, um sich noch etwas daraus zu machen, mußte sie Mount Olga verkaufen. Man findet ihn noch heute auf der geodätischen Karte, südlich von Hogback.

Dort verbrachten wir jahrelang jeden Sommer einen Monat: einmal waren wir auch im April da und halfen dem alten Aldrich beim Einkochen des Ahornsafts, sammelten für ihn die Eimer ein, überwachten den Dampfkessel und so weiter. Aber nie habe ich den Wunsch verspürt, das ganze Jahr hindurch in Vermont zu leben.

Kapitel 27
Saure Trauben

Manchmal begleitete Floss mich zu den literarischen Treffen in New York, aber meistens ließ sie mich alleine ziehen. Ich ging meinen eigenen Weg. Es kann nicht leicht für sie gewesen sein.

Bis dahin hatte ich drei Bücher herausgebracht: *Al que quiere*, das heißt, falls ich mich nicht sehr täusche: *Dem, der es haben will.* Alfred Kreymborg meinte, daß diese Kakophonie eine Art Echo auf seinen Namen darstellte, und fühlte sich geehrt. Wir waren damals sehr eng befreundet, und daher nehme ich an, daß seine Vermutung zutreffend war. Das zweite Buch folgte kurze Zeit später. Es hieß *Saure Trauben* und schickte mir die Psychiater, wenn nicht gar die Freudianer auf den Hals.

»*Saure Trauben!* Wissen Sie, was das bedeutet?« fragten sie mich.

»Nein. Was bedeutet es denn?«

»Es bedeutet, daß Sie frustriert sind. Daß Sie verbittert und enttäuscht sind. Sie sind zu … zu … Sie lassen sich nicht richtig gehen. Sie halten sich für Pan, den schönen Gott. Ha ha ha ha! Die jungen Franzosen, ja, die lassen sich wirklich gehen. Aber Sie, Sie sind Amerikaner. Sie haben Angst« (dies von Frauen und Männern gleichermaßen), »Sie haben Angst. Sie leben in der Vorstadt, und das *gefällt* Ihnen sogar. Wer sind Sie denn schon? Und Sie behaupten, ein Dichter zu sein, ein DICHTER! Ha ha ha ha! Ein Dichter! Sie!«

Ich bekam es von allen Seiten: »*Saure Trauben*, ja, das bedeutet Reue. *Saure Trauben* – das sind Sie selbst, und damit hat sich's.«

Dabei hatte ich nur gemeint, daß saure Trauben genauso aussehen wie süße:

Ha ha ha ha!

Das dritte Buch war *Kore in der Hölle.* Verdammt – die frühlingshafte Neuheit und Frische, die ich unter den anderen empfunden hatte, dies Wiedererwachen der Literatur, all die Wonnen, die das Erschaffen einer der übermächtigen Vergangenheit gleichwertigen Welt verhieß, all das wurde von dem Krieg zunichte gemacht. Die Dummheit, die kalkulierte Boshaftigkeit einer geldgierigen Gesellschaft, wie ich sie kannte und in meinen Schriften bekämpfte; alles, was ich leben und gedeihen sehen wollte, wurde im Namen von Kirche und Staat mit Vorsatz hingemordet.

Persephone war in den Hades gegangen, in die Hölle. Kore stand für die Frühlingsmonate des Jahres; meines Jahres, meines Lebens, das abgeschlachtet wurde. Wozu hätte ich das abstreiten sollen? Um mich zu erleichtern, um mich vollständig vom Plänemachen und Denken abzuhalten, begann ich ernsthaft mit dem Schreiben.

Ich nahm mir vor, täglich etwas zu schreiben, ein ganzes Jahr lang, ohne einen Tag auszulassen. Und zwar wollte ich nichts Geplantes schreiben, sondern einen Stift in die Hand nehmen, Papier vor mir ausbreiten und einfach alles aufschreiben, was mir gerade in den Kopf kam. Ob es neun Uhr abends war oder ob ich um drei Uhr morgens von einer Entbindung in Guinea Hill nach Hause kommen mochte, ich würde mich hinsetzen und schreiben.

Und genau dies tat ich dann auch, Tag für Tag, ein Jahr lang, ohne einen Tag auszulassen. Kein Wort sollte geändert werden. Und ich habe auch nichts geändert, nur manches von dem Zeug vernichtet. Später geriet ich zufällig an ein altes Buch, in dem kurze Absätze zu einem Thema standen und darunter, von einem Strich abgetrennt, kurze moralische Auslegungen des jeweiligen Texts; ich beschloß, etwas Ähnliches zu machen. Also las ich meine improvisierten Stücke durch, zog einen Strich darunter und schrieb – ohne allzuviel nachzudenken – meine Interpretation dazu. Das Ganze war eine reizvolle Novität. Ich schrieb ein Vorwort, und so wurde es gedruckt. Der Umschlag zeigte eine Eizelle, die von einem Schwarm von Spermatozoen umgeben war – Zutritt fand ein schwarzes.

Für jedes dieser drei Bücher zahlte ich der Four Seas Company in Boston um die zweihundertfünfzig Dollar. Den Rest der Publikationskosten trug der Verlag. Am Umsatz bin ich, soweit ich mich erinnere, mit keinem Penny beteiligt gewesen.

Ein Buch veröffentlichen! Wie wunderbar mir das erschien. Meine eigenen Ergüsse. Was hatte ich denn sonst noch? Bloß meine Frau, zwei Söhne, einen Vater, der an Krebs starb, und eine Mutter, die fraglos eine Fremde für mich war.

Eines Abends, als Pop noch auf den Beinen war, aber sein Ende schon kommen sah, drehte er sich in der Tür meiner Praxis zu mir um und sagte: »Schmerzlich am Sterben ist mir nur eins: daß ich sie dir überlassen muß. Du wirst sie schwierig finden.«

Der Krieg war voll in Gang; einzig Pops Krankheit und die damit verbundenen Obliegenheiten hielten mich davon ab, meinem Bruder nach Übersee zu folgen. Ich war zweiunddreißig und wußte, daß man mich nicht mehr einziehen würde. Mehrmals war ich kurz davor, mich freiwillig zu melden, ließ es dann aber letztlich sein.

Es gab auch auf dieser Seite Arbeit genug. Denn was Anfang 1918 noch an Ärzten hier war, hatte alle Hände voll zu tun.

Schließlich konnte Pop nicht mehr ins Büro gehen und mußte, rapide an Gewicht und Kräften verlierend, auf seinem Zimmer bleiben, wo er seine Papiere ordnete und sich aufs Sterben vorbereitete. Fünfunddreißig Jahre lang war er täglich zur Arbeit nach New York gefahren; damit war jetzt Schluß. An die letzten Monate kann ich mich deutlich erinnern: leicht gebeugt, bekleidet mit einem spießigen Bowler und einer Art Mitteldding aus Mackintosh und Überzieher, ging er jeden Morgen an meinem Haus in der Park Avenue vorbei, um den 8-Uhr-18-Zug zu erreichen. Da war ich gewöhnlich noch mit dem Ankleiden beschäftigt. Ich konnte bei seinem Anblick nur den Kopf schütteln und fühlte, wie mir das Herz buchstäblich in die Schuhe rutschte. Was sollte ich machen? Aber schließlich ging es so schnell mit ihm bergab, daß er das Haus, wo ich ihn täglich mindestens einmal besuchte, nicht mehr verlassen konnte.

Dann suchte uns die Grippe heim. Wir Ärzte machten bis zu sechzig Hausbesuche am Tag. Mehrere von uns kippten um, einer der jüngeren starb, andere steckten sich an, und wir hatten nichts in der Hand, die Ausbreitung dieses starken Gifts, das die ganze Welt überschwemmte, wirksam einzudämmen. Mir starben zwei junge Frauen; die beiden waren Anfang Zwanzig und so gut gewachsene Exemplare, wie man sich nur vorstellen kann. Gerade solche schien es am schlimmsten zu treffen. Heute krank und morgen tot, einfach so, ins Bett und sterben.

Eines Tages dachte ich, mich würde es als nächsten erwischen. Ich wollte bis Mittag arbeiten und mich dann in die Falle legen. Also nahm ich ein paar Aspirin und schuftete wie ein Irrer, um meine Liste abzuarbeiten; aber mittags war es schon vorbei. Ich fühlte mich topfit und arbeitete weiter. Unsere ganze Familie lag im Bett, außer Pop und mir. Floss und die Kinder hatte es erwischt, und Floss bekam dazu noch eine Lungenentzündung; Eds Familie hatte es erwischt, und auch dort gab es einen Fall von Lungenentzündung; und Mutter und ihr mexikanisches Indiomädchen Marguerita hatte es erwischt, und Kathleen auch. Insgesamt hatte es zwölf Leute aus unserer nächsten Verwandtschaft erwischt, mich eingeschlossen; und ich war der einzige, der sich noch auf den Beinen halten konnte. Zum Glück gab es keine Todesfälle.

Grandma war inzwischen zur Christian Science übergetreten; als sie ihren ältesten Sohn so schwer an seiner Verworfenheit erkrankt sah, wollte sie, daß eine ihrer Vorbeterinnen sich mit dem Fall befassen sollte. Mir war das vollkommen gleichgültig, solange Pop nichts dagegen hatte.

»Laß sie nur kommen«, riet ich ihm.

Er tat dies natürlich nur seiner Mutter zuliebe. Ich glaube, die Frau kam tatsächlich einmal vorbei. Aber wirklich nur ein einziges Mal, glauben Sie mir! Dafür hat Mutter gesorgt. Mich nannte man schon den Christian-Science-Arzt von Rutherford. Wenn die Leute krank waren, ernstlich krank, oder wenn sie im Sterben lagen, verlangten sie stets nach mir: bloß »für eine Diagnose«, wie man betonte, oder um den Totenschein auszustellen. Ich schenkte dem keine Beachtung, sondern tat, was ich konnte.

Ich habe einige schreckliche Fälle erlebt: eine Frau, die mit ihren sechs Kindern über einem Tabakladen wohnte und an den Folgen einer kriminellen Abtreibung starb; eine Patientin mit Placenta praevia, jedes einzelne Gelenk in ihrem Körper war entzündet (ich punktierte sie, eins nach dem andern über einen Zeitraum von mindestens drei Monaten, während derer sie das Bett hüten mußte), am Ende wurde sie wieder gesund; ein an Diphtherie erkranktes Kind, das sich mit Erstickungsanfällen am Boden wälzte, weil seine Eltern es aus religiösen Wahnvorstellungen heraus nicht behandeln lassen wollten; eine Frau, die mit einem inoperablen Uteruskrebs in einem Zimmer über einem Süßwarengeschäft lag und vor Schmerzen kreischte, während ihr verwirrter Mann, von doktrinären Überzeugungen willenlos gemacht, sie mit versteinertem Blick anstarrte.

Mutter sah die Dinge nicht so wie ich. Wo ich noch lächeln konnte, geriet sie vor gerechtem Zorn ganz außer sich.

»Was! Du willst ein Arzt sein und läßt dieses dumme Weibsstück hier rein und dir von ihr die Sorge für deinen sterbenden Vater abnehmen! Das verstehe ich einfach nicht.«

»Aber, Mutter, sie kann keinen Schaden anrichten, und wenn es Pop glücklich macht, was kann es schon schaden?«

Ich nehme an, ihre Wut rührte teilweise von den Streitigkeiten her, die sie früher mit der alten Frau gehabt hatte. Aber wie dem auch sei, die arme Vorbeterin betrat das Haus nie wieder – Grandma auch nicht, soweit ich weiß. Pop jedenfalls war wunderbar wie immer, wenn es darum ging, sich still in den Gang der Ereignisse zu schicken.

Arme geliebte Mutter, sie hatte ihren Willen durchgesetzt, so wenig es ihr auch nützte. Ich konnte ihr nur kichernd applaudieren. In ihren Augen muß ich ein seltsamer Sohn gewesen sein.

April 1918, die Epidemie war vorbei, der Monat so lieblich wie immer. Der Krieg ging zu Ende; die deutschen Ambitionen wurden zurückgewiesen, und ich bekam eine Einladung nach Chicago, wo ich im Atelier einer gewissen Ann Morgan meine Gedichte vortragen sollte. Ich mußte allein fahren. Kreymborg hatte einen Monat vor mir dort gelesen. Es war eine großartige Gelegenheit.

Ich war noch nie in Chicago gewesen. Wohnen sollte ich im Haus von Mitchell Dawson, dessen alte Mutter eine Tochter von Erstbesiedlern des Bundesstaates war.

Jetzt war sie weit über siebzig. Sie erzählte mir, daß sie, um nicht vor Langeweile zu sterben, den Entschluß gefaßt habe, sich für das Treiben der jungen Leute zu interessieren. Mitch holte mich am Bahnhof ab und fuhr mich durch einen wilden Aprilsturm zu seinem Haus. Später am Tag machte ich einen Spaziergang am Ufer des Sees und staunte nicht schlecht über die Höhe und Wucht der Wellen, die über die Buhnen hereinkrachten.

Am Abend sprach ich dann vor irgendeinem Presseklub, las ein paar Gedichte vor und erzählte aus dem Stegreif eine Geschichte, die ich später für *Das Messer der Zeiten* aufschrieb: »Die Büffel«. Nie hatte ich einen besseren Auftritt gehabt. Man konnte die Zuhörer atmen hören, so daß ich vor Schreck fast verstummt wäre. Ben Hecht, Carl Sandburg, Mitch Dawson und Marion Strobel waren da. Später habe ich für Marion Strobel das Gedicht »A Goodnight« geschrieben. Es hat besonders Harriet Monroe sehr gefallen.

Es war April, die Luft am nächsten Tag köstlich. Es war ein romantisches Zwischenspiel. Und dies so sehr, daß die Stimmung auf der Rückfahrt nach Newark und nach Hause anhielt; ich traf nämlich unterwegs ein Mädchen, das nach Osten fuhr, um dort einen Studenten zu heiraten, der demnächst in West Point sein Studium abschließen würde. Wir saßen in dieser Nacht noch lange zusammen, nachdem sie erfahren hatte, daß ich ein Schriftsteller, ein Dichter war. Frauen scheinen für solche Gestalten merkwürdig empfänglich zu sein. Es schien, als wollte sie ihre Reise gar nicht mehr fortsetzen.

Ich kam nach Hause und stellte benommen fest, daß ich ja verheiratet *war*, und als ich dann meine Kinder begrüßte, begriff ich überhaupt nicht mehr, was da mit mir passiert war.

Kapitel 28
Die Baronin

Zusätzlich zu allem anderen fuhr ich noch immer montags, mittwochs und freitags nach New York, um in Kinderkliniken – zuerst am Babies' Hospital, dann am Post Graduate – meine Ausbildung zu vervollkommnen. Die Arbeit im Sommer war schweißtreibend, die Hinundherfahrerei im Winter sehr beschwerlich, aber es hat mir Spaß gemacht. Freitags, das war mein freier Tag, ging ich abends gelegentlich auf eine Party. Unsere Gruppe traf sich oft im ersten Stock eines kleinen Wohnhauses an der 14. Straße, meistens bei Lola Ridge, jener Vestalin der Künste, die einen frommen Glauben an die literarische Menschheit hegte; enge Zimmer, in denen man alle möglichen Leute antreffen konnte.

Ich kann mich nicht an alle Namen erinnern, aber einmal tauchte der russische Dichter Majakowski dort auf, zusammen mit seinem Freund und Impresario, der eine zweifarbige Weste trug, halb grün und halb weiß. Majakowski las uns sein Gedicht »Willie, der Straßenkehrer von Havanna« vor. Er war groß und stark gebaut und stützte beim Lesen einen Fuß auf den Ateliertisch. Eine perfekte Geste. Er hatte eine gute Stimme, und obwohl niemand ein Wort verstand, machten die rollenden Töne und sein konzentrierter Ernst großen Eindruck auf uns. Ich erinnere mich an zwei kichernde Dichterinnen der kesseren jüngeren Generation, die ihn gewiß für wundervoll hielten, aber doch, soweit ich das mitbekam, hauptsächlich von seiner körperlichen Größe beeindruckt waren. Zwei nette kleine »Mädchen«. Für meine Ohren klang sein Vortrag etwa so, wie die *Odyssee* aus dem Mund eines leidenschaftlichen Griechen klingen mochte.

Scofield Thayer hatte angeblich Marianne Moore einen Antrag gemacht; sie hatte abgelehnt, ihre Arbeit in der Redaktion des *Dial* aber fortgesetzt. Später übernahm Kenneth Burke ihren Job beim *Dial*.

In dieser Zeit tat sich bei mir eine ganze Menge. Die *Little Review* hatte ein paar Gedichte von einem wahren Berg von Mann abgedruckt; er stammte aus Maine, wog, Marsden Hartley zufolge, dreihundert Pfund und hieß Wallace Gould. Marsden machte mich mit ihm bekannt. Für uns alle, Männer und Frauen gleichermaßen, war Marsden damals eine Art Großvater. Doch sein Gesicht wurde ihm zum Verhängnis: er hatte eine Nase wie Wellington, sie sprang zwischen seinen Wangen hervor wie die Spitze einer mittelalterlichen Pike. Um aber auf Wallace Gould zurückzukommen. Ich nehme an, der romantische Ton seiner Gedichte faszinierte mich, es war aber freilich noch mehr daran. Gould verwendete großzügig lokales Material und schrieb in freien, wogenden Versen, die ich sehr bewunderte. Was ich Margaret Anderson und Jane Heap gegenüber an ihm lobte, war denn auch nicht die viktorianische Pracht dieser Stellen, sondern die Solidität seiner Bilder und die Geschliffenheit seiner Diktion.

Ein Besuch in Margaret Andersons und Jane Heaps Wohnung – mit ihrem großen Bett, das an vier Ketten von der Decke hing – war ein besonderes Erlebnis: Jane Heap sah aus wie ein gedrungener Eskimo, während Margaret, stets mehr als nur ein wenig überheblich, eine ausgesprochene Schönheit der stattlichen Art darstellte. In späteren Jahren war sie mit Mary Garden und Georgette Le Blanc befreundet.

In ihrer Wohnung erblickte ich auch zum erstenmal – unter einer Glasglocke – eine Plastik, die aussah wie eine aus Wachs geformte Nachbildung von Hühnereingeweiden. Ich sah mir das aufmerksam an und erfuhr, daß es das Werk einer adligen Deutschen war; sie hieß Elsa von Freytag Loringhoven, eine Fabelgestalt, weit über fünfzig, gefördert von der *Little Review*. Man fragte mich, ob ich sie kennenlernen wolle; sie sei ganz verrückt nach meinen Gedichten.

Fatalerweise schrieb ich an Margaret oder Jane, ja, ich wolle die Frau kennenlernen. Sie waren sich einig, daß ich genau der Richtige sei, für sie einzutreten. Nur sitze sie leider gerade in New York im Gefängnis, weil sie einen Schirm gestohlen habe.

Um's kurz zu machen: am Tag ihrer Entlassung holte ich sie am Gefängnis ab, ging irgendwo an der Sixth Avenue in der Nähe der 8. Straße mit ihr frühstücken und versprach, mich bald wieder mit ihr zu treffen. Sie war damals um die fünfzig, eine Frau, die früher einmal schön gewesen sein mochte. Sie sprach mit starkem deutschem Akzent und schlug sich damals für einen Hungerlohn als Aktmodell diverser New Yorker Künstler durch. Mit ihrer schlanken, maskulinen Figur war sie ziemlich gefragt.

Ja. Ich habe sie kennengelernt, und wie! Später gab sie mir einmal in einem vertraulichen Gespräch den Rat, wenn ich berühmt werden wolle, sollte ich mich bei ihr mit Syphilis anstecken und so meinen Geist für die große Kunst befreien.

Marcel Duchamp hatte sich ihrer angenommen. Sie schickte mir ein Photo von sich, 20 mal 25, ein schönes Aktporträt, das angeblich er selbst angefertigt hatte – das Bild hat jahrelang in meiner Truhe gelegen, bis ich es schließlich an Berenice Abbott weitergegeben habe. Ich konnte den Anblick nicht mehr ertragen. Dennoch war es eine erstklassige photographische Arbeit.

Die Baronin verfolgte mich über mehrere Jahre und

kam auch zweimal nach Rutherford; davon später mehr.

Etwa um diese Zeit kam Wallace Gould aus seinem Versteck in Maine nach New York und fand sehr bald heraus, daß er sich hier unmöglich würde über Wasser halten können. Irgendeine Bewunderin seiner Gedichte stellte ihm leihweise eine Wohnung zur Verfügung. Als ich ihn besuchte, trug er eine schwarze Halsbinde und einen schwarzen Anzug mit großen weißen Aufschlägen, und wenn er auch nicht gerade vor Angst zitterte, so war er doch nicht weit davon entfernt.

An diesem Tag, das heißt kaum eine Stunde zuvor, hatte er, eine Hand auf den Endpfosten des Geländers gestützt, unten an der Treppe gestanden, als seine Gastgeberin herunterkam und ihre Brust auf seinen Handrücken preßte, seine Hand also gewissermaßen dort festklemmte. Er hatte es nicht gewagt, die Hand wegzuziehen, und nun saß er in der Falle.

Seine Pupillen waren riesig, mindestens einen Zentimeter im Durchmesser. »Ich stecke in der Scheiße!« eröffnete er mir. Er sei, so behauptete er jedenfalls, vor Entrüstung beinahe tot umgefallen, und flehte mich an, ihn so schnell ich konnte dort rauszuholen. »Ich bin pleite«, sagte er in panischer Angst. »Was soll ich nur machen?«

Es war kurz vor Weihnachten. »Also schön«, sagte ich, »holen Sie Ihr Zeug, und kommen Sie mit mir nach Rutherford. Mein Wagen steht unten vor der Tür.«

Er blieb den ganzen Winter bei uns; um sein Essen zu bezahlen, gab er dem kleinen Bill Klavierunterricht, obwohl ich ihn nicht darum gebeten hatte. Aber im März setzte sich das Indianerblut in seinen Adern durch – seine Großmutter mütterlicherseits war eine Abnaki gewesen; er packte seine Sachen, ich gab ihm für den Anfang zwanzig Dollar mit, und er bestieg den Zug nach Washington, D.C., von wo aus er in wenigen Tagen zu Fuß nach Farmville, Virginia, marschierte, um dort den Rest seines Lebens zu verbringen.

Die Baronin wurde ich freilich nicht so leicht los. Sie erinnerte mich an meine »Zigeuner«-Großmutter, die alte Emily, und ich war töricht genug, ihr meine Liebe zu gestehen. Das wäre fast mein Ende gewesen!

11. November 1918: Der Krieg war vorbei. Pop hatte das Ende noch miterlebt. England war wieder einmal siegreich gewesen. Doch am ersten Weihnachtstag 1918 starb er. Kein einziges Mal hatte er während seiner Krankheit über Schmerzen geklagt oder irgendwem auch nur die geringsten Schwierigkeiten bereitet. Das Geheimnis seiner Geburt nahm er mit ins Grab. Ich hätte gerne von ihm etwas über meinen Großvater erfahren.

Nun steht fest, daß ich nie mehr etwas darüber erfahren werde. Denn Irving starb im Jahr darauf, und auch die alte Dame, einzige Überlebende ihres Klans, hat sich, nachdem sie alle ihre Kinder, meinen Vater, seine beiden Halbbrüder und meine Tante Rosita, die Epileptikerin, zu Grabe getragen hatte, bis zu ihrem Tod über dieses Thema ausgeschwiegen.

Ich werde nie vergessen, wie Pop starb. Erst am Tag zuvor war es mir nach härtesten Anstrengungen gelungen, den Schlauch für das Klistier in seinen ausgemergelten Körper einzuführen. Ich wußte, ich hatte den steifen Schlauch, der innen noch mit einem Draht zusätzlich verstärkt war, nur unter unvertretbarer Gewaltanwendung hineinbekommen, und ich wußte auch, daß ich das nicht noch einmal würde tun können. Er selbst hatte sich nicht mit dem leisesten Mucksen über das Manöver beklagt.

Am Weihnachtsmorgen 1918 hatte er alle seine Geschenke für die Familie ausgebreitet, jedes an seinem Platz und mit einem Schildchen versehen. Für mich war eine kleine würfelförmige Bronzeglocke bestimmt; als Griff hatte er in die aufgeschweißte Halterung die Elfenbeinfigur eines alten chinesischen Philosophen einpassen lassen. Er selbst? Als Mutter aufwachte, sprachen sie miteinander. Dann schlief sie wieder ein. Um sieben stand sie auf. Er blieb, offenbar schlafend, liegen. Sein Ende stand kurz bevor.

Sie rief mich in der Nine Ridge Road an, und ich eilte so schnell ich konnte zu ihnen. Er muß einen Hirnschlag bekommen haben, vielleicht infolge meiner Bemühungen am Tag zuvor, ihn zu erleichtern.

»Er ist tot«, sagte ich. Aber da schüttelte er ganz langsam den Kopf. Es war furchtbar, es war das letzte, was ich jemals in Gegenwart meines Vaters sagen sollte.

In diesem Augenblick klingelte das Telefon. Im Krankenhaus stand eine Entbindung an. (Ich habe die Frau vorige Woche getroffen, und wir haben darüber geredet.) Niemand konnte für mich einspringen, und so mußte ich Pop auf der Stelle verlassen. Als ich zurückkam, war er tot.

Am Abend dieses Tages rollte Marguerita – aus Furcht, aus Anhänglichkeit? – ihre Matratze und ihr Bettzeug zu einem Bündel, klemmte es sich unter die kurzen dicken Arme und trug es aus ihrer Mansarde nach unten. Dort breitete sie die Sachen auf dem Boden neben Mutters Bett aus und legte sich wie ein Hund dort nieder.

Vier Jahre zuvor war unser erster Sohn geboren worden. Wir hatten schon von Weihnachten bis Silvester auf ihn gewartet. »Er wird kommen, wenn der erste Schnee fällt«, hatte Floss gesagt. Am frühen Morgen des 7. Januar begann es zu schneien. Um fünf Uhr morgens traf Dr. Ogden ein. Er hatte vergessen, Chloroform mitzubringen. Ich selbst hatte nur ein Fläschchen mit höchstens zehn Tropfen in meiner Geburtshelfertasche. Vor neun machte keine Apotheke auf. Das Baby kam mit dem letzten Tropfen. Ich stürzte zum Telefon, um es meinem Vater zu erzählen. Er war nicht zu erreichen. »He«, sagte die Vermittlung, »Sie haben Ihre eigene Nummer gewählt.«

1920 kam meine Großmutter an die Reihe. Sie war, wie gesagt, zur Christian Science übergetreten. Als Folge irgendeiner Veränderung in ihren Augen, die sie mich nie hat behandeln lassen, war sie nahezu erblindet. Außerdem hatte sie, unmittelbar neben der Nase, einen großen Hautkrebs im Gesicht, der sie eines Tages umbringen mußte.

Einer ihrer treuen Freunde an der Küste hatte sie zum Truthahnessen eingeladen. Bill Wellcome, mein junger Vetter, begleitete sie. Am nächsten Morgen telegraphierte mir Bill, sie habe einen Schlaganfall gehabt. Ich fuhr hin und tat, was ich konnte, brachte sie nach New Haven ins Grace Hospital, aber dort starb sie wenige Tage später. Ein bemerkenswertes Leben war zu Ende gegangen.

Ohne die Leidenschaft, die Unabhängigkeit und Entschlossenheit dieser Frau – geborene Emily Dickenson aus Chichester in England, als kleines Kind in den dreißiger Jahren zur Waise geworden – hätte es unsere Familie in Amerika nie gegeben. Ihr Sohn, mein Vater, William George Williams, wurde in London gezeugt, geboren aber in Birmingham, wie er behauptete; sein Vater war entweder ein Geistlicher der Episkopalkirche oder ein Hüttenarbeiter – ich habe darüber niemals etwas Genaueres erfahren können.

Die junge Frau wurde offenbar von den Godwins verstoßen – er sagte oft, sie habe das ihr rechtmäßig Zustehende nie erhalten – und kam fünf Jahre später auf einem mit Eisenbahnschienen beladenen Segelschiff nach Amerika. Ein Sturm trieb das Schiff bis zu den Azoren, später lief es bei Fire Island auf eine Sandbank auf. Pop erzählte mir einmal, er erinnere sich, wie er, vielleicht in den Armen seiner Mutter, als Fünfjähriger dort an Deck gestanden und den Bugsprit und Bug eines anderen Schiffs aus dem Nebel hoch über sich habe auftauchen sehen; es habe einen leichten Zusammenstoß gegeben.

Frau und Kind gingen in Castle Garden von Bord und wohnten dann in einer Brooklyner Pension, wo sie einen Mr. Wellcome kennenlernten, der aus Saint Thomas gekommen war, um sich mit photographischem Material zu versorgen. Er sah die junge Frau, heiratete sie und nahm sie und ihren Sohn nach Westindien mit. Dort wuchs der Junge auf, der einmal mein Vater werden sollte. Großmutter hatte Schauspielerin werden wollen; mit diesem Ziel war sie hierhergekommen. Sie war eine schneidige Frau. Und mehr hatte sie am Ende auch nicht nötig.

Wir holten ihren Leichnam von der Küste ab – ihrer berühmten Küste, wo sie im Sommer täglich gebadet hatte, bis das Gewicht ihres nassen altmodischen Badeanzugs sie schließlich daran hinderte, den kiesigen Strand zu erklimmen. Sie wurde in meinem vorderen Zimmer aufgebahrt, wo ich eine Bleistiftzeichnung von ihren wirklich eindrucksvollen Zügen anfertigte. Die alte Katze schlief unter ihrem Sarg.

Aber zurück zu der Baronin. All die alten Mädchen aus Greenwich Village standen hinter ihr; auf der Fifth Avenue mit einer schwarzen Haube auf dem Kopf, dazu ein schwarzes Baumwollkleid, in das vorn und hinten Monde geschnitten waren, damit man gleich wußte, wo's langging. Sie betrieb ihre Attacken mit einer Beharrlichkeit, die mir schließlich sehr zu schaffen machte. Aber ich habe mich nie sonderlich mit den Ideen oder Ansichten anderer Leute beschäftigt, wenn sie meinen widersprachen. Ich war zu nichts zu bewegen.

Ich besuchte die Frau einmal, gab ihr kleinere Geldbeträge. Viel Asche in ihrem elenden Herd. Sie wohnte in den Slums, zusammen mit ihren zwei kleinen Hunden in einem Zimmer; ich habe sie auf ihrem schmutzigen Bett kopulieren sehen. Aber die Baronin war in diesem Augenblick die Höflichkeit selbst. Wir sprachen miteinander, und das war alles. Ein gutes Gespräch, ich war bewegt. Doch als sie dann später ihre Nummer abzog, mußte ich grob werden.

Als Wallace Stevens in der Stadt war, fürchtete er eine Zeitlang, ihretwegen die 14. Straße Richtung Village zu überqueren. Und einem russischen Maler passierte es, daß er eines Nachts in sein kleines Zimmer kam und sie ihm nackt unterm Bett hervor entgegenkroch. Er floh zu einem Nachbarn auf der anderen Seite des Flurs. Sie war erst aus dem Haus zu bringen, als er ihr versprach, sie in ihre eigene Wohnung zu begleiten.

Bob McAlmon war einmal hier bei uns zum Abendessen, als ich telefonisch zu einem kranken Baby in der Union Avenue gerufen wurde. Ich nahm die Tasche und ging zu meinem Wagen, den ich am Bordstein geparkt hatte. Doch als ich eben einsteigen wollte, packte mich jemand beim linken Handgelenk. Es war sie.

»Du mußt mit mir kommen«, sagte sie mit ihrem starken deutschen Akzent. Wie man sich leicht vorstellen kann, war ich sprachlos und auch ziemlich verblüfft, denn – nun, sie war schließlich eine Frau.

Das Ganze endete damit, daß sie ausholte und mir mit voller Wucht an den Hals schlug. Sie hatte irgendeinen kleinen Scheißer dazu gebracht, mich bloß deswegen vom Abendessen wegzulocken. Ich stand nur so da und dachte nach. Aber zufällig kam in diesem Augenblick ein Polizist vorbei.

»Alles in Ordnung, Doc, werden Sie von dieser Frau belästigt?«

»Nein«, sagte ich, während sie schon Reißaus nahm. »Lassen Sie sie laufen.«

Danach kaufte ich mir einen kleinen Punchingball, um mich im Keller daran abzureagieren, und als sie mich, ein paar Monate später gegen sechs Uhr abends auf der Park Avenue, das nächstemal attackierte, schlug ich sie mit einem harten Schlag auf den Mund nieder. Ich glaubte, sie werde mit einem Messer über mich herfallen. Als ich sie verhaften ließ, brüllte sie: »Wer bist du eigentlich hier? Napoleon?«

Aber im Gefängnis streckte sie eine Hand durchs Gitter und versprach, so etwas nie wieder zu tun.

Komischer Anblick, wie sie mit Officer Campbell die Straße hinunterging; sie versuchte seinen Arm zu nehmen, und er stieß sie weg. Die Frau hat mich wirklich fertiggemacht.

Später gab ich ihr zweihundert Dollar, damit sie das Land verlassen konnte. Der Überbringer verdrückte sich mit dem Geld. Ich gab ihr mehr, und endlich reiste sie ab, nur um von irgendeinem französischen Witzbold, wie es hieß, aus Spaß getötet zu werden: er drehte, während sie schlief, in ihrer Wohnung den Gashahn auf. Und das war's.

Kapitel 29

Neue Gesichter

Eine neue Serie von Partys, neue Gesichter, neue Ziele erschlossen sich mir, nachdem der Erste Weltkrieg gewonnen war. Der üble selbstgebrannte Gin, den wir damals schluckten, war vermutlich ein Ansporn für die Kunst. Mir konnte er nicht viel anhaben, denn ich bin, von einigen dümmlichen Possen abgesehen, nie ein Trinker gewesen.

In diesen Jahren setzte sich Marsden Hartleys Genie allmählich durch. Er war um 1914 aus Berlin zurückgekehrt, wo seine Gemälde – explodierende Granaten, oder was man später für bunte Sterne und brennende Planeten auf violetten Himmeln hielt – großes Aufsehen erregt hatten. Dies war kurz vor Ausbruch des Krieges gewesen, und in einem gewissen Sinne hatte Marsdens Werk ihn vorausgesagt. Aber seine Bilder verkauften sich nicht. (Stieglitz bat ihn schließlich, er solle sich nach einem anderen Mäzen umsehen.) Seine Bilder waren zu kühn konzipiert, zu grell in der Farbgebung. Niemand fühlte sich in ihrer Gegenwart behaglich, wenn auch der aufmerksame Betrachter gelegentlich von einem Paar rosa Damenhandschuhe überrascht wurde. Er war einer der Besten von uns; mit seinen kleinen porzellanblauen Augen und den wilden Brauen erweckte er den Eindruck, als wollte er einen auffressen. Was er vielleicht auch wirklich gern getan hätte. Keiner von uns nahm ihn ernst – nur seine Arbeit. Er war zu freundlich. Einmal erzählte er mir, wie er Djuna Barnes einen ziemlich eindeutigen Antrag gemacht habe – er habe ihr anheimgestellt, über seine hervorragende körperliche Ausstattung zu verfügen. Von ihm habe ich auch die Geschichte über ihren ersten Mann, dem von ihrem Papagei, als er mit ihm spielte, beinahe die Nase abgebissen wurde. Ich sehe den alten Marsden noch heute vor mir, wie er Djuna auf seine nüchterne Art erklärt, was er ihr anzubieten habe. Djuna und ihre ausweichende Art. Marsden war ganz vernarrt in sie. Er war einer der frustriertesten Männer, die ich je gekannt habe. Am glücklichsten war er am Ende seines Lebens unter den Fischern von Maine. Eine tragische Gestalt. Ich hatte ihn wirklich gern, aber gut miteinander ausgekommen sind wir nur aus einer gewissen Distanz.

Der *Dial* hatte sein Erscheinen eingestellt, und wie üblich besetzten nun die Intellektuellen das drei Jahre zuvor von den Extremisten geebnete Gelände. Kenneth Burke, Matthew Josephson, Louis Zukofsky, Hart Crane und Malcolm Cowley tauchten auf, und Marianne Moore. Amy Lowell kam gelegentlich aus Boston, um sich auszutoben, und nach seinem Erfolg in Chicago ließ sich auch Carl Sandburg manchmal bei uns blicken. Ab und zu gab Harriet Monroe eine seriöse Party, im allgemeinen sorgte aber die örtliche Clique dafür, daß der Ofen nicht ausging.

Die Leute von *Others* waren auch noch da, aber ich war mehr an den neueren Talenten und Gesichtern interessiert. Djuna Barnes, Margaret Anderson und Jane Heap; auf der anderen Seite Charles Henri Ford und Parker Tyler, Wallace Gould, die Baronin Elsa von Freytag Loringhoven, Cyril und Evelyn Scott. Sie alle waren zu der einen oder anderen Zeit dabei.

An einen Abend bei Mat Josephson erinnere ich mich besonders gut; dort lernte ich Charles und Katherine Sheeler kennen. Blaise Cendrars, wenn ich nicht irre, saß zwischen den Beinen eines umgedrehten Klavierstuhls. Wir tranken Bier oder Wein – vielleicht kam auch noch Hart Crane, nachdem Floss und ich schon weg waren. Ich habe Hart Crane nie kennengelernt, obwohl ich mir einmal ein Bild von ihm gekauft habe, es stammte von einem Mann namens Sohmer, den er unterstützte; und einmal nahm ich ein kurzes Gedicht von ihm für die zweite Folge von *Contact.* Welches Gedicht das war, weiß ich nicht mehr, jedenfalls eins seiner früheren.

Es ist schwierig, diese Tage zusammenzufassen. Die *Little Review* engagierte sich mächtig für Joyces *Ulysses.* Gertrude Stein brachte alle gegen sich auf. Und dann eines Abends bei Lola Ridge brachte Hartley, dessen Bilder und die von Demuth und Charles Sheeler ich mir jedesmal ansehen ging, einen jungen Mann mit, den er als Robert McAlmon vorstellte.

Marianne war da und las ihr »Those Various Scalpels«; Marsden las sein »On the Hills of Caledonia«; ich las auch irgendwas, ich habe vergessen, was, und irgendwo sprang ein Funke über. Wenig später hatten Bob McAlmon, der sich nach seiner Dienstzeit bei einem kanadischen Regiment ein wenig hatte treiben lassen, und ich den Plan für die Zeitschrift *Contact* ausgeheckt. Djunas Kommentar dazu: »Das einzige, was man mit Sicherheit nicht davon erwarten konnte, war Kontakt!« So etwas sprach sich dann herum.

Es war an einem heißen Julitag, ich kam erschöpft aus der Post Graduate Clinic und begab mich, wie ich es manchmal tat, zu Marsdens Atelier in der 15. Straße; ich wollte mit ihm reden, vielleicht eine Kleinigkeit trinken und sehen, woran er gerade arbeitete. Als ich mich seiner Hausnummer näherte, hörte ich plötzlich hinter mir unter lautem Glockengebimmel einen Feuerwehrwagen die Ninth Avenue herunterbrausen. Ich drehte mich um und sah gerade noch eine goldene 5 auf rotem Hintergrund vorbeiblitzen. Der Eindruck war so unvermittelbar und mächtig, daß ich ein Stück Papier aus der Tasche nahm und ein kurzes Gedicht darüber schrieb.

Ich erinnere mich, wie Marsden und ich einmal von einem Besuch bei uns in Rutherford nach New York zurückfuhren; während wir auf dem Erie-Bahnsteig warteten, raste plötzlich direkt vor unseren Nasen ein Schnellzug an uns vorbei – auf seiner Jagd nach der verlorenen Zeit wirbelte er eine solche Wolke von Staub und Sand auf, daß wir die Hände vors Gesicht nehmen mußten.

Danach drehte Marsden sich zu mir um und sagte: »Das möchten wir alle gerne sein, stimmt's, Bill?«

Ich sagte: »Ja, vermutlich.«

An dem eben erwähnten Julitag öffnete mir Marsden die Tür; wie üblich spähten seine blauen Elefantenaugen argwöhnisch an seiner großen Nase vorbei.

»Ah«, sagte er, »Bill!« Dann entspannte er sich und zog mich hinein. »Das ist aber nett. Komm rein.«

Ich ging durch den schmalen Flur zu seinem Zimmer und ließ mich nieder, um eine Tasse Tee mit ihm zu trinken. Erschöpft streckte ich mich auf dem Sofa aus, er setzte sich mir gegenüber und musterte mich wie stets mit diesem für ihn so typischen Blick, halb spöttisch, halb amüsiert.

In diesem Augenblick vernahm ich auf der anderen Seite der Wand hinter mir sehr lebendige Töne. Die Parterrewohnung dieses alten Village-Hauses hatte früher aus zwei Zimmern bestanden, die durch eine Falttür oder Bogentür oder dergleichen, jedenfalls eine große Öffnung, miteinander verbunden waren. Um zwei kleine Wohnungen zu schaffen, hatte man diese Öffnung mit Brettern verschlossen. Auf der einen Seite stand Marsdens Schlafcouch, und wenige Zentimeter davon entfernt das Bett des jungen Liebespaars.

»Ja, die beiden unterhalten mich nachts des öfteren«, sagte er.

Er tat mir leid, er wurde alt. Bei dieser Gelegenheit unternahm er seinen Annäherungsversuch. Auch ich mußte ihn zurückweisen. Alle wiesen ihn zurück. Ich war nicht besser als die anderen. Einer unserer besten Maler. Er sagte mir, ich hätte eine der reizendsten Huren der Stadt werden können. Wir blieben bis zu seinem Tod gute Freunde. Bei den Auktionen in den Anderson Galleries erwarb ich mehrere seiner Bilder; aber ich konnte mir die hohen Preise nicht leisten, die alle diese Leute nehmen mußten, wenn sie von ihren Verkäufen leben wollten. Und als Marsden mir ein paar zeigte, ein halbes Dutzend von denen, die er für fünfzig Dollar oder so abgeben konnte, lehnte ich dankend ab: sie waren nichts wert. Das machte uns beiden nichts aus, nur daß ich immerhin meine Praxis hatte, während er, soweit ich sehen konnte, so gut wie nichts besaß.

Kapitel 30

Heidentum

Richard Johns war auch so ein Fall. Kurz nachdem er meinen Roman *A Voyage to Pagany* gelesen hatte, gründete er die Zeitschrift *Pagany*.

Dann druckte der *Dial* aus heiterem Himmel *Das wüste Land*, und plötzlich war es aus mit unserer Fröhlichkeit. Es vernichtete unsere Welt so gründlich, als hätte man eine Atombombe darüber abgeworfen; mit einem Schlag waren unsere tapferen Vorstöße ins Unbekannte nichts mehr wert.

Besonders mich traf es wie eine hämische Kugel. Ich ahnte sofort, daß es mich zwanzig Jahre zurückgeworfen hatte, und nicht anders war es auch. Eliot schickte uns genau in dem Augenblick auf die Schulbank zurück, als ich glaubte, wir seien kurz davor, zum Kern einer neuen Kunstform vorzudringen, die ihre Kraft aus den örtlichen Gegebenheiten beziehen sollte. Ich wußte sofort, daß dies für mich eine besonders schwere Niederlage bedeutete.

Eliot hatte der Möglichkeit, meine Welt neu zu beleben, den Rücken gekehrt. Und da er ein perfekter Handwerker war und in mancher Hinsicht geschickter, als ich für mich je erhoffen konnte, mußte ich tatenlos zusehen, wie er, dieser Narr, meine Welt mit sich davontrug und dem Feind auslieferte.

Was für Fortschritte hätten wir wohl erzielt, wenn wir seine Kunstfertigkeit für unser langsames Vordringen hätten einspannen können! Wir brauchten ihn für den Plan, der mir halb bewußt vorschwebte. Ich brauchte ihn: er hätte unser Ratgeber, ja, unser Held werden können. Daß er uns im Stich ließ, warf uns alle fürs erste aus der Bahn. Das war ein schlimmer Augenblick. Wie von mir vorausgesagt, sind wir erst heute allmählich soweit, wieder Fuß zu fassen und den Vers zu revolutionieren. Was nicht heißen soll, daß Eliot – indirekt – nicht doch einen beträchtlichen Beitrag zum Erreichen der nächsten Stufe der metrischen Konstruktion geleistet hat, doch hätte er sich nicht von der direkten Attacke hier, im Dialekt des Westens, abgewandt, dürften wir sehr viel schneller vorangekommen sein.

Unfair hatte er nicht gehandelt, das mußte ich zugeben. Aber wütend machte es mich dennoch, daß der Mann uns einfach so sitzenließ. Trotz Pounds Eintreten für ihn und so weiter bin ich nie ganz darüber hinweggekommen. *The Criterion* hatte keinen Platz für mich und all das, wofür ich stand. Ich mußte ohne diese Zeitschrift weitermachen.

Von *Poetry* und *Dial* abgesehen, lehnten alle zahlenden Zeitschriften regelmäßig, fortwährend und stupide unsere Gedichte ab. Die *Little Review* zahlte nicht. Es blieb uns nichts anderes übrig, als die Veröffentlichung unserer Sachen selbst in die Hand zu nehmen. Denn bei den mageren Absatzmöglichkeiten hätten wir sonst viel zu lange zwischen den Drinks warten müssen. Damals erlebten die kleinen Zeitschriften ihren Frühling, und sie hatten reichlich zu tun.

Bob McAlmon war der Initiator für unsere Zeitschrift *Contact*; nach einem schwachen Beginn blühte sie zehn Jahre später prächtig auf. Aber am Anfang schien die Sache wenig verheißungsvoll. Manche guten Sachen lagen herum, die sollten nicht verlorengehen. Wir druckten sie; direkte, kompromißlose Texte.

Pa Herman schnitt Papier zurecht und schickte uns eine Tonne davon – *ich benutze es noch heute, und es wird, nehme ich an, für den Rest meines Leben reichen; auch dies hier schreibe ich darauf.* So war er eben, auch wenn er den Inhalt der Zeitschrift nicht billigte, ja nicht einmal begriff, worauf wir eigentlich aus waren; uns vermutlich nicht einmal las.

Die ersten beiden Ausgaben wurden mimeographisch vervielfältigt und zusammengeheftet; dann erschien, auf demselben Papier, eine gedruckte Nummer mit einem gedruckten Umschlag; schließlich, auf weißem Papier, gedruckt und gebunden, eine letzte Ausgabe. Und dann war Schluß. Wir fanden keine Käufer – es lag noch sehr viel anderes in der Luft.

Wir druckten einige vorzügliche Gedichte von Marianne Moore, Hartley und anderen. Aber die Gespräche über unsere Pläne haben wir, vor allem McAlmon und ich, nicht umsonst geführt. Bob, ein sachlicher, ernster junger Mann mit harten blauen Augen, verdiente damals seinen Lebensunterhalt als Aktmodell für gemischte Klassen am Cooper Union College. Er war die Idealfigur eines Jünglings – seine Gestalt hätte das Original von Donatellos jugendlichem Medici in der Nische des Palazzo Vecchio sein können. Er bekam einen Dollar die Stunde und war strapazierfähig genug, gelegentlich neun Stunden hintereinander in verschiedenen Posen zu sitzen; um die Sache voranzutreiben, wohnte er eine Zeitlang auf einer Schute im New Yorker Hafen. Er muß damals den größten Teil seines Geldes in die Zeitschrift gesteckt haben. Ich half ihm, aber nicht finanziell, und er bat mich auch nicht darum. Vermutlich werde ich nie erfahren, in wie großer Bedrängnis er damals steckte. Das war seine Sache, nicht meine.

Etwa um diese Zeit erhielt ich Nachricht von H. D., sie und eine Freundin würden auf dem Weg nach Los Angeles, wo sie sich niederlassen wollten, in New York Zwischenstation machen, und ob ich nicht Lust hätte, einmal nachmittags bei ihnen im Belmont Hotel (dem guten alten Belmont) zum Tee vorbeizukommen?

»Willst du die Alte mal sehen?« fragte ich Bob.

»Klar. Warum nicht?«

Also beschlossen wir eines Nachmittags, uns die Sache mal anzusehen. Die gute alte Hilda, lang und dürr wie immer, den ganzen Raum einnehmend. Aber sie hatte eine kleine dunkle Engländerin bei sich, ein Mädchen mit stechendem Blick; ich bemerkte sie, und das war auch alles.

»Na, wie hat sie dir gefallen?« fragte ich Bob, als wir gegangen waren.

»Och, ganz nett«, sagte Bob. »Aber diese andere, diese Bryher, wie sie uns vorgestellt wurde – die ist was Besonderes.« Am nächsten Tag reisten die beiden an die Westküste ab.

Bob wollte damals auf einem Frachter nach China fahren und hatte bereits einen Platz gebucht. Aber eine Postkarte von Bryher änderte seine Pläne: nach einer Woche hätten sie die Nase voll von Kalifornien und wollten jetzt wieder nach England zurück; Bob solle nichts unternehmen, vor allem New York nicht verlassen, bis Bryher ihn noch einmal gesehen habe.

Kurz darauf kam sie in die Stadt, traf sich mit Bob und machte ihm einen Heiratsantrag. Wie sich herausstellte, war sie die Tochter von Sir John Ellerman, Englands größtem Steuerzahler. Bob griff sofort zu. Als er es mir erzählte, traten mir buchstäblich Tränen in die Augen – ob aus Trauer über den voraussichtlichen Verlust der Gesellschaft und Unterstützung dieses talentierten Mannes oder vor Freude über sein glückliches Geschick, das wußte ich selber nicht.

Das Ganze mußte in größter Eile abgewickelt werden, damit sie noch rechtzeitig an Bord des White-Star-Dampfers *Celtic* gehen konnten, auf dem Sir John ihnen die Hochzeitssuite reserviert hatte. Zuerst also zu etlichen Schneidern und Herrenausstattern usw. usw. Dann, am Abend vor der Abreise, ein intimes Essen in einem kleinen separaten Speisezimmer im Hotel Brevoort.

Bryher war da, mitsamt H. D., die nicht allzu begeistert mitfeierte; Bob war da, zusammen mit seiner Schwester Grace, die eigens für dieses Ereignis in den Osten geeilt war; und schließlich Floss, Marianne Moore, ich selbst und der gute alte Marsden, der wunderbarste Gesellschafter, den man sich denken kann.

Was es zu essen gab, spielt keine Rolle, es sei denn,

Floss kann sich daran erinnern. Aber die Orchideen werde ich nie vergessen; Floss auch nicht. Mir fiel nichts Vernünftiges ein, was wir dem reichen Paar so auf die Schnelle schenken könnten, bis Floss eine geniale Idee hatte: eine Schachtel mit den seltensten Orchideen, die wir auftreiben könnten.

Entscheidend hierbei war Edward Roehrs, der in Maiswhisky gereifte Besitzer der damals besten Orchideenzüchterei von ganz Amerika oder zumindest einer der ersten großen kommerziellen Sammlungen. Roehrs' Pflanzschule lag in East Rutherford, direkt hinter dem Bahngelände, in der Nähe von Bagellon House (das damals noch existierte), wo ich als Kind gewohnt hatte.

»Sicher«, meinte Edward, »alles, was Sie wollen. Wann möchten Sie sie haben?«

»Heute.«

Und so machte er die Runde durch sein Gewächshaus und schnitt jede rare Blüte ab, die er finden konnte – Gebilde, die ich mir nicht einmal im Traum hatte vorstellen können. Er legte sie behutsam in eine Pappschachtel.

Abends bei Tisch öffneten wir die Schachtel zu unser aller Staunen. Wahrlich seltene Exemplare (»Roehrs' Schöne Orchideen«), und ebenso frisch wie verschwenderisch in ihrer Vielfalt.

Während wir uns in Ahs und Ohs ergingen, gab Marsden den perfekten Kommentar dazu ab – man stelle sich vor, was hätte irgendein smarter englischer oder amerikanischer Reporter nicht alles darum gegeben, die heimliche Hochzeit von Sir John Ellermans Tochter mit einem mittellosen, freilich talentierten jungen Amerikaner ausschlachten zu können. Nachdem wir also die Schachtel um den Tisch in dem kleinen Zimmer hatten herumgehen lassen, lehnte Marsden sich lachend zurück und sagte auf seine unnachahmliche Art: »Stellt euch vor, was das morgen für eine Schlagzeile geben könnte: POETEN BETATSCHEN ORCHIDEEN!«

Zwei Tage später bekamen Floss und ich eine Postkarte, auf der eine Szene aus einem damaligen Erfolgsstück abgebildet war: Schauspieler, Männer und Frauen, die in einem Topf voll Geld herumwühlten; dazu in schwungvollen Großbuchstaben die obskure Unterschrift: D. H. Später habe ich H. D. gegenüber den Verdacht geäußert, sie sei die Absenderin der Karte, was aber energisch von ihr bestritten wurde. Ich habe ihr nicht geglaubt.

Bob reiste ab und nahm seine unheilvolle Geschichte mit sich – aber die muß er selbst erzählen, nicht ich.

Inzwischen bereitete ich mich vor, *In the American Grain* zu schreiben, eine Untersuchung, in der ich für mich selbst herausfinden wollte, was es eigentlich mit dem Land meiner mehr oder weniger zufälligen Geburt auf sich hatte. Nach Abschluß einiger vorbereitender Studien sah mein Plan so aus, daß ich versuchen wollte, mich in die Köpfe gewisser amerikanischer Pioniere oder »Helden«, wenn man so will, hineinzuversetzen. Dazu wollte ich ihre Originalberichte studieren; nichts sollte zwischen mich und ihre eigenen Aufzeichnungen treten: eine Übersetzung der Norweger-Saga, *The Long Island Book* und Erich der Rote sollten den Anfang bilden; Kolumbus' Tagebuch; die Briefe von Hernando Cortez an Philip von Spanien; die Autobiographie von Daniel Boone; und so weiter bis hin zu einem Brief, den John Paul Jones nach seinem Gefecht mit der *Serapis* an Bord der *Bonhomme Richard* geschrieben hatte. So wollte ich's machen.

Aber es ging auf 1922 zu, unser zehntes Ehejahr,

wofür Floss und ich uns vorgenommen hatten, uns unter allen Umständen ein Jahr freizunehmen und ins Ausland zu gehen.

Kapitel 31

Ein Ferienjahr

Wir hatten die beiden Jungen: Bill, neun Jahre alt, und Paul, sechs. Es würde hart werden, aber wir glaubten es einfach tun zu müssen, solange es ihnen nichts schadete. Nana und Pa Herman waren in Monroe, Mutter war hier, Ed war nicht allzu weit weg, Lucy – unsere treue Lucy, von der ich noch gar nicht gesprochen habe – würde mit ihnen zusammen im Haus wohnen, und »Watty«, Mr. Watkins, Sportlehrer und Football-Trainer an der Rutherford High-School, vormals »Razor« Watkins von der Uni Colgate, würde die unmittelbare Aufsicht übernehmen.

Für meine Praxis war ebenfalls gesorgt: mein Vetter Albert Hoheb und seine Frau Katherine, beide Ärzte, die gemeinsam ihr Praktikum am Passaic General Hospital absolviert hatten, würden ein Zimmer im Haus bewohnen und die Praxis weiterführen. Das Ganze war in mancher Hinsicht ziemlich tollkühn – aber ist nicht das ganze Leben ein gewagtes Unternehmen? –, und wie man es auch betrachtete, wir glaubten es uns schuldig zu sein, und so setzten wir es denn ins Werk.

Wir beschlossen, die ersten sechs Monate des Jahres in New York zu wohnen; die Wochenenden wollten wir mit den Jungen verbringen. Falls das funktionierte, würden wir uns für die nächsten sechs Monate ins Ausland verdrücken. Wie ich später erfuhr, waren die

Leute bei uns in der Stadt tolerant, auch wenn viele mich zweifellos für vollkommen übergeschnappt hielten. Wir hatten doch gar kein Geld! Wie kann man seine Kinder nur so behandeln! Sie einfach irgendwelchen Fremden überlassen! usw. usw.

Für den Anfang schickten wir die Jungen nach Maine in Wattys Camp am Lake Mattawamkeag, wo der kleine Paul, mit Feuereifer bei der Sache, sich ein prachtvolles Veilchen einfing, als er zu dicht hinter einem Schlagmann stand. Später stellte er seinen Mut unter Beweis, indem er, ohne schwimmen zu können, vom Heck eines Ruderboots in Wattys Arme sprang. Bill war der Angler, das war er schon damals, und das wird er immer sein.

In New York teilten Floss und ich eine Wohnung mit unserer alten Freundin Louise Bloecher, »Wee Wee«, wie die Kinder sie noch immer nannten. Ich trat in den New Yorker Fechtclub ein, und auf ging's.

Im Sommer besuchten wir die Jungen im Camp. Wie alt war ich damals? Fast vierzig. Ballspielen konnte ich noch ein bißchen. Ich erinnere mich noch gut an diese Abende in Maine; in der Dämmerung wurde da ein Spiel gespielt, das eine ganze Menge Ausdauer verlangte. Die älteren Jungen und die Betreuer bildeten zwei Mannschaften; die eine begab sich hinter den Sportplatz, und die andere schwärmte aus, um sie daran zu hindern, zur vorderen Linie durchzubrechen. Ich habe mir auf der Jagd nach diesen Zwölf- und Vierzehnjährigen die Lunge aus dem Hals gerannt, am Seeufer entlang, überall, und auch einige erwischt. Schöne Zeit.

Im Frühherbst besuchten wir Wally Gould in seinem Versteck in Virginia. Wir fuhren in dem alten Dodge. Am Straßenrand reiften die Persimonen, als wir den Appomattox Creek auf einer Behelfsbrücke überquerten.

Ein oder zwei Jahre zuvor hatte Wally uns verlassen und war in Washington aus dem Zug gestiegen; er hatte im Potomac geangelt, seinen Fang am offenen Feuer gebraten und sich auf den Weg nach Süden gemacht; Indianer, der er im Grunde seines Herzens war, kam er zu dem Schluß, er habe in seinem Leben Schnee genug gesehen. Also ging er nach Süden, durch altes Indianerland nach Süden – mehr wollte er nicht.

Er schnorrte sich durch, nahm hier und da auf einer Farm Gelegenheitsjobs an. Einer Frau erzählte er, er habe bei der Kavallerie gedient und kenne sich mit Pferden aus. Schon möglich. Sie führte ihren alten kranken Klepper aus dem Stall und fragte Wally, was man da noch tun könne. Er sah dem Tier ins Maul und sagte ihr, es sei zu alt, als daß man noch Geld daran wenden sollte, und ließ es damit bewenden.

Am Ende (und für ihn war es wirklich endgültig) kam er nach Farmville, nicht weit von der Grenze zu North Carolina; es war abends, und da er noch etwas Kleingeld hatte, beschloß er ins Kino zu gehen. Und dort ergab sich plötzlich etwas. Das automatische Klavier war defekt. Wally ging in den Vorführraum und traf dort den Betreiber des Kinos, den Veterinär dieser Kleinstadt. Wally bot sich an zu spielen – er hatte diesen Job schon einmal in Maine, in seiner Heimatstadt Madison ausgeübt – und wurde eingestellt. Für fünfzehn Dollar die Woche konnte er spielen, was er wollte. Die anschließende Nacht verbrachte er in Doc Staleys Haus, und damit ging es los.

Farmville ist der Sitz einer großen Bildungsanstalt für weibliche Lehrkräfte, die Heimat von Peggy Hopkins Joyce, deren Vater hier einen Friseurladen hatte, und der Ort, wo General Grant kurz vor Appomattox und der Kapitulation von General Lee sein Hauptquartier aufgeschlagen hatte. Die Gegend war durchtränkt von

Zeugnissen des Bürgerkriegs. Man zeigte die – unveränderte – Stelle auf dem Balkon im ersten Stock des Hotels, wo die aus kurzer Entfernung auf Grant abgeschossene Kanonenkugel ihn nur knapp verfehlt hatte.

Als Wally nach einem geeigneten und billigen Schlafplätzchen außerhalb der Ortschaft suchte, dürfte der Veterinär ihn auf die kleine Hütte von Miss Mary Jackson aufmerksam gemacht haben. Ich nehme an, er hatte nicht die Absicht, für immer dort zu bleiben, so weit draußen in der Wildnis; aber genau dort trafen wir ihn ein gutes Jahr später immer noch an. Er hatte seltenes Glück gehabt und wunderbare Freunde gefunden; er war ein Hüne von Gestalt, eine imposante Erscheinung und ein Schriftsteller von Rang, und er kam gut bei den Leuten an.

Es gab dort eine Mrs. Parks, die Rabelaissche Frau eines Engländers, der eine erfolgreiche Musterschweinefarm in dieser Gegend betrieb und im Garten hinterm Haus eine alte Wanne stehen hatte, in der er jeden Morgen, sommers wie winters, ein Bad nahm. Sie stammte wie Wally aus New England und erfaßte die Lage mit einem Blick; begeistert ergriff sie die Gelegenheit, der Langeweile um sie her zu entfliehen; und sie kannte jeden. Eine scharfzüngige, intelligente und pfiffige Frau, die es – stelle ich mir vor – nicht abwarten konnte, ihrer Freundin, Miss Mary, zu erzählen, was da in die Stadt gekommen war.

Mit Miss Mary hatte es wiederum etwas anderes auf sich. Die Familie ihrer Mutter stammte aus New York, sie war eine Nachfahrin von Judge White, an dessen Torpfosten General Lee auf dem Weg zur letzten Station seiner militärischen Laufbahn haltgemacht hatte; Sie können sich die Situation ausmalen: Lee sitzt auf seinem Roß, seine treuen, niedergeschlagenen Gefolgsleute versuchen alles, was sie können, um ihn zu trösten. Eine der Damen bietet ihm eine Tasse Tee an. Tee! so was kennt man in der verelendeten Konföderation nur vom Hörensagen. Lee nimmt die Einladung an, man bringt ihm eine Tasse, und er leert sie, ohne vom Pferd zu steigen. Einer solchen Familie entstammte Miss Mary; sie war etwa so alt wie Wally, vielleicht ein wenig älter, Leiterin der örtlichen High-School, und wollte jetzt, nachdem vor kurzem ihr Vater gestorben war, in den Ruhestand treten. Sie lebte noch immer in dem alten Backsteinhaus, wo die Dienstboten barfuß hinter einem auftauchten und einen manchmal erschreckten.

Wally nahm uns auf. Wir verbrachten eine recht angenehme Woche bei ihm. Seinen Lebensunterhalt bestritt er mit Backen; er backte drei Sorten von Früchtekuchen und verschickte sie mit der Post. Er war ein vorzüglicher Koch, und da er zwei Meilen außerhalb der Stadt wohnte, hatte er einen kleinen neunjährigen Negerjungen, der ihm half und Besorgungen für ihn machte. Otie. Kurz nach unserer Ankunft entdeckten wir Otie in einer Kiefer, von wo er uns beobachtete.

Ich durchstreifte diese alten, von Bächen zerschnittenen und mit Stechginster überwucherten Gefilde, ich hörte die Geschichte von einem alten Kämpen, der während des Bürgerkriegs immer eine Tasche voll Ginstersamen bei sich hatte, um die verschiedenen Lagerplätze der Konföderierten damit für alle Zeiten zu markieren. Ich las indianische Pfeilspitzen und dicke Bleikugeln auf, Beweisstücke genug, daß in alten Zeiten gar manches Scharmützel auf diesem Boden ausgetragen worden war.

Als Lee einmal hier des Wegs entlangkam, sah er einen seiner kampferprobten Soldaten eine unreife Persimone essen. »Das solltest du lieber bleiben lassen«, sagte Lee zu dem Burschen. »Warum tust du das nur?«

»Damit mir der Magen schrumpft, passend zu den Rationen, General«, sagte der so Angesprochene. Lee neigte den Kopf und entfernte sich schweigend.

Die Sache mit Wally und Mary Jackson ist eine lange Geschichte. Sie heiratete ihn schließlich und umhegte ihn bis zu seinem Tod ein paar Jahre später. Eines Morgens fand sie ihn; er lag in seinem alten braunen Morgenrock mit dem Gesicht nach unten auf dem Holzstapel. Wenige Monate später folgte sie ihm nach – allem Anschein nach noch immer Jungfrau.

Zur Zeit unseres Besuchs beschäftigte Wally sich mit Tennyson und schrieb gerade an seinem letzten Buch, *To Aphrodite*, das ganz dem Stil Tennysons verpflichtet war. Ich machte heftige Einwände. Das war das Ende unserer Freundschaft, aber Farmville wird mir immer in Erinnerung bleiben, die Ausflüge, die Kameradschaft; der mächtige Eintopf aus Eichhörnchenfleisch, Bohnen und was sonst noch allem; der schokoladenbraune Boden dieses Teils von Virginia, den Parks für den besten der Welt hielt. Er, ein Engländer, der die ganze Welt bereist und in vielen Ländern Landwirtschaft betrieben hatte, hatte nach Überschreiten der Lebensmitte geheiratet und sich dort niedergelassen, wo seinem gereiften Urteil nach das beste Klima der Welt zu finden war. In Farmville sah ich den größten Keiler, von dem ich mir je hatte träumen lassen, und eine wunderschöne kegelförmige Stechpalme voller Beeren. Der Veterinär erzählte uns von Waschbärjagden – eines Nachts bekamen wir aus der Ferne etwas davon mit –, von einem wilden Truthahn, der in einem Stacheldrahtzaun hängengeblieben war, und von den zahllosen Truthahnspuren, die nach einem leichten Schneefall überall zu finden waren.

Während dieser Zeit, als Floss und ich noch in unserem New Yorker Stützpunkt waren, begann ich mit der Niederschrift von *In the American Grain* und verwandte praktisch jede freie Sekunde auf die vorbereitende Lektüre. Fast täglich suchte ich die Abteilung für Amerikanische Geschichte in der New York Public Library auf.

Eines Tages brodelte das De Soto-Kapitel in meinem Kopf. Also nahm ich mein Papier aus der Tasche, setzte mich an einen Tisch und begann wie wild zu schreiben, ohne mir vorher ein Buch geben zu lassen. So hatte ich schätzungsweise fünf bis zehn Minuten lang geschrieben, als der Aufseher, ein dummer Esel mit britischem Akzent, von hinten an mich herantrat, mir auf die Schulter klopfte und sagte, ich dürfe in diesem Raum nicht schreiben. Ich war wütend.

»Ich schreibe an einer wissenschaftlichen Arbeit«, sagte ich.

»Sie haben kein Buch«, sagte er.

»Ich hol mir gleich eins«, sagte ich.

»Ohne Buch dürfen Sie hier nicht schreiben«, sagte er.

Also mußte ich, bevor ich weitermachen konnte, aufstehen, zum Schalter gehen, mir ein Buch geben lassen und es vor mich auf den Tisch legen. Der Tag war im Eimer.

Floss las *alles*, was es zum Thema Aaron Burr und Alexander Hamilton zu lesen gab; ihre Notizen und Erzählungen spornten mich so sehr an, daß ich das ganze Kapitel auf einen Sitz schreiben konnte. Das Kolumbus-Kapitel machte mir ziemliche Schwierigkeiten, da ich einfach kein dramatisches Ende dafür fand. Am Schluß sollte die Entdeckung, der Abschluß der ersten Reise stehen, aber die drei anderen Reisen und alles, was diese zur Folge hatten, sollte ebenfalls mit hinein. Ich schrieb und schrieb und schrieb, kam aber nicht damit zu Rande. Erst fast ein Jahr später, in Villefranche an der Riviera, konnte ich es beenden. Waldo Frank entdeckte und bewunderte diesen Schluß. Ich war ziemlich gerührt.

Die großen, klotzigen Abschnitte des Tenochtitlan-Kapitels sollten die Bauweise der Inkas nachahmen. Das Raleigh-Kapitel schrieb ich in einem Stil, den ich für elisabethanisch hielt; das Kapitel über Erich den Roten im Stil der Islandsaga; Daniel Boone im Stil seiner Autobiographie; Franklin in Franklins Worten; und John Paul Jones zitierte ich wörtlich. Auf diese Weise versuchte ich jedes Kapitel nicht nur inhaltlich, sondern auch stilistisch zu einer minutiösen Darstellung des jeweiligen Themas zu gestalten.

Kapitel 32

Unsere Reise ins Ausland

Endlich rückte der Tag unserer Abreise nach Europa näher – Mittwoch, der 9. Januar 1924, heißt es in meinem Tagebuch. Es war ein herrlicher Sonnentag, als die alte *Rochambeau* ablegte; unsere Kabine war vollgestellt mit Blumen und Obstkörben, Geschenken unserer Familie und der »Clique«. Meinem Tagebuch zufolge wurde unsere Abfahrt durch das Einlaufen der *Laconia* um fünfzehn Minuten verzögert, und etwas später begegneten wir der in den Hafen einfahrenden *Majestic.*

Im folgenden werde ich, der größeren Genauigkeit wegen, eine Zeitlang meinem Tagebuch folgen. Es könnte sich lohnen, einige Eintragungen wörtlich wiederzugeben.

Am Abend vor unserer Abreise versuchten Earl und Doug, zwei meiner engsten Freunde, mich im Clubraum der New Yorker Columbia University unter den Tisch zu trinken. Es war das erste von vielen ähnlichen Erlebnissen, die noch folgen sollten.

Ich erinnere mich, daß ich an der Bar jemanden sagen hörte: *»J'étais un homme très vulgaire, j'étais un voleur.«*

Am Mittwoch, dem 9. Januar 1924, reisten wir in New York ab und gelangten am Mittwoch, dem 30. Januar, über Paris und Carcassonne nach Marseille, wobei wir neun von den einundzwanzig Tagen an Bord des Schiffes verbrachten. Es ist kaum zu fassen, daß alle meine Erinnerungen an diesen Aufenthalt in Paris aus jenen wenigen Tagen stammen sollen.

Bob McAlmon stellte uns allen möglichen Leuten vor. Trotz der wichtigen Position, die er in Paris innehatte, war er keineswegs glücklich. *Contact*, das gewagte Unternehmen, das er und ich vor seiner Eheschließung in New York gestartet hatten, war eben infolge dieser Ehe für zahlreiche führende Schriftsteller jener Tage zu einer einflußreichen Institution geworden. Sir Johns Vermögen erlaubte ihm, bei der Veröffentlichung vieler Bücher ein äußerst wichtiger Faktor zu sein – etwa bei Gertrude Steins *The Making of Americans* und Hemingways frühen Sachen. Eine bemerkenswerte Liste.

Die Überfahrt, nachdem wir uns einmal losgerissen hatten, war für uns beide angenehm. Die See faszinierte mich wie immer. Es war nicht die See, die Bill viele Jahre später auf den winterlichen Aleuten kennenlernte, und es war auch nicht die See, die Paul auf einem Zerstörer im Atlantik erlebte. Wir fuhren bloß zu unserem Vergnügen auf einem Passagierschiff nach Europa, aber die See war es trotzdem.

Nach den ersten Tagen (es war ein langsames Schiff) verlegte ich mich darauf, einen Wal zu sehen, und beobachtete die vielen Möwen und anderen Vögel, die »über die Schiffswand hochzukommen scheinen, flapp-flapp-flapp davonflattern, abtauchen und verschwinden«, Tümmler, ein Frachter in der Ferne. An der Südspitze der Grand Banks gerieten wir in Nebel. Am nächsten Tag gab es Sturm. Schwindelerregend. Aber er ging vorbei, und dann hörten wir, wie die kleine Geigerin – Barbara Lull – in der Kabine nebenan wieder ihre Arpeggios anfing. Floss wurde von einem charmanten französischen Steward ins Bad gebeten und mußte hinterher zugeben: »Das nenne ich Leben!«

Dann, am 13. Januar, fing es wieder an, den ganzen Tag Sturm, schlimmer als der erste. Kalter Wind aus Nordwesten. Das Schiff legt sich weit nach steuerbord. Matrosen stiegen in den Laderaum, um die Fracht zu überprüfen. Die Bullaugen fest verschlossen und zugeschraubt. Deck und Rauchsalon mit Seilen abgesperrt. Riesige Wellen heben das Schiff von hinten an. Der heulende Wind treibt Gischt und Schaumfetzen vor sich her.

Stundenlang das Meer beobachtet. Einen Frachter gesehen. Vor dem Schlafengehen spülte eine Woge über Deck.

Im Grunde handelt es sich hierbei um das Eröffnungskapitel meines ersten (tranigen) Romans *A Voyage to Pagany*; er folgt akkurat dem Reiseweg, auf dem Floss und ich uns damals befanden. Die Hauptfiguren sind freilich nicht mit uns identisch.

Kay Boyle war in Le Havre zum Bahnhof gekommen und drängte uns, doch wenigstens einen Tag in dieser Stadt mit den steingedeckten Häusern zu bleiben; sie sei so einsam, sagte sie, außer ihrem Lebensmittelhändler kenne sie niemanden hier. Aber das war ausgeschlossen. Wir mußten weiter nach Paris, wohin die Ärmste uns nur zu gern gefolgt wäre.

Zu meiner großen Überraschung stand der gelbe Ginster entlang der Strecke in voller Blüte. Die Weiden trugen Kätzchen, alles war viel weiter als bei uns zu Hause. Wir kamen durch Rouen. Bob hatte per Funk gemeldet, er habe uns (für 40 Fr.) ein Zimmer im Lutetia besorgt. Und endlich waren wir da, wir staunten selbst darüber, konnten es aber kaum erwarten, all die Leute zu treffen, derentwegen wir hierhergekommen waren.

Floss bewunderte die elektrische Uhr in unserem Zimmer: kein Ticken! Zu unserem ersten Abendessen gingen wir ins Vieux Colombier. Ich, ein Amerikaner, bestellte natürlich Rindfleisch, ein Chateaubriand, und wurde entsprechend übers Ohr gehauen. Der Kellner zerlegte das Fleisch in zwei Hälften, stellte die eine vor mich hin und die andere nicht weit von uns auf ein kleines Bord, immerhin so, daß wir es sehen konnten. Als ich meine Portion aufgegessen hatte, nahm er meinen Teller und brachte mir das Gemüse! Da mein Französisch ein wenig eingerostet war, versuchte ich gar nicht erst, den Rest meines Fleisches zu verlangen! Sehr schön. Ich hoffe, es hat ihm geschmeckt. Zurück zum Hotel in unsere gemütlichen Betten; und damit war der erste Tag vorbei.

Wenn ich jetzt so daran denke, kommt es mir seltsam vor, wie viele halbfertige Manuskripte ich nach Europa mitgenommen hatte, um sie dort zum Abschluß zu bringen: die ersten Kapitel von *In the American Grain* und eine Menge Gedichte. Aber schon am Samstag, dem 20. Januar, ging ein Trubel los, der während unseres ganzen Aufenthalts nicht mehr aufhören sollte.

Um elf Uhr morgens an jenem schönen Tag riefen wir Bob an und trafen uns mit ihm auf dem Boulevard Raspail. Von dort gingen wir mit ihm zum Jardin de Luxembourg und weiter vorbei an dem düsteren Senatsgebäude zur rue de l'Odéon Nr. 12, wo wir Sylvia Beach besuchen wollten; sie war aber nicht da. Meine Bücher in ihrem Schaufenster machten einen leicht verstaubten Eindruck auf uns. Der Tag war frühlingshaft. Bob hatte zugenommen; auch sein Geist war nicht mehr so jugendlich, sondern kritischer, wie sich bei unseren Gesprächen zeigte; und was haben wir geredet. Ich erkannte, daß Paris tatsächlich seine Heimat geworden war, er fühlte sich dort, soweit ich sehen konnte, genauso wohl wie alle anderen, einschließlich der besten und der schlimmsten; nicht, daß er gewissermaßen mit der Stadt verschmolzen wäre, nein, seine amerikanischen Manieren und Ansichten hatte er durchaus beibehalten. Zum Beispiel hatte er eine Zeitlang mit Louis Aragon, dem jungen französischen Surrealisten, ein Zimmer geteilt, bis er es nicht mehr mit ihm aushalten konnte. »Er war ein Frühaufsteher«, erzählte Bob, »und wenn er sich rasiert hatte, war unser einziges Handtuch naß und voller Blutflecken von den Pickeln, die er sich aufgesäbelt hatte.«

Am Nachmittag besuchten wir Brancusi; sein Atelier lag in einer Nebenstraße nicht weit von uns; ein kleiner, gedrungener Mann, ein bäuerlicher Typ mit langem grauem Haar wie ein Hirtenhund. Er war mir von einigen Werken her, die ich in einer New Yorker Ausstellung gesehen hatte, recht gut bekannt: die glatte Bronzeskulptur »Bird in Flight«; »Madame Pogany«, Kopf und Hals einer Frau in phallischer Darstellung.

Wir waren zu viert, Floss, Bob, Brancusi und ich, nicht zu vergessen Polaire, ein weißer Collie. Der Mann hatte uns nicht erwartet, aber er legte seine Arbeit beiseite und lud uns ein, in seinem chaotischen Atelier Platz zu nehmen. Es sah darin aus wie in einem Schuppen, überall standen Steinblöcke herum, formlose Holzklötze und Baumstümpfe, fertige und unfertige Arbeiten. Besonders erinnere ich mich an seinen »Sokrates«: ein Block mit einem großen Loch in der Mitte, das den Redner Sokrates darstellen sollte, Mund (und Geist) weit offen, während er seine Thesen entwickelt. Eine Büste Isaaks gab es auch. Brancusi servierte uns Cognac, schürte den Ofen und erzählte dann von Ezra Pounds neuer »Oper« *Villon*, die er offenbar ein oder zwei Tage zuvor im Théâtre des Champs Elysées gehört hatte. Er bezeichnete die Aufführung als Skandal.

»Pound hat eine Oper geschrieben?« sagte ich. »Der kann doch keine Note von einer anderen unterscheiden.«

Brancusi ärgerte sich, ganz so, als hätte ihn jemand persönlich beleidigt. Bob war erstaunt, ihn so entschieden reden zu hören, denn im Grunde war Brancusi ein sehr sanftmütiger Mensch, eben ein richtiger Bauer.

Ein angenehmer Nachmittag. Er lud uns ein, wiederzukommen, dann werde er uns eins seiner berühmten Beefsteaks zubereiten. Als wir uns zum Gehen erhoben, betrachtete ich eine geschnitzte Holzsäule, die fast bis an die hohe Decke reichte; sie bestand aus kettenartig ineinandergreifenden Blöcken, einer über dem anderen immer höher hinaus, sozusagen bis hinter den Himmel, ein Bild der Ewigkeit.

Von dort gingen wir in ein kleines Lokal in der Nähe, tranken Whisky mit Soda und warteten auf Bill Bird, den Herausgeber der Three Mountain Press (der erste dieser drei Berge sollte angeblich der *Mons Veneris* sein, die beiden anderen waren nicht so wichtig). Bill war ein großer spitzbärtiger amerikanischer Geschäftsmann und sah aus, als sei er in Chambertin gereift: mild, freundlich und ungezwungen. Er war mir sofort sympathisch. Unter anderem erfuhren wir, daß er einen vortrefflichen Weinkeller habe, den wir möglichst bald einmal testen sollten. Was uns aber wirklich miteinander verband, war sein Interesse für Bücher.

Und dann kam das große Ereignis dieses Abends, ein Essen mit James und Nora Joyce im Trianon, dem einzigen Restaurant, in dem Joyce etwas zu sich nahm.

Joyce war kein großer Mann. Er hatte einen kleinen, schmalen Kopf, eine gerade Nase und keine Lippen; und er sprach mit einem deutlichen, wenn auch internationalisierten irischen Akzent. Wegen seiner Augen trank er keinen Schnaps, sondern nur Weißwein, einen leichten Weißwein. Der grüne Star hatte ihn fast blind gemacht. Es war ein wunderbarer Abend. Nora, ein kräftiges Weib, sprach kaum ein Wort.

Joyce, der damals an den frühen Dubliner Passagen von *Finnegans Wake* arbeitete, war besonders darauf aus, mit Floss zu reden, weil sie mütterlicherseits aus einer norwegisch sprechenden Familie stammte und die Norweger in der irischen Geschichte eine bedeutende Rolle gespielt hatten.

Aus Rücksicht auf Joyce tranken wir alle Weißwein; einmal stand er beim Reden auf, um Floss nachzuschenken, aber er zielte schlecht, und der Wein rann auf den Tisch, bis sie ihr Glas darunterschob und so die Situation rettete.

Als wir uns an die nächste Runde machten, gab Bob McAlmon, der wohl nicht mehr ganz nüchtern war, den Toast aus: »Trinken wir auf die Sünde!«

Joyce blickte hastig auf. »Darauf trinke ich nicht«, sagte er.

Bob nahm seinen Spruch lachend zurück, und wir tranken schweigend weiter.

Nora, eine geborene Barnacle, hatte Joyce unter dem Vorwand geheiratet, daß sie für ihn sorgen müsse. Sie hatte es gewiß nicht leicht mit ihrer kalten Wohnung, den zwei Kindern und einem fast blinden Mann; dazu kam, daß ihr an Geld kaum etwas zur Verfügung stand außer dem, was sozusagen vom Himmel fiel. Aber das schlimmste war: was sollte sie mit dem riesigen Porträt von Joyces Vater anfangen, denn dort, wo sie wohnten, gab es nicht den kleinsten freien Platz an den Wänden. Joyce wollte es aber dahaben. Man kann sich ein solches Gemälde vorstellen, Symbol der Treue eines rigorosen Iren in Paris, einer Stadt, die von Malern geradezu beherrscht wurde: *»Spectateurs de la lumière«*.

Joyce lud Floss ein, sie möchte ihn doch einmal in seiner Wohnung besuchen und ihm bei seinem mühseligen Kampf mit jener alten Sprache helfen. Sie ist der Einladung nie gefolgt.

Später begaben wir uns ins Dingo, wo wir portugiesische Austern, Kaffee und Drinks zu uns nahmen; dort begegneten wir auch einer Rothaarigen wieder, die mit uns auf demselben Schiff von Plymouth herübergekommen war; es war ein feuchtfröhlicher Abend mit Joyce und Nora gemäß dem Motto *»beati innocenti«*, wie er es ausdrückte.

Wir lebten ausschließlich im Paris der expatriierten Künstler – Tag und Nacht –, und wenn Brot ein wichtiges Lebensmittel ist, dann ist Whisky, wie Bob gerne sagte, ein wichtiges Nachtlebensmittel, denn beides wird aus dem gleichen Korn gemacht. *Alle* waren sie in Paris – wenn man sie sehen wollte. Aber auch diese Elite war in Klassen eingeteilt. Die Film-Kolonie interessierte uns ebensowenig wie die Schickeria; obwohl man Geld natürlich gerne nahm, aber nur zu den Bedingungen des Künstlers, und erstaunt nahmen wir zur Kenntnis, was in diesen Tagen nach oben geschwemmt wurde und was auf den Grund versank. Auch um dies zu genießen, waren wir dorthin gekommen.

Wir lebten so billig, wie es sich vernünftigerweise nur machen ließ. Aber für diese zehn Tage konnten wir uns das Hôtel Lutetia ohne weiteres leisten; 390 Fr. die erste Woche, wieviel auch immer das in Dollar sein mochte, jedenfalls war es, wie wir später zu unserer Bestürzung herausfanden, billiger als sechs Photos von Man Ray.

Von dem Augenblick an, da wir McAlmon auf dem Boulevard Raspail getroffen hatten, redeten wir, von wenigen Pausen abgesehen, praktisch ununterbrochen miteinander. Es war unsere beste Begegnung mit ihm seit dem unvergessenen Hochzeitsessen im Hotel Brevoort in New York. Nun erzählte er uns zum erstenmal ausführlich vom katastrophalen Ausgang dieses Unternehmens – seiner Hochzeit – und der Rolle, die H. D. dabei gespielt hatte. Das Trinken schien die natürliche Konsequenz. Wir redeten und redeten, auf unseren Hotelzimmern, in Taxis, in Kneipen – und es ging noch einen ganzen Monat so weiter. Er war jetzt allein in Paris. Bryher und H. D. befanden sich irgendwo zusammen in der Schweiz.

Wenn ich sagte, McAlmon habe Joyce »gedient«, so ist das selbstverständlich nur sehr eingeschränkt zu verstehen. Bob hatte sich Joyce nützlich gemacht, er respektierte ihn (obwohl ihm an Nora und den Kindern nicht minder gelegen war), er stellte sich als Blitzableiter für seine Nörgeleien zur Verfügung und tat auch sonst, was er konnte. Aber die Joyces nahmen nur ein Hundertstel seiner Zeit in Anspruch. Paris und er waren eins. Er war hier so zu Hause, wie ein Amerikaner im Exil es nur sein konnte. Besonders, wenn er gut in Form war. Manchmal kam es vor, daß er mit seinen kaltschnäuzigen, beleidigenden Bemerkungen an den

Falschen geriet, jemanden ins Gesicht als Lügner beschimpfte (er brachte keine hundertfünfzig Pfund auf die Waage); dann mußte der Barkeeper ihn schon mal beim Kragen packen, ihn über den Tresen zerren und dort verstecken, bis er nüchtern genug war, um die Flucht zu ergreifen. Am nächsten Tag gab er irgendeinem Fremden Geld – einmal war es Antheil, der hundert Dollar monatlich bekam –, spendierte Joyce ein Essen, schmiß eine große Party für mich und was nicht sonst noch alles. Er erzählte mir, Dutzende von notleidenden Frauen würden sich an ihn wenden – womit er offenbar, obgleich er nie davon sprach, alle möglichen Wohltätigkeiten andeuten wollte. Es war Sir Johns Geld, aber wenn Bob es nicht verdient hatte, dann hatte noch nie einer was verdient. Er gab es aus wie ein Prinz, Knickrigkeit war, wenn überhaupt, allenfalls an der Quelle vorhanden. *Contact* hatte sich richtig gemausert, diesmal als Verlagsunternehmen. Wenn es so weiterging, mußte der Verlag binnen kürzester Zeit eine von uns nie geahnte Führungsrolle übernehmen. Contact Editions und Bill Birds Three Mountain Press hatten eine Front aufgebaut, von der wir alle profitieren konnten, solange der Geldhahn nicht zugedreht wurde. Aber das alles war nicht spurlos an Bob vorübergegangen. Kein Mensch konnte ewig in diesem Tempo weitermachen; er kannte keine Grenzen, weder physische noch solche, die intellektuelle Aufrichtigkeit betrafen. Nichts stellte ihn zufrieden. Zum Beispiel konnte er nur wenig Französisch, aber jeder verstand ihn klar und deutlich.

Floss und ich waren nicht immer mit Bob zusammen, sondern zogen auch allein durch Paris, wann immer sich eine Möglichkeit dazu bot. Als wir das erstemal in den Louvre wollten, war dort geschlossen. Statt dessen sahen wir uns die rue de l'Opéra an, bewunderten die

Schaufenster der Juweliergeschäfte in der rue de la Paix und besuchten die Place Vendôme. Von dort fuhren wir mit dem Taxi zum Théâtre des Champs Elysées, wo wir Mühe hatten, für den folgenden Sonntag Karten für Jules Romains' Kassenschlager *Dr. Knock* zu bekommen: die Erfolgsgeschichte eines jungen Arztes in einem kleinen französischen Dorf, der mit seinem Eifer beinahe die Gesundheit der gesamten Einwohnerschaft ruiniert.

Von dort zum Trocadéro und über die AlexandreIII-Brücke zum Eiffelturm (geschlossen), den Floss bei dieser Gelegenheit zum erstenmal aus der Nähe sah. Mit der Straßenbahn zur Gare Montparnasse, dort in einem billigen, aber ausgezeichneten Lokal zu Mittag gegessen. Dank dem Wechselkurs konnte man damals in Paris praktisch umsonst leben. Floss fuhr zum Hotel zurück, und ich begab mich zu den Magasins du Bon Marché, wo gerade eine »weiße Woche« stattfand; staunend sah ich die Haufen von weißem Bettzeug auf dem Boden liegen, nicht wenige trampelten darauf herum. Mit einem jungen Händler, der ein bißchen Englisch konnte, sprach ich über unsere eigenen Verkaufsmethoden, mit welcher Geschwindigkeit und wie simpel bei uns Geschäfte abgeschlossen werden.

»Ja«, sagte er, »ich habe davon gehört. Ich würde mir das gern einmal ansehen.« Ich kaufte ihm eine Haarbürste und einen weißen Kragen ab. Doch als ich den komplizierten Kassenzettel sah und wie er das Ganze auch noch in ein mächtiges Hauptbuch eintrug, konnte ich nur den Kopf schütteln.

»Ja, unsere Methoden sind nicht so schnell oder effizient wie Ihre«, sagte er. »Aber wir sind daran gewöhnt.«

Manchmal saßen wir bei Bob im Unic oder bei uns im Lutetia und lasen oder sprachen miteinander, dies vor allem. Floss schlief unterdessen oder ging mit Kitty

Cannell einkaufen, einer Freundin, die wir in New York kennengelernt hatten. Einmal las ich sein *Portrait of a Generation*; ein andermal beendete ich mein Gedicht »The Gulls«.

Am ersten Sonntag, auch dies ein herrlicher Frühlingstag, gingen Floss und ich – nachdem wir *chicoré* (statt Kaffee) und *brioches* zu uns genommen hatten – auf dem Boulevard spazieren und sahen uns den Straßenmarkt an – Apfelsinen, Bananen, Porree, diverses »Grünzeug« – sämtliche Stände hatten bis Mittag geöffnet. Auf dem Weg zu den Champs Elysées sahen wir Leute mit langen Angelruten in der Seine angeln; an den Schnüren hatten sie hölzerne Schwimmer befestigt, die auf einer Seite rot angemalt waren. Sie fangen dort glänzende, sardinenähnliche kleine Fische, die aber selten am Maul, sondern meist zufällig am Schwanz erwischt werden.

Das grüne Gras in den Tuilerien. Von dort nach dem Mittagessen zu den Birds – Place du Palais Bourbon Nr. 8 –, wo wir zum erstenmal Bills Frau Sally trafen. Sally, von deren vorzüglicher Stimme die Existenz der beiden abhing. Der ruhige Bill, verheiratet mit solch einem Dynamo, war ein lohnendes Beobachtungsobjekt. Einmal, so ging ein Gerücht, kam er, der müde Geschäftsmann!, nach Hause, als sie gerade die Rolle der Mimi probte (zum Vorsingen in der Opéra Comique). Er war so bewegt, daß er gar nicht erst abwartete, bis sie fertig war, sondern sie auf der Stelle verführte. Der gute alte Bill.

Seine zwei Kinder, Francie und der Junge, waren auch da; letzterer unter strenger Bewachung seiner Amme, Miss Nelson, die unsere Gegenwart seltsam zu beunruhigen schien. Sie hatte nach seiner Geburt die Sorge für ihn übernommen. Er wollte nicht so recht gedeihen. Tatsächlich ging es so rapide mit ihm bergab, daß die Birds schon glaubten, er werde sterben, und daher froh waren, als sie den Säugling in aller Eile nach Dänemark brachte, wo er unter ihrer fachkundigen Fürsorge und mit Hilfe der dänischen Ärzte wieder gesund wurde. Aber seither war er *ihr* Kind. Wer weiß – vielleicht konnte sie Sally nicht leiden. Die Lage war angespannt.

Ein andermal nahmen Floss und ich uns Notre Dame vor und bestiegen einen der Türme, wo wir auf drei japanische Touristen stießen; von dort oben sahen wir in der Ferne auf dem Hügel von Montmartre die Kirche Sacré Cœur, die, durch feinen Nebel gesehen, an Bilder vom Taj Mahal erinnerte. Wir speisten an der Place Clichy und gingen von dort zur rue de l'Odéon Nr. 12, wo Sylvia Beach diesmal anwesend war und uns sehr herzlich aufnahm. Adrienne Monnier, ein völlig anderer Frauentyp als Sylvia, sehr französisch, sehr solide – deren irdische Gelüste, nach dem, was sie uns erzählte, das Bild einer Frau vermittelten, die bis zu den Knien in dickem Lehm zu stehen schien –, kam von der anderen Straßenseite herüber, um unsere Bekanntschaft zu machen. Irgendwie kamen wir auf Brueghel zu sprechen, dessen groteske Bilder sie liebte – der Fisch, der einen Fisch verschlingt und gleichzeitig von einem anderen verschlungen wird. Sie behauptete, sie stelle sich gern das Geschrei der Schweine vor, wenn sie geschlachtet werden; Tiere verachtete sie – und es war schon seltsam, zu sehen, welch starken Reiz diese Frau auf die männlich gekleidete Sylvia ausübte. Männer hatten bei Adrienne keine Chance. Als Bob sie einmal im Taxi in die Arme genommen hatte und ihr einen Kuß gab, biß sie ihm so heftig in die Lippen, daß er glaubte, sie werde ihm ein Stück herausreißen. Dabei verfügte sie über ein unbeirrbar freundliches Wesen. Auf den leisesten Wink Sylvias schloß sie ihren Laden auf der anderen Seite der rue de l'Odéon ab und kam herüber, um einen ausländischen Schriftsteller kennenzulernen. Stets hatte sie das Ziel vor Augen, das literarische Leben ihrer Zeit zu bewahren und zu bereichern. Die beiden hatten sich verschworen, diese Gegend von Paris – hinter dem alten Theater – zu einem Asyl für alle möglichen Schriftsteller zu machen: Joyce und viele junge Amerikaner fanden dort eine zweite Heimat.

An diesem Abend machte uns Bob mit dem aufregend jungen und kühnen amerikanischen Komponisten George Antheil und dessen Frau Bjerska bekannt. George trug seine Haare als Pony in die Stirn gekämmt; Bjerska, eine kleine, fremdländisch aussehende »Kindfrau«, bekam fast den ganzen Abend ihren Mund nicht auf. Wir saßen in einem bescheidenen Restaurant in der rue Blanche und sprachen über Musik – die Jazzoper im allgemeinen, besonders aber die, die George demnächst schreiben sollte beziehungsweise schon schrieb, während junge französische Komponisten ihm über die Schulter blickten, um soviel wie möglich von seiner Partitur abzuschreiben. Strawinsky, ein Vetter von ihm, hatte ihn gefördert. Ezra Pound hatte Lobendes über ihn geschrieben.

Bob McAlmon wurde ungeduldig, aber es war aufregend und führte nach einem Jahr, als wir wieder in Amerika waren, tatsächlich zu jenem Konzert in der Carnegie Hall mit vierzehn Flügeln, Nebelhorn, elektrischer Alarmglocke und was sonst noch allem. Wir tranken einiges – Whisky war im Paris jener Tage so wichtig wie Milch für ein Baby – und bildeten uns ein, wir seien die ersten Vorboten einer Flut, die eines Tages die ganze Gegend überschwemmen werde. Schwankend kehrten wir in unsere Hotels zurück.

Der Übergang vom Tagebuch zur Erinnerung bringt eigenartige Komplikationen mit sich. Manchmal wollen die beiden Elemente nicht zueinander finden, ein Name sagt einem nichts mehr. Aber manchmal streicht das Zündholz des geschriebenen Worts übers Sandpapier und läßt ein Licht aufleuchten.

Nach den ersten Tagen brachte Bob uns eines Abends mit Kitty Cannell zusammen; sie war fast einsfünfundachtzig groß und trug einen Mantel aus Eichhörnchenfell und ein gelbes Käppchen, ein Aufzug, der Franzosen und Französinnen gleichermaßen veranlaßte, sich auf der Straße nach ihr umzudrehen. Bob gab eine große Party für uns.

Es mag schon etwas nach der üblichen Abendessenszeit gewesen sein; jedenfalls hatten wir an diesem Abend die roten Plüschbänke an der linken Wand des Trianon ganz für uns allein. Die Tische wurden zu einer Festtafel zusammengeschoben, so daß zehn oder fünfzehn von uns nebeneinandersitzen konnten. Ich saß in der Mitte mit dem Blick zur Wand. Floss rechts neben mir, uns gegenüber Joyce und Ford Madox Ford, ihre Frauen und die anderen in unserer Nähe; Harold Loeb mit Kitty Cannell, Antheil, Marcel Duchamp, Bill Bird, Man Ray, Mina Loy und ihre Tochter, Sylvia Beach, Louis Aragon; manche waren eingeladen, andere kamen einfach so dazu (auf Bobs Kosten). Das Essen war gut, jeder Gang wurde von einem passenden Wein begleitet. Es war dies übrigens meine erste Begegnung mit Ford Madox Ford, dem schwerfälligen Briten; in einer Hand die Serviette, öffnete er den Mund zum Reden, verhaspelte sich, hatte aber trotzdem seinen Spaß; er war mir sofort sehr sympathisch, das konnte ich spüren.

Ich mußte natürlich eine Rede halten. Aber was hatte ich diesen Leuten zu sagen, vor allem den Franzosen, die mich mit ihren Blicken durchbohrten, als wäre ihnen nicht ganz klar, was dieser Amerikaner eigentlich für eine Rolle spielte? Ich hatte nichts mit ihnen gemeinsam.

Ich bedankte mich also erst einmal bei Bob, dankte ihnen allen für ihre Freundlichkeit und erzählte ihnen dann von einer Beobachtung, die ich in Paris gemacht hatte: wenn irgendwo ein Leichenwagen, ob schlicht oder prunkvoll, durch die Straßen fuhr, blieben die Frauen stehen und neigten den Kopf, während die Männer mit dem Hut in der Hand eine Art Habachtstellung einnahmen. Was ich damit sagen wollte, war meine Sache, ich behielt es für mich, nahm wieder Platz und kam mir vor wie ein Idiot.

Um die Peinlichkeit zu überspielen, meinte jemand, Bob solle »Bollicky Bill« singen (ob ich damit gemeint war?); er sang das Lied von Anfang bis Ende. Als nächstes kam »She Was Poor But She Was Honest«. Wir stimmten alle mit ein; nachdem die Franzosen sich gesättigt hatten und mit Man Ray gegangen waren, begaben wir uns noch ins Dingo. Um drei Uhr ins Bett, Joyce und wir alle betrunken.

Nach einer unruhigen Nacht und sechs Gläsern warmen Wassers gelang es mir am nächsten Tag, allein zu einem langen Spaziergang aufzubrechen; ich kaufte mir eine Birne und kam, während ich sie aß, zufällig auf die mittelalterliche Place François 1er, typisch französisch, strenge französische Architektur aus grauen, sauber geschnittenen Steinen, die zu einander ergänzenden Massen zusammengefügt waren wie Racines Alexandriner. Ich weiß nicht einmal, ob dieser Platz heute noch existiert oder noch das klassische Erscheinungsbild hat, das ich an diesem Morgen sah, eine halbgegessene Birne in der Hand wie irgendein Besucher vom Lande oder aus den Kolonien, aber er hat einen tiefen Eindruck auf mich gemacht. Vielleicht war es die Demütigung nach meiner törichten Rede am Abend zuvor, Verachtung für meine Betrunkenheit oder bloß mein verdorbener Magen, was mich derart überwältigte, auf alle Fälle sah ich an diesem Tag ein Frankreich, das mir bis dahin vollständig entgangen war.

Von dieser Vision ernüchtert, ging ich zurück und erblickte vor dem Hôtel Lutetia eine arme Mimosenverkäuferin. Sie nahm einen Zweig aus ihrem Bündel und hielt ihn mir hin, doch als ich den Preis hörte und daran dachte, wie sehr Floss Mimosen liebte (wie auch meine Mutter Farbe und Duft dieser Gewächse liebte), nahm ich der Frau den ganzen Strauß aus der Hand und gab ihr, sehr zu ihrer Verblüffung, viel zuviel Geld dafür. Ein eben vorbeikommendes Pärchen sah mich voller Abscheu an und schimpfte leise über diese idiotischen Amerikaner, die Paris noch einmal ruinieren würden. Wohl wahr.

Danach unternahm ich, mir brannten noch immer die Augen von der vorigen Nacht, mit Bob einen Rundgang durch den Louvre. Anschließend ging es mit Floss und Bob wieder zu Brancusi, diesmal zum Abendessen; es gab Beefsteak, das Brancusi, der rumänische Schafhirte, selbst zubereitet hatte, eine bekannte Spezialität von ihm. Wir redeten, alle in Paris redeten, redeten, redeten, umgeben von seinen Werken in Holz und Stein, Schafen ähnlich, könnte man sagen, im Chaos dieser unorganisierten Massen (die noch zu bearbeiten waren), den Felsen und Bäumen der Welt eines Hirten im flackernden Halblicht um uns her.

Wir sprachen über die Franzosen. Ich begann von ihnen zu schwärmen, von ihrer Toleranz, ihrer Höflichkeit. Wo sonst auf der Welt könne man solche Zurückhaltung erleben, solche Freiheit des Einzelnen, solche Bereitschaft, derart versoffenen, lärmenden, nicht selten ordinären Wesen wie uns Amerikanern das Leben in ihrer Stadt zu erlauben? Und so weiter und so fort.

Brancusi sagte: »Ja, tolerant sind sie. Sie stören sich an nichts, aber dies gilt nur für eine bestimmte Klasse. In der französischen Aristokratie werden Sie einer Sturheit begegnen, die auf der ganzen Welt ihresgleichen sucht. Und versuchen Sie mal, irgendwo in Paris eine Metzgerei oder ein Lebensmittelgeschäft aufzumachen – Sie, als Ausländer. Man würde Ihnen die Kehle durchschneiden. Buchstäblich. Völlig ausgeschlossen, das würde man niemals zulassen.«

Bob hatte uns erzählt, Brancusi hätte mehrmals den Versuch unternommen, Amerikanerinnen, die sein Atelier besuchten, für sich einzunehmen, eine Affäre mit ihnen anzuspinnen. Tatsächlich war damals gerade eine in Sicht, bei der er anzukommen hoffte. Aber es tat sich nichts. Er war viel zu bäuerlich, zu sanft, zu linkisch.

In Paris gingen damals allerhand Geschichten um. Zum Beispiel die von dem jungen Mann, der in der Wohnung eines muskulösen Homosexuellen gefangengehalten wurde. Nächtelang hörte man ihn lauthals herumkreischen, er wolle da nicht mitmachen, aber am nächsten Morgen saß er dann wieder in dem speziellen Café, wo Leute seiner Art sich trafen; oder die von der Amerikanerin, die auf der Suche nach einer Liebschaft mit einem jungen französischen Offizier, der sie angesprochen hatte, auf ein Hotelzimmer gegangen war. Nackt auf dem Bett liegend, hatte sie dem Mann zugesehen, wie er sich vor dem Spiegel die Haare kämmte und umständlich den Schnurrbart wichste, bis sie plötzlich lachen mußte, aufstand, sich ankleidete, auf Wiedersehen sagte und nach Hause ging.

Brancusi sah die Schönheit und den Charakter vieler

der Amerikanerinnen, denen er begegnete, ließ es aber im allgemeinen bei solchen Beobachtungen bewenden; sie »entgleisten« zu schnell, meinte er; die meisten von ihnen würden allzu leicht aus den Schienen springen und in den Graben fallen, sie wollten spielen, aber nicht »die Unschuld verlieren«, wie Bob es umschrieb.

Brancusi nahm Polaire an die Leine und begleitete uns in Holzschuhen ein Stück weit zurück. Nachdem auch Bob abgebogen war, gingen wir allein die rue du Cherche Midi entlang, wir fühlten uns einsam, und Bob dürfte es nicht anders gegangen sein. Dann ins Bett.

Kapitel 33

Kusinen

Einmal stieg ich allein in den Zug, um meine Kusinen Alice und Marguerite zu besuchen. Ich konnte sie nicht übergehen. Die beiden wurden allmählich alt, sie waren arm und von ihrer Armut überrascht, sie waren verwitwet und hatten außer sich selbst niemanden mehr auf dieser Welt. Und ich, der junge amerikanische Arzt, zu nichts anderem als meinem Vergnügen hier in Paris, hatte gerade Zeit für einen kurzen Blick auf ihr betrogenes Dasein. Das berühmte *Quartier Latin* hinter mir lassend, diese lebenslustige, trinkfreudige und junge Welt, hatte ich nicht einmal vor, an ihrem ärmlichen Tisch zu essen, während der Zug an den zerfallenden, seit langer Zeit überflüssigen Stadtmauern entlangfuhr, wo jetzt vernünftigerweise Ziegen weiden, damit sie Milch geben können. Halb ärgerte, halb schämte ich mich.

Trufly, der Anwalt und Alices Absinth trinkender Gatte, war schon seit zehn Jahren tot; aber Weber, der freundliche Steinhauer, der Marguerite auf seine alten Tage geheiratet hatte, um jemanden zu haben, der für ihn kochte und ihm das Bett anwärmte, war erst vor kurzem unter die Erde gekommen. Er war der freundlichste Mensch, den man sich denken kann. Und doch hatte sie, erzürnt über seine Langsamkeit, seine Unfähigkeit, auch nur ein wenig zu ihrem Unterhalt beizutragen, nichts als Keifen und Tränen für ihn übrig gehabt.

Aber wenn sie sich einmal mit ihren geflickten Hüten und ein paar Lumpen feingemacht hatten, waren sogar diese beiden alten Mädchen in der Lage, die ganze Sache zu vergessen und zufrieden aus dem Haus zu gehen. Das ist Paris. Marguerite, die in der rue de la Bruyère hinter mich zu treten und sich auf meinen jungen Hintern zu stützen pflegte, wenn ich auf die Straße hinunterblickte, war eine geschickte Näherin, und Alice, die ziemlich schön, wenn auch nicht sehr helle gewesen war, hatte eine feste Anstellung in einem erstklassigen Hutsalon. Sie lebten! Und waren erfreut, mich zu sehen. So »stattlich und erfolgreich«. Ach, Amerika, dieses gesegnete Land. Sie hatten etwas zum Abendessen für mich vorbereitet und bedauerten, daß Floss nicht mitgekommen war. Ich lud sie für nächste Woche zum Essen bei uns im Hotel ein und floh zum Montparnasse zurück.

Ein oder zwei Tage vorher hatte Man Ray geäußert, daß er mich gern photographieren würde. Ich fand die Idee nicht schlecht. Also brachte Bob mich zu seinem Atelier. Im Hintergrund der Werkstatt bewegte sich die Gestalt einer jungen Frau; ich habe es immer bedauert, sie nie näher kennengelernt zu haben. Sie erschien bloß für einen Augenblick und war dann verschwunden. Angeblich hat sie dort ihr Handwerk erlernt – Berenice Abbott, Man Rays Assistentin. Sie warf mir nur einen Blick zu, aber sie hatte einen schönen Kopf und ein beeindruckendes Gesicht, und der Blick war durchdringend gewesen.

Man Ray setzte mich in Positur. Ich hielt die Augen weit offen. Er bat mich, sie ein wenig zu schließen, und ich gehorchte ahnungslos, ohne an die sentimentale Wirkung zu denken, die damit erzielt werden mußte. (Später, als ich die Rechnung bekam, gingen sie mir freilich wieder auf.) Als ich die fertigen Bilder sah, war ich wütend, aber nun war es zu spät. So wollte ich nicht dreinblicken. Ich fühlte mich auch so schon gedemütigt genug, weil ich keiner dieser abgebrühten Typen war, den sämtliche anderen Leute in meiner Umgebung darzustellen schienen. Auch mit offenen Augen war mir mein Anblick zu weich, zu peinlich, aber das war einfach zu viel; und zu spät war es auch, ich stand vor einem *fait accompli* – und das schöne mutige Mädchen, tausend Jahre weit weg, erfahren, unerreichbar, stand im Hintergrund und lachte mich aus.

Für den Sonntagabend nach meinem Besuch bei den Kusinen waren Floss und ich bei Eliza Andruz, der alten Freundin oder Verwandten meines Vaters, zum Essen eingeladen. Das war wieder etwas anderes. Der Aufstieg in den fünften Stock war eine richtige Bergpartie, auf jedem Treppenabsatz standen kleine dreieckige Korbhocker, auf denen der erschöpfte Kletterer sich ausruhen konnte. Dies war das alte Paris, Wohnungen im vierten oder fünften Stock waren sehr beliebt, da sie am weitesten von der Straße entfernt waren und niemand über einem lebte. Aber wer so hoch wohnt, muß dafür ebenso mit Schweiß bezahlen wie jeder, der nach Höherem strebt. Und natürlich mußte Eliza, eine längst nicht mehr junge Frau, sich ausgerechnet ein solches Domizil erwählen.

Ihr Leben, ihr aktives Leben, war vorbei. Die Inflation hatte sie arm gemacht, ihre Rente war mehr als kümmerlich, und so verschloß sie sich dort oben vor der Welt. Ihre Bekannten aus der Zeit von vor zwanzig bis vierzig Jahren hatten mehr mit Politik als mit Literatur zu tun – aber den Wunsch, in einem fast vergessenen Stil Gäste zu empfangen, verspürte sie noch immer.

Dies war ein anderes Frankreich. Wir sprachen von Westindien, den Simmons' aus St. Thomas – wer auch immer das war –, den Preußen 1870 in Paris, von Poincaré, dem Mathematiker als Premierminister, vom Ruhrgebiet und daß Frankreich nicht daran, sondern nur an den Reparationen interessiert sei. Daß sie, Eliza, seit drei Jahren keinen Wein getrunken hatte und nur noch wenig oder gar kein Fleisch mehr aß; wir sprachen vom Wechselkurs und seinen Auswirkungen auf ihre Verhältnisse. Paris bestehe zu einem Viertel aus Ausländern, erzählte sie uns; für diese Leute müsse es fröhlich bleiben.

Am Abend vor unserer Abreise in den Süden gingen wir nach einem Essen mit Mina und ihren wirklich reizenden Kindern zu einer Party bei Ford Madox Ford; sie fand in einer Art Gartenwohnung statt, weder direkt in der Innenstadt noch allzu weit davon entfernt. Alle waren da, es wurde ausgelassen getanzt. Wir legten eben die Mäntel ab, als einer der Tänzer seine Partnerin mit einem Schlag zu Boden streckte. Niemand schien sonderlich darauf zu achten, der Gastgeber am allerwenigsten.

»Wer ist das?« fragte ich.

»Berenice Abbott und irgendeine englische Schwuchtel. Vergiß es.«

Und tatsächlich, er half der Frau auf die Füße, und dann tanzten sie weiter. Es waren einfach zu viele Leute da. Floss und ich entschuldigten uns und gingen früh ins Hotel zurück. Ford schien nicht gerade begeistert.

Im Lauf des nächsten Monats besuchten wir Carcassonne, die Stadt sah aus wie ein Bild im *Nouveau Petit Larousse Illustré*: steinern stand sie da und beherrschte die Ebene unterhalb der Pyrenäen, leer und traurig. Ein kalter Wind kroch in die Spalten der Mauern und Schutzwälle ihrer Einsamkeit – nur die Wäscherin mit den roten Armen am Bach unter der Stadtmauer gab dem Bild etwas Leben.

Wir hatten in Arles Station machen wollen, ließen es aber sein. In Marseille übernachteten wir im Hôtel Splendide und fanden an einem der Kais das einzige Restaurant, wo es Bouillabaisse zu essen gab; die Fischköpfe blickten uns aus unseren Tellern vorwurfsvoll an.

Am nächsten Tag Toulouse.

In Villefranche wohnten wir einen Monat lang in einer Pension mit Garten auf einer Art Miniklippe über dem Meer. In Höhe des ersten Stockwerks lief ein Balkon mit Eisengeländer um das ganze Haus; von dort hatten wir die schönste Aussicht auf den Hafen von Villefranche, die man sich wünschen konnte. Die Straße hinter der Pension Donat war dicht mit üppig blühenden Mimosenbäumen bestanden.

An die linke, dem Meer zugewandte Seite des rosa Stuckgebäudes, in dem wir wohnten, grenzten die alten Festungsanlagen, die einstmals den Leuten Zuflucht vor den Überfällen der barbarischen Piraten von der afrikanischen Küste geboten hatten. Rechts befand sich eine Kaserne der *Chasseurs Alpins.* Das Trompetensignal zum Wecken holte auch uns jeden Morgen aus den Federn.

Als wir dort ankamen, waren die Soldaten gerade dabei, in Gruppen verschiedene Salven einzuüben: krachende Stöße, nicht viel anders, nur etwas lebhafter als Verdis Musik beim triumphalen Einzug Radames' in Theben in der Oper Aida, mit vielem Hinundhergeschwenke der polierten Instrumente. All dies zur Vorbereitung des Karneval-Umzugs und der bevorstehenden *bataille des fleurs*.

Unser Hauswirt war im letzten Krieg schwer verwundet worden, hatte sich aber gut davon erholt; zusammen mit seiner großen, langgliedrigen Frau, die gewiß nicht aus dem Süden stammte, hatte er sich in der Hoffnung auf bessere Zeiten nun dort niedergelassen. Vervollständigt wurde die Familie von der wunderbaren Gaïte, der kleinen bretonischen Köchin und Mädchen für alles, die uns zwar nicht mit ihrer Kochkunst, dafür aber mit ihrem kindlichen Gemüt bezauberte, und einem großen deutschen Schäferhund namens Loving, der innerhalb eines hohen Maschendrahtzauns im Garten umherlief. In der Werbung hieß es, das Haus biete Pariser Küche. Eine unwahre Behauptung. Wir waren die einzigen Gäste.

Gleich links vom Gartentor begann ein schmaler, aus dem Fels gehauener Klippensteg, der zwei Meter über dem Wasser um die Vorderseite der verlassenen Festung herumführte. An schlechten Tagen machten die Wellen ihn unpassierbar; Seetang und die auf halbem Weg zum Ort aufgestellte Pißbude verliehen diesem Weg einen ganz eigenen, sehr französischen Geruch. Doch an schönen Tagen ging von der See, der gezeitenlosen See, und der wilden, unvorstellbaren Vergangenheit eine unvergleichlich wehmütige Stimmung aus.

Nizza lag gleich nebenan im Westen, Beaulieu nur unwesentlich weiter im Osten, in Richtung Monaco, Mentone und die Italienische Riviera.

Hinter der kleinen Stadt erhoben sich die ersten Ausläufer der Seealpen mit ihren berühmten Straßen hoch über dem Mittelmeer, der oberen und unteren Corniche, die wir gründlich kennenlernten. Über die verschiedenen Besucher dieser Gegend waren eine Menge Gerüchte in Umlauf; die Rede ist von Schriftstellern und Künstlern, nicht von Tennisspielern. Einen besseren Ort für einen Urlaub im Februar konnte es nicht geben.

Die ausgiebigen Wanderungen, die herrliche Küche von Nizza, die aus den Bergen gegrabenen Eichenwurzeln bei uns im Kamin! Aber noch besser hat uns das alles bei Sonnenschein gefallen, die Nelken in den kleinen Gärten und die Veilchen zwischen den Felsen. Wir haben die ganze Gegend durchstreift und alles gesehen, von den Spieltischen im Sports Club von Monte Carlo bis hin zur Unterwasserfauna im Museum von Nizza. Einmal sah ich sogar einen Geburtshelfer aus der guten alten Entbindungs- und Kinderklinik: den Hut in der Hand, stand er demütig vor einem Wesen der *haut monde*, das vor dem Portal des Hôtel de l'Europe in eine Luxuslimousine stieg. Sehr komisch. Ich kam zufällig gerade dort heraus und wartete auf Floss, die ein Kleid anprobieren wollte, und da vernahm ich seine Stimme! Ich hätte ihn mit der Hand berühren können. Er wäre ziemlich überrascht gewesen. Aber so kann es in Frankreich gehen.

An einem Tag hatten wir Nancy Cunard zu Gast, sicher eine der bedeutenderen Erscheinungen auf dieser Welt. Sie brachte ihren Vetter Victor mit; die beiden wollten einmal bei uns vorbeischauen. Victor interessierte sich für den städtischen Gastank hinter den Mimosen an der Rückseite der Pension, und Nancy lud uns zu einer Wanderung nach Sospel (nördlich von

Mentone) ein, sie wollte mit uns reden, über das Schreiben, über alles, was in ihrem Kopf vorging; und wenn es irgend etwas gab, das in diesem liebenswürdigen, kultivierten und furchtlosen Kopf *nicht* vorging, muß ich es erst noch entdecken. Mit ihrer absoluten und leidenschaftlichen Unbeständigkeit war Nancy für mich so beständig wie der Himmel. Aus Leidenschaft, eben deren Herrschaft zu besiegen, hat diese große, blonde, spindeldürre Frau, deren Geist – das wußte ich genau – nie vom Alkohol benebelt war, sich unablässig geschunden. Und haben die Märtyrer etwas anderes getan?

Bob und sie hatten, was ihre Neigungen und ihr Leben betraf, vieles gemeinsam und waren auf jene entfernte Weise miteinander vertraut, wie es nur die Entwurzelten dieser Welt sein können. Nancy war gekommen, weil sie Bewunderung und Freundschaft für uns empfand und uns einfach mal sehen wollte. Sie fand auch Floss sehr sympathisch und bot ihr später in mancher bedrohlichen Situation ihre Hilfe an. Ein dürres Gespenst von einer Frau, die aussah, als könnte sie vom kleinsten Windhauch weggeweht werden.

Wir sind viel gewandert in und um Villefranche; wir haben geredet, gegessen, getrunken und gespielt, je nachdem, was wir für richtig hielten, und überdies haben wir in jenen Wochen eine Menge geschrieben. Ich zum Beispiel schrieb das De Soto-Kapitel von *In the American Grain* zu Ende und noch ein oder zwei andere. Es kann nicht alles erzählt werden.

Gaïte, die Hausangestellte, erzählte mir, eines Tages werde sie einen Seemann heiraten; er müsse aber aus einer *grande ville* stammen. Sie versprach uns auch, uns ihren bretonischen Kopfputz vorzuführen, tat es aber dann doch nicht. Ein reizendes Kind, wenn es je eins gegeben hat.

Als ich eines Abends aus der Stadt zurückkam, sprach Monsieur Barte mich vor der Haustür an.

»Kann ich mit Ihnen reden, Doktor?« Ich folgte ihm in sein kleines *bureau*, wo er mir einen Stuhl hinstellte und sich dann an seinem Schreibtisch niederließ.

Bevor er anfing, warf er mir einen kurzen Blick zu, und dann kam er sofort zur Sache.

»Madame Barte und ich freuen uns sehr, solch nette junge Amerikaner als Gäste zu haben.«

Ich erwiderte, was Mrs. Williams und mich beträfe, so beruhe dieses Gefühl auf Gegenseitigkeit, und dieser Urlaub am Meer bei Villefranche sei der schönste, den wir je erlebt hätten.

»Sehen Sie«, fuhr er fort, »ich lebe eigentlich nur wegen meiner Gesundheit hier. Ich bin im letzten Krieg schwer verwundet worden.«

»Es tut mir leid, das zu hören« – ich vermutete, daß er eine Brustverletzung hatte, denn er zeigte keinerlei erkennbare Verunstaltung, nicht einmal ein Humpeln; vielleicht hatte er zusätzlich noch Tuberkulose und …

»Wir haben es nicht nötig, so unsern Lebensunterhalt zu verdienen. Wir verfügen über ein kleines Einkommen. Das Tragische ist nur, daß wir jetzt seit fünf Jahren verheiratet sind und noch immer keine Kinder haben. Das heißt, wir können keine haben. Ich bin impotent – das hat mit meiner Verletzung zu tun.«

Ich sah ihn an, ohne etwas zu sagen.

»Sie kennen Madame Barte; sie ist außerordentlich kräftig.«

Das stimmte; die Frau hatte zwar kein schönes Gesicht – ein stilles, grüblerisches Gesicht, sie lächelte selten und sprach kaum einmal mehr als ein paar Worte hintereinander –, war aber gerade und gut gewachsen.

Eine hübsche, wenn auch ein wenig maskuline Gestalt.

»Wenn Sie kein Arzt wären, würde ich nicht so reden. Aber ein wirklich guter Arzt ist für uns andere arme Leute wie ein Beichtvater. Und Sie sind besonders nett gewesen, das gibt mir Mut, ein Wort unter Männern mit Ihnen zu reden.«

»Haben Sie daran gedacht, ein Kind zu adoptieren«, fing ich an, »denn es muß doch jetzt sehr viele französische Waisenkinder geben?«

»Ja, vielleicht, wenn uns gar nichts anderes mehr übrigbleibt ... Sie dürfen keinen Anstoß nehmen an dem, was ich jetzt sage.«

Er hielt inne und sah mich noch einmal durchdringend an.

»Madame, meine Frau, hat große Freude an Ihnen beiden, die Sie wie ein Geschenk des Himmels zu uns gekommen sind. Gestern abend haben wir darüber gesprochen. Sie würden uns äußerst glücklich machen, wenn einer von Ihnen, Sie sind der Arzt, also darf ich Ihnen das sagen, uns ein Kind machen würde.«

»Sie meinen ...«, fing ich an.

»Ja, genau das.«

»Aber würden Sie nicht jeden erschießen, der sich so etwas anmaßen würde?«

»Im Gegenteil. Ich würde ihn umarmen. Habe ich Sie beleidigt?«

»Ganz und gar nicht.« Hmm!

»Wir sind so zufrieden mit Ihnen. Sie sind jung, und vor allem, Sie sind Amerikaner, ein Volk, das wir Franzosen sehr bewundern.«

»Aber das können Sie doch nicht zulassen ... Und Ihre Frau ...«

»Sie hat die Idee gehabt ...«

»Nein, das kann nicht sein.«

»Doch, sie hat den Vorschlag gemacht.«

»Und Sie waren einverstanden?«

»Ich war begeistert. Sind Sie jetzt beleidigt?«

»Nein«, sagte ich und sah diese Frau vor mir, sie mochte Ende Dreißig sein, »ganz und gar nicht. Ich werde mit Mr. McAlmon darüber sprechen.«

»Er oder Sie, das ist gleich.«

»Ich kann Ihnen nichts versprechen«, beendete ich das Gespräch und fragte mich, was Floss wohl dazu sagen würde. M. Barte und ich gingen auseinander.

Ich fragte Bob, was er dazu meinte, worauf er bloß mürrisch knurrte: »Ich werd meine Tür offenlassen.«

Es ist aber nichts daraus geworden. Was mich betraf, kam ich mir bei der Sache ziemlich schäbig vor.

Nancy, die diesen Winter in Monte Carlo verbrachte, in der Nähe ihrer Mutter, besuchte uns einige Male und saß auf unserem schmalen Balkon über den Zitronenbäumen, Chrysanthemen und Nelken in unserem kleinen Garten.

Oft herrschte extreme Kälte, manchmal regnete es; dann blieben wir im Haus, saßen dicht vor unserem Eichenwurzelfeuer und lasen oder schrieben. Wir diskutierten über die Zukunft von *Contact*, ob wir noch nach Afrika sollten oder nicht, eine Fahrt nach Griechenland, eine Schiffsreise nach Neapel (zu teuer), einen kurzen Besuch in Rapallo bei Pound, gaben das alles am Ende aber auf.

Eines schönen Tages, genaugenommen war es der Valentinstag – der Mistral hatte sich ausgeweht –, beschlossen wir die oft verschobene Wanderung auf der oberen Corniche zu unternehmen. Gaïte hatte uns beim Frühstück erzählt, der Weg an der alten Festung vorbei werde von hohen Wellen überschwemmt. *»La mer est méchante«*, sagte sie. Um 9 Uhr 30 brachen wir auf. Floss entdeckte ihre ersten Veilchen, blaß, aber duftend. Ich erinnere mich, auf dem Gipfel der steilen Anhöhe einen Mandelbaum in voller Blüte gesehen zu haben. Während des Aufstiegs hatte Bob erstaunlich schön gesungen. Ich fragte ihn, warum er das nicht zu seinem Beruf machen wolle; er habe einen vorzüglichen hohen Bariton. Er lachte nur.

An diesem Vormittag folgten wir der oberen Corniche, die sich an einer Stelle hinten um einen Berg herumwand. Dort war es besonders kalt, da die Felswand zu unserer Rechten zwischen uns und der Sonne stand; nach links fiel der Berg steil ins Tal, im Norden waren schneebedeckte Gipfel zu sehen. Wir waren froh, daß wir diesen Umweg gemacht hatten.

Bei Eze gelangten wir wieder auf die eigentliche Corniche; von dort ging es weiter zu der mittleren Straße, wo wir, uns klebte schon die Zunge am Gaumen, zu unserem Glück auf eine nette *auberge* stießen; draußen standen ein paar Tische, und obwohl es noch immer kalt war, setzten wir uns da hin und bekamen ein ausgezeichnetes Mittagessen serviert. Es bestand aus einer *omelette aux fines herbes*, Brot und grünem Salat, und dazu gab es den besten Wein, den ich je in meinem Leben getrunken habe. Es war ein Vieux Pommard, und zwar eiskalt, was gegen jede nur denkbare Vorschrift zum Servieren eines solchen Weins verstieß! Aber wir waren so erschöpft, so verschwitzt und hatten vor allen Dingen nach diesem Vormittag einen solchen Durst, daß uns der Wein, so wie er in unsere Gläser kam, wie der reinste Nektar dünkte. Wir schütteten ihn beim Essen in uns rein und sahen unterdessen einigen Frauen und Jungen zu, die mit Knüppeln einen großen Olivenbaum bearbeiteten: die Oliven fielen auf ein Laken, das darunter auf dem Boden lag, und wurden von dort in kleine Körbe gesammelt.

Voll wie wir waren, gingen wir von dort die restlichen acht Kilometer nach Monaco, wo wir gegen vier Uhr ankamen. Bei Einbruch der Dämmerung fuhren wir mit dem Zug nach Hause. Floss nahm ein Bad. Das war in diesem Land immer ein besonderes Erlebnis.

Dem Tagebuch zufolge ging Floss mit einem roten Kimono ins Bett und las *Orley Farm*, über das Elend des Erfolgs. Ich schrieb am »Boone«. Die Wochenrechnung beglichen: Floss und ich 483,25 Fr.

Ein andermal wurden wir von Nancy nach Monte Carlo eingeladen. Von dort fuhren wir alle zusammen nach Mentone und weiter mit dem Taxi nach Sospel; vor uns ein verwegener Taxifahrer, der die schwindelerregenden Kurven mit vollem Tempo nahm. Essen im Hôtel Étranger. Von dort nach Castillon gewandert (7 km) und mit dem Taxi nach Monte Carlo zurück. Abendessen mit Nancy und Victor Cunard, der uns einlud, ihn in Rom zu besuchen, wo er uns mit Norman Douglas bekannt machen wollte; was ich gern zu tun versprach. E. E. Cummings' *Tulips and Chimneys* gelesen und lange darüber diskutiert. Nancys Schilderung vom Luftangriff eines Zeppelins.

An einem anderen Tag trafen wir uns mit Nancy in Monte Carlo und gingen zum Spielen in den piekfeinen Sports Club; nachdem ich meine zehn Dollar verloren hatte (mein Limit), Floss aber auf der Sieben fünfhundert Francs gewonnen hatte, überredete ich sie, mich das Ganze auf Schwarz setzen zu lassen, und gewann. Na also. Wir fuhren den ganzen Weg nach Villefranche mit dem Taxi, bei Mondlicht um vier Uhr morgens, und kamen uns mit unseren fünfzig Dollar wie die Millionäre vor!

Später sahen wir Djuna Barnes und Thelma Wood, die beim Boule alles verloren hatte, was Djuna ihr gegeben hatte, sich daraufhin von Floss Geld lieh und auch dies verlor. Djuna plante ein Interview mit Maeterlinck und fragte, ob ich mitmachen wolle. Es ist aber nichts daraus geworden.

An einem anderen Tag gingen Bob und ich schwimmen; wir stelzten vorsichtig über die harten Kiesel in das eiskalte Wasser, die kleinen Chasseurs sahen uns von oben zu und schüttelten die Köpfe, als ob wir sie nicht alle beisammen hätten. Einmal trafen wir im Wasser einen stämmigen Schweden, gegen den wir uns reichlich albern ausnahmen. Bei zehn Grad Celsius, behauptete er, sei das Wasser doch fast noch lauwarm zu nennen.

Bill Bird kam für einen Tag herunter und verbrachte die Nacht bei uns. Er und Bob wollten unbedingt mit uns nach Marseille – Bouillabaisse essen und auf den Putz hauen –, bevor Floss und ich nach Italien und Wien weiterreisten. Floss hätte nichts dagegen gehabt, aber ich wollte nicht.

Den nächsten Monat, den März, reisten Floss und ich in Italien herum. In Rom tranken wir Tee mit Norman Douglas in seiner im fünften Stock gelegenen Wohnung mit Blick auf das Forum. Wir sprachen zwei Stunden – über zeitgenössische Schriftsteller und ihr Leben, sein eigenes Leben, seinen Sohn, den er seit dessen Geburt praktisch nicht mehr gesehen hatte. Sie trafen sich erst wieder, als der Junge erwachsen war, und fühlten sich sehr zueinander hingezogen, jeder ein Mann, den der andere voll und ganz akzeptierte. Für sie beide eine befriedigende Erfahrung. Bei dieser Gelegenheit äußerte Douglas die Ansicht, das Beste, was ein Vater nach der Zeugung für seinen Sohn tun könne, sei, spätestens bei seiner Geburt zu sterben. Vermutlich hatte ich zuvor meine Zweifel daran geäußert, ob es klug von uns gewesen wäre, einfach wegzugehen und unsere Kinder allein zurückzulassen. Das war seine Antwort.

Während wir redeten und in der Wohnung umhergingen, konnten wir über die antiken Ruinen hinsehen, das Forum, wie es in den letzten Jahrzehnten ausgegraben worden war. Douglas bezweifelte, daß es noch eine zweite Wohnung gebe, die eine solch beeindruckende Aussicht böte. Aber wie alle menschlichen Dinge sollte auch dies nicht lange währen; die neue Regierung plante, das Haus, in dem er so glücklich war, abzureißen.

Jedoch rankte sich an diesem Haus bis unters Dach eine uralte Glyzinie empor, man könnte fast sagen: ein Baum, dessen Stamm selbst noch in dieser Höhe dick wie ein Männerarm war. Alljährlich hüllte dieses prachtvolle Gewächs die ganze Seite des Gebäudes in üppige violette Blüten. Douglas hatte einen schurkischen Plan ausgeheckt, den er mit Hilfe seines Freundes, des Leiters der örtlichen Baubehörde, in die Tat umzusetzen hoffte. Es ging um nichts weniger, als diese Glyzinie offiziell für ein staatliches Denkmal erklären zu lassen. Mit diesem Plan wollte er nicht nur die Glyzinie selbst, sondern auch das Gebäude und seine eigene Situation retten.

Es wäre zwecklos, wollte ich versuchen, unsere vielfältigen Erlebnisse in Italien zu schildern, Szenen und Vorfälle, von denen etliche im Gewand einer erfundenen Geschichte in meinem Buch *Voyage to Pagany* ausführlich beschrieben sind. Das gleiche gilt für unsere Fahrt durch das österreichische Tirol nach Wien, wo ich mit großem Gewinn einen Monat lang an der berühmten Universität studierte. Das würde ein eigenes Buch erfordern.

Kapitel 34

Noch einmal Paris

Auf der Zugfahrt nach Paris zurück machten wir in Salzburg Zwischenstation. Es war der 1. Mai, die Kommunisten zogen mit einer roten Fahne am Hotel vorbei. Am Abend aßen wir gebackenen Karpfen, ein berühmtes Gericht. Zwei alte Aristokraten, Mann und Frau, saßen formell bei Tisch: er drohte einzunicken, und sie – Hals, Haar und Brust mit Juwelen behängt, dicke Ringe an den Fingern – suchte ihn mit schüchternen Bemerkungen davon abzuhalten, vom Stuhl zu fallen. Es hatte den ganzen Tag geregnet, unentwegt marschierten die Demonstranten ohne Musik mit ihrer roten Fahne durch die Straße.

Nach Salzburg und dem Besuch in Lancy – dort sah ich meine alte Schule wieder, den mit Primeln überwachsenen Fußballplatz, und George Brunel, den Sohn des ehemaligen Direktors – ging es direkt weiter nach Dijon. Bill und Sally Bird hatten uns dorthin zu einer Weinprobe unter Bills Führung eingeladen. Das wollten wir uns nicht entgehen lassen.

Um sechs Uhr abends in Dijon angekommen. Wir trafen uns mit Bill und Sally Bird im Hôtel de la Cloche; dieses mit prächtigen Kronleuchtern, nichts als Kerzen und Kristall, ausgestattete alte Gebäude wirkte, zumindest dem Geiste nach, wie das Original von ungezählten amerikanischen Hotels des vorigen Jahrhunderts. Unmittelbar nachdem wir uns frischgemacht hatten, führte Bill uns zu Ernest, einem berühmten Restaurant, wo wir seine Lieblingsweine kosteten, Richebourg und Chambertin, und uns von Ernest persönlich (er wußte, daß Bill ein Weinkenner war) von den während des Kriegs in Dijon stationierten Amerikanern erzählen ließen. Wenn man sie zu einer Flasche Burgunder überreden konnte, schluckten sie auch diesen, genau wie jedes andere Gesöff, ob kultiviert oder primitiv. Das bedrückte Ernest sehr. Schließlich gab er die Hoffnung auf und schenkte ihnen ein, was sie haben wollten, wobei er künftig einfach abstritt, noch irgendwelche raren Jahrgänge im Keller zu haben. Sie merkten den Unterschied ja ohnehin nicht. Aber für Bill stieg Ernest tief hinunter und holte ihm die besten Sorten. Floss und ich waren natürlich keine solche Experten, mußten aber zugeben, daß der Wein besser schmeckte als jeder andere, den wir bisher kennengelernt hatten – außer vielleicht einer Flasche Schweizer Wein aus der Gegend von Sierre an den Italien zugewandten Hängen der Alpen. Wir verzichteten darauf, dies mit Bill und Ernest zu diskutieren.

Am Abend zogen wir mit Bill und Sally durch die abgenutzten leeren Straßen der alten Herzogsstadt. Alles aus Stein, im altertümlichsten Feudalstil, Stein, Stein, Stein – am Boden, zwischen den schweigenden Mauern, sogar die Dächer sind aus Stein – vielleicht für immer eingeschlafen, vielleicht auch nicht: erinnerte einen an die Schöne und das Biest. Sollte jemals ein Prinz auftauchen, um uns aus unserem modernen utilitaristischen Schlaf zu wecken, ist er vielleicht unter den grauen Steindächern von Dijon geboren, die den Duft der Reben der Côte d'Or verströmen, wo schon Vercingetorix gelebt hat, der letzte Gallier im Widerstand gegen Cäsar. Er wurde von seinen eigenen Stammesgenossen verraten, wie es uns allen am Ende geschieht.

Möglich, daß der Wein auf den Bergen, die wir am nächsten Tag auf dem Weg nach Beaune sahen, sein spezielles Aroma vom Blut ebendieser Männer bekommen hatte. Einige der berühmtesten Bouquets, die auf diesen von der Sonne ausgedörrten Hügeln reifen, Nuits-Saint-Georges und ähnliche, gedeihen auf höchstens einem Viertel Hektar dieses kostbaren Bodens. Generationen haben diese Sorte immer wieder auf derselben Stelle angebaut, während ein paar hundert Meter weiter irgendeine andere Stelle eine Traube mit einem leicht anderen Aroma hervorbringt. Und dabei gäbe es, würde der Wein nicht auf schädlingsresistente amerikanische Stöcke gepfropft, in ganz Frankreich längst keine einzige Traube mehr.

Am Mittag des folgenden Tages kamen wir nach Beaune im Herzen von Burgund; auf einem Rundgang zeigte uns Bill die Lage der einzelnen berühmten Weingärten. Wir aßen im Hôtel de la Poste und tranken dazu von Bill ausgewählte weiße und rote Weine; zum Abschluß gab es Cognac. Dann besichtigten wir das erstaunliche, im fünfzehnten Jahrhundert erbaute Hôtel-Dieu (Gottes Hospiz), die Küche und, für mich besonders faszinierend, den Kapellen-Flügel: in die Mauer dort sind Bettstellen für die Armen und Kranken eingelassen; in dieser frommen Umgebung werden die Elenden und Alten von Nonnen umsorgt, die in schwarzen Kutten und makellos weißen gestärkten Flügelhauben, fliegenden Schwänen gleich, ihre wohltätigen Dienste verrichten – man glaubt, gotische Gemälde oder Skulpturen vor sich zu sehen. Anschaulicher als hier ist mir die Wirklichkeit der Armut nie vor Augen geführt worden. Während die Frauen sich ausruhten, sahen Bill und ich uns die Wasserspeier an.

Der anschließende Abend mit Bill und Ernest hat uns fast ruiniert. Wir hatten den Tag in Beaune verbracht, und nun gab ich mir alle Mühe, die besten Weine der Welt zu kosten, sie zu würdigen, sie zu unterscheiden, indem ich Schluck um Schluck dieser schönen Jahrgänge in den Mund nahm und mir Luft über die Zunge strömen ließ!

Am nächsten Tag kauften wir kleine Töpfe mit dem berühmten Senf dieser Gegend, stiegen in den Zug nach Paris, hörten uns Bills langen Vortrag über die Weine Nord- und Südfrankreichs an, dösten ein wenig, sahen Tonerre, die Kathedrale von Sens, Lilienfelder. In Paris angekommen, mußten wir in der Gare de L'Est dem Zollbeamten (*le douanier*: Rousseaus Beruf) unsere Senftöpfe zeigen. Bob hatte uns im Hôtel Unic ein gutes Quartier besorgt, und da waren wir also wieder zu unserem letzten Gastspiel vor der Rückkehr nach Amerika.

Noch am selben Abend stürzten wir uns mitten ins Gewühl des Pariser Lebens, das sein Tempo im Vergleich zum Januar beträchtlich verschärft hatte. Nachdem wir Joyce auf der Straße getroffen hatten, ging es sofort los; wir fuhren mit dem Taxi ins Quartier Latin, wo Clotilde Vail in einem kleinen Saal – eine junge Frau in weißer Seide auf einer schmalen Bühne – Lieder von Brahms und anderen zum Vortrag brachte. Aragon und einige andere junge Franzosen saßen auffällig in einer Loge zu unserer Linken, und mir war klar, ihnen ging es viel mehr darum, gesehen zu werden, als die junge Amerikanerin singen zu hören. Es wimmelte nur so von Bekannten.

Hinterher ging unsere kleine Gesellschaft in ein Lokal, um was zu trinken – Harold Loeb, die Birds, Bob, Mina und Tochter, Mary Butts und ich. Während wir dort saßen und auf die übliche Art über das Konzert herzogen, kam Clotilde mit ihrem Bruder Lawrence herein. Er war schon angesäuselt. Und sie, nach den Strapazen ihres Vortrags, war kurz vorm Verdursten. Ohne Rücksicht auf Verluste stieg sie über die Lehne der Sitzbank, auf der ich, der eben eingetroffene junge Dichter, die Attraktion gewesen war, und klemmte sich zwischen mich und Sally. Wir quetschten uns wie die Ölsardinen. Die Frauen waren nicht gerade begeistert. Aber immerhin konnte man sich auf diese Weise näherkommen.

Am nächsten Tag regnete es zunächst, klarte dann aber auf, bis die Sonne hell vom Himmel schien. Mit dem Bus zum Louvre, von dort zu Fuß zu den Champs Elysées und an einem Stand ein paar Briefmarken für Bill gekauft. Unser Gepäck war noch nicht im Hotel eingetroffen; im Trianon gegessen, dann ins Dôme. Auf der Straße Hemingway getroffen, ein junger Mann mit einem Furunkel am Gesäß, war gerade von einer Radtour durch Spanien zurückgekommen. Wir drei zum Hotel zurück, wo ich mir Bobs beste Socken unter den Nagel riß; er gab mir etliche Krawatten.

Bob erzählte mir von einem Vorfall, der sich im vorigen Jahr auf einer Zugfahrt abgespielt hatte, als er und Hem aus Spanien zurückkamen. Der Zug hatte angehalten, die Passagiere waren ausgestiegen, um frische Luft zu schöpfen. Neben den Gleisen lag ein toter Hund; sein Bauch war aufgedunsen, das Fell schimmerte in allen Stadien der Fäulnis. Bob wollte so schnell wie möglich fort von dem Gestank, aber Hem wollte nicht weichen. Im Gegenteil, zu Bobs Entsetzen nahm er sein Notizbuch und machte sich Aufzeichnungen, um die ganze Schönheit des Kadavers in allen Einzelheiten festzuhalten.

»Finde ich vollkommen in Ordnung«, sagte ich.

Am Abend führte Bill Bird uns auf den Montmartre, wo wir in der Nähe von Sacré Cœur essen gingen. Anschließend begaben wir uns zum Trinken in ein kleines übelriechendes Lokal am Fuß des Hügels; der Inhaber, zweifellos ein Zeitgenosse Verlaines, trug eine russische Bauernjacke, eine Baskenmütze und einen grauen Bart, und er sang für uns, nur von seiner Gitarre begleitet. Ein Lokal voller »Atmosphäre«. Aber es war noch jemand dort anwesend, den Sally sofort als den führenden Tenor der Opéra Comique erkannte, ein berühmter Name. Sie war ganz aufgeregt.

Wie es anfing, weiß ich nicht mehr; jedenfalls begann sie – kann sein, daß wir sie dazu angestachelt haben – den Sopranpart des Duetts aus *La Bohème* zu singen. Er fiel spontan mit seiner prachtvollen Stimme ein. Gemeinsam sangen sie das Stück zu Ende, und mochte der Alte mit der Baskenmütze seine Gitarre noch so quälen, es war schlicht eine fantastische Darbietung. Bei dem tragischen Finale war Sally einer Ohnmacht nahe. Die beiden hatten dicht nebeneinander an dem primitiven Tisch gesessen, um den wir alle versammelt waren; Grund genug für ihre Verzückung. Es kostete uns einige Mühe, sie aus dem Lokal zu bringen.

Mittwoch, der 16., ein strahlender kühler Maimorgen. Hoffentlich kommt mein Gepäck bald hier an. Bill Bird hat einen Wochenendausflug für uns geplant, Start am Samstag um 8 Uhr 30. Floss will heute Einkäufe machen, ich werde mir Bilder ansehen. Am Vormittag mit Floss im Louvre – ein leerer Fleck dort, wo normalerweise die Mona Lisa hängt; erst vor einer Woche wurde die Leinwand aus dem Rahmen geschnitten und gestohlen. Dann mit Harold Loeb zum *Salon.* Von den Skulpturen ein paar (etwa vier) ganz interessant, die Ausstellung als Ganzes einfach schauderhaft. Hat mich gewundert. Bei den Bildern das gleiche, oder noch schlimmer, und das in Paris! Das einzig Erstaunliche war die schiere Masse der Exponate und die Größe des Saals – das war das Beste daran.

Mit Philippe und Mme. Soupault und George Antheil im Restaurant l'Avenue zu Abend gegessen, wo das einzigartige hors d'œuvre, die Karotten- und Rote-Bete-Würfel und alle möglichen einfachen und amüsanten Speisen mir wie stets Bewunderung abnötigten. Ein schöner Abend. Ich war selig, mit Soupault über Picasso reden zu können, über seinen schwachen Anfang, seine üppige Produktivität, die einen der wichtigsten Gründe für seinen Erfolg darstellt, die Frauen, die in seinem Leben ein und aus gegangen waren, seine Zielstrebigkeit. Wir sprachen über Amerika, auf das alle Franzosen insgeheim neidisch sind, besonders auf unser Geld. Später begaben wir uns ins Dingo. Clotilde stieß zu uns, dann Nancy, die zu unser aller Verdruß gleich wieder verschwand: so ist das in Paris nun mal. Ford machte ihr eine lange Nase.

Donnerstag. Floss und ich per Taxi zum Lunch bei den Vails, in der Nähe des Arc de Triomphe fährt Joyce in einem Taxi an uns vorbei. Nie werde ich sein Gesicht vergessen, als er uns, die wir in einem ähnlichen Fahrzeug saßen, von seinem Taxi aus erkannte. Es war ein schuldbewußtes Gesicht, halb überrascht, halb peinlich berührt, er sah drein wie jemand, den man am Schauplatz eines Verbrechens ertappt. Ich bin nie ganz schlau daraus geworden. Im Gespräch äußerte ich einmal ihm gegenüber, daß er, wenn es sich anständig einrichten ließe und es in der Priesterschaft genug intelligente Leute gäbe, nichts dagegen haben würde, sich zum Papst wählen zu lassen. Worauf er mir denselben Blick zuwarf wie in dieser Taxiszene. Später habe ich darüber sogar eine »Improvisation« geschrieben.

Bei den Vails gab es eine, man könnte sagen, kleinbürgerliche Party, aber sehr amüsant. Bei Tisch, Peggy Vail (geborene Guggenheim) und ihre rosa Eiscreme, auf die Mrs. Vail senior nachdrücklich beharrte. An jedem Platz lag eine Serviette, in der, damit sie warm blieben, *petits pains* versteckt waren. Floss und ich und Mrs. Vail verstreuten unsere auf dem Boden! Nach dem Essen kam ein Photograph, um Bilder von uns zu machen; Mrs. Vail furchtbar verärgert über seine Unfähigkeit. Mehrmals versuchte sie Lampen aus dem Hintergrund zu entfernen. Die Bilder wurden in der Pariser Ausgabe der *Herald Tribune* veröffentlicht. Später am Abend kamen Bryher und H. D. dazu. Gemeinsames Abendessen, Bob, sie und wir. Es war das erstemal seit der Party im Brevoort, daß wir sie gesehen hatten. Floss und ich am Abend in die Oper zu einem Strawinski-Konzert und *zu Fuß* zum Hotel zurück.

Am nächsten Morgen war Floss krank, Halsschmerzen und Fieber, vollkommen schlapp. Ein Blick in ihren Hals machte mir angst: weiße Flecken hinter der rechten Mandel. Aspirin und kalte Kompressen. Ich schnell rüber zu Bills Büro, um den Wochenendausflug abzusagen. Er nicht da. Versucht, ein mir bekanntes Gurgelmittel aufzutreiben; gab's nicht. »Sterilisierte« Milch gekauft und zurück ins Hotel. Mittagessen mit Bob und seiner Familie, das heißt Bryher und H. D. Unerfreulich: er machte einen gereizten Eindruck. Danach bei Floss gesessen. Um sechs Anruf von Bill Bird, und Harold Loeb brachte sein Ms., das ich mit nach oben nahm und zu lesen anfing. Nichts zu machen. Floss bestand darauf, daß ich ausgehen sollte. Ins Soirée de Paris gegangen, war mir aber zu voll. Wieder zurück und auf dem Bett eingeschlafen; aufgewacht und um elf noch mal losgezogen. Von einer *poule* angehalten worden; das übliche Angebot – hat mich an meine Kusine Alice erinnert. Ich sagte ihr: Nein, ich sei verheiratet und recht zufrieden. Sie zuckte die Achseln und schlug die übliche Alternative vor: eine Zigarette. Ich gab sie ihr. Lange mit Clotilde Vail im Dôme gesessen.

Samstag, 24. Mai. Floss richtig krank. Jedoch *keine* Diphtherie. Jetzt mache ich mir Sorgen, ob nicht eine Mandelentzündung daraus wird. Die Flecken, ausgedehnter als die ersten, haben jetzt auch auf die linke Seite übergegriffen. Am Abend mit Bob, Bryher und H. D. ins Soirée de Paris, Abendkleidung. Mein alter Smoking sah sehr armselig aus zwischen all diesen ultramodernen Sachen. Ich fühlte mich sehr unbehaglich, fehl am Platz, unglücklich.

Eine erstklassige Veranstaltung, es ging um irgendeinen guten Zweck, viele bekannte Leute aller Nationalitäten, die *haut monde*, wohin man auch blickte. Das Orchester hatte gestreikt! Aber nach einer längeren Pause ging es dann weiter. Das Ballett *Salade* gefiel mir gut, aber das lag vielleicht nur an der Kleinen, die sich Knie und Ellbogen auszurenken versuchte, um die ihr aufgegebenen eckigen Posen einzunehmen. Als ich H. D. gegenüber bemerkte, diese Nummer hätte mir gefallen, lachte sie bloß auf ihre hintergründige, provozierende Art, als wollte sie sagen: »Typisch!« Ebenfalls hervorragend waren »Gigue« und die »Blaue Donau«.

Ich fühlte mich fehl am Platz, befangen und einsam in dieser Sippschaft. Meine Kleidung war unmöglich, mein Benehmen noch schlimmer. Aus dem Trinken machte ich mir nichts, weniger als nichts, wie immer. Ich nahm mich zu sehr in acht dabei, hatte nicht die Absicht, damit weiterzumachen. Von all diesen talentierten Leuten, selbst von denen meiner Clique, hatte keiner ein offenes Gesicht. Ich sah Frauen, die den Eindruck erweckten, als wollten sie sich öffnen, aber die einzige, für die ich irgend etwas empfand, war die junge Tänzerin, die das Solo in dem Ballett *Salade* getanzt hatte. Alle anderen waren verschlossen, fest verschlossen, und ihre Augen glichen denen von irgendwelchen Meerestieren, die unter einem Felsen versteckt auf der Lauer liegen. Schon das, was ich von meinen eigenen Bekannten wußte – die schmerzlichen Einzelheiten, Habgier, Hurerei, Hysterie –, erschien mir wenig reizvoll. Das Ganze war eine gallertartige Masse, die auf einem Schatz hockte; eine *Rheingold-Musik.* Gemein und berechnend waren sie, und dies nicht nur mir gegenüber, sondern auch untereinander; sie blieben so lange, wie das Geld ihrer Aufmerksamkeit wert war. Ich brauchte nur ihre Bewegungen zu sehen, ihre Schäbigkeit, ihre Grimassen und selbst ihre Art, zu stehen oder auf einem Stuhl zu sitzen, und schon mußte ich sie hassen. Sie offenbarten nur zu deutlich (wenn man Augen im Kopf hatte), wie die Hand dargeboten und Essen in den Mund geschoben wurde, abscheulich genug bei meinen eigenen Freunden; was sollte man da erst von der ganzen Masse dieser tanzenden lachenden Gestalten halten? Sie waren, könnte man sagen, vollkommen gleichgültig, nicht nur der Darbietung auf der Bühne, sondern auch mir gegenüber. Ihr Leben und ihre Unternehmungen waren (naturgemäß) wesentlich komplizierter als das Tanzen und die Musik. Die kleine Ballerina konnte sich abmühen, wie sie wollte, mochte sich bei ihren grotesken Schrittfolgen schier die Knochen brechen, aber mit all dem kam sie nie an das heran, was vor ihr lag.

So daß die Gleichgültigkeit dieser verkrampften Menge französischer Gesellschaftsroboter gegenüber Tanz und Musik in gewisser Weise (ich wußte nur nicht, in welcher) gerechtfertigt war. Sie sahen zu und gaben nichts von sich preis: zumindest nichts, was ich hätte sehen können, obwohl ich (aus dem, worin ich mich genauer auskannte) den Schluß zog, daß es wie üblich darum ging, sich an den Meistbietenden zu verkaufen. Immerhin waren sie hier, sie waren gekommen, und es erschien ihnen lohnend. Die Darbietung auf der Bühne war nicht seriös: der Erfolg des vorgeführten Werkes hing davon ab, ob es ihm gelang, diese gleichgültige Menge in ihre Schranken zu weisen – Kunst kontra Gesellschaft. Diese Abendgesellschaft war eindeutig der Sieger. Kein Punkt für die Kunst.

Lassen sich diese Werke oder wenigstens Teile von ihnen vor einer minderwertigen Intelligenz retten? Genau dies hat es mit dem Wettstreit zwischen neuen Kunstwerken und einer empfänglichen *haut monde* auf sich: es ist der Kampf zwischen Bühne und Publikum. Denn es steht fest, daß die Zuschauer, auch wenn sie gleichgültig erscheinen, dazwischenreden, sich abwenden, dennoch auch dort ihre Augen haben.

Diese brutale Schlacht der Geister wird in allen Städten und auch zwischen den einzelnen Städten ausgetragen. Ich selbst betrachtete mich als Provinzler, als Uneingeweihten, aber obwohl mich diese wohlgekleideten Leute, immerhin die Elite von Paris, ganz und gar nichts angingen, knirschte ich vor Wut mit den Zähnen, ohne dabei freilich ihr Privileg, mir die kalte Schulter zu zeigen, in Abrede zu stellen. Wie auch immer, für mich war es ein scheußlicher Abend; nur die kleine Tänzerin hat mir gefallen.

Sonntag. Floss erholt sich im Bett von ihrer Mandelentzündung – Kopfschmerzen. Bin auf dem Zimmer geblieben, habe Essen von unten an der Ecke kommen lassen. Später allein im Trianon gegessen. Dort Bill Bird getroffen. Irgendwo oberhalb von Montmartre eine

Box-Veranstaltung besucht, auf einem Hof, im Freien. Keine Sitzplätze. Man stand herum. Etwa acht Kämpfe gesehen. Fliegengewicht, Mittelgewicht usw. – manche ganz interessant, keine Knockouts. Ein gutaussehender Bursche bekam eine Linke voll vor den Latz und setzte sich so plötzlich hin, daß man einfach lachen mußte. Als er bis acht angezählt war, stand er auf und machte weiter, um einige Runden später den Kampf zu gewinnen.

Es regnete. Zurück zum Hotel mit dem klapprigsten Taxi, das ich je gesehen habe; Galliéni hatte schon darin gesessen, bei seiner berühmten *sortie* aus Paris. Kitty, Harold und Murphy kamen vorbei. Über Kay Boyle und Le Havre gesprochen. Floss liest Melvilles *Mardi*, gefällt ihr. Floss ist ziemlich krank gewesen, scheint aber jetzt auf dem Weg der Besserung.

Montag. Floss praktisch wieder gesund. Temperatur 36,7. Riesenberg Wäsche weggegeben. Lucy schickt die Schulaufsätze der Jungen, viel gelacht über Bills »Gift«. *Pneumatique* an Harold. Dann zum erstenmal mit Floss essen gegangen; sie schwach in den Knien, sonst aber in Ordnung. Ich drängte ihr gegen ihren Willen ein paar Gläser Whisky auf und brachte sie dann ins Hotel zurück. Temperatur 38,8. Aber nach kurzer Ruhe wieder normal. Bob und ich zu Fuß ins Café des Deux Magots. Charlie Demuths Freund Locher getroffen.

Etwa um diese Zeit war T. S. Eliot nach Paris gekommen und hatte sich im Dôme und anderen Bars sehen lassen, bekleidet mit Zylinder, Cutaway und gestreiften Hosen. Dies war als Geste der Verachtung gemeint und wurde auch genau so aufgefaßt.

Ich erfuhr von einer Tanzveranstaltung, die für ein damals im ganzen *Quartier* bekanntes Mädchen gegeben werden sollte. Sie hatte Tb und wurde zur Behandlung aufs Land geschickt, ein reizendes Kind, das bei allen beliebt war. Sie hustete unablässig, und man sah ihr an, daß es rapide mit ihr abwärts ging. An diesem Abend hatte sie einen amerikanischen Matrosen im Schlepptau, der während seines Landgangs in Paris mit ihr geschlafen hatte. Tanzend, betrunken, fröhlich, nahm sie unter Tränen traurig Abschied; man ließ einen Hut für sie herumgehen, und alle Anwesenden waren ihrer Krankheit ausgesetzt.

Mit Floss zum Abendessen mit Bob, Bryher, Harold Loeb und H. D. im l'Avenue. Gut unterhalten. Floss ins Hotel zurückgebracht, dann, nachdem Bryher und H. D. gegangen waren, mit den anderen ins Dôme und lange über alles mögliche gesprochen. Bob schweigsam.

Am nächsten Tag um zehn aufgestanden und das Photo zu Sylvia Beach gebracht, Fahrkarten und Geld besorgt, Haare schneiden lassen, mittags zurück zum Hotel. Dann mit Floss ins Trianon, wo Bob und Bryher für Mina und ihre Kinder ein kleines Familienessen ausgaben. Anschließend Bob und ich zu Fuß zum Luxembourg, er wortkarg, niedergeschlagen, was auch mich bedrückte. Um dem zu entgehen, verabschiedete ich mich spontan von ihm und behauptete, ich wolle mir noch die Bilder im Luxembourg ansehen. Er ging einfach weiter. Gute Impressionisten gesehen, Manet und Cézanne, auch ein paar Bilder von Degas. Im Hotel ausgeruht, dann ins Dôme und dort Harold und Clotilde Vail getroffen. Sie sagte, sie wolle ein Kind haben. Wir boten uns an. Sie nicht überzeugt. Abends im Trianon gegessen; lange mit Joyce und Nora gesprochen, und mit dem Maler Toohey, der später, glaube ich, Selbstmord begangen hat.

Am 28. fast den ganzen Vormittag im Bett verbracht und Harold Loebs Roman gelesen. Um 1 Uhr 15 mit dem Taxi zum Essen bei Nancy Cunard. Zum erstenmal ihre Wohnung am Quai d'Orleans gesehen; wir waren beeindruckt, auch von Brzeskas »Faun«, den Ezra Pound in seinem Buch über das Werk dieses jungen Bildhauers erwähnt, der im Ersten Weltkrieg eine Kugel in den Kopf bekam.

Nancy war noch nicht da, kam aber wenige Minuten später und sagte, daß George Moore, den wir eigentlich hier hatten treffen wollen, nun doch nicht kommen werde. Nancy band sich das Halstuch um, das wir ihr mitgebracht hatten. Erzählte uns, gestern abend habe sie beim Bal Brouillier versucht, auf einen Baum zu klettern, und sei abgestürzt. War völlig zerschrammt, blaues Auge usw.

Früher an diesem Tag mit Hemingway und Harold Loeb Tennis gespielt, vier Sätze. Hem und ich standen uns in nichts nach: er schaffte kein Break, wenn ich Aufschlag hatte, und umgekehrt. Wäre womöglich bis zum Abend so weitergegangen.

»Das bringt nichts«, erklärte Hem. »Mein Knie macht schlapp, wenn ich zu lange spiele. Lassen wir's also.«

Einer damals in Paris oft erzählten Geschichte zufolge hatten die rivalisierenden Anhänger von Joyce und Proust eines Abends auf einem Empfang ein Treffen der beiden großen Männer arrangiert. Mitten im Raum wurden zwei Stühle nebeneinander gestellt. Dort mußten die Helden Platz nehmen, während die anderen sich rechts und links postierten und der geistreichen Bemerkungen ihrer Idole harrten.

Joyce sagte: »Ich habe jeden Tag Kopfschmerzen. Meine Augen sind fürchterlich.«

Proust erwiderte: »Mein armer Magen. Was soll ich

nur tun? Er bringt mich noch um. Ich muß eigentlich gleich wieder gehen.«

»Mir geht's genauso«, gab Joyce zurück, »wenn ich nur jemanden finden könnte, der mich am Arm hält. Auf Wiedersehen.«

»Charmé«, sagte Proust, »ach mein Magen, mein Magen.«

Bob und Bryher im Dôme getroffen, H. D. endlich abgeschüttelt. Gemeinsames Abendessen im »Chez M« in Montmartre, um zehn dann wieder zu Nancy; anwesend: Clive Bell, Michael Strange, André Germain, hektisch wie immer, und Iris Tree, deren blondes Haar ihr so glatt um den Kopf liegt, daß sie aussieht wie ein junger Ritter von der Tafelrunde. Eine ernste, aber solide gebaute Frau, ich fand sie sehr attraktiv. Bob skeptisch, was ihre Intelligenz betrifft. Zu stur.

Lange geblieben, getrunken und geredet, gegen Morgen zusammen mit Taxifahrern an einer Bude Spiegelei gegessen. Um fünf Uhr morgens ins Hotel zurück.

Donnerstag mehr oder weniger bis Mittag im Bett geblieben, Loebs Ms. gelesen. Dann in einem billigen Restaurant in der Nähe des Trianon gegessen, äußerst schlicht, aber gut. Im Dôme Bob getroffen und mit ihm zum Hôtel Jacob, um Locher, Demuths Freund, zu besuchen. War nicht da. Ich erzählte ihm, was Demuth mir von seinem Versuch, sich in Paris mit Proust zu treffen, berichtet hatte, daß nämlich Proust ihn nicht vorgelassen hatte. Bob im Dôme abgesetzt, wahrscheinlich macht es ihn fertig, daß seine Frau und H. D. zusammen in Paris sind. Hatte uns von langen Zugfahrten quer durch den Kontinent erzählt, die beiden Frauen hätten sich unablässig im Abteil gestritten und ihn fast in den

Wahnsinn getrieben; muß schwierig sein, so was durchzuhalten.

Floss und ich zu Mina. Während Floss schlief, versuchte sie ein Bleistiftporträt von mir anzufertigen. Dann schlief ich ein, und sie machte unterdessen ein schönes, wenn auch zu zierliches Porträt von Floss. Später versuchte sie es noch einmal mit mir. Nichts zu machen. Mit Loeb gegessen, dann ins Dingo und zurück ins Hotel. Später ich noch mal allein ins Dôme. Clotilde getroffen, erzählte mir, sie werde am nächsten Tag mit ihrem Bruder zu einer Party aufs Land fahren. Dies der Ursprung für die Bruder-Schwester-Geschichte in *Voyage to Pagany.*

Freitag, 30. Mai, zuerst ein paar Sachen für Floss besorgt. Bis Mittag Loebs Ms. ausgelesen. Mit Bob, Bryher und H. D. im Trianon gegessen, schlechte Bedienung. Floss und ich danach zu Kitty, wo die beiden sich unterhielten, während Harold und ich sein MS durchgingen. Anschließend ich zu Mina. Sie versuchte mich noch einmal zu porträtieren, Joella redete und nähte Vorhänge. Nettes Abendessen im l'Avenue, acht Leute insgesamt: Antheil, Adrienne Monnier, Sylvia Beach usw. Gutes Gespräch mit H. D. über die alten Zeiten, Ezras plötzliches Interesse für Musik. Dann ins Dôme; Kiki, Mary Reynolds usw. gesehen, bei uns noch Antheil und Bob, der sich um zwölf verabschiedete. Floss und ich ins Hotel.

Am nächsten Morgen mit Floss in Bobs Büro. Er führte uns höflich nach unten und gab uns Wermut. Zur Bank, 150 $ für Floss abgehoben, dann zu Fuß die Avenue de la Paix runter zu den Tuilerien und Luxembourg-Nebenhaus. Whistlers »Portrait of Mother« gesehen, Rosen im Garten. Mit dem Taxi zum Hotel. Floss und ich allein zum Essen ins l'Avenue.

Am Nachmittag zu einer Privatveranstaltung, Antheil spielte eigene Werke, gute Sachen, aber recht ungewöhnlich. Dann Tee bei den Birds. Bob hinterläßt Nachricht. Schließlich doch nicht mit Nancy zum Tanzen, müde ins Bett und bis Mitternacht Bobs *Village* gelesen.

Acht Uhr. Sonntagmorgen, 1. Juni. Der Tag macht seinem Datum alle Ehre: strahlend warme Sonne, Geschrei von Schwalben oder Mauerseglern vor unserem offenen Dreifachfenster, die eigenartigen, pagodenähnlichen Kirchenglocken läuten in all ihrer Verschrobenheit.

Was für Menschen sind diese zwei jungen, atemberaubenden Frauen, oder überhaupt sie alle, mit denen wir während unseres kurzen Aufenthalts in Paris zusammengekommen sind? Ich meine jetzt vor allem Nancy Cunard und Iris Tree, obwohl wir Iris seltener gesehen haben als Nancy. Mit Sicherheit standen sie über den Dingen, so wie wir sie in Paris erlebt haben. Nancy Cunard, kerzengerade, ausgemergelt, erhobenen Hauptes, nicht sonderlich lebhaft, die blauen Augen vollkommen ungetrübt, unverletzlich in der Jungfräulichkeit reinen Handelns. Nie habe ich sie betrunken gesehen; ich kann mir vorstellen, daß sie nie ganz nüchtern war. Wenn das Irische in ihr, über ihre amerikanische Mutter, sie wagemutig gemacht hatte, so hatte ihr deutsches Blut Iris Tree still, beinahe langweilig gemacht. Sie war stämmiger gebaut als ihre englischen Landsmänninnen, das dichte blonde Haar lag ihr auf den Schultern, und hätte man sie auf ein anständiges gepanzertes Schlachtroß gesetzt, wäre sie das perfekte Ebenbild von Sir Galahad gewesen.

Es gab auch noch andere, aber diese beiden schienen mir etwas ganz Besonderes – vielleicht weil sie jeglichem Verlangen, das ich für sie hätte empfinden können, so absolut fern waren. Sie beherrschten Paris, so viel von Paris, wie sie wollten, aber ich wurde nicht schlau aus ihnen. Ich bin sicher, daß ich sie nicht als Frauen betrachtet habe. Sie waren so etwas wie eine vorübergehende Phase, die für mich ebenso fest und dauerhaft war wie die Steine, auf denen wir gingen. Wenn ich noch einmal nach Paris käme, würde ich erwarten, sie dort genau wie damals wieder anzutreffen: jung, der Wirklichkeit entrückt, ohne Leidenschaft. Das ist es. Sie schienen absolut bar jeder Leidenschaft. Sie hatten, jung wie sie waren, bittere Erfahrungen hinter sich, ohne emotionale Reaktion. In beiden war nichts mehr übrig. Sie waren vollständig leer, und dabei waren sie jung, attraktiv und unangreifbar. Niemand, mit dem sie in Berührung kamen, konnte ihnen auf irgendeine Weise schaden oder sich sehr zu ihnen hingezogen fühlen. Sie waren so ruhig in ihrer Stimmung und so ausschweifend in ihrem Tun (so hieß es), als wären sie aus Kalk geschnitten; so jedenfalls habe ich sie für mich gesehen. Aus irgendeinem seltsamen Grund empfand ich eine starke Zuneigung für sie. Sie beide, besonders aber die schier stupide aussehende Iris, erschienen mir sehr begehrenswert, sie kamen aus einem Paris, das tot war, tot, tot.

Ich wollte nichts an diesem Zustand ändern; und ich war glücklich mit dem Wissen, daß es, hätte es die Möglichkeit gegeben, aus solchem Stoff eine Liebe erstehen zu lassen, völlig unmöglich gewesen wäre, sie zu beschreiben.

Es war ein ähnliches Gefühl, als ginge man durch die Korridore einer Skulpturen-Galerie. Die Dummen halten es für eine amüsante Vorstellung, daß Galatea lebendig werden könnte, aber sie haben nicht die leiseste Ahnung, welch eine Strecke sie dafür zurücklegen müßte. Und wenn sie wieder lebendig würde, was wäre das für eine schreckliche Sache: ist doch die Vergangenheit etwas, das wir nicht einmal in der Phantasie wieder lebendig werden lassen können. Etwas in dieser Art empfand ich bei diesen beiden englischen Damen der Gesellschaft, so bewußt mir auch ihr vulgäres Wesen war. Mit ihren Ausschweifungen machten sie eine echte Keuschheit des Geistes geltend, die niemand verderben konnte. Die geistige Unruhe einer Clotilde, einer Mina, hatte, in meinen Augen, zu einer gewissen Entschlossenheit geführt, aber besonders bei Nancy hatte sie, nach einer Art Läuterung, das Stadium der Ausweglosigkeit erreicht.

Als Lady Asquith einmal in London Lady Cunard begegnete, soll sie mit sehr lauter Stimme, um sie zu kränken, die auf Nancy gemünzte Bemerkung gemacht haben: »Was ist es denn diesmal, Maud: Whisky, Opium oder Nigger?«

Auch so etwas ließ Nancy kalt, und wenig später heiratete sie Henry Crowder, den Farbigen, der im Ersten Weltkrieg General March als Chauffeur gedient hatte. Nancy, die perfekte Hure, wenn es je eine gegeben hat, hatte eben recht behalten, ohne zu lügen – und Iris konnte einen, wie Berenice Abbott, die die gleiche Eigenschaft hatte, in dieselbe Hochstimmung versetzen, es glich beinahe einer religiösen Erfahrung. Hatten andere das nicht bemerkt? Iris, die Heilige in Max Reinhardts Inszenierung *Mirakel*. Eine indirekte, kindische Erfahrung, wie die allerersten Liebesgefühle, die noch nichts mit Sex zu tun haben. Denn sie hatten es beim Namen genannt, sie waren, wenn man so sagen wollte, durch ihr »Leid« zu einer lasterhaften Heiligkeit gelangt. Das Laster war ihr Gebet, ihr Ritual, ihre rhythmische Gymnastik: sie verleugneten die Sünde, indem sie diese in ihren Körpern verschlissen und dann einfach abwarfen, so daß sie nicht beschmutzt dastanden, sondern rein.

Mit Adrienne Monnier war es wieder etwas anderes. Gewiß, sie war Französin, derb und plump gebaut. Die Engländer im Norden mochten sich selbst für intellektueller halten, aber sie leckte sich genießerisch die Lippen, wo diese kaum einen Bissen zu sich nahmen; ja kaum einmal kosteten. Ein Franzose würde niemals Selbstmord begehen, ehe er nicht den Wein im Keller ausgetrunken hätte. Diese Frau aß überaus gern, die Sinne waren ihre Nahrung. Aber auf einer anderen Ebene war sie Nancy und Iris durchaus ebenbürtig. Was mich in Paris faszinierte, waren die Frauen, alle miteinander, angefangen bei den handelsüblichen Polstermöbel-Soirée-de-Paris-Typen bis hin zu Flossie. Die Männer fungierten als bloße Anhängsel. Von den belanglosen ephemeren französischen Surrealisten bis hin zu meiner Wenigkeit drängten sich alle bloß am Rand des Bildes. Im Mittelpunkt standen für mich die Frauen: Clotilde, die keinen Vater für ihr »Kind« finden konnte; Kitty Cannell, die Mode-Detektivin; H. D.; Bryher, die Millionärstochter.

Was suche ich bei einer Frau? Den Tod, nehme ich an; denn mehr sehe ich nicht in all diesen Vollkommenheiten. Ich begehre sie alle, mehr oder weniger. Über die meisten Männer kann ich nur lachen, besonders wenn sie eine Frau zu »besitzen« wähnen. Ich habe nur Verachtung für sie übrig. Ich denke an die Geschichte einer jungen Frau, die nach Paris kam, um Erfahrungen zu sammeln; nach einer Weile kam sie zu dem Schluß, es sei an der Zeit, mit einem Mann ins Bett zu gehen. Also suchte sie sich einen aus, der lebenslustig war und nach dem, was er von sich gab, hinreichend erfahren schien, der also nicht herumpfuschen und die Sache verpatzen würde; einen gutaussehenden Jungen aus dem Süden, der ihr zusagte.

Nachdem er so weit vorgedrungen war, daß er keinen Rückzieher mehr machen konnte, verließ ihn beinahe doch der Mut, als er zu seinem Entsetzen feststellte, daß sie noch Jungfrau war.

Reue überkam ihn, und ein wenig Angst, als ihm klar wurde, was er da getan hatte. Sie aber sagte bloß: »Und *das* ist *alles*? Kaum der Mühe wert. Danke, daß du mir geholfen hast.«

Ein junger College-Student, dem in Paris eine Ehefrau und Mutter lüsterne Avancen machte, sah sich von der älteren Frau vollständig entmannt. Vor Angst wurde er in ihrem Bett zum Versager. Er nahm Reißaus und flüchtete sich zu einer französischen Prostituierten, die er kannte; mir ihrer Freundlichkeit und ihrem Geschick gelang es ihr im Handumdrehn, seinen Stolz wieder aufzurichten. Was sind wir doch für Esel, daß wir verzweifeln, wenn wir aus schierem Mangel an geistiger Beweglichkeit versagen! Wir fixieren uns auf eine bestimmte Lebensform und denken, das war's. Die klugen Franzosen sind wandlungsfähiger.

An diesem Junisonntag aßen wir in einem kleinen Restaurant zu Mittag und fuhren dann mit dem Taxi zu einem Boxkampf im Buffalo, dem örtlichen Stadion, wo man in der Mitte des Spielfeldes einen Ring aufgebaut hatte. Interessante Präliminarien beobachtet. Townley ließ sich praktisch widerstandslos von Paolo Uzcudun, dem baskischen Holzfäller, mit einer sauberen Rechten ans Kinn k. o. schlagen. Und Criqui wurde von Frush, einem Amerikaner, in der achten Runde besiegt: ein guter Kampf, der typisch französisch endete. Criqui, früher mal Weltmeister im Leichtgewicht, hatte im Krieg eine Gesichtsverletzung davongetragen, die es nötig machte, ihm eine Platte in den Unterkiefer einzusetzen. Aber er wollte kämpfen, und so gab man ihm die Chance, gegen diesen jüngeren Amerikaner anzutreten. Frush tat offensichtlich sein Möglichstes, den Mann nicht zu verletzen; Criqui, der dies spürte, begann auf ihn einzudreschen, bis Frush nach der siebten Runde endlich genug hatte und seinem Gegner mit einem Schlag den Kiefer brach, womit der Kampf beendet war. Sobald er erkannte, was er angerichtet hatte, brach Frush in Tränen aus, lief zu dem alten Champion hin, packte ihn unter den Armen und führte ihn an die Seile.

Gin Fizz mit Eiweiß, dann zu einem denkwürdigen Abendessen bei Adrienne Monnier, die uns höchstpersönlich, wie sie es versprochen hatte, das vielgerühmte Hühnergericht nach ihrem Geheimrezept zubereitete. Anwesend waren Sylvia Beach, Bryher, H. D., Bob, Floss und ich. Aber bevor es richtig losgehen konnte, hörten wir unten auf der Straße jemand rufen. Es war Ezra Pound, der soeben aus Rapallo gekommen war. Adrienne lud ihn vom Fenster aus ein, aber er wollte nicht, und so lief ich nach unten und sah ihn zum erstenmal nach vielen Jahren wieder. Er sah dünner aus, sonst aber ganz wie früher. Wir sprachen, er gab mir seine Adresse, und dann schied ich fürs erste von ihm.

Nächster Tag: in dem Bewußtsein, daß unser herrliches Jahr zu Ende ging, unschlüssig, was wir tun sollten, nahmen wir den Zug Nr. 43 zur Porte Maillot und gingen im Bois spazieren. Plötzlich fing es an zu regnen. Wir stellten uns unter einen Baum. Dann im Bois Mittag gegessen (ganz ordentlich). Floss wollte sich ein Kleid kaufen und die Haare legen lassen. Ich suchte lange nach einem *cabinet* und konnte schließlich in der Gare St. Lazare eins aufsuchen, nachdem ich mir Kaugummi und eine Bahnsteigkarte gekauft hatte. Floss ins Le Printemps und Strümpfe besorgt. Bei heftigem Regen mit dem Taxi zum Hotel.

Männer sind die technischen Trottel des Stammes, Frauen bewahren eine gewisse Harmonie, bleiben auch in der Ausschweifung vernünftig, verbinden die Teile zu einem Ganzen und handeln so – das heißt mit dem Körper, den verbundenen Teilen, nicht irgendeinem einzelnen Teil –, wie sie es tun müssen, wenn sie überleben wollen. Was hätte ich mit ihnen oder für sie in diesem umfassenden Sinn tun können? Nichts. Oder sie für mich? Am Rückkaufswert war ich nicht interessiert. Die mit D. H. unterzeichnete Postkarte, die wir gleich nach Bobs Hochzeit mit Bryher bekommen hatten, sagte mehr zu diesem Thema aus, als man zunächst hätte meinen können, es war ein anthropologischer Aufschrei von beträchtlicher Tragweite.

Diese jungen, zum Teil wohlhabenden Frauen lieben, weil sie nichts zu tun haben; sie haben keine Beschäftigung, und darin ähneln sie in gewisser Weise mir, was meine Zuneigung für sie erklärt. Was Yeats über die Ausschweifungen der Lionel Johnson-Clique gesagt hat, trifft auch auf sie zu, auf den Teil von ihnen, der wertlos (unschätzbar) ist: Sie sind, wie sie sind, weil ihnen in der Gesellschaft kein Ort *zugestanden* wird, wo sie als aktive Mitglieder derselben wirken könnten. Daraus erklärt sich der Zorn eines Edward Gosse, der Zorn eines Stanley Baldwin, als er dem König gegenüberstand: Angeklagte einer Gesellschaft, die mich ausschließt, die mich und alle anderen bis hin zu meinen engsten Freunden am liebsten ins Gefängnis werfen würde. Es ist die schockierte Miene meines Vaters, als er mich fragte: »Was willst du tun?«

»Nichts.«

Meine instinktive Zuneigung zu diesen »verlorenen« Mädchen ist das Beste an mir – und an ihnen. Ich habe sie alle geliebt. Wie Toulouse-Lautrec (der noch den Vorteil hatte, daß er ein Krüppel war) hätte ich nur zu gern in einem Bordell (mit diesen Mädchen) gelebt, um die Wärme (außerplanmäßig) und den Trost zu genießen, den man dort empfangen kann.

Abschied von Bryher und H. D., die am nächsten Tag abreisen wollen; erster Vorgeschmack vom Ende unseres Monats in Paris und unserer denkwürdigen »Ausschweifungen«. Zum Tee mit Bob bei André Germain, ein hektischer Idiot. Abendessen bei Nancy mit John Rodker, Pound, Antheil, Bob, Iris Tree. Danach in La Cigale Jean Cocteaus *Juliet and Romeo* gesehen, wovon mir schlichtweg nichts in Erinnerung geblieben ist, außer daß es mit Shakespeares Geschichte absolut nichts zu tun hatte. Aber an *irgend etwas* müßte ich mich doch erinnern. Nichts. Allein mit Floss zum Hotel. Gedrückte Stimmung.

Am nächsten Morgen Ezra in seinem Zimmer besucht. Als ich mich dem Haus näherte, begegnete ich auf der Straße seiner Frau Dorothy, aber da ich mir nicht ganz sicher war, machte ich keine Anstalten, sie zu grüßen; sie grüßte mich auch nicht. Der aufrechte britische Gang, die Schuhe, vor allem aber ihr Hut paßte ganz und gar nicht in die französische Hauptstadt.

Wenn sie es ist, dachte ich, werde ich sie nachher noch sehen; laß sie laufen.

Ezra hat ein schönes großes Atelier mit einem reizvollen, ziemlich ungepflegten, aber freundlichen Hinterhof, auf dem gerade Dachdecker arbeiteten. Wir sprachen über seinen Blinddarm, Renaissancemusik, Notenschrift, statisches »Hören«, Melodie, *Rhythmus.* Ich hatte immer das Gefühl, daß Ezras Hauptvorzug als

Musikkritiker sein Sinn für Rhythmus war. Ein Mann mit einem solchen Gehör, das so empfänglich ist für die metrischen Feinheiten in Gedichten, muß von den Bewegungen der musikalischen Phrase eine starke Meinung haben. Aber seine Verherrlichung der Musik und sein Interesse daran sind mir immer suspekt gewesen. Ezra brauchte die Musik zur Selbstverteidigung, dabei lag es weit jenseits seiner natürlichen Anlagen oder Fähigkeiten, die Musik in seine Allwissenheit hinsichtlich der Modalitäten der Künste einzubeziehen. Ich bin mir sicher, daß Töne ihm nichts bedeutet haben, ihm nichts bedeuten können. Sein Interesse galt der Melodie, dem musikalischen »Satz«, den rhythmischen Varianten (wie in Antheils Musik, wenn man sie sich anhören konnte), Renaissancemusik, den frühen Komponisten aus der Zeit vor Bach. Auf diesem Gebiet konnte man Ezra mit Gewinn zuhören. Sollte er weiterreden. Es lohnte sich.

Meiner Meinung nach kann Ezra, ebenso wie W. B. Yeats, keinen Ton von einem anderen unterscheiden. Dies ist, falls es denn stimmt, interessant; weiß man doch, daß das Fehlen einer Begabung nicht selten durch eine aufs höchste gestimmte Empfänglichkeit auf einem anderen Gebiet ausgeglichen wird. Pound besitzt ein außerordentliches Gefühl für Rhythmus. Seine Beschäftigung mit Musik kommt offenbar nur daher, ist ihm gerade daher ein zwingendes Bedürfnis, weil ihm der Sinn für Töne abgeht. Kurz vor dem letzten Krieg zum Beispiel hatte er sich aus der Dresdner Sammlung eine große Anzahl von unbekannten Vivaldi-Sonaten auf Mikrofilm schicken lassen. Mit der Folge, daß trotz der Vernichtung der Originale durch die Alliierten Vivaldis Werk der Welt nicht verlorengegangen ist.

Ich sage also, daß ein Künstler gelegentlich aus

einem Mangel eine Tugend machen kann. Es muß Ezra einfach in Wut versetzen, daß es *irgendwelche* Dinge auf der Welt gibt, in denen er nicht der größte Meister ist.

Doch als ich in Brooklyn mit Yves Tinayre sprach, dem Sänger der Hauptrolle in Ezras *Villon*, konnte dieser sich, so treu er Ezra ergeben war, vor Lachen kaum halten über einige Effekte, die dabei aufgetreten waren. Er meinte, die Musik sei lächerlich, der Komponist habe keine blasse Ahnung vom normalen Umfang einer Stimme, räumte aber ein, daß hin und wieder ein »Bild«, ein musikalisches Bild – etwa jenes, womit das Herannahen der Menge, der *Lumpen, hoi polloi*, angedeutet werde – außerordentlich amüsant und wirkungsvoll sei. Die Musik reihe sich in klaren Sätzen, und Tinayre fragte sich nur, wer sie für ihn zu Papier gebracht habe. Antheil vermutlich.

Als eine Stunde später seine Frau Dorothy hereinkam, sah ich sofort, daß sie es war, die ich vorhin auf der Straße getroffen hatte. Vierzehn Jahre zuvor hatte ich sie kurz einmal in London gesehen, aber damals hatte noch ihre Mutter die größere Rolle in Ezras Leben gespielt.

Jetzt wurde vom Essen geredet. Aber da Ezra der Koch in diesem Haushalt war und das Essen hauptsächlich über einer auf einem wackligen Tisch stehenden Alkohollampe zubereitete, überredete ich ihn, doch lieber mit mir essen zu gehen. Unweit vom Odéon fanden wir ein Lokal. Dorothy hatte sich geweigert, uns zu begleiten.

Danach zurück ins Atelier; mit Dorothy über Paris gesprochen. Sie hatte eine heftige Abneigung gegen die Stadt, sowohl wegen der Einwohner als auch wegen des Winterwetters, weder Fisch noch Fleisch. Wie alle

Engländer und Deutschen schwärmte sie für Italien. Um 4 Uhr 30 Floss abgeholt, sie trug einen neuen Hut. Dorothys Bilder angesehen: wie sie selbst, linear und grau – Flossies Lieblingsfarbe. Sie gab uns eins von Steinen im Dartmouth-Moor, kubistisch, flach und kalt. Tee, vom Maestro persönlich über der Alkohollampe zubereitet.

Floss und ich zum Abendessen mit den Hemingways in einem kleinen Lokal in der Nähe. Baby und Miss Johnson gesehen. Danach alle zum Boxkampf. In der Reihe vor uns (es war ein ehemaliges Theater, die Bühne war der Ring) saß Ogden Nash; als einer der Boxer ziemlich wüst verprügelt wurde, hämmerte Flossie auf Ogdens Rücken herum und kreischte: »Schlag ihn tot! Schlag ihn tot!« Ich war befremdet und entsetzt. Früh mit dem Taxi zum Hotel zurück.

Kaum vorstellbar, daß wir in acht Tagen nach Amerika abreisen. Aber so ist es. Paris ist uns in mancher Hinsicht ans Herz gewachsen. Ich frage mich, ob ich als Kinderarzt hier glücklich sein könnte. Sally liegt mir ständig damit in den Ohren. Wer hier eine Praxis aufmachen will, braucht angeblich bloß »Assistent« irgendeines französischen Arztes zu werden. Man zahlt ihm eine Gebühr, und danach macht man sich selbständig. Das könnte gehen. Mit der Aussicht auf ein ruhiges Leben würde ich es vielleicht wagen, aber nicht in Montparnasse.

Um 10 Uhr 30 zu den Hemingways, das Baby untersucht. Der Kleine hat zwei Pfund Untergewicht, ansonsten fehlt ihm nichts. Habe ihm die Vorhaut zurückgezogen. Er schrie natürlich, sehr zum Kummer seiner Eltern. Mit dem Taxi zum Studio von Sally Birds Gesangslehrer, wo wir sie singen hörten. Sie war großartig. *Figaro* und *Bohème*. Anschließend mit ihr zum Essen im

Prunier unweit der Madeleine, Gespräche über das Singen und viele unserer gemeinsamen Freunde.

Sally steht seit langem auf der Schwelle zur Opéra Comique, müßte eigentlich längst ihr Debüt gemacht haben. Ihre Stimme wird sehr gerühmt. Aber in Frankreich muß ein Künstler seine Kostüme selbst bezahlen, das heißt, Sally müßte irgendeinen Geldgeber haben, der für ihre Kosten aufkäme. Als Gegenleistung müßte sie, das ist hier so üblich, mit ihm ins Bett gehen. War nicht Felix Faure, der Präsident von Frankreich, im Boudoir der Primaballerina der Oper tot umgefallen? Bill Bird war nicht reich, und das Ganze wäre für ihn, als bloßer Ehemann, so oder so ein zu riskantes Unternehmen gewesen. Und so kommt Sally trotz ihrer wunderbaren Stimme einfach nicht nach oben. Sie hätte in die Provinz gehen und ihre Karriere auf die harte Tour aufbauen können, aber das entsprach nicht ihren Vorstellungen.

Mit Ezra, Dorothy und Bob McAlmon im l'Avenue gegessen. Ezra machte sich über Bob lustig, weil er ihn (Ezra) mit seinem (Bobs) alten Herrn verwechselt hatte. Nettes Essen. Bob und ich mit dem Taxi zur Bank, in der rue de l'Odéon Nr. 12 haben wir uns getrennt. Allein in einem kleinen Restaurant zu Abend gegessen, im Hotel ausgeruht und dann zu Nancy, wo wir ordentlich was getrunken haben. Tatsächlich war dies einer unserer feuchteren Abende in Paris. Jean Cocteau zeigte seine Hände, von denen Nancy uns entweder ein Photo oder eine Plastik vorführte, Hände, wie sie mir eigentlich noch nie untergekommen waren. Seine Hände sind überaus schmal, die Finger extrem schlank; ich habe solche Hände bisher nur einmal gesehen, und zwar bei einer großen Negerin, der Mannschaftsführerin eines unserer Rutherforder Basketballteams.

Mehr als ein »*Charmé*« bekam ich von dem Mann, den

Ezra mir so übermäßig angepriesen hatte, nicht zu hören. Dann zogen ihn seine Freunde mit sich fort. John Rodker war auch da, und der Prinz de Dahomey, ein hünenhafter Königssohn aus Äquatorialafrika: er war schwarz wie Ebenholz, trug aber das Ordensband einer vornehmen Gesellschaft vor der Brust und wußte sich im Englischen und Französischen gewandt und kultiviert auszudrücken.

Es waren sehr viele Leute da, und alle tranken. Bob ärgerte sich über Nancy, weil sie ihn wie einen Dienstboten in den Keller schickte, Getränkenachschub zu holen. Er sagte ihr die Meinung, aber sie hörte ihm gar nicht zu und ging einfach selbst.

Wir tranken eine Menge *fine*. Alles redete, fuchtelte mit den Armen und tanzte, betrunken und ausgelassen. Einmal mußte Nancy, die nie den Kopf verlor, den Prinzen scharf zurechtweisen, weil er sich bei einer gewissen Dame zu weit vorgewagt hatte. Ich hatte allmählich genug und ging allein in ein Zimmer, um zu verschnaufen; eine Französin, die ebenfalls dorthin kam und mich sah, sagte: *»Il y a toujours un homme sérieux qui se met à part des autres qui se jouissent«*, und verzog sich wieder, um mich nicht zu stören. Typisch französisch. Floss hat sich gut amüsiert. Um eins mit dem Taxi zum Hotel.

Schöner Morgen, mit Floss in den Bagatelle-Park, wo sie vor unserer Abreise aus Paris noch einmal die Rosen sehen wollte. Ein paar Schauspieler von einer Filmgesellschaft gesehen, die sich anschickten, dort Aufnahmen zu machen.

Am Nachmittag mit Ezra – es war einer der »kulturellen« Ausflüge, die er mit mir unternahm – zu Natalie Barney. Ezra war immer sehr darauf bedacht, die Kluft zwischen meinen Bildungslücken und seiner souveränen Gelehrtheit zu überbrücken. Da er mich hierbei keineswegs gönnerhaft behandelt, lasse ich es mir gefallen. Es macht ihm aufrichtig Kummer, daß meine literarischen Kenntnisse den seinigen so weit unterlegen sind. Ich respektiere sein Unbehagen und versuche mein Bestes, mich auf seine gutgemeinten Bemühungen einzustellen.

Offenbar existierte noch ein Rest, ein Überbleibsel von Rémy de Gourmonts (schlecht ausgestattetem) altem *salon*, einem der Wunder des vorigen Jahrhunderts, über den eine gewisse tapfere Person namens Natalie Clifford Barney den Vorsitz führte. Das Ganze kommt einem vor, als sei es in Bernstein konserviert aus der Zeit der Renaissance herübergerettet worden. Ezra empfand für Natalie Barney, *l'Amazone*, wie sie einmal genannt wurde, nichts als Ehrerbietung. Freilich hat Ezra altem Ruhm schon immer gehuldigt: was ich für einen seiner edelsten Züge halte. Jedenfalls hatte Natalie uns zum Tee geladen, was mir gegenüber, einem der Barbaren aus Ezras Jugendzeit, ein ungeheures Zugeständnis ihrerseits bedeutete.

Sie war überaus gnädig und ganz gewiß nicht töricht, weit weniger als Ezra unter diesen Umständen. Sie konnte zwei und zwei ohne weiteres zusammenzählen. Ich bewunderte sie und ihren reizenden gepflegten Garten, ihre Lachtauben, ihre japanischen Dienstboten. Es waren auch Offiziere mit roten Knöpfen an den Aufschlägen anwesend, und Frauen aller Art. Aus dem Augenwinkel beobachtete ich, wie eine kleine Clique von ihnen sich in ein Nebenzimmer verdrückte, wobei sie verstohlene Blicke um sich warfen, in der Hoffnung, daß ihr Abgang nicht unbemerkt bleibe. Ich ging hinaus, um erst mal ordentlich zu pissen.

Von irgendeinem Mitglied der Abgeordnetenkammer, einem dicken, rotgesichtigen Mann, der einmal nach einem routinemäßigen Empfang hier aufgetaucht war, wird folgende Geschichte erzählt: er stand allein, ohne Partner, mitten auf der Tanzfläche und sah zu seiner Verärgerung nur Frauen um sich, die ausgelassen miteinander tanzten. Hierauf knöpfte er seine Hose auf, zog seinen Schwengel hervor, schlenkerte ihn hin und her und brüllte wutentbrannt: »Schon mal so was hier gesehen?«

Samstag, 7. Juni, Bob, Bill Bird, Sally, Floss und ich mit dem 8-Uhr-30-Zug von der Gare de l'Est nach Rheims; um den berühmten Dom herumspaziert, aber nicht reingegangen. Zeitungsmann Bill besorgte uns eine Sondergenehmigung zum Besuch der berühmten Veuve-Cliquot-Champagnerkeller.

Es war das erstemal, daß ich dergleichen zu Gesicht bekam: eine ländliche Industrie wie aus dem Bilderbuch, angefangen bei dem kalksteinhaltigen Boden, der das Ausschachten einer Reihe von unterirdischen Kammern zuläßt, in denen die Weine hergestellt und zur Reife gebracht werden, bis hin zum lindgrünen Aroma der Trauben selbst. Sehr vornehme Herren zeigten und erklärten uns den ganzen sechs Jahre währenden Prozeß der Champagnerherstellung, und als wir am Ende gerade wieder ins Freie treten wollten, stellte sich uns ein vollbärtiger Riese in den Weg und forderte uns auf, von verschiedenen Sorten ihrer besten Weine zu kosten.

Mit dem Zug aus Rheims heraus, von einem fernen Hügel aus noch einmal den großartigen Dom gesehen. Zehn Kilometer durch den Wald gewandert, als wäre dort nie eine Schlacht geschlagen worden. Im Café Rendezvous des Chausseurs Bier getrunken. Mit dem Zug nach Épernay.

Floss und ich am nächsten Morgen früh aufgestanden und aus dem kleinen Hotelzimmer in den Garten des Hôtel de Ville gegangen, einen kleinen Amtspark, wie man ihn häufig in frischen Farben vor dem Rathaus einer Provinzstadt sieht. Dort blühten hochstämmige rosa Rosen.

Regen! Die *Fête des Pompiers*, der Umzug der Feuerwehrleute, fiel äußerst gedämpft aus. Trotz des Wolkenbruchs ließen wir uns von Bill mit dem Dampfzug zu einem kleinen Ort im Wald bringen. *Regen!* Aber später klarte es auf, und so fuhren wir nicht nach Paris zurück, sondern gingen in einer winzigen Kneipe essen, nur ein oder zwei Räume, das Hôtel des Trois Mühlsteine mit einem herrlichen kleinen Garten, wo im Ersten Weltkrieg dreizehn Männer von einer Granate getötet worden waren. An so etwas hält die örtliche Tradition lange fest.

Von dort brachen wir fünf nach Süden auf; aufgeteilt in Gruppen zu zweien oder dreien, manchmal auch allein, legten wir einen Kilometer nach dem anderen zurück. Wir diskutierten, welche Art von Schuhen für eine Wanderung am besten geeignet sei. Sally hatte schwere Wanderstiefel an, die ihr große Schmerzen bereiteten; Floss hingegen fühlte sich in ihren Alltagsschuhen außerordentlich wohl.

Als Bill und ich einmal nebeneinander hergingen, kamen wir an zwei Bauernmädchen vorbei, die sich an den Hüften umfaßt hielten; er machte eine spöttische Bemerkung zum Thema ländliche Lesben und lachte auf meine Kosten über etwas, worüber ich mich zuvor mokiert hatte: nämlich, daß dies allgemein verbreitet sei.

Wir sahen Forellen in einem Bach, und Walderdbeeren, die zwischen den Steinen eines tiefen Abwasserkanals wuchsen, kamen aber nicht heran, sosehr wir es auch versuchten. Das waren die berühmten *fraises des bois*, aromatischer als alles Vergleichbare in Amerika, so wie auch die europäischen Veilchen im allgemeinen duften und unsere geruchlos sind. Ich habe das nie verstanden. Jedenfalls bin ich nicht an sie herangekommen.

Den ganzen Nachmittag durch den Wald gewandert; die feuchten Ufer der Bäche an vielen Stellen von gelber Iris überwuchert. Mit dem Zug nach Château Thierry, wo uns schon der Anblick der zerborstenen Baumstämme reichte. Am Abend mit dem Zug nach Paris zurück.

Montag, 9. Juni – noch drei Tage. Allein im Jardin du Luxembourg spazierengegangen. Danach mit Floss zum Essen ins l'Avenue, das wir inzwischen allen anderen Restaurants im Quartier Latin vorziehen. Dann mit dem Zug nach St. Cloud und eine luxuriöse Autofahrt durch den ganzen Park unternommen. Ferienzeit, viele Menschen, sehr entspannt und glücklich. Auf Clotilde Vail gewartet. Dann zu Mina, dort Djuna getroffen. Mit Joella ins Dôme. Pound getroffen. Zurück zum Unic. Abschied von Bob. Zu meiner Überraschung brauste er ohne Erklärung mit einem Taxi davon. Abendessen mit den Pounds, dann zu Brancusi, er nicht da. Wieder zurück und lange mit den Pounds gesessen.

Kapitel 35
Abschied von Paris

Spät aufgestanden. Zum Red-Star-Kontor, die Einzelheiten der Abreise arrangiert und gefragt, ob die *S. S. Zeeland* auch wirklich am 12. abfährt. Alles geregelt. Zurück zu Manships Atelier, dann mit Pound ins Atelier von Fernand Léger, einem sehr nüchternen Menschen, der nur wenig zu sagen hat. Das Bild, das er gerade auf der Staffel hatte, löste nichts bei mir aus; die Gestalt wirkte hölzern, zu konkret, war aber natürlich aus irgendeinem Grund, aber welchem?, absichtlich unscharf gezeichnet. Eine ehrliche Arbeit, aber so rot, schwarz und blau, daß ich nichts damit anfangen konnte. Ich machte die ungeschickte Bemerkung, »ein Daumen einer Hand einer der Figuren sehe aus wie ausgerenkt«, genau wie ein ausgerenkter Daumen in einem medizinischen Lehrbuch. Ob er das beabsichtigt habe?

Er gab mir ein paar Photos von seinen Bildern. Also, mir war das zu hoch. Schwer zu begreifen, diese sauberen, mechanischen Zeichnungen der menschlichen Gestalt, zurechtgestutzt für die Leinwand – alle auf einer Fläche. Wozu sich mit den erkennbaren Details abgeben? Er sprach, aber ich konnte ihm nicht folgen.

Am nächsten Morgen kam Mina herein, als wir gerade beim Frühstück saßen. Sie machte eine Bleistiftskizze von mir, linkes Profil à la »Indianer«. Abschied von Mina. Kurzer Brief von Floss an Nancy. Mit dem Taxi in die rue de l'Odéon Nr. 12, Sylvia Beach und Adrienne Monnier zum Mittagessen eingeladen. Blumen und Brief an Nancy abgeschickt. Regen.

Essen mit Sylvia und ihrer Mutter. Mrs. Beach ganz reizend. Dann zu Bill Bird. Sally kam in sein Büro, um uns zu sehen. Wir alle zum Tee auf die Champs Elysées. Getanzt. Bill niedergeschlagen! Abschied von den Birds. Zurück in die rue de l'Odéon Nr. 12. Abschied von George Antheil, Bjerska, Joyella, Adrienne Monnier. Sylvia. Blumen. Abschied im Dôme. Später beim Abendessen Alice und Marguerite getroffen. Dann kamen Mrs. Baffrey und Tochter – die sich nach Amerika sehnt. Um zehn Uhr abends Abschied von Pound. Ins Bett.

Früh aufgestanden und um 7 Uhr 14 mit dem Taxi losgefahren, keine Briefe. Unterwegs noch mal bei Pound vorbei. Schlief noch. Im Bahnhof Alice und Marguerite. Letztere gab mir Geschenke und drei Bonds mit Zinsscheinen zur Aufbewahrung.

Sechsstündige Zugfahrt nach Cherbourg. Drei Frauen im Abteil, sprachen von Italien, Tanzen usw. Die eigenartige Kathedrale in Bayeux. Landschaft voller Kühe, Mohn, Fingerhut usw. Rundgang durch Cherbourg, das Standbild Napoleons, wie er den Blick nach England richtet, wohin er, hätte Nelson bei Trafalgar nicht gesiegt, gegangen wäre. Ein Karren voller Sandhaie, die hier gegessen werden. Kinder bei der Kommunion, Bauern, die sich küßten, Flugplatz, graue Dächer. Und in einem Café, wo wir etwas tranken, hörten wir ein Gespräch zwischen einer älteren Französin, einem großen schamroten englischen Matrosen und einem sehr jungen französischen Mädchen.

»Nein, so geht das einfach nicht«, sagte die ältere Frau. Der Mann murmelte irgendwelche Ausflüchte. Das Mädchen weinte.

»Jaja«, fuhr die ältere Frau fort. »Das stimmt schon. Aber Sie können eine junge Frau nicht einfach so sitzenlassen. Sie müssen auf der Stelle etwas tun, oder wir müssen andere Saiten aufziehen.«

Um 5 Uhr 45 auf den Tender, ich ein wenig erschöpft. Die *Zeeland* fuhr ein, ein schmales, aber recht freundlich wirkendes Schiff. Abendessen an Bord. Die Insel Alderney gesehen und früh ins Bett – sehr müde. Das Meer ruhig.

Am frühen Morgen des folgenden Montags begann ich an Bord das Boone-Kapitel von *In the American Grain* umzuschreiben.

Am nächsten Tag um drei und noch einmal um sechs

Uhr morgens aufgestanden und am Boone weitergeschrieben. Ich glaube, so kann ich's jetzt lassen.

Tony Sarg an Bord.

Am nächsten Tag ein hitziger Streit mit einer fanatischen Abstinenzlerin, die dann später versuchte, ein paar Spitzen durch den Zoll zu schmuggeln.

Schöner klarer Tag. Das Meer ölig glatt. Mehrere Drei- und Viermaster in unserer Nähe. Das rote Feuerschiff von Nantucket passiert. Es wird warm. Endlich zu Hause.

Kapitel 36

Wieder zu Hause

Bei unserer Heimkehr nach Amerika stellten wir fest, daß die Kinder die Zeit gut überstanden hatten. Es war Freitag, der 20. Juni 1924.

Dies waren die fetten republikanischen Jahre, als das Geld gedieh wie die Stinkende Zehrwurz im April in den Sümpfen...

Verdammt, schon wieder das Telefon ... Es war Mr. Taylor, der mir aufgeregt mitteilte: Sie haben in Ihrem ganzen Leben noch kein Gedicht geschrieben, Doc. Was Sie schreiben, ist Prosa; wie Shakespeare.

Als Doc K. Wochenenden für zweihundert Dollar pro Versuch verkaufte, alles inbegriffen: Schnaps, Kost und Logis, und eine Frau dazu, garantiert; und als die Dummheit keine Grenzen kannte.

Als erstes mußte ich meine Praxis wieder in Gang bringen. Natürlich waren wir pleite, oder so gut wie, und dagegen mußte etwas unternommen werden. Ich war mir nicht sicher, wie es laufen würde, aber dann kamen doch genug von meinen früheren Patienten zurück, so daß der Neuanfang gesichert war. Ich hatte mich endgültig für die Pädiatrie entschieden, und da ich noch jung war, schienen die Aussichten mir rosig.

Die Jungen gingen wieder ins Camp, Ende August fuhren wir für ein paar Wochen zu ihnen, und im Herbst ließ ich mir die Mandeln rausnehmen. Glückliche Zeiten!

Während meines freien Jahres hatte ich mein Buch *In the American Grain* beendet, nur der Titel fehlte mir damals noch. Als Charles Boni und ich im Lauf einer Besprechung nach einem wirkungsvollen Titel suchten, sagte ich zu ihm: »Ich möchte eine Vorstellung, eine umfassende Definition dessen vermitteln, was diese Männer, über die ich da schreibe, für uns geworden sind. Daß sie ein Teil von uns geworden sind, daß sie uns zu dem gemacht haben, was wir sind. Es soll klar werden, daß sie und wir eins sind, das amerikanische Naturell, daß wir sind, was sie durch ihre Taten aus uns gemacht haben, von amerikanischem…«

»Schrot und Korn«, sagte Boni.

Ich griff sofort zu. »Sie haben's erfaßt«, sagte ich, »und das ist der Titel.«

»Aber was ist mit Lincoln?« meinte er. »Sie haben ihn nirgends erwähnt. Schreiben Sie noch ein Kapitel über Lincoln, dann wird das Buch gedruckt.«

Es war mein erstes Buch bei einem kommerziellen Verlag, und ich schwebte im siebten Himmel – denn bis dahin hatte keins meiner Bücher einen Markt gefunden: ich hatte entweder den Druck selbst bezahlt oder praktisch auf jegliches Honorar verzichten müssen. Die Bonis haben ein schönes Buch daraus gemacht, wofür ich ihnen immer dankbar sein werde, aber was die Vermarktung angeht, haben sie so gut wie nichts unternommen.

Als Buch war es ein Mißerfolg. Immer wieder bin ich im Verlag aufgetaucht, bis man meines Anblicks dort so überdrüssig wurde, daß man mir nur noch zunickte und weiterging, sich vor mir abschottete und mich einfach sitzenließ: schön abgewimmelt. Man ließ mich wissen, daß man nicht die Absicht habe, für das Buch Reklame zu machen, und so mußte ich verbittert zusehen, wie meine großen Hoffnungen auf Erfolg aus dem Fenster flogen. Nach kürzester Zeit wurde das Ding verramscht, und ich kaufte so viele Exemplare, wie ich finden konnte.

Immerhin fand ich einige Freunde. Stieglitz entdeckte das Buch irgendwo und schrieb mir einen begeisterten Brief darüber. Er sagte sogar, es habe ihm den Namen für seine neue Galerie – An American Place – an der Madison Avenue gegeben. Von da an stattete ich dieser Galerie jahrelang regelmäßige Besuche ab, jedenfalls so lange, bis Stieglitz mir im Alter ein wenig zu verschroben wurde. Als er Hartley fallenließ, begann ich mich von ihm zu lösen. Er quasselte mir die Ohren voll. Ich bewunderte ihn und seine Frau Georgia O'Keeffe sehr, hielt es aber nicht mehr aus bei ihm. Später übernahm ich eine kleine Rolle in Dorothy Normans Projekt *Twice a Year*, aber das war zuviel für mich, ich hatte eine andere Richtung eingeschlagen.

Eine andere Freundschaft, die mir das Buch einbrachte, war die mit Martha Graham; sie schrieb mir, ohne dieses Buch hätte sie ihre choreographischen Pläne nicht weiter betreiben können. Das hat mich sehr bewegt. Ich habe Martha einmal in Bennington bei den Proben für die neue Saison getroffen, aber die schieren physischen Erfordernisse ihrer Position nahmen sie so in Beschlag, daß nichts Interessantes dabei herauskommen konnte.

Auf alle Fälle, so weit, so gut, das Buch war gedruckt und mußte nun selbst zusehen, wie es zurechtkam. Zunächst hatte ich vor, einen zweiten Band zu schreiben; ich wollte den Faden bei Jefferson aufnehmen, dann mit einem großen Satz zu Grover Cleveland übergehen und schließlich, etwas langsamer, mit Pancho Villa in der Gegenwart enden. Aber der schlechte Empfang, den man mir bereitete, machte all dem ein Ende.

Ich besaß eine große Menge Material in Form von Erinnerungen an unsere Europareise. Da ich irgend etwas schreiben mußte, beschloß ich, daraus Nutzen zu ziehen und einen Roman zu schreiben. Bloß von einem Ehepaar zu erzählen, das in Frankreich, Italien, Österreich und der Schweiz herumkutschiert, wäre freilich langweilig gewesen. Also würde ich das Material verwenden, eine Geschichte dazu erfinden, und das wär's dann. Von der Romanform, die ich als »romantisch« verabscheute, hatte ich ohnehin keine Ahnung. So schrieb ich halt eins dieser verdammten Dinger, um mal zu sehen, wie weit ich damit kommen würde. Das Ganze habe ich *A Voyage to Pagany* genannt, weil mir Europa größtenteils heidnisch vorgekommen war – aber die meisten hielten es für eine Reisebeschreibung.

Es war wunderbar, wie Charles Bonis Augen aufleuchteten, als ihn das Gerücht erreichte, ich hätte einen Roman geschrieben.

»Bill! Das darf doch nicht wahr sein« usw. usw.

Gedruckt wurde das Buch von einem Mann aus Passaic, New Jersey, unter dem Verlagsnamen Macauley. Der Umschlag stammte von meinem Bruder – »Der Wurm«, der die Welt umschlingt. Auch das hat sich nicht verkauft. Nicht so glückliche Zeiten. Die Bonis hatten recht behalten und machten bald darauf den Laden zu.

Etwa um diese Zeit bekam ich Hilfe aus dem Ausland: McAlmon und Bill Bird mit seiner Three Mountains Press brachten in Paris einige meiner Bücher heraus: *Frühling und Alles*, ein Buch mit Gedichten, und *Der große amerikanische Roman*, eine Satire der Romanform, in der ein kleiner (weiblicher) Ford sich mehr oder weniger in einen Mack-Lastwagen verliebt.

Abgetippt wurden meine Manuskripte damals von einer Patientin von mir, Katherine Johns: Mrs. W. Johns, Vassar-Absolventin und ehemalige Gerichtsstenographin in New Haven. Ihre Mutter war eine geborene Ives, eine Verwandte des amerikanischen Komponisten dieses Namens – was mich beeindruckte.

Mrs. Johns war, nun ja, rastlos. Sie hatte ihren Jungen, wußte aber in Rutherford nichts mit sich anzufangen. Als sie erfuhr, daß ich Schriftsteller sei, bot sie an, meine Schreibarbeiten zu erledigen. Und so kamen wir ins Geschäft miteinander. Über zehn Jahre lang tippte Mrs. Johns meine Sachen ab, wofür ich mich um sie und ihre Kinder kümmerte. Es gab eine Geburt, eine Lungenentzündung, eine Blinddarmoperation und einen Fall von Mastoiditis – eine Erkrankung, die vor der Erfindung des Sulfonamids häufig vorkam. Ich schrieb mit der Hand, mit der Maschine, und oft waren die Manuskripte so wüst korrigiert, daß selbst ich sie nicht mehr entziffern konnte. Aber sie wußte sich hindurchzufinden und tippte alles sauber ab: *In the American Grain, A Voyage to Pagany* und mehrere andere Bücher und Schauspiele.

Ich hatte mich nämlich wieder aufs Schauspiel verlegt und konzentrierte mich auf das Libretto für eine Oper, die George Washington zum Thema haben sollte.

Einige meiner Freunde in Passaic, Dr. Hughes, Dr. John und Dr. Butterfield, hatten sich zu dieser Zeit vorgenommen, mich als Mitarbeiter im Passaic General Hospital zu gewinnen. Die Zeiten seien günstig, in meinem Spezialfach, der Pädiatrie, gebe es dort genug zu tun. Ich müßte bloß in Passaic eine Praxis aufmachen, dann könnten sie mir die Stelle besorgen. Also mietete ich eine Praxis im Passaic National Bank Building, worauf sie unverzüglich in Aktion traten. Nun hatte ich also zwei Praxen, eine in Passaic und eine in Rutherford, und dazu noch den Dienst im Krankenhaus. Einfacher wurde mein Leben damit nicht gerade.

Die Praxis war klein und lag im vierten Stock des Bankgebäudes. Immerhin lernte ich dadurch neue Kollegen kennen, und die Arbeit im Krankenhaus forderte mein Können heraus und gab mir noch mehr Gelegenheit, den Elenden und Unglücklichen zu helfen. Später kamen einige der Krankenschwestern ab und zu bei mir vorbei und vertrauten mir ihre Sorgen an. Für drei oder vier von ihnen wurde ich eine Art Beichtvater. Das alles hatte durchaus seine guten Seiten, aber das dauernde Hin und Her wurde mir mit der Zeit zu anstrengend. Acht Jahre später überließ ich die Stelle einem meiner Kollegen.

Das Schreiben ging in jenen Jahren weiter wie bisher, so unstet das Leben auch sein mochte. Es war die Zeit der Prohibition. Trinken mußten wir, obwohl das Trinken mir nie Spaß gemacht hat; ich werde dabei immer sinnlich, dann reumütig und erwache schließlich (was ich nie wieder zu erleben hoffe) mit rasenden Kopfschmerzen.

Das letzte Jahr, das die Jungen im Camp am Lake Mattawamkeag in Maine verbrachten, mag dies illustrieren. Wir Eltern hatten eine Hütte auf dem Gelände gemietet – das heißt, ein Stück weiter am See, in Bill Sewells

Camp für Erwachsene. Eines Tages fuhr eine Gruppe von uns (ich war nicht dabei) nach New Brunswick rüber, gleich hinter der Grenze, und langte zu. Die Männer stopften sich Flaschen in die Hosenbeine, die Frauen hatten plötzlich eine größere Oberweite, und als sie sich dem Zollhaus näherten, sprangen sie alle aus dem Wagen, um ihn durchsuchen zu lassen.

Aus irgendeinem seltsamen Grund trank ich an diesem Abend Rum, pur – vermutlich, weil der Gin und das andere Zeug noch scheußlicher waren. Am nächsten Morgen lief ich bis gegen Mittag durch den Wald; hinlegen wollte ich mich nicht, aus Angst, die Bäume könnten über mir zusammenstürzen.

Wir gingen angeln. Bill Sewell, der Teddy Roosevelts Führer gewesen war, als dieser sich in jungen Jahren zwecks körperlicher Ertüchtigung in die Wildnis zurückgezogen hatte, erzählte abends am Lagerfeuer Geschichten von seinem Lieblingsfreund und von den alten Tagen in den Wäldern von Maine. Er war der erste Weiße, der in diesem Teil des Landes geboren worden war.

Bills erwachsener Sohn Merrill, ein ehemaliger Fremdenführer und Eisenbahner, rührte in Gegenwart seines Vaters keine Zigarette an. Einmal fragte Flossie Bill: »Bill, wenn du mir im Wald begegnen würdest, was würdest du dann tun?«

»Nun«, sagte Bill, »ich würde dich nicht erschießen.«

Dort sah ich einmal in der Nähe des Ufers einen großen Blaureiher auffliegen und lautlos zwischen den Bäumen verschwinden. Ich hörte zum erstenmal den Seetaucher und angelte den reichlich vorhandenen Barsch, den niemand haben wollte – und wenn einer zu gierig nach dem Haken geschnappt hatte und wir ihn töten mußten, begruben wir ihn unter einem Stein. An einer Ecke des Sees wuchs wilder Reis. Die Jungen entwickelten sich zusehends. Sonntags wurden die drei oder vier katholischen Jungen mit Kanus zur Messe ins Dorf gebracht. Wir beobachteten das Schweigen der Wildnis, eine tiefere Provinz konnte es nicht geben – erfüllt von einem trostlosen Glauben. Wenn wir nach einem solchen Erlebnis nach Hause kamen, schien es uns, als kehrten wir aus der Geschichte zurück, und wir mußten uns erst wieder in das künstliche Provisorium der Gegenwart einleben.

Ich war damals ein begeisterter Galeriebesucher. War oft bei Stieglitz, und wenn es irgendwo eine Ausstellung der französischen Meister oder sonst etwas im Modern Museum oder in der Whitney Gallery zu sehen gab, ging ich hin. Paul Rosenfeld mit seiner halb verlegenen, blumigen Ausdrucksweise war ein guter Freund von mir. Er bat mich immer wieder, mir diesen oder jenen vorstellen zu dürfen, Aaron Copland oder alle möglichen anderen. Dort herrschte eine ganz eigene Atmosphäre.

Von Hartpence, der wirklich so hart war wie sein Name – nie hat ein Name besser zu seinem Träger gepaßt – gibt es eine Geschichte, die ich schon oft erzählt habe. Er war ein guter Freund von mir. Hager und von mittlerer Größe, sein Gesicht sandfarben wie sein Haar und ebenso trocken. Wenn ich mich recht erinnere, trug er auch einen Mantel von dieser Farbe. Er lebte mit einer glatthaarigen Tänzerin zusammen, Slade, Helen Slade, und es schien keine Rolle zu spielen, ob sie verheiratet waren oder nicht; er jedenfalls ließ sich nie darüber aus.

Alanson Hartpence arbeitete für die Daniel Gallery. Einmal war der Besitzer der Galerie nicht im Haus, und Hartpence führte die Aufsicht. Plötzlich tauchte eine ihrer wichtigsten Kundinnen auf, eine Frau in den Fünfzigern, die sich sehr für ein gewisses Bild interessierte, an das ich mich jetzt nicht mehr erinnern kann. Es gefiel ihr, sie schien bereit, es zu kaufen, sie trat davon zurück, ging wieder darauf zu und sagte schließlich: »Aber Mr. Hartpence, was ist denn das da unten in der linken Ecke?«

Hartpence trat dicht an das Bild heran und unterzog die erwähnte Stelle einer sorgfältigen Musterung. Nach einigem Überlegen meinte er: »Das, Madam, ist Farbe.«

Diese Geschichte markiert genau den Übergang in der damaligen Zeit, von der Auffassung, Kunstwerke seien Kopien der Natur, hin zu dem Gedanken, sie seien Nachahmungen der Natur, so wie Aristoteles es in seiner *Poetik* beschreibt, die seither unsere Vorstellungen beherrscht. Daß dieser Schritt noch immer nicht ganz vollzogen ist, macht es uns bis heute schwer, zu einem vollen Verständnis für die moderne Kunst zu finden.

In der Malerei war Cézanne der erste, der diesen Schritt bewußt vollzogen hat. Von ihm ging es aus, oft durch nichts anderes als die *vis a tergo*: der Deich war gebrochen, und alles stürzte hinterher. Aber für einen Mann wie Braque hatte dies grundsätzliche Bedeutung. Braque soll seine Bilder gelegentlich ins Freie getragen haben, um zu sehen, ob ihre Erfindung im Vergleich mit derjenigen der Natur so gut abschnitt, daß er damit zufrieden sein konnte.

Fast niemand scheint zu bemerken, daß diese Bewegung sich direkt aus der seit über zweitausend Jahren falsch ausgelegten *Poetik* herleiten läßt. Es ist nicht und war nie das Ziel, die Natur zu kopieren, sondern sie nachzuahmen; dies verlangt aktives Erfinden, aktives Handeln der Phantasie, etwas, worauf sich zum Beispiel Virginia Woolf berufen hat. Jemand malt ein Bild – Farbe auf einer Leinwand, die auf einen Rahmen gespannt ist. Man hat endlos diskutiert, aber dies ist nie deutlich genug ausgesprochen worden. Man malt kein »abstraktes Gemälde«. Sondern ein Bild. Ist es ein langweiliges Bild, ein phantasieloses Bild, sind die farblichen Elemente nichtssagend verteilt, so erweist sich das ganze Bild als nichtssagend, auch wenn es einen mächtigen Diktator oder eine These von Sartre darstellt.

Dieser Schritt, weg von den abgenutzten Vorstellungen des späten neunzehnten Jahrhunderts – lassen wir Blake und Whitman einmal beiseite –, wurde nicht nur in der Malerei vollzogen. Für die Literatur hat Gertrude Stein mit ihrer Konzeption vom konkreten Gebrauch der Worte den Schlüssel gefunden.

Gewisse »Geschichten« aus der Vergangenheit haben uns gebremst. Der Athener Apelles wußte Kirschen so naturgetreu zu malen, daß die Vögel nach ihnen pickten, als er die Bilder ausstellte – im athenischen Licht, möchte ich hinzufügen. Von wesentlichem Einfluß auf unser abendländisches Denken ist Shakespeares »Der Natur den Spiegel vorhalten« – der schlechteste Rat, den man einem aufkeimenden Künstler wohl geben kann: gemein, gedankenlos und verkehrt. Der Künstler strebt bei seiner Arbeit NICHT danach, der Natur den Spiegel vorzuhalten. Es geht ihm vielmehr darum, aus der Phantasie heraus etwas zu erschaffen, das nicht nur keine Kopie der Natur, sondern geradezu etwas vollkommen anderes ist, etwas Neues, etwas, das von dem in der Natur Existierenden verschieden ist, ein Ding, das es in der Natur gar nicht gibt.

Wer die Natur nachahmen will, kommt nicht an dem Verb »tun« vorbei. Kopieren bedeutet bloß, unbeweglich etwas schon Vorhandenes zu zeigen: Shakespeares Spiegel ist alles, was man dazu braucht. Durch das Nachahmen jedoch vergrößern wir die Natur, werden wir selbst Natur oder entdecken in uns das Wirken der Natur. Das dünkt uns verlockend, es erweitert den Kunstbegriff und gibt der Kunst eine höhere Weihe, was viele noch immer nicht begriffen haben.

1924 erhielt ich von der Zeitschrift *Poetry* den Guarantor's Prize, und 1926 wurde mir vom *Dial* ein Preis in Höhe von zweitausend Dollar verliehen. Leider war ich kurze Zeit vorher wegen einer Kurzgeschichte, die ich in einer anderen Zeitschrift veröffentlicht hatte, auf fünfzehntausend Dollar verklagt worden. Wir einigten uns außergerichtlich auf fünftausend Dollar, und da kam mir das Geld vom *Dial* gerade recht. Ich sah die morgendliche Post durch und stürzte mit Tränen in den Augen zu Flossie ans Bett.

Die Sache war so: ein junger, inzwischen längst verstorbener Bekannter hatte mir die Geschichte erzählt, und sie gefiel mir so außerordentlich gut, daß ich nach Hause eilte, meine Schreibmaschine nahm und das Ganze, etwa sechs oder acht Seiten, in einem Zug herunterhämmerte. Die Namen glaubte ich nicht richtig behalten zu haben; ich las es mir noch einmal durch und schob es in meine Schreibtischschublade, wo es etliche Monate liegenblieb.

Dann bat mich die Zeitschrift eines Tages um einen Beitrag. Ich zog die Geschichte heraus, steckte sie in einen großen braunen Umschlag und schickte sie ab. Eine Antwort blieb aus, aber da ich an Ablehnungen und dergleichen gewöhnt war, dachte ich nicht weiter daran und nahm mir nur vor, etwa noch notwendige Änderungen in den Fahnenabzügen vorzunehmen, falls man mir denn welche schickte.

Dann bekam ich eines Tages die Zeitschrift; sie enthielt meine Geschichte und war bereits im Handel. Ich fiel beinahe tot um, denn mir war sofort klar, was da auf mich zukam. Eigentlich hätte ein bekannter Anwalt, dessen Name mir seither verhaßt ist, alle von der Zeitschrift akzeptierten Texte in bezug auf mögliche Verleumdungsklagen überprüfen sollen. Er hatte keinen Blick darauf geworfen, sondern sich, reich wie er war, einfach einen schönen Tag gemacht. Die Herausgeber wiesen jede Verantwortung von sich, und so mußte ich die Sache ausbaden. Das Dumme war nun, daß mein Vergehen aufgrund der Natur des Materials eine rechtswidrige Handlung darstellte. Obwohl die ganze Geschichte erwiesenermaßen den Tatsachen entsprach, unterschrieb mein Freund, der Mann, der mir all diese Einzelheiten so schön mitgeteilt hatte, eine Erklärung, die gegen mich sprach. Prima Sache für einen aufstrebenden jungen Arzt in einer Kleinstadt. Floss verhielt sich natürlich wunderbar, aber sie gab es mir trotzdem.

»Wie oft habe ich dir gesagt, du sollst nicht die wirklichen Namen verwenden.«

»Aber das muß ich tun«, sagte ich, »wenn ich überzeugend schreiben will.«

»Das ist doch lächerlich!«

»Ich hatte vor, die Namen später zu ändern.«

»Na schön, wenn's dir Spaß macht, mach nur weiter so, aber du hast Kinder, und du hast deine ...!«

Ich hatte einen guten, schlampigen alten Anwalt, der meistens auf einer Zigarre herumkaute und den Saft auf seine Weste tropfen ließ; er holte mich für 5000 Dollar da raus. Ich muß hier jedoch bemerken, daß der junge Anwalt der Gegenpartei – als er den wahren Sachverhalt erkannte – seinem Klienten klarmachte, er werde sein Mandat niederlegen, falls dieser sich nicht mit dem genannten Betrag – er verlangte wesentlich mehr – zufriedengeben wolle. Gott segne ihn. Ich habe seinen Namen vergessen, falls ich ihn je gewußt habe. Soweit ich weiß, fuhr er eines Tages bei uns vor und sah sich mein Haus an, um festzustellen, wieviel ich wohl wert sein mochte. Um Floss und die Kinder zu schützen, erhöhte ich meine Versicherung um fünftausend Dollar, aber für den Fall, daß man mich ruiniert hätte, hatte ich einen anderen Plan in der Tasche.

Einige Jahre später ließ Floss sich die Extraversicherung auszahlen, um mir die, wie sie meinte, zusätzliche Last abzunehmen.

Der vom *Dial* verliehene Preis galt zwar ganz allgemein für hervorragendes literarisches Schaffen im Jahre 1926, wurde aber von der Zeitschrift selbst durch den Abdruck meines vier- bis sechsseitigen Gedichts *Paterson*, das die Basis des späteren und umfangreicheren Gedichts darstellte, noch besonders unterstrichen.

In jenen Jahren hatten die kleinen Zeitschriften ihre große Zeit. Ich veröffentlichte in den meisten von ihnen.

Geld gab es überall, der Handel florierte, junge Leute machten sich über die konservative Lebensart ihrer Eltern lustig. Es kam nicht selten vor, daß jemand dreißig- oder vierzigtausend Dollar in einer Woche verdiente. Wir investierten bescheiden und kauften nichts auf Pump.

Gelegentlich kam Marjorie Allen Seiffert (ich hatte sie früher einmal auf einer von Kreymborgs Partys kennengelernt) für zwei Wochen nach New York, um sich von ihrem Mann und den Kindern zu erholen. Dann lud sie alle ihre männlichen Bekannten ein, alle, aus denen sie sich etwas machte – zu einem gemeinsamen Abendessen, einem Theaterbesuch oder wozu sie eben Lust hatte. Wir gingen in eine Flüsterkneipe, sprachen über uns und die Welt, verdrückten uns einmal, sie und ich, um uns O'Neills *Desire Under the Elms* anzusehen, aber schon am Anfang des zweiten Akts entschuldigte sie sich und ließ mich das Stück allein zu Ende ansehen, weil sie noch eine andere Verabredung hatte.

Charles Henri Ford bat mich um ein Vorwort für einen seiner Gedichtbände, vielleicht seinen ersten. Ich schrieb es und schickte es ihm. Ein oder zwei Jahre später, vielleicht auch schon eher, zeigte er mir das Buch. Er lächelte ein wenig schüchtern, während ich mir das Vorwort durchlas. Ich kam einfach nicht drauf, wo ich das schon mal gesehen hatte, und dann erblickte ich meinen Namen darunter.

»Ich hoffe, es ist Ihnen recht so«, sagte er.

Er hatte meinen Text umgeschrieben und alles hinzugefügt, was seine Laune ihm gerade eingab, freilich ohne meine Unterschrift zu entfernen. Es war mir recht. Warum auch nicht?

Aus jener Zeit ist mir Alice in Erinnerung, die Nachfolgerin unserer Kathleen. Nach ihr kam Sadie. Einmal gingen wir abends aus, ins Kino vermutlich, und sie sollte die Jungen beaufsichtigen, die oben fest in ihren Betten schliefen. Damals hatten wir noch kein Radio, und dieses große üppige Mädchen muß es ziemlich schwer gehabt haben, sich die Zeit zu vertreiben. Sie war eine gute Seele, und abgesehen von ihrer für ihr romantisches Alter ganz natürlichen Abenteuerlust war sie uns so treu ergeben, wie wir uns nur wünschen konnten. Wir gaben uns Mühe, sie bei Laune zu halten. Jedoch sind alle diese Staatsmündel, alle diese Mädchen, mit denen wir Erfahrungen gemacht hatten, recht einsame Wesen, die sich nach Zuneigung sehnen, es aber nicht beim Sehnen lassen, sondern sich aktiv darum bemühen, sie zu bekommen, wo und wann immer sie können. Sie sind, nehme ich an, vor allem auf der Suche nach einem Vaterersatz. Manche gingen mir sehr auf die Nerven; es war nicht einfach für mich, neben allem anderen, was mich beschäftigte, auch noch diese Rolle zu übernehmen. Also fühlten sie sich betrogen. Ich habe sie alle sehr gern gehabt.

Als Floss und ich an dem besagten Abend gegen elf Uhr durch die Hintertür das Haus betraten, erwarteten wir, Sadie im vorderen Zimmer, wo sie sich gern hinlegte, wenn wir nicht da waren, auf dem Sofa schlafend vorzufinden. In der Küche kein Licht. Stühle lagen umgekippt herum. Floss spürte, daß etwas nicht stimmte, und rief nach dem Mädchen. Keine Antwort. Im vergangenen Monat war in der Nachbarschaft mehrmals eingebrochen worden. Wir hatten Sadie gesagt, sie solle das Haus verschlossen halten und auf keinen Fall irgendeine Außentür öffnen, ohne vorher zu fragen, wer da wäre.

Nun eilten wir ins Eßzimmer und machten Licht. Auch hier war alles durcheinander, Stühle lagen umher, die Schubladen der Anrichte waren herausgezogen. Unser ganzes Silberzeug war weg! Ich glaube, jetzt vernahmen wir ein Stöhnen. Floss ging ins Vorderzimmer, auch hier alles dunkel. Sie machte Licht, und da, auf dem Boden vor dem Klavier, das wir damals hatten, die Beine unten daran festgebunden, die Hände auf den Rücken gefesselt und einen Knebel im Mund, lag Sadie.

Es verschlug mir die Sprache.

Das Mädchen gab ein unverständliches Gebrummel von sich, versuchte uns etwas zu sagen; ich holte ein Messer und schnitt die Stricke durch, befreite ihre Arme, ihre Beine und entfernte den Knebel, den man ihr um den Mund gebunden hatte. Nun setzte sie sich auf und berichtete uns aufgeregt, daß sie das Silberzeug gerettet habe. Sie habe geahnt, daß an diesem Abend etwas passieren würde, und daher habe sie das Silber vorsorglich in einen meiner alten Koffer getan und diesen im Kamin versteckt. Ich lief hin, nahm das Gebläse von der kalten Feuerstelle und fand tatsächlich, genau wie sie gesagt hatte, das ganze Silberzeug; nichts fehlte.

Wunderbar!

Darauf erzählte sie uns, sich die Handgelenke reibend, sie habe starr vor Schreck mit anhören müssen, wie die Männer durch den Keller hineingekommen seien. Ehe sie sich rühren oder schreien konnte – die Kinder wagte sie nicht im Stich zu lassen! –, fielen sie über sie her, preßten ihr eine Hand vor den Mund und …

»Haben sie dir etwas angetan?« rief ich aufgeregt.

Ah nein, nichts dergleichen.

Statt dessen waren die Männer die Treppe hinaufgegangen, während Sadie hilflos am Boden lag und sie in den Kommoden wühlen hörte. Floss stürzte nach oben und sah bei den Kindern nach, die genauso ruhig schliefen, wie wir sie verlassen hatten; aber in unserem Zimmer war alles aus den Schubladen gerissen und in wüstem Durcheinander auf dem Boden verstreut. Unterdessen konnte Sadie, abwechselnd von mir umarmt und gepriesen, ein wenig zusammenhängender erzählen. Es waren zwei Männer, Weiße; kurz vor unserem Eintreffen, das war keine zehn Minuten her, vielleicht von uns aufgeschreckt, stürzten sie in den Keller und flohen auf demselben Weg, den sie gekommen waren. Ich lief hinunter, um nachzusehen, ob sich dort weitere Hinweise finden ließen, und fand auf dem Betonboden vor der offenen Tür einen verlassenen Koffer. Ich ging nach oben und rief die Polizei.

Inzwischen war Floss aus dem ersten Stock zurück, und da im Grunde ja nichts gestohlen worden war, nicht einmal die Kinder aufgewacht waren und die ganze Sache einen ziemlich verdächtigen Eindruck machte, sagte sie kein Wort zu mir und blieb ruhig sitzen, bis Wachtmeister Rosenfelder eintraf, ein großer, freundlicher Bursche mit einem trefflichen Kopf auf den Schultern. Wir erzählten ihm die Sache, wobei Sadie uns hier und da korrigierte; dann fragte ich ihn, ob er nicht in den Keller gehen und sich das mal ansehen wolle. Wir beide gingen zusammen hinunter. Nachdem ich Licht gemacht hatte, sah er mich lächelnd an.

»Sie hat es selbst gemacht«, sagte er.

»Wie meinen Sie das?«

»Um die Heldin zu spielen«, sagte er, »und von Ihnen gelobt zu werden.«

Floss war bereits zu demselben Schluß gekommen. Wie auch immer, nachdem alles klargestellt war, sagte ich zu Sadie, sie habe da wirklich eine gute Show abgezogen. »Aber wie zum Teufel hast du mit gefesselten Händen den Knebel in den Mund bekommen?«

»Das war ich nicht«, sagte sie.

Kapitel 37

Eine Entbindung

Eines Tages im Februar bekam ich einen Anruf aus der Praxis eines der jüngeren Ärzte bei uns in der Stadt. Als Jugendliche waren er und Flossie ein paarmal miteinander ausgegangen, aber da er katholisch war und sie nicht, konnte nichts daraus werden. Sie waren auf der Public School in dieselbe Klasse gegangen. Der Anruf bestellte mich nach Lyndhurst, unsere Nachbarstadt;

ich sollte einem jungen Arzt helfen, der dort mit einer Entbindung nicht zurechtkam. Der eigentlich dafür Zuständige lag mit einer Grippe im Bett und hatte seinen jungen Assistenten geschickt. Was blieb mir übrig, ich mußte los. Welcher Tag das war, habe ich vergessen, ein Feiertag, jetzt hab ich's, Lincolns Geburtstag. Ich war ziemlich sauer über diese Störung. Jedenfalls fuhr ich hin; ein kleines Haus im ärmeren Viertel der Stadt.

Aber als ich dort ankam, erlebte ich eine Überraschung. Ich wollte gerade auf die Klingel drücken, als die Tür aufging und ein kräftig aussehender Mann in Weste und Hemdsärmeln mich hineinbat: »Kommen Sie.«

Ich trat in einen schmalen dunklen Flur und begann den Mantel auszuziehen; dabei sah ich mir den Burschen, der mich hineingelassen hatte, zum erstenmal genauer an. Er war gebaut wie ein Bierkutscher und hatte die Hemdsärmel hochgekrempelt. An den Schläfen fielen ihm die Haare aus, und er hatte mehr als ein bißchen Schlagseite, aber was mich stutzen ließ, waren seine Hosen. Er war offensichtlich Polizist – was nicht nur an den Hosen zu erkennen war, denn obendrein trug er einen Patronengürtel und eine Fünfundvierziger.

»Wo ist die Patientin?« fragte ich. »Oben.« Und genau da vernahm ich eine tiefe Frauenstimme, Schreie und Flüche, daß man eine Gänsehaut bekommen konnte.

»Gehen Sie rauf. Sie braucht Sie, Doc. Es ist noch ein anderer Arzt bei ihr; ich weiß nicht, wie gut er ist, aber er tut jedenfalls nichts für sie. Warum ist Dr. W. nicht selbst gekommen?«

»Jetzt haben Sie ja mich«, sagte ich, nahm meine Tasche und stieg nach oben. Der junge Arzt trat mir in der Schlafzimmertür hohläugig entgegen.

»Bin ich froh, Sie zu sehen!«

Aber der Anblick, der sich meinen Augen bot, hinderte mich, ihm zu antworten. In dem ärmlichen Zimmer stand ein Doppelbett, und darauf lag die Frau – das heißt: sie füllte es aus, von einer Seite zur anderen und von oben bis unten. Die Federn berührten den Boden. Sie war ein Berg, die Fettwülste um ihren kleinen Kopf standen hinter dem Umfang ihres Bauchs nicht zurück.

Kaum erblickte sie mich, stieß sie einen Schwall von Flüchen aus, gegen den jungen Arzt, gegen Doktor W. und überhaupt gegen jeden, der sie in diesen Zustand versetzt habe, aus dem ihr anscheinend niemand helfen könne; darauf schlief sie ein und schnarchte wie eine Wildsau.

Der junge Arzt war seit einem Tag bei ihr – er war die ganze Nacht aufgewesen, hatte weder schlafen noch essen können und das Haus nicht verlassen dürfen; dafür hatte der Mann unten gesorgt. Auf die Pistole an seiner Hüfte klopfend, hatte er ihm klargemacht, er werde das Haus erst verlassen, wenn das Baby geboren sei, und, bei Gott, sollte das Kind durch seine Ungeschicklichkeit oder Unfähigkeit sterben oder die Frau zu Schaden kommen, werde er den gleichen Weg gehen.

»Übernehmen Sie die Sache«, sagte er zu mir. »Ich kann nicht mehr.«

»Auf gar keinen Fall«, sagte ich. »Damit würden Sie doch nur Ihr Versagen eingestehen. Halten Sie durch. Bei den nächsten Wehen gebe ich ihr ein Mittel, dann sehen wir weiter.«

Und dann fing es an. Erst wurde sie unruhig, dann kreischte sie: »Jetzt geht es wieder los!«, sie schwitzte und schuftete wie ein Ochse, der einen bis zu den Achsen eingesunkenen Karren aus dem Dreck ziehen soll. Sie schrie und fluchte und kämpfte.

»So geht das schon seit gestern«, sagte er. »Furchtbar.«

»Ich werde sie mal untersuchen«, sagte ich.

»Hoffentlich weiß hier bald mal einer weiter«, brüllte sie mich an. »Los, finden Sie endlich raus, was da nicht stimmt, falls Sie nicht auch so ein Trottel sind wie der da.« Worauf sie ihre schweren Schenkel spreizte, ein Anblick wie – nun, wenn man's nicht selbst gesehen hat, ist jeder Vergleich zwecklos.

Ich tauchte rein und fand die Cervix vollständig geweitet, die Fruchtblase zerrissen; ein Kopf zeigte sich. Die Wehen waren voll in Gang, und soweit ich sah, war alles in Ordnung. Wahrscheinlich Hinterhauptslage, aber ich nahm mir nicht die Zeit, das herauszufinden, die Umstände waren zu ungünstig; das niedrige Bett, die fehlende Hilfe.

»Haben Sie ihr Pit gegeben?« fragte ich. Die Anwendung von Hypophysenpräparaten in solchen Fällen war damals gerade erst aufgekommen, und der junge Mann hatte nichts dergleichen bei sich.

»Haben Sie was mit?« fragte er.

»Ja.«

»Wollen Sie die Sache nicht übernehmen?«

»Nein. Aber ich gebe ihr eine Spritze. Ihr fehlt doch sonst nichts, oder? Wieviel wiegt sie eigentlich?«

»Dreihundert Pfund, hat man mir gesagt.«

Also gab ich ihr 1 ml Pit und verfügte mich dann wieder mit dem Chloroform ans Kopfende des Bettes. Der Nadelstich meiner Spritze löste eine ungeheure Wehe aus, und ehe wir irgend etwas tun konnten, lag ein Junge, von der Nabelschnur umschlungen und kreischend, als hätten wir *ihn* gestochen, in der Drecklache vor dem Hintern seiner Mutter – ich finde keine anderen Worte dafür.

Der junge Arzt fiel vor Erleichterung beinah in Ohnmacht, während die Frau den Kopf hob und ihrem Mann unten zuschrie: »Es ist ein Junge.«

»Wieviel wiegt er?«

»Dem Augenschein nach«, sagte ich, »mindestens acht Pfund.«

»Ist er verletzt?«

»Wieso sollte er verletzt sein? Nein«, sagte ich, »er ist ein ausgewachsener Bulle, bei den Schultern.«

»Gott sei gepriesen. Es ist vorbei.«

Ich zog die Decken zurück, um an den Fundus heranzukommen und die Plazenta herauszudrücken. »Moment mal«, sagte ich und stutzte. Die beiden sahen mich an.

»Stimmt was nicht, Doc?« fragte mein junger Gehilfe.

»Da ist noch einer!«

»Was haben Sie gesagt?« kreischte die Frau.

»Zwillinge, mindestens Zwillinge«, sagte ich. Der junge Arzt kippte fast aus den Latschen.

»Schaffen Sie das erste aus dem Weg, legen Sie's auf das andere Bett. Es geht schon los!« Und da kam der zweite, größer als der erste, ebenfalls eine Kopflage, kreischend und um sich schlagend – und fluchend, falls Sie mir glauben wollen.

»War's das?«

»Ja, das war's«, sagte ich. »Oder was dachten Sie?«

»Lassen Sie mich jetzt schlafen«, sagte sie.

»Warten Sie nur noch, bis die Nachgeburt vorbei ist«, sagte ich, »dann können Sie von mir aus schlafen, solange Sie wollen.«

Als der Gatte an die Tür kam und ich ihm mitteilte, daß er zwei Söhne bekommen habe, sagte er bloß: »Gott sei Dank. Wie geht es ihr?«

»Ausgezeichnet.«

»Gut. Sie sind wirklich gerade noch rechtzeitig gekommen«, sagte er.

»Nein, er hat seine Sache gut gemacht. Ohne seine Vorarbeit hätte sie es nicht durchgestanden; ich hatte nur Glück. Und, bei Gott, wir haben heute Lincolns Geburtstag.«

»Dann nennen wir den einen Abraham und den anderen Lincoln«, sagte er.

»Und wie ist der Nachname?« Ich war noch nicht dazu gekommen, mich danach zu erkundigen.

»O'Toole«, sagte er.

»Abraham und Lincoln O'Toole«, sagte ich und verbiß mir das Lachen. »Was dagegen?« fragte er. »Aber nein. Die Namen sind einzigartig, um das mindeste zu sagen. Die werden ihnen Glück bringen, oder ich müßte mich sehr täuschen.«

»Was schulde ich Ihnen, Doc?« fragte er mich und zog ein Geldbündel aus der hinteren Hosentasche.

»Das werde ich mit Dr. W. besprechen. Ich weiß nicht, was er Ihnen berechnen wird.«

»Der soll bloß versuchen, Geld von mir zu verlangen, nach dem, was hier vorgegangen ist«, sagte der Mann.

»Er wird Sie verklagen«, sagte ich lachend.

»Verklagen Sie mich«, sagte die Frau, die gerade aufwachte. »Er soll mich verklagen, wegen meiner dreckigen Unterhose.« Und damit ließen wir es genug sein.

Kapitel 38

Gertrude Stein

Ich erinnere mich an einen Sommer in der imposanten Landschaft von Hilldale, Vermont; in dem kleinen Bach am Grund des Tals zwischen den Erlen badete die schwachsinnige Elsie, groß und bleich, und die Männer auf dem Feld am Hang gegenüber hielten mit der Heuernte ein und sahen ihr zu.

Tief im Wald, nicht weit vom Fluß des Mount Olga, gab es eine sehr reine und üppig sprudelnde Quelle. Dort ging ich häufig mit den Jungen hin und sah ihnen beim Spielen zu, wir suchten Frösche und ließen die Samenkapseln des reichlich dort wachsenden Springkrauts aufspritzen.

Ab und zu schrieb ich ein wenig, meist Gedichte; dazwischen stieg ich mit Floss oder anderen auf den Haystack oder Stratton. Sogar der kleine Bill kam eines Tages auf den Haystack mit. Vermont war immer Balsam für meine Nerven.

Richard Johns war ständig hinter mir her wegen neuer Kapitel von *White Mule*, womit ich damals angefangen hatte: das erste Kapitel lag über ein Jahr lang in einer Schublade in der Mansarde, aber nachdem er es gelesen hatte, druckte er das Ganze nach und nach sehr großmütig in *Pagany* ab.

Und dann schien uns die Zeit günstig, die Jungen für ein Jahr nach Europa auf die Schule zu schicken – als eine Art Entschädigung für die Monate, die wir sie Anfang der zwanziger Jahre allein gelassen hatten.

Bill war im ersten Semester an der Rutherford High-School, und Paul, zwei Jahre hinter seinem Bruder zurück, besuchte noch die Grundschule; Pauls Beine wurden immer länger, er selbst wurde im Lauf der Zeit gegenüber vielen Dingen immer gleichgültiger. Auch die Tradition unserer Familien drängte uns zu diesem Entschluß. Alle unsere Eltern waren im Ausland geboren. Floss war als Kind zusammen mit ihrem kleinen Bruder nach Deutschland und Norwegen mitgenommen worden und erinnerte sich noch, wie sie in der

Nähe von Oslo um elf Uhr nachts unter der »Mitternachtssonne« Maiglöckchen gepflückt hatte; Ed und ich hatten etwa in dem Alter, in dem jetzt unsere Jungen waren, das Château de Lancy besucht.

Und so machten wir vier uns im Sommer 1927 auf den Weg nach Antwerpen, Paris und Genf.

Diesmal fuhren wir zuerst nach Antwerpen, so wie ich 1910 auf dem Weg nach Deutschland. Die Kinder hatten ihren Spaß, besonders an der Löwin und ihren Jungen im dortigen Zoo. Dann ging es weiter über Basel, Lausanne, Chillon, den Dent du Midi und gemächlich am Westufer des Lac Leman entlang, auf einer Seite der Jura, auf der anderen die Alpen, bis zu unserem Ziel und dem Ende des ersten Teils unserer Reise. Die Jungen freuten sich auf ein wunderbares Jahr in Europa.

Wir brachten die Kinder in der Schule unter, und dann fuhren Floss und ich zu einer letzten Sause nach Paris, bevor ich allein wieder nach Amerika zurück mußte. Wir suchten uns ein Zimmer, fanden ein gutes billiges Hotel, aber es war dort so ungemütlich, daß wir nach einer Nacht wieder auszogen. Wir hatten das Zimmer für eine Woche gemietet, und als wir dem Inhaber am nächsten Morgen mitteilten, daß wir nicht bleiben wollten, reagierte er ziemlich wütend. Der arme Mann in seinem elenden kleinen Büro hatte wahrscheinlich seit Wochen keine ordentlich zahlenden Gäste mehr gehabt und muß über unser Auftauchen sehr erfreut gewesen sein; daß wir nun wieder gingen, bedeutete für ihn buchstäblich eine Einbuße an Essen und Trinken. Er beschimpfte uns ausgiebig als *riches Américains*, die sich im Reichtum wälzten und bloß in das arme Frankreich kämen, um den Wechselkurs auszunutzen. Was wir denn für das jämmerliche Almosen, das wir ihm zahlten, erwarten würden? Einen Palast?

Bob übernahm wieder einmal das Kommando und

besorgte uns ein Zimmer in seinem Hôtel Istria; in dieser Woche wurde nämlich das Biwak der ersten Zehnjahresfeier der American Legion in Paris abgehalten. Zimmer waren kaum zu bekommen, und man war den Amerikanern insbesondere wegen ihres Verhaltens gegenüber den Französinnen alles andere als freundlich gesonnen. Wir waren auf dem besten Weg, uns verhaßt zu machen. Das konnte ich allenthalben spüren. Und nach dem, was ich so mitbekam, konnte ich den Franzosen ihren Groll nicht einmal übelnehmen.

Eines Nachmittags nahmen Floss und ich in einem Restaurant des Quartier Latin einen kleinen Imbiß zu uns; dazu bestellte ich eine Flasche Meursault, einen etwas ausgefallenen weißen Burgunder, den ich sehr schätze. Der Wein war teuer, aber ich wollte ihn haben; man brachte die Flasche und öffnete sie. Ich spreche ein wenig Französisch und verstehe das meiste. Und so bekam ich mit, wie links von uns zwei junge Männer zueinander sagten: »Sieh dir die beiden an. Da haben wir's wieder. *Dégoutant* – widerlich.«

Vermutlich dachten sie so: Da hocken zwei Barbaren und trinken einen der besten Weine Frankreichs zum Mittagessen! Einen unserer teuersten Weine, den wir selbst uns gar nicht leisten können, einen Wein, von dessen Erlesenheit und besonderem Geschmack sie nicht die leiseste Ahnung haben. All das stand in ihren Gesichtern geschrieben.

Von dieser Mahlzeit habe ich noch etwas in Erinnerung: wir bestellten irgendein Fleischgericht, vielleicht *filet mignon*, das zufällig mit einer großen Menge Brunnenkresse serviert wurde; nun aßen wir aber Brunnenkresse besonders gern, und da wir nicht wußten, welche Beilage es zum Hauptgericht geben würde, hatten wir zusätzlich noch einen Kressesalat bestellt, so daß wir nun vor einem wahren Berg von Kresse saßen; aber wir putzten alles weg und tranken den Wein dazu. Es war eine unserer letzten gemeinsamen Mahlzeiten auf dieser Reise. Wir aßen übrigens auf der Terrasse, das heißt auf der Straße, wie Floss sich erinnert, denn vor den Tischen ging eine zerlumpte Frau auf und ab und führte bittere Klagen, daß es Leute gäbe, die sich so gutes Essen leisten könnten, während sie darben müsse.

Aber der Höhepunkt war eine Einladung zum Tee bei Gertrude Stein. Ich hatte mich sehr darauf gefreut. Eine kleine Wohnung; jemand, vermutlich Miss Toklas, machte uns auf, zwei oder drei andere waren schon vor uns gekommen; Miss Stein persönlich kam uns zur Begrüßung entgegen und bat uns, vor jener erstaunlichen Wand voller Picassos Platz zu nehmen; die Bilder stammten hauptsächlich aus seiner »blauen Periode« und hingen in drei Reihen über uns. Der Raum war ziemlich groß und sehr hoch, mehr oder weniger würfelförmig – wir setzten uns hin, wo Platz war; uns gegenüber, an der hinteren Wand, stand ein Schränkchen, dessen Türen sich nach links und rechts öffnen ließen.

Es gab da ein kleines Problem mit den Stühlen, und darüber sprachen wir zuerst; jemand erzählte nämlich, vor wenigen Monaten sei Ezra Pound hier zu Besuch gewesen. Miss Stein bot ihm einen Stuhl an, eine Antiquität, eins ihrer Lieblingsstücke; sie wies ihn darauf hin, der Stuhl sei nicht sehr strapazierfähig, und bat ihn, er möchte sich ein wenig vorsehen. Pound ließ sich auf scine übliche Art darauf hinplumpsen, und prompt brach dem Stuhl ein Bein. Sie hat ihm das nie verziehen. Das war ein schöner Anfang.

Wir sahen uns die Bilder an. Wer hätte das nicht getan? Es war eine *der* Sehenswürdigkeiten von Paris. Dann wurde Tee serviert, und danach trat Miss Stein an das Schränkchen, öffnete es und nahm eins ihrer

Manuskripte nach dem anderen heraus, nannte uns die Titel und äußerte die Hoffnung, dies alles eines Tages gedruckt zu sehen. An die genaue Reihenfolge dessen, was nun folgte, kann ich mich nicht mehr erinnern, aber wie auch immer, irgendwann fragte sie mich, was ich tun würde, wenn diese unveröffentlichten Bücher meine wären und ich vor den Schwierigkeiten stünde, mit denen sie konfrontiert sei.

Offenbar befand ich mich in einer meiner eher freimütigen Stimmungen, oder aber die zynische Haltung, die Pound und andere meiner Freunde gegenüber dem Werk von Miss Stein einnahmen, herrschte auch bei mir gerade vor; denn meine Antwort lautete: »Wenn das meine wären, würde ich bei dieser Menge vermutlich die Sachen heraussuchen, die ich für die besten hielte, und den Rest ins Feuer werfen.«

Der Erfolg meiner Bemerkung trat augenblicklich ein. Aus dem schockierten Schweigen heraus hörte ich Miss Stein sagen: »Zweifellos. Aber das Schreiben ist ja auch nicht Ihr Metier.«

Damit war das Thema beendet, und kurz darauf gingen wir.

Später entdeckte ich in Sternes *Tristram Shandy* rein zufällig eine Passage, in der die Eigenschaften bestimmter Wörter als solcher – zum Beispiel »rauh« und »glatt« – auf eine Art und Weise vorgeführt und diskutiert wurden, die durchaus vergleichbar war mit der Methode, die Miss Stein in manchen ihrer Texte anwendet. Und als ich zu diesem Thema eine kurze Anmerkung schrieb, war sie sehr erfreut. Sie schrieb mir daraufhin mehrere Briefe mit herzlichen Empfehlungen und schenkte mir mindestens drei Bücher mit Widmung und freundschaftlichen Grüßen.

Lassen Sie mich aus *A Novelette and Other Prose*

(1921-1931) zitieren; das Buch wurde 1932 von dem Verlag TO in Toulon herausgegeben. Darin befand sich das kurze Stück »The Work of Gertrude Stein«, in dem ich folgendes schrieb:

> Ich wollte, ich hätte einen weißen Bären gesehen!
> (Denn wie kann ich mir anders einen vorstellen?)

Man kann davon ausgehen, daß der Keim alles Neuen in der Literatur sich in jedem Fall irgendwo in den Schriften anderer Zeiten nachweisen läßt; nur die moderne Betonung verleiht einem Werk seinen Rang in der Gegenwart.

Ob solch moderner Akzent notwendig ist und was die damit verbundenen Veränderungen für eine Bedeutung haben, ist freilich eine andere Frage; der ewige Hemmschuh der Kritik. Es lohnt sich, diesem – bisher eklatant vernachlässigten – Thema im Fall Gertrude Stein einmal nachzugehen.

Warum eigentlich haben wir von amerikanischen Fachleuten noch so wenig über die Schriften von Gertrude Stein erfahren? Fehlt es ihnen an Mut oder Talent? Oder ist es bloß so, daß ihr Enthusiasmus angesichts der Risiken der Moderne allzu rasch verfliegt?

Ich zitiere Laurence Sterne:

Die Auxiliarverben, mit denen wir hier befaßt sind, fuhr mein Vater fort, sind: bin; war; habe; hatte; tu; tat; mache; machte; leide; soll; sollte; will; wollte; kann; konnte; muß; müßte; pflegte; oder ist gewohnt ... oder mit folgenden Fragen; – Ist es? War es? Wird es sein? ... Oder affirmativ ... Oder chronologisch ... Oder hypothetisch: – Wenn es wäre? Wenn es nicht wäre? Was würde daraus folgen? – Wenn die Franzosen die Engländer schlagen sollten? Wenn die Sonne aus dem Tierkreis treten sollte?

Bei richtigem Gebrauch und rechter Anwendung dieser Formen, fuhr mein Vater fort, worin das Gedächtnis eines Kindes geübt werden sollte, vermag kein noch so karger Gedanke ins Gehirn zu kommen, aus dem sich nicht ein ganzes Magazin von Begriffen und Folgerungen ableiten ließe. – Hat Er schon jemals einen weißen Bären gesehen? rief mein Vater und wandte den Kopf nach Trim, der hinter seinem Sessel stand: – Nein, mit Verlaub Euer Gnaden, erwiderte der Korporal. – Aber drüber sprechen könnt' Er, Trim, sagte mein Vater, wenn's not täte? – Wie wäre das denn möglich, Bruder, sprach mein Onkel Toby, wo der Korporal niemalen einen gesehen hat? – Eben darauf will ich ja hinaus; versetzte mein Vater, – und möglich macht es das folgende.

Ein weißer Bär! Je nun. Habe ich jemals einen gesehen? Könnte ich jemals einen gesehen haben? Werde ich jemals einen sehen? Hätte ich jemals einen sehen sollen? Oder kann ich jemals einen sehen?

Ich wollte, ich hätte einen weißen Bären gesehen! (Denn wie kann ich mir anders einen vorstellen?)

Sollte ich einen weißen Bären sehen, was würde ich sagen? Wenn ich nie einen weißen Bären sehen sollte, was dann?

Wenn ich niemals einen lebendigen weißen Bären gesehen habe, sehen kann, muß oder werde, habe ich dann vielleicht das Fell eines solchen gesehen? Sah ich jemals einen gemalt? – beschrieben? Hat mir nie von einem geträumt?

Man beachte, wie die Wörter *lebendig, Fell, gemalt, beschrieben, geträumt* sich in den Bau dieser Sätze fügen. Wir glauben, die Worte als solche zu empfinden; sie besitzen eine seltsam unmittelbare Qualität, die ganz von ihrer Bedeutung losgelöst ist, ähnlich wie in der Musik verschiedene Töne einer nach dem anderen – jeder für sich allein – zu einem wiederholten Akkord angeschlagen werden. Man vergleiche dies mit den Effekten, die Stein überall in ihrem Werk erzielt. Zum Beispiel in *Geography and Plays*: »Sie waren beide fröhlich«. Aber weiter im Text –

Haben mein Vater, meine Mutter, mein Onkel, meine Tante, meine Brüder oder Schwestern jemals einen weißen Bären gesehen? Was würden sie drum geben? Wie würden sie sich betragen? Wie würde der weiße Bär sich betragen haben? Ist er wild? Zahm? Schrecklich? Rauh? Glatt?

Man beachte das Spiel mit *rauh* und *glatt* (obwohl nicht sicher ist, daß dies beabsichtigt war): *rauh* scheint sich auf das Betragen des Bären zu beziehen, *glatt* doch eher auf sein Fell. Auf jeden Fall wirkt das Ganze wie ein Vergleich, der sich in erster Linie nicht auf die Eigenschaften des Bären selbst bezieht, sondern auf die Worte *rauh* und *glatt*. Womit wir zum Schluß kommen –

– Ist der weiße Bär des Sehens wert?
– Ist auch keine Sünde dabei?
Ist er besser als ein schwarzer?

(Deutsch von Michael Walter)

Damit endet das 43. Kapitel des 5. Buchs von *Leben und Ansichten von Tristram Shandy*. Der Gebrauch der Worte und in gewissem Grade auch die imaginative Qualität der Sätze ist ein direkter Vorläufer dessen, was Gertrude Stein heute zu einer eigenständigen Synthese neu verwoben hat. Tatsächlich wird bei genauerem Hinsehen deutlich, daß Sterne genau wie Stein nicht nur mit den optischen, sinnlichen und akustischen Kontrasten zwischen den Worten selbst spielt (oder musiziert), sondern auch mit der Grammatik – z. B. »Denn wie kann ich mir anders einen vorstellen? Haben mein, was würden, wie würden« entsprechen Steins »Flüsse haben; Flüsse halbieren« usw. Man kann ohne Übertreibung feststellen, daß Steins schriftstellerische Entwicklung, was Stoff, Bedeutung und Grammatik angeht, vollständig von Sterne vorweggenommen worden ist.

Nach einer Woche setzte ich Floss in den Zug nach Genf und fuhr noch am gleichen Tag nach Cherbourg, von wo die *S. S. Pennland* nach Amerika abgehen sollte. Es fiel mir schwer, sie zu verlassen. Wir waren beide nicht sehr glücklich darüber, fanden das Abenteuer andererseits aber auch aufregend. Vielleicht habe ich meine Gefühle allzu offen gezeigt, aber ich erinnere mich an ein paar andere Amerikaner, die mit demselben Zug nach Genf fuhren und über uns grinsten: diese Ausländer!

Es war der zehnte Jahrestag unseres Eintritts in den Ersten Weltkrieg; die American Legion hatte in Paris soeben ihr erstes Biwak zur Feier dieses Ereignisses beendet, und wir auf der *Pennland* brachten die Reste nach Hause! Tag und Nacht hörten wir sie in den Korridoren des Schiffes singen:

Wir sind geborn in Carolina,
Wir ham gelebt in Carolina;
Und wenn wir mal gestorben sind,
Begräbt man uns in Carolina!

Die Überfahrt war der reinste Exzeß. Die gesetzteren Passagiere beschwerten sich; was nur dazu führte, daß die anderen ihr Gelärme verdoppelten. Das Schiff gehörte ihnen; sie hatten dafür bezahlt, und wer was dagegen hatte, konnte ja aussteigen und zu Fuß weitergehen. Die Revolution war ausgebrochen, legte sich aber, als wir uns New York näherten.

Ein ziemlich nervöser Unteroffizier erzählte mir von einem Mädchen, das er irgendwo in der Nähe des Eiffelturms aufgelesen und mit dem er während seines ganzen Aufenthalts in Paris zusammengelebt habe; diese Geschichte bildete den Ausgangspunkt für Bob McAlmons Erzählung *Silk Pyjamas.*

So wie ich die Sache gehört hatte, war das Mädchen mehr als freundlich zu dem Mann gewesen und hatte ihn am Ende der Woche, als er von ihr Abschied nahm, zaghaft gefragt, ob er ihr einen kleinen, ganz besonderen Gefallen tun könne. Ob sie den wirklich schönen Seidenpyjama behalten dürfe, den er in ihren Brautnächten getragen habe?

Nein, habe er gesagt, erzählte er mir. Das sei ein teures Kleidungsstück. Wie käme er dazu, es irgendeiner dreckigen kleinen Hure zu schenken? Es verursachte mir Ekel, mit diesem Mann sprechen zu müssen. Die Franzosen dürften damals für alle Zeiten genug von den Amerikanern bekommen haben, nehme ich an.

Und dann ging es wieder zurück an die Arbeit in meiner Praxis zu Hause, im Krankenhaus und in meiner Praxis in Passaic. Kaum hatte ich angefangen, teilte Floss mir telegraphisch mit, Paul sei an Diphtherie erkrankt.

Als ihr eines Tages klar wurde, in welchem Zustand er sich befand und was für ein unfähiger Esel ihn behandelte, hatte sie ihn aus der Schule geholt und sich ein Taxi genommen und war mit ihm, gegen sämtliche Gesetze der Schweiz verstoßend, nach Genf ins Städtische

Krankenhaus gefahren. Dort hatte sie den besten Kinderarzt der Stadt aufgesucht und den Jungen in seine Obhut gegeben.

Ich telegraphierte dem Mann, er solle Paul, falls der Kehlkopf betroffen sein sollte, eine Anfangsdosis von 50 000 Einheiten Antitoxin geben.

»Ja«, antwortete er, »ich weiß, Sie in Amerika verabreichen solch gewaltige Dosen, aber wir machen das anders.« Die große Entfernung vereitelte meine Bemühungen, den Mann zu bewegen.

Paul wurde jedoch wieder gesund; als er später mit ihm sprach, stand der Arzt neben dem Jungen, der ihn von unten ansah, und aß seine Röstkastanien.

Nach seiner Entlassung aus dem Krankenhaus fuhr Floss mit ihm für zwei Wochen in einen Kurort an den nach Italien gerichteten Südhängen der Alpen. Im Zug aß der Junge ein wenig Schokolade, was zusammen mit all dem Pferdeserum, das man ihm eingespritzt hatte, eine heftige Reaktion auslöste. Er bekam einen Erstickungsanfall, auf seiner Haut zeigte sich ein starker Nesselausschlag, und Floss glaubte schon, nun sei es aus mit ihm.

Am Ende saß Floss in Sierre mit Lord und Lady Soundso im Hotel und spielte Bridge. Paul ist nicht mehr auf diese Schule zurückgegangen; durch einen Zufall geriet er auf die École Internationale in Onex. Deren Leiter war M. Lucien Brunel, dessen Eltern bereits mich auf ihrer Schule in Lancy unterrichtet hatten. Billy folgte seinem Bruder wenig später dorthin nach. Floss hatte durch ihr umsichtiges und mutiges Einschreiten allen Widerständen zum Trotz die Lage gerettet.

In diesem Jahr schrieb ich wie wild an *White Mule,* dazu Gedichte und die Kurzgeschichten, aus denen später

Das Messer der Zeiten werden sollte, und obendrein etliche Vorworte und kritische Essays über diverse Themen.

Mutter lebte bei mir in der Nine Ridge Road und führte zusammen mit Lucy den Haushalt. Ich glaube, das hat ihr gefallen. In dieser Zeit, als ich mit Mutter allein war, kam mich einmal E. E. Cummings besuchen. Es war ein Sonntagmorgen, ein sehr stiller Tag, niemand auf der Straße. Ich hatte ihm genau erklärt, wie er mein Haus finden könne, und als es auf ein Uhr zuging, ging ich hinaus, um nach ihm Ausschau zu halten – stand er doch im Ruf, es mit den Regeln der Konvention nicht sehr genau zu nehmen.

Nie werde ich dieses Bild vergessen: da schlenderte ein einsamer Mann die verlassene Park Avenue entlang, blieb an jedem einzelnen Schaufenster stehen und betrachtete angelegentlich die dort ausgestellten Schuhe, Damenkleider und Osterkarten, die Bohrkurbeln in Dows Eisenwarenhandlung oder das, was auch immer im Fenster einer Bank zu sehen sein mochte.

Mutter hatte ein Huhn zubereitet. Danach unterhielten wir uns, falls man sich während einer solchen Heimsuchung unterhalten kann. Mutter zeigte sich interessiert, denn immerhin war sein Vater unitarischer Geistlicher gewesen – aber nicht daß ihr sein Betragen entgangen wäre. Wir hatten damals ein paar junge Persianerkätzchen in der Küche, mit denen wir auf dem Eßzimmertisch spielten. Er verglich sie mit Vögeln in einem Nest. Es war ein netter Nachmittag. Mutter fand ihn freundlich, aber seltsam.

Wally Goulds Groll über meine Weigerung, seine Gedichte zu akzeptieren, äußerte sich auch in seinem Mißfallen über unsere Entscheidung, die Kinder ins Ausland zu schicken: »Wozu schickt ihr sie nach Europa? Warum schickt ihr sie nicht hier auf die Schule«, schrieb er uns, »damit was Anständiges aus ihnen werden kann?«

Floss war wütend, antwortete ihm aber nicht. Wir haben nie mehr von ihm gehört. Zuvor hatte er uns erzählt, Miss Mary habe ihm einen Heiratsantrag gemacht, den er aber ausgeschlagen habe.

»Man stelle sich vor, wir beide zusammen im Bett!« hatte er zu uns gesagt. »Grotesk!« Am Ende hat er sie aber dennoch geheiratet.

Kapitel 39

Weihnachten im Zoo der Bronx

Dabei fällt mir ein, wie ich am Weihnachtstag jenes Jahres, weil alle anderen ja im Ausland waren, zum Zoo in die Bronx gegangen bin, um mit den Tieren allein zu sein.

Ich hätte das Weihnachtsfest bei meinem Bruder oder auch bei einem meiner engeren Freunde verbringen können, wollte aber nicht zwischen ihnen wählen müssen. Da blieb ich lieber den ganzen Tag allein, um ungestört an Floss und die Kinder zu denken, so als ob sie bei mir wären. Gewiß eine sentimentale Idee, aber ich war nun einmal sentimental gestimmt. Die Ausführung stellte mich vor etliche praktische Schwierigkeiten. Das Frühstück konnte ich mir selbst machen, aber wo sollte ich zu Mittag essen? Es kam mir töricht vor, wegen einer großen Mahlzeit in ein Restaurant zu gehen, und bloß irgendwo ein Sandwich und eine Tasse Kaffee zu verdrücken entsprach nicht der Vorstellung von einer einsamen Feier, wie sie mir vorschwebte. Dann fiel mir die perfekte Lösung ein: warum nicht mit den Tieren essen? Auf diese Weise wäre ich die Menschen los, ich hätte Gesellschaft, genau die stumme Gesellschaft, die ich mir wünschte, und zu essen gibt es dort auch. Ich erinnerte mich an eine ziemlich gute Mahlzeit, die ich einmal an einem Sonntag im Zoo der Bronx bekommen hatte. Ich beschloß, früh aufzubrechen und den ganzen Tag da zu bleiben.

Es war ein kalter, leicht bewölkter Dezembertag, einer dieser windstillen, perlgrauen Tage, wie man sie in dieser Jahreszeit erlebt, bevor der erste Schnee gefallen ist, einer der kürzesten Tage des Jahres. Die Sonne steht so tief, daß sie nicht wärmen kann, es ist gleichmäßig kalt und grau. Kaum jemand war auf der Straße, als ich die Paterson Avenue entlang in Richtung Stadt fuhr. Keine Lastwagen unterwegs, die ganze Gegend schien verlassen. Genau dies hatte ich mir gewünscht, allein sein, unbehelligt. Während ich behaglich die Meadows durchquerte, erblickte ich vor mir auf der rechten Straßenseite eine einsame Gestalt, die sich in die gleiche Richtung wie ich bewegte.

Beim Näherkommen erkannte ich einen jungen Mann, er trug keinen Mantel, hatte eine Mütze auf dem Kopf und die Hände in den Taschen; es war kein Jugendlicher, sondern ein Mann um die dreißig, er wirkte ziemlich schwach und durchgefroren. Ich nahm an, er werde sich umdrehen und mir winken, daß ich ihn mitnehmen soll, aber das tat er nicht; er stapfte einfach weiter. Weit und breit war kein Auto und kein Mensch zu sehen.

Also überholte ich ihn, hielt an und wartete, bis er neben dem Wagen anlangte. Dann öffnete ich das Fenster und fragte ihn, ob er nicht mitfahren wolle.

»Ob ich will?« sagte er. »Nehmen Sie mich denn mit?«

»Deswegen habe ich angehalten. Steigen Sie ein.«

Er sah mich an und ließ sich neben mir nieder. Ich

gab ihm eine Zigarette, zeigte ihm den Anzünder, und als wir dann rauchend weiterfuhren, fragte ich ihn nach seinem Ziel.

»Die große Stadt.«

»Wo kommen Sie her?«

»Aus Paterson. Habe dort in einer Absteige geschlafen. Ganz schön kalt auf der Straße. Sehr nett von Ihnen.«

»Auf Arbeitssuche?«

»Will mir nur die Stadt ansehen.«

»Noch nie dagewesen?«

»Hab sie schon immer mal sehen wollen.«

»Dann sind Sie also nicht aus Paterson?«

Wie sich herausstellte, stammte er irgendwo aus dem Mittelwesten, war als Schwarzfahrer mit der Eisenbahn hierhergekommen, und da er abgebrannt war, hatte er beschlossen, die letzten paar Meilen zu Fuß zu gehen – am Weihnachtsmorgen.

»Sehen Sie nur diese Bauwerke«, sagte er, als über der Anhöhe von Weehawken die Skyline von New York aufzutauchen begann.

»Wie haben Sie sich das mit der Fähre gedacht?«

»Gibt es da eine Fähre?«

Er hatte nicht daran gedacht, sondern sich vorgestellt, er könne einfach in die Stadt marschieren und sich in den Straßen umsehen. Er hatte nicht gefrühstückt und offenbar keine Ahnung, was er als nächstes tun sollte. Ich denke, anfangs wird er schon einen Plan gehabt haben, sonst wäre er gar nicht erst so weit gekommen, aber das Ganze fügte sich so seltsam zu meiner Stimmung, daß ich es kaum glauben konnte.

»Schöne Weihnachten haben Sie sich da ausgesucht«, sagte ich zu ihm. »Ich will Ihnen mal sagen, wie ich mir das gedacht habe.« Und dann erzählte ich ihm, was ich vorhatte. Ich sprach von Floss und den Kindern, die in der Schweiz seien, ich sprach vom Zoo und meinem Wunsch, für mich allein zu sein und nur an sie zu denken; er hörte mir grinsend zu. Als ich den Wagen vorne auf die Fähre lenkte, damit er das Panorama des Hafens von New York mit seinen Schiffen, die Gebäude dahinter und auch den Fluß selbst, den wir überquerten, sehen konnte, sagte ich zu ihm: »Passen Sie auf.« Ich nahm meine Brieftasche heraus. »Ich weiß nicht, wieviel ich bei mir habe, aber die Hälfte gehört Ihnen.« Dann öffnete ich die Brieftasche und zählte mein Geld, zweiundzwanzig Dollar. »Elf für Sie, elf für mich. Hier, nehmen Sie.«

»Nein, das kann ich nicht annehmen.«

»Was soll das heißen, Sie können's nicht annehmen? Da haben Sie's, halten Sie die Hand auf.« Und ich drückte ihm die Scheine hinein.

»He, Sie sind ja der Weihnachtsmann«, sagte er und nahm das Geld.

»Und jetzt«, sagte ich, »gebe ich Ihnen einen Rat: gehen Sie zur 14. Straße, die Gegend da ist ein guter Ausgangspunkt. Und lassen Sie bloß nicht Ihr Geldbündel sehen, sonst sind Sie es in zehn Minuten los. Versuchen Sie das Haus der Heilsarmee zu finden, dort können Sie was zu essen bekommen. Alles weitere müssen Sie selbst wissen.«

Er nannte mir seinen Namen, ich nannte ihm meinen, wir gaben uns die Hand, und dann war er für immer verschwunden. Aber es hatte sich gelohnt. Die Tiere waren wunderbar, der Zoo war zu Weihnachten fast menschenleer. Ich streifte umher, dachte an Floss und die Kinder, ließ mir im Restaurant einen Truthahn schmecken und fuhr am frühen Abend rundum glücklich und gestärkt nach Hause. Ich wüßte nicht, wann ich je einen zufriedeneren Tag in solcher Versenkung verbracht habe.

Kapitel 40

Wenn ein Mann zugrunde geht

Am Abend vor der Rückkehr von Floss und den Kindern haben meine lieben Freunde mich beinahe fertiggemacht: Sie gaben eine Party, die in ein großes Trinkgelage ausartete. Ich hatte unsere Nachbarin, die Krankenschwester Grace Hellwig mitgenommen, denn erstens hatte mir die »kleine« Gracie, die jetzt eine große Blondine war, schon immer gefallen, und zweitens wollte ich nicht alleine gehen – die Ärmste ist nun schon lange mausetot. Ich hatte sie immer gern.

Jedenfalls trank ich eine Menge, lieferte Grace um zwei oder drei Uhr morgens so jungfräulich, wie ich sie abgeholt hatte, bei ihrer Familie ab und fuhr am nächsten Morgen, über eine Stunde vor der Ankunftszeit des Schiffes, zum Hafen. Zuvor hatte ich einen alten Freund von mir, den Zollbeamten Bill Quinton, gebeten, mir einen Passierschein für das Dock zu besorgen.

Ich sah das Schiff weit hinten in der Bucht, stand aber hinter der Sperre und verlor es aus den Augen, als es näher kam. Kein Bill zu sehen. Während ich auf ihn wartete, wurde ich allmählich immer unruhiger. Solche Augenblicke bilden ein ganzes Leben. Jetzt war ich fast eine Stunde lang auf und ab gegangen. Das Schiff lag bereits in der Schlippe. Ich hätte platzen können. Ich flehte den Hafenmeister und andere Personen an, von denen ich dachte, daß sie Bill vielleicht kannten. Als die Passagiere die Gangway hinunterkamen, tauchte er auf, der liebe Bill. Inzwischen war ich ein Wrack, nicht nur weil ich selbst enttäuscht war, sondern auch weil ich wußte, wie enttäuscht Floss und die Kinder sein mußten. (Wie ich später erfuhr, hatte sie die Kinder schon auf diese Eventualität vorbereitet.) Aber dann gelangte ich endlich ans Schiff, erblickte meinen Sohn Bill auf dem Oberdeck und winkte ihm zu.

Sie hatten eine sehr schöne Überfahrt in lustiger Gesellschaft gehabt, und Floss hatte sich am letzten Abend mehr als genug mit den Kerlen in der Bar vergnügt. Die Familie war wieder glücklich vereint und fuhr durch den eben fertiggestellten Holland Tunnel nach Hause.

Ich hatte in diesen Jahren ständig über die Poesie als eine Lebensform nachgedacht, diskutiert und geschrieben; eines Tages, nachdem ein Mensch namens Hoffman eine Karikatur von mir gezeichnet hatte, traf ich in der Stadt mit Louis Zukofsky zusammen. Louis und ich wurden gute Freunde. Er bewunderte Ezras Gedichte und war auf dessen Empfehlung mit Basil Bunting zusammengekommen, der damals gerade in New York war.

Basil hatte im Ersten Weltkrieg in England den Kriegsdienst verweigert und infolgedessen schlimme Dinge mitmachen müssen. Es soll jedoch nicht verschwiegen werden, daß er im Zweiten Weltkrieg von Kalifornien aus ganz Amerika durcheilte, um so schnell wie möglich nach England zu kommen und sich freiwillig zu melden.

Charles Reznikoff, ein New Yorker Anwalt und Schriftsteller von Rang, George Oppen und ich ersannen in einer Wohnung in Columbia Heights (Brooklyn) zunächst die Objektivistische Theorie des Gedichts und gründeten daraufhin die Objectivist Press. Der Verlag brachte drei oder vier Bücher heraus, darunter meine *Gesammelten Gedichte.* Dann mußten wir zumachen.

Bei der Objektivistischen Theorie ging es um folgendes: Wir hatten den »Imagismus« gehabt (*Amygismus*, wie Pound es genannt hatte); damit war es schnell vorbei. Ihm lag, obwohl er uns geholfen hatte, überflüssige Wörter loszuwerden, keine formale Notwendigkeit zugrunde. Inzwischen war er zu sogenannten »freien Versen« verkommen, was unserer Meinung nach eine falsche Bezeichnung war. So etwas wie freie Verse gibt es nicht! Vers hat immer etwas mit irgendwelchen Maßen zu tun. »Freie Verse« waren ohne Maß und brauchten auch keins für die beabsichtigte Objektivierung. Auf diese Weise war die Lyrik heruntergekommen und formal nicht mehr vorhanden.

Aber, so argumentierten wir, das Gedicht ist wie jedes andere Kunstwerk ein Objekt, ein Objekt, das sein Anliegen und seine Bedeutung durch sich selbst, das heißt eben durch die Form, die es annimmt, zur Darstellung bringt. Und da es ein Objekt ist, sollte es auch so behandelt und gehandhabt werden – nur anders als in der Vergangenheit. Denn vergangene Objekte – wie etwa das Sonett – beziehen sich auf vergangene Notwendigkeiten, die sie bedingt haben und von denen sie sich, als Form, nicht lösen lassen.

Ist das Gedicht ein Objekt (wie eine Symphonie oder ein kubistisches Gemälde), so muß es das Ziel des Dichters sein, aus seinen Worten eine neue Form zu schaffen: das heißt, ein Objekt zu erfinden, das seiner Zeit gemäß ist. Dies wollten wir unter »Objektivismus« verstanden wissen; wir wollten damit in gewisser Weise ein Gegenmittel geben gegen das dürre, willkürliche Bild, wie es vom ungebundenen Vers vermittelt wird.

Oppen stellte Geld zur Verfügung, so viel wie jeder von uns. Wir hatten einen kleinen Erfolg, aber wenig Anhänger. Ich selbst bin der Überzeugung, daß Gertrude Stein mit ihrem formalen Beharren auf Worten in ihrer buchstäblichen, strukturellen Eigenschaft als Worte großen Einfluß auf uns hatte. Miss Stein war stets sehr freundlich zu mir, besonders nachdem ich jene

Anmerkung zu ihrem Werk geschrieben hatte. Das alles gehörte zu der neueren Auffassung, daß etwa die Farbe als solche auf der Leinwand von größerer Bedeutung war als der eigentlich abgebildete Gegenstand. Am Ende hat sich nicht viel daraus ergeben.

Wenn ein Mann wie McAlmon zugrunde geht, gehen andere mit ihm. Tatsächlich bricht mehr oder weniger die ganze Front der guten Literatur zusammen. Wenn es kein McAlmon ist, ist es ein anderer. Er verkörperte den Menschen, der über ein gewisses Kapital verfügt und es intelligent zu verwenden weiß, nämlich im unablässigen Kampf gegen die Trockenfäule, die zu verschiedenen Zeiten die Literatur befällt – wie etwa vor dem Aufkommen der kleinen Zeitschriften zu Anfang dieses Jahrhunderts. Die kleinen Zeitschriften konnten sich immer bloß gerade so über Wasser halten, ihre billigen Beiträge von irgendeiner halb obskuren Gruppe von fünf oder sechs jungen Männern und Frauen – die vor allem ihre eigenen rebellischen Arbeiten veröffentlichen wollen – reichen, auch wenn die Hoffnungen noch so groß sind, allenfalls für die Herausgabe einiger weniger Nummern, ehe sie wieder eingehen. Nur in ihrer Gesamtheit unterhielten sie, im Strom des Minderwertigen, ein stetes Rinnsal vortrefflicher Leistungen und sorgten so dafür, daß das Schreiben beweglich blieb, bereit für die frühe, sensible Bereicherung der Kunst. Und dabei war es ein riskantes Geschäft.

Aber wenn, nicht selten im Augenblick des Erfolgs, irgendeine wichtige Unterstützung fortfällt, wird womöglich jahrelang gar nichts mehr veröffentlicht. Zerschnittene Fäden hängen herum, Leute verschwinden, Talente, die Pflege brauchten, die Schutz und Geist und Mut zu ihrer Förderung brauchten, gehen einfach ein. Hin und wieder wird einem einzigen Buch gnädig

Gehör geschenkt, aber es bleibt isoliert, während eine erdrückende Flut von unsensiblem Geschwätz den Markt überschwemmt.

Ich habe die kleinen Zeitschriften immer unterstützt; denn ohne sie wäre ich früh zum Schweigen gebracht worden. Für mich sind alle diese kleinen Zeitschriften eigentlich wie eine: *eine* fortlaufende Zeitschrift, die einzige, die ich kenne, die den Herausgebern vollständige Freiheit bietet und deren verschiedene Eigentümer nach demokratischen Regeln abgelöst werden. Es gibt keine vorherrschenden Programme, die irgend jemandem gestatten, irgendwelche Vorschriften zu machen. Bringt es die Zeitschrift überhaupt zu etwas, dann nur, weil sie dem Bedürfnis eines einzelnen, weiterzumachen, entgegenkommt. Geht sie ein, greift jemand anderer in einem anderen Teil des Landes den Faden auf – rein zufällig, nur aus dem Wunsch heraus, das Geschriebene gedruckt zu sehen. Früher habe ich mir irgendeine zentrale oder regionale Behörde gewünscht, die die kleinen Zeitschriften anerkennen und, wo möglich, unterstützen sollte. Aber dieser Ansatz ist falsch. Nur ein *Mensch* kann das tun, ein fehlbarer Mensch, der bereit ist, Opfer zu bringen und sich Zufällen zu unterwerfen.

Damals gab es in New York zwei berühmte Ein-Buch-Männer, von denen Großes zu erhoffen war. Emanuel Carnevali und seine Frau Emily, die ein Zimmer mit Blick auf den Güterbahnhof an der 40. Straße irgendwo in der Nähe der Tenth Avenue bewohnten, luden Floss und mich einmal zu einer Polenta ein: Kabeljau und Maismehl selbst zubereitet. Die beiden waren noch ziemlich jung, sie ein Mädchen, das irgendwo zufällig im selben Flur wie er gewohnt hatte. Sie war keine Literatin. Er war ein aufrechter, schlanker, überaus geistreicher junger Mann mit einem schönen Kopf – offensichtlich eine verlorene Seele. Sie himmelte ihn an. Emily stammte aus einer Bauernfamilie aus den hohen Bergen im Nordwesten Italiens, er aus einer Stadt in der nördlichen Ebene: und nun waren sie in New York, sie waren auf dem Weg, aber nicht zum Reichtum. Dies war typisch New York, wo man beklommen mit ansehen mußte, wie das hoffnungsvollste Potential fast unausweichlich seiner Vernichtung entgegenging.

Floss, Emily, Emanuel und ich saßen also dort und blickten auf den Güterbahnhof hinaus; wir aßen unsere Polenta und sprachen über Ems Leben mit seinem exzentrischen Vater in Italien, über die jungen italienischen Schriftsteller jener Tage, über die Liebe, wobei wir alle, soweit ich weiß, sein Gesicht beobachteten.

Emily erzählte uns von seiner ersten öffentlichen Lesung; auf seinen Wunsch hatte sie neben ihm auf dem Podium gesessen, verängstigt, ohne recht zu wissen, was das alles sollte – aber er hatte darauf bestanden, damit die Zuhörer wüßten, *wer* das geschrieben hatte, nicht nur er, sondern sie beide.

Wir tranken unseren billigen Wein – das sind Dinge, die nur die kleinen Zeitschriften bieten können und denen sie allein sich widmen.

McAlmon brachte Ems Buch heraus; niemand erinnert sich daran, dabei ist es eins der besten Beispiele für – was? für ein Buch, ein Buch, das den ganzen Mann sehen läßt, einen überaus lebendigen jungen Mann. Dem Untergang geweiht. Wenn ich daran denke, was alles veröffentlicht und gelesen und gerühmt und regelmäßig mit Preisen belohnt wird, und wenn ich dann sehe, wie ein solches Buch unbeachtet, ohne die kleinste Chance auf Erfolg, unter dem Berg dieser Leichen verschwindet, packt mich der Ekel, und die alten

Lüste werden wieder wach. Was kann man mehr von einem Buch erwarten?

Während er Englisch sprechen und schreiben lernte, verdiente Em, falls man das so nennen kann, seinen Lebensunterhalt als Tellerwäscher in einem italienischen Lokal. Sein Buch sollte *A Hurried Man* heißen. Bei der Arbeit ging er folgendermaßen vor. Er stapelte die Teller aufeinander und sagte allen, sie sollten sich davon fernhalten. Wenn es dann soweit war, nahm er Seife und heißes Wasser und stürzte sich wie ein Irrer mit mörderischem Ingrimm auf den Haufen verdreckten Geschirrs – wobei er nie etwas zerbrach –, und nach einem Drittel der Zeit, die ein anderer dafür gebraucht hätte, war er mit der Arbeit fertig und er selbst erledigt. Die anderen lachten, sahen ihm aber gebannt zu.

Natürlich hatte Emily einen Job; sonst hätte er nicht schreiben und die beiden nicht leben können. Sie wollte es so. Ich glaube, sie war ein oder zwei Jahre älter als er. Sie arbeitete als Gouvernante zweier kleiner Mädchen, denen sie Französisch beibrachte. Sie und Em verbrachten mehrere Wochenenden bei uns in Rutherford, ich erinnere mich besonders an das Jahr, in dem der Kirschbaum blühte. Ich mußte an diesem Abend zu einer Versammlung des Komitees zur Moskito-Bekämpfung in Hackensack und fragte ihn, ob er nicht mitkommen wolle, Floss und Emily könnten solange zu Hause bleiben und sich unterhalten.

Es regnete, ich war ein wenig spät dran und hatte es eilig. In East Rutherford beteiligte sich die Polizei an einer Aktion, Karten für irgendeine Wohltätigkeitsveranstaltung zu verkaufen; ich war im Lauf des Tages schon mehrmals deswegen angehalten worden. Als ich daher jetzt in der Abenddämmerung an der Kreuzung Paterson Avenue und Hackensack Street einen Polizisten sah, der mir mit den Karten zuwinkte, schüttelte ich bloß den Kopf, machte mit der Hand eine ablehnende Geste und fuhr weiter. Damals gab es dort noch keine Ampel, und er hatte auch nicht seine Trillerpfeife benutzt.

Nun aber stieß er einen Schrei aus und pfiff wie wild hinter mir her.

Ich hielt an, er stürzte wütend auf mich zu. »Wo zum Teufel wollen Sie denn hin?«

»Zu einer Versammlung des Komitees zur Moskito-Bekämpfung von Bergen County.«

»Ich muß mit diesem verdammten Job irgendwie klarkommen. Sie sind verhaftet. Sie wenden jetzt und fahren zum Rathaus.«

»Ich muß aber zu dieser Versammlung.«

»Sie tun, was ich Ihnen sage.«

Em, der neben mir saß, war kurz vorm Explodieren. Ich sagte ihm, er solle sich da raushalten. Der Polizist stieg aufs Trittbrett, und ich fuhr ihn die zwei Blocks zum Rathaus, wo man mir eine Vorladung aushändigte und mich dann weiterfahren ließ.

Na prima. Einige Zeit nach dem Vorfall mußte ich mich melden, mit Em als Zeugen. Es kam nichts dabei heraus.

Ein Jahr später machte ihm das *Poetry Magazine* große Hoffnungen auf eine Karriere in Chicago, falls er dort hinkäme. Ob ihm irgendeine feste Zusage erteilt wurde, kann ich nicht sagen, aber Emily meinte, wenn dies für seine Karriere als Schriftsteller wichtig sei, solle er umziehen; sie selbst werde in New York bleiben und weiterarbeiten. Später könne er sie dann nachholen.

Das tat er nicht, schrieb aber begeistert von Erfolgen. Sie war entzückt. Auch wir hörten von seinen Fortschritten. Dann zeigte sie uns eines Tages so etwas wie einen Abschiedsbrief. Sie stünde seinem unzweifelhaften literarischen Erfolg nur im Weg, das müsse ihr doch ohne weiteres klar sein; ihre gemeinsamen Zukunftspläne taugten jetzt nichts mehr – kurz, er verlasse sie, in tiefster Liebe. Vielleicht werde sie eines Tages verstehen und ihm verzeihen.

Emily war am Boden zerstört. Flossie lud sie zu uns ein, und anschließend – es war Sommer und die Kinder nicht im Haus – fuhr sie mit uns zu der Farm in Monroe, New York. Hier auf dem Land, auch wenn es nicht die Alpen waren, fühlte sie sich wieder wie zu Hause – unter Hühnern, Kühen, Katzen und Hunden – es gab Beeren und Obst in Hülle und Fülle, einen Gemüsegarten und Blumen. Sie blieb etwa vier bis sechs Wochen. Ma Herman mochte sie sehr, genau wie wir alle. Aber so konnte es nicht weitergehen. New York bedeutete für sie das tragische Ende aller ihrer größten Hoffnungen. Schon wenig später zog sie nach Kalifornien, wo sie eine Beschäftigung fand; sie schrieb uns von ihrem neuen Leben und fragte immer wieder, ob wir etwas von Em gehört hätten.

Er hatte sich in Chicago nach anfänglichem Erfolg eine Krankheit zugezogen, die ihn am Ende zugrunde richtete. Ich habe verschiedene Versionen dieser Geschichte gehört, aber nie etwas Genaues zu Gesicht bekommen. Jemand erzählte mir, er habe sich bei einem Mädchen angesteckt, einer Herumtreiberin, die er im Sommer in den Dünen am See getroffen habe. Ich selbst habe den Eindruck, daß er nicht an Syphilis erkrankt war, sondern an Enzephalitis, die beträchtliche, schwer abzuschätzende Schädigungen des Hirngewebes zur Folge hat. Nach der akuten Phase erholte er sich zwar wieder, wurde aber seinen ehemaligen Freunden ziemlich lästig.

Man hat mir von einer Party in einem attraktiven Haus erzählt, zu der er eingeladen worden war; er habe nach dem Badezimmer gefragt, sich dort eingeschlossen, die Wanne vollaufen lassen und ein ausgiebiges heißes Bad genommen. Auch dies konnte seinem gepeinigten Geist nicht helfen. Er ging, so erzählte man, furchtbar gekrümmt.

Am Ende wurde er unter der Obhut seines Vaters nach Italien zurückgeschickt, wo man ihn in der Nähe von Bologna in einer kleinen wohltätigen Anstalt unterbrachte, die von irgendwelchen Nonnen geführt wurde. Im Lauf der nächsten Jahre bekam ich von ihm oder ihm nahestehenden Freunden mehrere Briefe. Er versuchte zu schreiben. Aber so jung er noch war, das Spiel war aus. Dieses eine, bei Contact Editions erschienene Buch ist, soweit ich weiß, sein einziges geblieben, sein Testament.

John Herrmann war ein ganz anderer Typ. Aber sein *What Happens*, eine wahre Geschichte aus seinem Leben als Schmuckverkäufer im Mittelwesten, steht für mich immer neben Carnevalis *A Hurried Man*. Beide waren jung, beide waren geborene Schriftsteller, beide wußten, daß es in einem Spiel, an dem das große Geld kein Interesse hatte, für jemanden, der die Wahrheit sagte, kaum etwas zu gewinnen gab. Aber John – einsneunzig groß, in Michigan auf die Uni gegangen, Sohn eines wohlhabenden Vaters – hatte einen anderen Hintergrund. Er war, solange ich ihn kannte, mit Josephine Herbst verheiratet, die ihn eines Abends in einem New Yorker Tanzsalon kennengelernt hatte.

Jo und er hatten ihr ganzes Geld in eine kleine, aus Sandstein gebaute Farm aus dem siebzehnten Jahrhundert gesteckt; das Haus stand in einem schmalen Tal unweit von Erwinna auf der Pennsylvania-Seite des Delaware, gegenüber Frenchtown, New Jersey. Früher spannte sich an dieser Stelle eine alte überdachte Brücke über den Fluß, aber solche idyllischen Dinge haben in unseren Tagen keinen Bestand. Heute wohnen reiche Leute in dieser Gegend um Doylestown. John und Jo glaubten, dort etwas fürs ganze Leben gefunden zu haben.

Sie nahmen sich vor, ihr eigenes Gemüse anzupflanzen, billig zu leben, ihrer Arbeit nachzugehen (wer dächte da nicht an Kenneth Burke), kurz, sie wollten das bäuerliche Leben neu auferstehen lassen. Im ersten Sommer gruben sie die zweitausend Quadratmeter vor dem Haus um, oder genauer, sie hackten und bepflanzten das Gelände, und zwar barfuß – es fühlte sich so gut an; später holten sie die erste Ernte des fruchtbaren Bodens gegenüber dem Bach vor ihrer Vordertür ein. Aber so kann man heute nicht mehr leben.

Sie bekamen Familienbesuch – seine Familie, ihre Familie, ich weiß es nicht mehr. Irgendein reicher Onkel gab ihnen, nachdem er bei ihnen geschlafen und gegessen hatte, einen ausgezeichneten Rat. Als er wenige Tage später abreiste, hinterließ er unter seinem Kopfkissen einen Fünf-Dollar-Schein. »So ein Mistkerl«, wie John es formulierte.

Das alte Gemäuer des Hauses war ein vorzüglicher Standort für Kapuzinerkresse. John fertigte im Schutz der Scheunenruine ein paar ganz brauchbare rustikale Möbel an. Er schrieb, wenn er Zeit hatte. Sie dagegen schrieb eifrig. Aber nach einer Weile wurden sie beide unruhig. Sie fühlte sich von ihm gestört, und dann gab er selbst das Schreiben völlig auf und begann sich mit den Farmern des Tals herumzutreiben, die ihm erzählten, wo es den besten Apfelschnaps zu trinken gab; am Ende ging er allein in die große Stadt zurück.

Dort begab er sich, wie er mir erzählte, mit einem Exemplar von Gertrude Steins *The Making of Americans* (Contact Edition), groß wie die Bibel, unterm Arm in eine Bar, bestellte einen Drink und fing an, laut daraus vorzulesen. Die Leute hörten gebannt zu. Das war kein Jux. Er wußte einfach, das Zeug war interessant und würde den Leuten gefallen, man mußte es ihnen nur nahebringen. So denken alle Enthusiasten; aber wer hört ihnen schon zu?

Bei dergleichen kommen einem Zweifel am eigenen Leben, an der eigenen Integrität. Man wird alt und übellaunig, auch wenn immer noch einige wenige übrigbleiben, zu denen wir aufblicken können. John Herrmann ist einer von ihnen. Die erfolglose Schriftstellerin Josephine Herbst (Herrmann) nicht minder. Ich habe Jos hingebungsvolle Arbeit nie nach Gebühr preisen können. Aber vor Jo selbst ziehe ich unermüdlich den Hut.

Wir sind oft nach Erwinna gefahren. Pep West fuhr dorthin, war begeistert und kaufte sich eine Farm in der Gegend. Mike Gold und mehrere Filmleute taten es ihm nach. Aber mich interessiert es nicht mehr. Ich glaube, das Haus gehört Jo immer noch, aber sie wohnt nicht mehr dort.

John verlor das Interesse am Schreiben, verlegte sich statt dessen ernsthaft aufs Trinken und machte bei den Arbeiterunruhen mit. Während des großen Straßenbahner-Streiks von St. Louis verknallte er sich in ein Mädchen, das einen Demonstrationszug anführte. Sie war jung, ungestüm und kampfbereit. Es war Liebe auf den ersten Blick, und zwar auf beiden Seiten.

Einmal hatten wir die beiden für ein Wochenende in Rutherford zu Gast. Wir mußten zu irgendeiner Party. John und seine neue Frau blieben im Haus – mit ein paar Kisten Bier und sonstigen Getränken. Sie hatten einen Berg schmutziger Wäsche im Auto mitgebracht. Die Frau stopfte das Zeug in die Waschmaschine im Keller. Und so gingen wir los.

Die beiden müssen sich prächtig amüsiert haben, am

Ende beschnipsten sie sich mit der Feder unseres elektrischen Bügeleisens, bis sie abbrach. Am Montag morgen bestand Floss darauf, die Frau solle wenigstens die Wäsche, die noch immer einweichte, herausnehmen, auswringen und wieder ins Auto packen. Nicht, daß wir wütend waren, wir fühlten uns nur belästigt. Soweit ich weiß, geriet sie in Greenwich Village einmal mit einer von Edmund Wilsons Frauen aneinander und mußte dann vom äußeren Rand eines Blumenkastens gerettet werden, an den sie sich, zwei Stockwerke hoch über der Straße, gehängt hatte.

Habe John seither nicht mehr gesehen. Er war ein guter Seemann und befehligte, glaube ich, im Zweiten Weltkrieg im Auftrag der Regierung irgendeinen kleinen Küstenschoner. Als ich das letztemal von ihm und dem Mädchen aus St. Louis hörte, waren sie noch zusammen. Sein *What Happens* bleibt das Erstlingswerk eines begabten Schriftstellers.

Ein weiteres denkwürdiges Buch war Edward Lanhams *Sailors Don't Care.* Aber kaum nahm McAlmons Einfluß ab, war es mit der Frische von Lanhams frühem Stil vorbei.

Mit größtem Vergnügen werde ich auch stets an Paul Rosenfelds ersten Roman denken: *Boy in the Sun.* Es war Rosenfelds bester: der Roman strahlt im rosenroten Glanz eines Mittags des Jahres 1890 und ist einer der lyrischsten, die ich je gelesen habe. Und er veranschaulicht den Mann und seinen damals beherrschenden Einfluß auf die Maler, Schriftsteller und Musiker jener Tage, unter denen er so großzügig wirkte. Eine offenere Erklärung zu seiner Rechtfertigung hätte er nicht abgeben können. Engelhaft, das ist die richtige Bezeichnung für ihn, er war ein barocker Engel, wie man sie in den Salons am Washington Square besichtigen kann, ein wahrer *Boy in the Sun*. Ich habe mich bei Rosenfeld immer wohl gefühlt; er war immer freundlich, seinen Freunden ergeben und eifrig engagiert für die schönen Künste, zuweilen fehlgeleitet, aber nie verlogen. Er hat sich nie verkauft. Sein Tod hinterließ eine Narbe bei denen, die ihn gekannt und geliebt hatten.

Kapitel 41

Das Ende der Mitte

Das waren tragische Jahre für unsere Familie . Mutter, von Flossies Rückkehr mehr als nur ein wenig aus der Fassung gebracht, wohnte weiterhin bei uns im Haus, aber die Zeit ihrer Herrschaft war abgelaufen. An einem Montag im Jahre 1930 stürzte sie auf dem Weg zum Frauenverein und brach sich den Hüftknochen. Arme Mutter, sie war so stolz auf ihre kleinen Füße. Während ihrer ganzen Jugend hatte sie Schuhgröße 1 getragen, war eine »famose« Tänzerin gewesen und hatte laufen können wie der Wind. Und eben diese Eitelkeit führte ihren Tod herbei.

Am Tag vor dem Unfall waren die Bürgersteige vereist, aber sie hatte unbedingt ohne Gummiüberschuhe zur Kirche gehen wollen – um ihre Füße zu zeigen, was sie natürlich heftig abgestritten hätte. Mr. Tufts, der mit dem Auto da war, sah sie aus der Kirche kommen und den Heimweg antreten und sprach sie an.

»Es ist gefährlich«, sagte er. »Steigen Sie ein, wir fahren Sie nach Hause.«

So was konnte sie schon auf die Palme bringen: die Unterstellung, sie könne sich auf Eis nicht fortbewegen, war eine Beleidigung. Sie schlug sein Angebot aus, aber er beharrte darauf und drängte sie gegen ihren Willen in den Wagen. Vor unserem Haus stieg er aus, nahm sie beim Arm und ging mit ihr die Eingangsstufen hinauf. Sie kochte vor Wut.

Am nächsten Tag flehte ich sie an, zu dem mehr als vier Blocks entfernten Klub mit dem Taxi zu fahren.

»Dann geh wenigstens in der Mitte der Straße«, sagte ich.

Und das tat sie dann auch, geriet aber mit dem Absatz auf eine kleine vereiste Stelle und kam zu Fall. Sie konnte sich nicht bewegen, sondern blieb wie ein verwundeter Spatz unbemerkt mitten auf der Straße liegen, bis ein vorüberkommendes Taxi neben ihr anhielt. Der Fahrer hob sie auf und brachte sie nach Hause. Das war ihr Ende, denn obwohl sie noch fast zwanzig Jahre lebte, blieb sie für immer ein Krüppel. Jahrelang habe ich ihr die Treppe hinauf und hinunter geholfen und ihr täglich das Essen nach oben gebracht. Insgesamt achtzehn Jahre lang.

Um den 1. März dieses Jahres – Mutter lag nach diesem ersten Sturz noch im Krankenhaus – erhielt ich während der Sprechstunde in meiner Praxis in Passaic einen Anruf. Floss hatte von ihrer Mutter beunruhigende Neuigkeiten aus Monroe gehört: ihr Vater sei mit einem Gewehr losgezogen, um ein Waldmurmeltier zu vertreiben, das sich neben dem Brunnenhaus eingenistet hatte, und sei dabei schwer verletzt worden. Floss war außer sich, sie wollte sofort losfahren. Ich hatte einen Patienten auf dem Tisch liegen. Fünf Minuten später rief sie wieder an. Ich ließ jetzt alles fahren und rannte los. Als wir nach einstündiger Fahrt in Monroe ankamen, war ihr Vater tot. Ich ging allein hinunter, mir den Leichnam ansehen. Floss hätte den Anblick nicht ertragen, war er doch ihr Leben lang ihr Gott und Beschützer gewesen.

Er war wirklich tot. Von einer Patrone Kaliber 12 in den Bauch getroffen. Offenbar, soweit sich das an den Felsen erkennen ließ, hatte er in Begleitung seiner Hunde nach dem Bau des Tieres gesucht, als das Gewehr losging. Er war auf der Stelle tot gewesen, ähnlich wie sein Sohn nur ein oder zwei Jahre zuvor. Zum Glück waren wir noch rechtzeitig gekommen, die Hunde zu verjagen.

Im Sommer unternahmen wir einige Ausflüge, hauptsächlich nach New England. Als Paul dann 1931 sein letztes Jahr im Camp verbrachte – Enajerog nannten sie es –, machten wir eine der glücklichsten Kreuzfahrten unseres Lebens, zwei Wochen lang, von Montreal über Quebec in den St.-Lawrence-Golf, an Anticosti vorbei und quer durch die Belle-Isle-Straße zu Dr. Grenfells Missionshospital in Saint Anthony auf Neufundland. Viele der Menschen und Orte, die ich damals sah, haben mich bei meinem späteren Schreiben sehr beeinflußt: denn es war immer mein Wunsch gewesen, das Leben in der Stadt aufzugeben und in die Wildnis zu ziehen. Und da lag sie nun vor mir, die ganze Nordküste hoch, von Godbou, von Seven Isles bis zum Nordpol, ich brauchte nur loszugehen.

Unser kleines Schiff, die *S. S. North Voyageur*, lag wie ein Spielzeug einen Meter unter der Kaimauer, als wir es in Montreal bestiegen. Doch als wir in Forteau Bay an Land gingen, um vor der Überfahrt nach Neufundland Briefe abzuschicken, sah es so groß aus wie der *Leviathan*.

Am Tag unserer Ankunft in Forteau war vom Heck eines Skiffs, das sich auf dem Rückweg von einem Picknick auf einer der kleinen Inseln vor der Küste befand, ein Kind gefallen. Die Eltern ertrugen dies mit einer eigenartigen, hoffnungslosen Ruhe, die ich nie vergessen habe.

Schotten und Iren, das sind isolierte Völker, die sich den ganzen Winter über eingraben und kaum hundert Schritte gehen können, wenn die Sonne zurückkommt. Aber wenn die Sonne sie nach einem Monat aufgetaut hat, sind sie wieder munter wie die Robben.

Als das Schiff ein paar Tage später in den kleinen Hafen von Saint Anthony einlief, ertönte die Sirene. Hunderte von Huskies, die dort zwischen den Felsen eingepfercht sind, antworteten mit ihrem trostlosen Geheul. Zu fressen bekommen sie das, was in den Fässern, in denen die rohen Dorschlebern von den Booten an Land gebracht werden, oben schwimmt. Wilde Tiere, die nicht leicht abzurichten sind.

Nie habe ich so tiefblauen Eisenhut gesehen.

Die junge Eskimomutter und ihr drei Wochen alter Säugling in der Station des Krankenhauses.

Wie lassen sich solche Eindrücke beschreiben? Wir leben in Schmutz, wir essen und trinken ihn und baden darin; er bekommt uns prächtig. Das Ursprüngliche und Reine erstickt uns.

Auf der Rückfahrt kamen wir, ein wenig dem Fahrplan voraus, nach Greely Island, wo die ersten Transatlantikflieger in Ost-West-Richtung hatten notlanden müssen. Dort trafen wir zwei Kinder des Leuchtturmwärters; unser Sozialarbeiter an Bord versuchte ihnen das Versteckspiel beizubringen, was ihm aber nicht gelang. Sie sahen keinen Sinn darin, starrten ihn nur fragend an: Wozu verstecken? stand in ihren Gesichtern geschrieben, wo wir unser Leben doch ohnehin nur mit Suchen verbringen?

Der Flug war von dem tödlich an Krebs erkrankten deutschen Grafen Soundso organisiert worden. Neben einem deutschen Piloten hatte er als Glücksbringer, wie es in den Zeitungen hieß, einen Iren mitgenommen; es war mitten im Winter, sie gerieten in dichten Nebel und landeten durch einen glücklichen Zufall jenseits der Felsen auf der einzigen ebenen Fläche im Umkreis von fünfzig Meilen.

Jetzt im Sommer war der Boden stellenweise mit *molte* bewachsen, wie die Skandinavier das nennen; dort nennt man es »bake-apple«: eine himbeerartige Frucht, die an einzelnen Stengeln wächst. Die Stengel erhoben sich kaum eine Handbreit über den Boden, die Beeren waren fleischfarben und von köstlichem Geschmack. Als ich allein über die Felsen stieg und nach einer Stelle suchte, wo ich ins Wasser gehen konnte – ich hatte nämlich einigen Mitpassagieren geschworen, irgendwie und irgendwo auf dieser Fahrt, komme was da wolle, schwimmen zu gehen –, fand ich auch überall dunkle »Krähenbeeren« und die bleichen Schalen von Seeigeln, die die Möwen aus der Luft hatten fallen lassen, um sie aufzubrechen und dann zu fressen.

An der Nordseite der Insel angekommen, legte ich meine Kleider ab und ging ins Wasser; zwei oder drei Papageientaucher sahen mir von den Felsen aus zu. Es war fürchterlich kalt und der Grund so voller Muscheln, daß man nicht baden konnte; aber ich ging bis zur Hüfte rein und tauchte so weit unter, daß ich mir an einem muschelbedeckten Felsbrocken eine fußlange Schnittwunde am Bauch zuzog. Wenigstens konnte ich jetzt beweisen, daß ich im Wasser gewesen war. Seltsames Gefühl, in arktischen Gewässern ein einsames Bad zu nehmen.

TEIL 3

»Alt bin ich, kann den Damen nicht mehr dienen,
Doch um die Macht der Schönheit weiß ich noch.«

Kapitel 42

Ein Blick zurück

Wenn ich mir Rutherford heute so ansehe, die ganze Hauptstraße dicht an dicht voller Geschäfte und Maklerbüros mit Leuchtreklamen, fällt es mir schwer, mich an das kleine Dorf zu erinnern, in dem ich aufgewachsen bin.

Man stelle sich vor! Keine Kanalisation, weder Wasser noch Gas. Strom schon gar nicht; kein Telefon, nicht mal eine Straßenbahn. Die Bürgersteige waren aus Holz, dicke Bretter, auf Balken genagelt, die auf dem Boden lagen; in den Ritzen nisteten Hornissen, die in Scharen aufflogen, wenn wir darübergingen. Der Stich dieser Insekten war erstaunlich schmerzhaft. Die Straßen waren im großen ganzen unbefestigt; Asphaltbelag war damals noch eine Neuheit.

Statt solcher »Verbesserungen« hatten wir Senkgruben im Garten und Außenklos wie auf Bauernhöfen – und dies nur zehn Meilen von der Metropole entfernt. Unser Trinkwasser war Regenwasser, das über Fallrohre vom Dach in eine Zisterne geleitet wurde. Aus der Zisterne wurde das Wasser in der Küche per Hand in einen mit Blech ausgeschlagenen Holztank unterm Dach gepumpt. Für eine Stunde an der Pumpe bekamen Ed und ich jeder zehn Cents.

Zur Beleuchtung hatten wir Petroleumlampen – bin ich denn *so* alt? –, die in den Schlafzimmern an gußeisernen Haltern hingen. Im übrigen hatten wir schöne Lampen aus Glas und Porzellan; die über dem Eßzimmertisch konnte man zum Nachfüllen, Reinigen und Anzünden an Ketten herunterziehen.

Mein Schlafzimmer lag neben dem meiner Eltern. Zwischen den beiden Zimmern hing eine Lampe im

Flur. Ich schlief gern bei Licht ein. Abend für Abend stellte ich mich schlafend und hörte Pop zu, der neben Mutter aufrecht im Bett saß und ihr *Trilby* vorlas. So erfuhr ich von Svengali, dem Magnetiseur, von Little Billee und von Trilby selbst. Ich benannte meine weißen Mäuse nach ihnen: Trilby, makellos weiß, und Little Billee, schwarzer Kopf und schwarzweiß gefleckter Körper.

Ständig wurden die Straßen aufgerissen und Rohre verlegt, für Wasser, Abwasser und Gas. Als die Iveson-Villa uns gegenüber endlich fertig war, wurden anläßlich einer Hochzeit, ich weiß nicht mehr, ob es Sohn oder Tochter war, am Abend die Gaslaternen vom Haus zur Straße angezündet; das hell erleuchtete Haus, die vom Bahnhof ankommenden Gäste, der ständige Strom von Kutschen – es war das Schönste, was ich je gesehen hatte.

Der ganze Ort kann nicht mehr als fünftausend Einwohner gehabt haben: die Deans, die Hollisters, die Cummings', die Ivesons. Einmal, viele Jahre später, wurde auf einer der dunkleren Straßen ein Mann dabei beobachtet, wie er aus einem Parterrefenster kletterte. Der Streifenpolizist brüllte ihn an, er solle stehenbleiben – es hatte damals gerade mehrere Einbrüche in dieser Gegend gegeben –, aber er rannte los, um im Gebüsch zu verschwinden. Der Polizist gab Feuer und tötete ihn. Als man ihn umdrehte, erkannte man X, einen Nachbarn der Frau; er war ihr Geliebter.

Als der alte Roseman, ein Morphiumsüchtiger, der in seiner Jugend als Fahrer für einen Arzt der alten Garde gearbeitet hatte, einmal über den Sandplatz in der Nähe von Spring Dell ging, hörte er ein lautes Krachen und sah einen Mann, der mit bloßen Beinen und blutenden Knien, die Hose in der Hand, wie verrückt den Hügel in Richtung Orient Way hinunterrannte und verschwand. Roseman wälzte sich vor Lachen auf dem Boden. Er hatte den Burschen erkannt und wußte gleich, was sich da abgespielt hatte: er war mit dem heimkehrenden Ehemann verwechselt worden, und der Liebhaber war mit einem Satz aus dem geschlossenen Küchenfenster gesprungen.

Einmal erzählte mir Pop von der Gründung des Union Club. Man brauchte Geld. Jemand machte den Vorschlag, jeder von ihnen solle einen Dollar spenden; doch ehe irgendwelche Schritte eingeleitet werden konnten, erhob sich Mr. Weaver – inzwischen seit einem halben Jahrhundert tot –, ein dicker Zigarrenraucher mit einer gutaussehenden Tochter, und hielt eine kleine Ansprache.

»Meine Herren«, sagte er, »es waren einmal zwei Farmer, deren Äcker aneinandergrenzten. Der eine war ein frommer Mann, und nachdem er im Frühling sein Feld gepflügt und geeggt hatte, zog er mit seinem Roggensack los und tat folgendes: Er nahm eine Handvoll Samenkörner und streute sie umher, aber bloß immer eine Prise davon zwischen zwei Fingern. Dazu sprach er: Gott segne die gute Saat. Gott segne die gute Saat.

Sein Nachbar auf der anderen Seite des Zauns machte sich ebenfalls ans Säen. Er schaufelte die Samenkörner mit vollen Händen, schleuderte sie umher und sprach dabei: Und zum Teufel damit. Zum Teufel damit!

Nun, meine Herren, was meinen Sie wohl, welcher dieser beiden Farmer hat die Ernte bekommen? Ich schlage vor, jeder von uns spendet zur Gründung des Clubs fünf Dollar.«

Pop war ein guter Geschichtenerzähler, aber zu enthaltsam und bescheiden, um selbst glücklich zu sein.

Gut die Hälfte des Ortes war mit Eichen und Kastanienbäumen zugewachsen. Im Herbst konnten wir Kinder auf dem Schulweg stets damit rechnen, praktisch in jeder Straße eine kleine Tasche voll köstlicher Kastanien aufzulesen. Zum Einkaufen ging Mutter von der Episkopalkirche mindestens eine halbe Meile die Passaic Avenue hinauf, bog dann nach links in einen Weg und legte fast die Hälfte der Strecke unter Bäumen zurück.

Kürzlich – ah, drei oder vier Jahre ist das her – traf meine alte Lehrerin aus der vierten Klasse Floss in der Stadt und erzählte ihr folgende Geschichte:

Sie, Helen Walcot, sei damals noch ein kleines Mädchen gewesen. Sie habe in der Home Avenue gewohnt, dort, wo nicht weit von dem Vorgarten, in dem sie immer spielte, der Weg durch den Wald herausgekommen sei. Und so habe sie Mrs. Williams mehrmals in der Woche auf dem Weg zum Einkaufen an sich vorbeikommen sehen. Eines Tages – kleine Mädchen haben einen Blick dafür – sei ihr aufgefallen, daß Mrs. Williams in wenigen Wochen ein Kind bekommen würde, und sie habe sich gefragt, erzählte sie Floss, ob es ein Junge oder ein Mädchen werden würde.

Das war ich.

Vielleicht erklärt dies meine Liebe zu Bäumen und meinen frühen Wunsch, Förster zu werden.

Ed und ich, Jim Hyslop und mein spezieller Freund Lest Maxwell gingen gemeinsam durch die ersten Stadien der Kindheit und Jugend – bevor wir mit Frauen in Berührung kamen. Wir liebten und haßten einander mit glühendster Inbrunst, wenn auch Jim, der Naturkundige, einen weniger starken Haß empfunden haben dürfte als wir anderen. Ed und ich waren Brüder, und das machte es zuweilen brutal. Ich erinnere mich, daß man ihnen die geringsten Stimmungswechsel an den Gesichtern ablesen konnte, wie sie den Blick senkten oder hoben, ihre Art, die Fußspitzen beim Gehen nach innen zu drehen, ihre Haltung beim Sitzen oder

Laufen. Jims Aufgeschlossenheit war zweifellos der Grundstein für seine Karriere.

Ich muß zwischen sieben und neun Jahre alt gewesen sein, als ich mit Ada, Lesters Schwester, auf der runden Bank um die große Eiche auf Copelands Grundstück gesessen und ihr einen Heiratsantrag gemacht habe – nur dreißig Meter von der Stelle, wo ich (wie es das Schicksal wollte) zwanzig Jahre später Flossie die Ehe antrug, die zur Zeit meines ersten Antrags noch gar nicht geboren war. So mag an manchen Orten ein Schicksal walten, dessen Gesetze wir nicht durchschauen. Auch auf der Farm in Monroe stand an prominenter Stelle eine große Weißeiche, und vor unserem Haus steht heute ein ebensolcher Baum, der so langsam in die ehrwürdigen Jahre kommt.

Jim und ich durchstreiften Kipps Wald jenseits unserer Gartenzäune – *ich habe noch jetzt, während ich dies schreibe, das Geräusch in den Ohren, das meine Schuhe machten, wenn ich, um Lester abzuholen, auf dem Weg zur Waldschule über Maxwells Zaun auf der anderen Seite des Geländes stieg.*

Einmal tötete ich ein Rotkehlchen, das im Apfelbaum der Rices saß. Als ich es so entstellt und blutig auf dem Boden liegen sah, kamen mir fast die Tränen. Zwischen den Sumachbäumen nicht weit davon töteten wir unseligerweise ein Kätzchen, und einmal schossen wir mit unseren Gewehren auf ein Eichhörnchen, bis es von seinem Ast tot zu Boden fiel. Das hat mir keinen Spaß gemacht.

Kipps Wald war mein Zauberwald. Ich wollte Förster werden, aber die Ausbildung dazu konnte man nur an weiterführenden Schulen in Cornell und Yale machen. Jim besuchte das Massachusetts Agricultural College, wo er als Hauptfach Entomologie belegte. Später wurde er Leiter der Außenstelle des amerikanischen Agrarministeriums und schrieb zwanzig Jahre lang an seiner Enzyklopädie der schädlichen Insekten – fand dann aber keinen einzigen Verlag, der sein magnum opus drucken wollte.

»Natürlich wird so was gebraucht. Zweifellos. Aber wie sollen wir das finanzieren?«

Und so lagert das Manuskript, eine ganze Wand einnehmend, nun in dem Zimmer, wo man sein Bett aufgestellt hat.

Er ist nahezu blind.

Ich habe alles unternommen, was in meiner Macht steht, das Geld für den Druck seines großartigen Werkes aufzutreiben. Kein Mensch, keine Universität, keine Institution will das Wagnis eingehen.

Die Meadows – das Marschland zwischen der Anhöhe von Rutherford und dem nächsten Hügel, eine Verlängerung der Palisades in Weehawken – waren ein romantisches Gelände für uns Heranwachsende. In das sumpfige Zederndickicht, wo im Herbst immer wieder Blaubeerensammler verschwanden, wagten wir uns nicht hinein; die Luft war so voller Moskitos, daß man praktisch nur in die Hände zu schlagen brauchte, um ein Dutzend von ihnen zu töten. Große Schwärme von Silberreihern hatten dort ihre Nester, und gelegentlich folgten wir den Spuren eines verirrten Hirschs.

Als die Jungen noch klein waren, stiefelte ich einmal mit ihnen los, um an einem alten Waldweg unweit der Paterson Avenue eine wilde Azalee auszugraben. Ich fand einen Busch, packte die Wurzeln mitsamt einem großen Ballen feuchter Erde in einen Jutesack und trug das Ganze auf den Schultern nach Hause.

Das Gewirr von Autobahnen und vor allem die zahlreichen Entwässerungsgräben führten in dem Sumpfgebiet zu einem Absinken des Wasserspiegels, dem die meisten Zedern zum Opfer fielen. Feuer erledigte den Rest.

Damals ließen sich während der Jagdsaison Dunkelenten und Krickenten und gelegentlich eine Kanadagans bei uns blicken, aber heute sind sogar die Rohrkolben verschwunden; an ihrer Stelle gibt es nur noch Schilf, das mit seinen lila Blütenschweifen recht schön die Flächen zwischen den Gräben ausfüllt. Jedoch hat sich der Charakter der Gegend vollständig geändert.

Ein Haus hier bei uns – es ist seltsam, über einen Zeitraum von dreißig Jahren in die Häuser einer Straße zu gehen und immer wieder neue Bewohner dort anzutreffen – hat viele Tragödien erlebt. Es ist ein großes Haus auf einer Anhöhe, umgeben von Eichen und Buchen und einem dreißig Meter hohen Tulpenbaum.

Wenn ich nicht irre, war der erste Besitzer ein großer schlaksiger Deutscher, ein allseits beliebter und bewunderter Mann, der auch mal Bürgermeister bei uns war. Das Schicksal spielte ihm sehr übel mit; er hatte vier Kinder, einen sehr klugen Sohn und eine reizende Tochter, daneben aber zwei Jungen, die geistig zurückgeblieben waren. Der kluge Sohn starb in jungen Jahren, die beiden anderen wurden lebenslängliche Pflegefälle.

Nach seinem Tod zog seine musikalische und gebildete Frau mit ihrer Tochter in ein kleineres Haus; das Anwesen wurde von einer zweiten Familie erworben, und zwar vom Manager eines großen New Yorker Handelshauses und dessen Frau, die jahrelang an einer Behinderung zu leiden hatte. Eine großgewachsene, gutmütige Frau. Sie schickte Flossie und mir oftmals Körbe mit Obst und Gemüse, das offenbar von einer sehr ertragreichen Farm in South Jersey stammte.

Gewissermaßen als Gegenleistung für diese kleinen

Gefälligkeiten bat sie mich hin und wieder um ein Rezept für ein paar Unzen kampfersaure Opiumtinktur – kurz, ein schmerzstillendes Mittel. Sie habe irgendein obskures Magenleiden, für das ihr ein Arzt in Philadelphia diese Tinktur verschrieben habe. Sie räumte ein, daß es wahrscheinlich nicht gut für sie sei, aber sie leide nun einmal häufig unter starken Schmerzen und dieses Mittel scheine das einzige zu sein, was ihr helfen könne ... und so weiter und so fort. Allerdings beharrte sie ängstlich darauf, daß ihr Mann nichts von dieser Schwäche erfahren dürfe, und so gab ich ihr die genannte Menge der Droge und setzte die zuständige Behörde von ihrer Sucht in Kenntnis.

Dies alles geschah noch vor ihrem Umzug in das Haus, von dem ich jetzt erzähle. Nachdem sie dort eingezogen war, erkrankte sie schwer und verletzte sich bei einem Sturz so sehr, daß sie fortan ans Bett gefesselt war. Aber es kam noch schlimmer; ein Unterarm wurde von Gewebeschwund befallen, was starke Schmerzen zur Folge hatte. Ich untersuchte sie, sah mir ihre Pupillen an und erkannte, daß sie, obwohl ich ihr in letzter Zeit kein Opium gegeben hatte, dennoch an einer von dieser Droge hervorgerufenen toxischen Neurose litt, und ich kam zu dem Schluß, daß ich nun nicht mehr das Recht hatte, ihrem Mann zu verschweigen, was ich wußte.

Also ging ich mit ihm nach unten, doch bevor ich den Mund aufmachen konnte, begann er mit seinem Geständnis. Er habe seiner Frau seit Jahren Opiate verschafft. Er wisse, daß das nicht richtig sei, aber ... Darauf erzählte ich ihm von meinem Part in der Sache.

Wir gingen zusammen nach unten und teilten der großen imposanten Frau das Ergebnis unserer Besprechung mit; ich fügte hinzu, daß ich nicht mehr mitmachen werde. Ich sei noch jung und wolle nicht in

Schwierigkeiten geraten. Und da lernte ich sie kennen! Ich sage Ihnen, nie in meinem Leben bin ich mit solchen Flüchen bedacht worden. Ihre Schmähungen, unflätigen Beschimpfungen und Prozeßandrohungen konnten mich aber nicht rühren. Sie starb kurze Zeit später.

Die dritte Familie, Nachkommen einer der ältesten Familien des Bundesstaates, erlebte ebenfalls viel Kummer, und nachdem die Ehe der Tochter gescheitert war, zog man wieder aus. Damit hat sich der Kreis vielleicht geschlossen, denn die gegenwärtigen Bewohner sind allem Anschein nach ganz normale, ordentliche Bürger.

Kapitel 43

Von Medizin und Dichtkunst

Wenn ich, wie es in letzter Zeit häufig geschieht, gefragt werde, wie ich so viele Jahre lang ein gleichbleibendes Interesse für Medizin und Dichtkunst habe bewahren können, antworte ich, daß diese beiden für mich so ziemlich auf das gleiche hinauslaufen. Jeder Arzt, der etwas taugt, weiß, daß niemand »geheilt« werden kann. Wir erholen uns von irgendeinem somatischen, einem körperlichen »Fieber«, wobei wir als Beobachter Zeuge waren, wie unsere Zell-Bataillone mit diesem oder jenem tödlichen Manöver gegen andere Bestandteile der Natur gefochten haben. Ein fesselnder Vorgang. Etliche Abwasser- oder Zuleitungsrohre haben hier und da dem Druck nachgegeben; etliche neue Gesetzmäßigkeiten sind unserem Wissen hinzugefügt worden. Aber der Begriff Heilung ist absurd, ebenso absurd wie die Bezeichnung »Krankheit« für derlei Geplänkel. Manchmal siegt die Heimmannschaft, manchmal siegen die Gäste. Große Aufregung. Es ist bemerkenswert, daß die Sulfonamide und das Penicillin ungefähr gleichzeitig mit Ted Williams, Ralph Kiner und dem Gummiball aufkamen. Wir verlangen nach *homeruns*, nach Antibiotika, die den Menschen mit einer einzigen Spritze in den Hintern »heilen«. Aber nachdem man den Ball in die Centerfield-Tribüne geschlagen und das Spiel gewonnen hat, muß man immer noch zum Abendessen nach Hause gehen. Na und? Die Arena wartet mit leerem Blick auf das nächste Spiel, die nächste Saison, die nächste Bombe. Lachhaft.

Als Kunst hatte die Medizin nie einen besonderen Reiz für mich, auch wenn manches mich faszinierte, vor allem die Physiologie des Nervensystems. Das ist schon was. Namentlich die Chirurgie schien mir immer unbefriedigend. Was gibt es ab- oder herauszuschneiden, das uns »heilen« könnte? Und sein ganzes Leben mit Herumschnippeln verbringen! Da sollte man lieber Koch werden, oder am besten gleich Metzger. Sicher hat es etwas Erfreuliches, zu wissen, daß man den Krebs wirklich herausgeschnitten hat und der Betreffende es noch eine Weile machen wird, aber Chirurg habe ich niemals werden wollen. Bewundernswerte Männer – ich ziehe den Hut vor ihnen. Ich kannte mal einen, der sich von jeder bösartigen Wucherung, mit der er es zu tun bekam, ein Stück abschnitt und sich hinterher damit die Achselhöhle einrieb. Warum, habe ich nie erfahren. Geschadet hat es ihm nicht, und er hat ein hohes Alter erreicht. Er hatte Phantasie, Neugier und Sinn für Humor, nehme ich an.

Der geheilte Mensch, möchte ich sagen, unterscheidet sich in nichts von irgendeinem anderen. Wenn die

Leidenschaft fehlt, was auch immer das sein mag, ist es ein banales Geschäft. Eben daher, um diesem Dilemma zu entgehen, wurde das Schreiben eine Notwendigkeit für mich. Ich lernte in meinem Beruf durch Ausprobieren, daß die Behandlung eines Kranken, insofern sie etwas mit Chirurgie, Medikamenten und Hexerei zu tun hat, eine belanglose Angelegenheit ist; lebendig wurde er für mich erst, wenn ich ihn als Material für ein Kunstwerk behandelte.

Was ich mit ihm (oder ihr) vorhatte, faszinierte mich. Und es spielte offenbar keine Rolle, ob er selbst etwas Besonderes war oder nicht. Es war nicht so, daß ich ihn retten wollte, weil er ein gutes oder nützliches Glied der Gesellschaft war. Der Tod hatte deswegen ja auch keinen Respekt vor ihm, ebensowenig der Künstler oder ich. Soweit ich das beurteilen kann, spielt diese Art von »Nutzen« dabei keine Rolle; ich selbst bin neugierig, was ich am Ende entdecken werde. Ein bizarrer Reiz.

Ich habe also gesagt: »der Geist«. Und der Geist? Ich kann nicht behaupten, daß ich jemals Interesse für einen völlig geistlosen Menschen empfunden habe. Aber einen oder zwei habe ich kennengelernt, die ziemlich nahe daran sind – jedenfalls taugen sie nichts und sind ein Unglück für ihre Familien beziehungsweise für das, was von ihren Familien noch übrig ist –, die ich aber dennoch wesentlich interessanter finde als viele andere, denen ich meine Dienste widme.

Solche Dinge lassen mich nicht los, ich muß immer weiter von ihnen schreiben. Ich erinnere mich an viele Leute in der Vergangenheit, Jungen und Mädchen, schlechte Schüler, Verräter mit schmutzigen Gedanken und Fingern, und ich vermisse sie sehr. Wenn eine alte Frau mir von ihrer Tochter erzählt, daß sie jetzt mit einem Kampfrichter vom Garden City-Stadion glücklich verheiratet sei und zwei prächtige Söhne habe, könnte ich vor Freude jubeln. Ich bin glücklich. Das stimuliert mich. Sie lebt also noch. Warum empfinde ich so etwas? Ihretwegen bin ich beinahe von der Schule geflogen. Ihretwegen habe ich fast meine Jugend ruiniert.

Aber eben nur fast. Ich habe sie gern, so beschränkt und widerwärtig sie auch gewesen sein mag; ebenso geht es mir bei einigen anderen wirklich bösartigen Kindern, die den Ruf der ganzen Klasse verdorben haben – die meisten sind längst an ihren Exzessen gestorben. Sie schmeicheln meiner Erinnerung. Genau das ist es, wohinter ich her bin. Was damals war, was ich nicht recht benennen kann. Mein Schreiben, die Notwendigkeit fortgesetzter Geltendmachung, das Bedürfnis, immer weiterzumachen, all das verbietet mir aufzuhören. Bis zum heutigen Tage bin ich auf der Jagd danach – aber nicht in den Akademien, nicht mit dem Ziel, entlegene und komplizierte Kenntnisse oder Fähigkeiten zu erwerben.

Diese Leute hatten weder Kenntnisse noch Fähigkeiten. Sie blieben sitzen, kamen ins Gefängnis, ließen sich schwängern, und falls sie überlebten, verloren sie ihre Vollkommenheiten.

Wieder so ein Wort: ihre Vollkommenheiten. Sie waren vollkommen; als sie auf die Welt kamen, schienen sie vollkommen zu sein und nichts zu brauchen. Sie waren da, sie lebten vor meinen Augen, und ich lebte neben ihnen und mit ihnen. Mit ihrem bloßen Dasein leugneten sie die Notwendigkeit, sie zu »studieren«, das heißt, durch langwierige Beobachtung Aufschlüsse über sie zu erhalten. Sie waren, einfach durch ihr Leben, das Thema, das aufzuklären ich mich mein Leben lang bemüht habe, und wenn ich keine Klarheit über sie gewinnen konnte, habe ich versucht, sie schriftlich zu fixieren, sie aufs Papier zu bannen: denn auch daraus kann man Erkenntnisse ziehen.

Nicht ihre Missetaten faszinierten mich, nicht die Tatsache, daß sie »böse« Jungen und Mädchen waren. Ganz und gar nicht. Sondern daß sie absolut vollkommen waren, ausgestattet mit vollendeter Kühnheit und weitestreichenden Chancen.

Ich schrieb weiter, lebte so gut ich konnte, führte in Gedanken ein geheimes Leben, von dem ich offen erzählen wollte – wenn es mir nur möglich wäre –, wie es jetzt und immerdar heimlich um uns existiert, und dieses Unmittelbare, die Geschichte, die Anatomie dieses Gegenstandes, der keiner Chirurgie, Klempnerei oder sonstigen Heilmethode unterworfen werden kann, wollte ich erzählen. Warum, weiß ich nicht. Wozu erzählen, was niemand hören will? Aber dann, wenn es mir zufällig gelang, etwas aus dieser geheimen vollkommenen Welt zu porträtieren, stellte ich fest, daß man mir doch zuhören wollte. Und den Zugang zu diesen geheimen Gärten des Ich verschaffte mir die »Medizin«. Es gab im Ich noch eine andere Welt zu entdecken. Mein ärztlicher Ausweis erlaubte mir, dem armen besiegten Körper in diese Klüfte und Grotten zu folgen. Und das Erstaunliche ist, daß zu solchen Zeiten und an solchen Orten – sosehr auch die ischiorektalen Abszesse unserer Aktivitäten stinken mögen –, eben dort dieses Ding in all seiner größten Schönheit sich kurz freimachen kann, um für einen Augenblick schuldbewußt im Zimmer umherzufliegen. Dort, wenn ich in meiner Eigenschaft als Arzt bei Krankheit, Tod und Geburt, bei den qualvollen Schlachten zwischen Tochter und diabolischer Mutter, zerrüttet von einem ruinierten Hirn, anwesend sein durfte, genau dort ist dieses Ding – für den Bruchteil einer Sekunde – von der einen oder anderen Seite vor mir herumgeflattert, ein Wort, ein Satz, den ich sofort auf das nächste erreichbare Stück Papier niederschreiben muß.

Dieses Ding ist identifizierbar, und sein Merkmal, sein Hauptmerkmal ist, daß es real ist, aus einem Guß und, wie gesagt, unmittelbar und vollkommen: es kommt, es ist da, und es verschwindet. Aber ich habe es deutlich gesehen. Ich habe es gesehen. Ich kenne es, denn es ist da. Ich war davon besessen, wie ich schon in der fünften Klasse davon besessen war – als sie sich über die Lehne der Sitzbank vor mir beugte und mich mit obszönen Ausdrücken begrüßte, die ich hier nicht wiedergeben kann, auch wenn sie vor vierzig Jahren aus dem Mund eines Kindes kamen, denn niemand würde oder könnte verstehen, was ich damit meine, wenn ich sage, daß ich es damals gesehen habe.

Die große Welt hat mich nie sonderlich interessiert (allenfalls im Hinterkopf), denn nach dem, was ich beobachtet habe, sind ihre Wirkungen von verheerender Banalität – auch in ihrer Gesamtheit; derselbe Gestank wie an den meisten öffentlichen Orten. Wie Bob McAlmon einmal bemerkte, als in Juarez eine gutgekleidete Spanierin an uns vorbeiging (ich hatte gesagt: Donnerwetter! Ist das ein Parfüm!):

»Findest du?« sagte er. »Das ist kein Parfüm, ich nenne das eine Nutte.«

Kapitel 44

Das Krankenhaus ist eine Stadt

Das Krankenhaus ist eine Stadt, meine endgültige Heimat. Man bringt dorthin mit, was man ist, was die Vorfahren gewesen sind – in vielen Fällen Amerikaner der ersten Generation, die auch Europa mit hineinbringen, das bäuerliche Europa mit all seiner Freundlichkeit und Gier, seiner Habsucht und Verzweiflung.

Es gibt gute Ärzte und schlechte Ärzte: an den Namen kann man sie nicht auseinanderhalten; Diebe, sogar Mörder, mit höchst angesehenen Namen. Auf der anderen Seite gibt es äußerst gewissenhafte und humane Priester der Heilkunst, deren Namen verraten, daß sie aus den Ghettos von Polen oder den leidgeprüften Dörfern Siziliens stammen. Es gibt Finanzgenies, deren Eltern wenige Jahre zuvor mit einem Obststand an der Ecke angefangen haben, Männer, die durchaus in der Lage wären, unseren Morgans und Rockefellers gute Tips zu geben, wie sie aus ein paar Cents einen Haufen Dollars machen könnten. Sie entsprechen genau dem, was man von ihrer Herkunft erwartet, es sind Menschen, die ihre Nebenmenschen ausplündern. Aber es gibt auch solche Männer und Frauen, die sich mit jedem Dollar abquälen, den sie den Kranken für ihre Heilung berechnen; sie leben praktisch in Armut und wollen nur im Dienst der Menschheit wirken – was andererseits keineswegs bedeutet, daß sie die besten Ärzte sind.

Es ist seltsam, wie viele Phasen jemand zu durchlaufen hat, ehe ein guter, brauchbarer Arzt aus ihm wird. Manche haben geschickte Hände, einfach gute Chirurgenhände, und wenn sie zufällig auch noch mit einem Kopf und einem Herzen ausgestattet sind, können sie es sehr weit bringen. Andere sind eine Bedrohung für die Gesellschaft, der sie angehören. Wie soll man die auseinanderhalten? Die meisten ihrer Kollegen kennen sie. Aber das menschliche Tier ist ein wenig vertrauenswürdiger Egoist, und gerade die schlimmsten Ärzte wissen genau, wie sie sich attraktiv machen können. Sie sind im allgemeinen sehr beliebt.

Wer zögert denn schon, wenn er die Miete oder das

Gehalt seiner Sprechstundenhilfe zu zahlen hat, jemandem die Mandeln herauszunehmen, wenn ihm die Gelegenheit dazu geboten wird? Soll der Rachen hinterher doch aussehen, wie er will; der Arzt darf es tun und wird es tun. Er kennt nicht einmal die Bedeutung des anatomischen Bildes, und noch viel weniger kümmert ihn das Resultat.

Ich selbst habe meine Arbeit immer so gesehen, als sei ich ein Mann an der Front, im Schützengraben. Nur so kann ich meine Selbstachtung bewahren und jeden, der zu mir kommt, behandeln: Männer, Frauen und Kinder. Ich weiß längst nicht alles, was es in Medizin und Chirurgie zu wissen gibt, *muß* aber genau wissen, *was* ich weiß, und dazu muß ich mir vollkommen im klaren darüber sein, was ich nicht weiß. Ich kann mich nicht mit allem befassen, darf aber nie etwas übersehen. Ich muß das Spiel jedesmal auf Gewinn spielen, was oft nur möglich ist, indem ich einen Fall mit größtmöglicher Geschwindigkeit an jemand anderen überweise und dem Patienten entsprechend seiner Zahlungsfähigkeit zu den geringstmöglichen Kosten die beste Versorgung, die ich in meinem Bezirk finden kann, zukommen lasse.

Eins steht fest: Im großen ganzen könnten wir ohne die Medizin in der heutigen Welt nicht leben. Wenn man auf die medizinischen Techniken (ganz gleich, welche belanglosen Meinungen wir davon haben mögen) verzichten würde, würden wir schlicht und einfach morgen sterben, und zwar in Massen. Andererseits sorgen wir womöglich dafür, die Welt mit Idioten zu bevölkern. Niemand kennt die Antwort.

Ich bin immerhin dankbar, daß ich Medizin studiert habe (auch eine Idee: Medizin studieren, aber nicht als Beruf ausüben), daß ich beurteilen kann, was in mir und anderen vorgeht. Gertrude Stein hat dies für sich selbst deutlich gemacht. Sie hat sich sehr gründlich damit beschäftigt. Angefangen hat sie mit der Physiologie unter William James, nach dessen Zeugnis sie eine ausgezeichnete Schülerin war. Als sie dann feststellte, daß sie sich nicht auf die abstrakten Begriffe beschränken, sondern lieber den ganzen Menschen studieren wollte, ging sie an die Johns-Hopkins-Universität, um durch das Studium der Somatologie, der Lehre vom menschlichen Körper, ihr Wissen abzurunden. Denn die Literatur handelt vom ganzen Menschen, wie auch immer die stilistischen Varianten aussehen mögen. Was kann es da Besseres geben, als seinen Gegenstand gründlich und in allen seinen Aspekten kennenzulernen, bevor man damit beginnt, ihn auszuschlachten? Dies zumindest war Gertrude Steins Idee von den Vorteilen, die medizinische Kenntnisse einem Schriftsteller bieten könnten.

Offensichtlich ist die ganze heutige Welt ein Krankenhaus, folglich ist, da eins das andere aufhebt, das Krankenhaus eine sehr normale Umgebung. Nur zufällig hat es mit Krankheiten zu tun: ganz nebenbei und ziemlich gleichgültig reguliert es den Verfall des Körpers, seine Exkrete und üblen Gerüche und auch die freudigen Ereignisse wie Geburt und Heilung. Für den Arzt ist Heilung ein reiner Zufall, für den Pathologen in seinem Labor fast eine Enttäuschung. Das einzig Wahre ist die Aufregung der Jagd, die Gelegenheit, von präzisen Talenten Gebrauch zu machen, die Möglichkeit, einen Rivalen aus dem Feld zu schlagen, großspurig herumzuprahlen und mit den anderen Kollegen gut auszukommen. Entdeckung ist das große Ziel – und die Anhäufung von Reichtum.

Heute ist das Krankenhaus Teil des von den großen Pharmaproduzenten inszenierten Kommerzspektakels. Beinahe täglich preisen die Vertreter dieses oder jenes

Konzerns im Wartezimmer des Arztes die neuesten Medikamente an. Es geht dort genauso geschäftig zu wie in der Lokalredaktion einer großen Zeitung, zumal die neuesten Heilmittel heutzutage immer für eine Schlagzeile gut sind. Weigert sich der Arzt, das neueste populäre Allheilmittel zu verabreichen, kann er seine Praxis bald zumachen. Und zwar mit Recht. Der Beruf des Arztes ist heute in die Nähe der Schwarzen Kunst gerückt; Wunder werden erwartet und durchgeführt; das Wissen hat sich in solchem Ausmaß vergrößert, daß jemand, der nicht gerade an den Folgen einer Enthauptung durch eine Windschutzscheibe stirbt, sich schämen sollte.

Dann haben wir die Verwaltungsabteilung, und schließlich haben wir die Schwesternschaft – die nicht nur mit technischen Dingen beschäftigt ist. Diese Frauen, diese jungen Frauen, diese größtenteils intelligenten jungen Frauen, diese in ihren adretten und kleidsamen Uniformen oft schönen jungen Frauen scheinen mit dem Leiden der Menschheit direkt nur wenig zu tun zu haben. Was sie dazu »ruft«, sich in den Dienst der Menschlichkeit zu stellen, sind die Verhältnisse, aus denen sie kommen und die ihr Leben bestimmen. Schöne Augen, samtweiche (oder rauhe) Haut, zum Lieben geschaffene Arme, von gestärktem Leinen umhüllte Brüste, die man niemals küssen oder sich auch nur vorstellen darf.

Was sollen sie machen? Es herrscht strenge Disziplin. Ich habe ihren Erzählungen lange zugehört.

»Sie hat beschlossen, dort zu bleiben.«

»Wo?«

»Wo sie jetzt ist, in Grasslands.«

»Das Irrenhaus?«

»Ja, es gefällt ihr. Die einzige in ihrer Klasse. Sie bekommt zweihundertfünfzig Dollar im Monat. Wovon natürlich fünfunddreißig fürs Essen abgezogen werden.«

»Sie reden von der kleinen Audrey?«

»Ihre Arbeitszeit geht von zwei bis elf.«

»Hat sie einen freien Tag?«

»Zwei. Aber die Frauen will sie nicht. Will sich nur um die Männer kümmern. Die Frauen kann sie nicht leiden.«

»Gut für sie.«

»Wissen Sie, daß Nellie De Graff sich dort aufhält?«

»Sie meinen ...?«

»Ja. Sie ist dort in einem Privathaus untergebracht.«

»Soweit ich weiß, trinkt sie in letzter Zeit zu viel.«

»Hoffnungsloser Fall. Ihre Kinder haben sie einweisen lassen. Ihr Mann tut mir leid. Drei- bis fünfhundert die Woche, der Ärmste, das hält er nicht durch.«

Eines Neujahrsmorgens – ich war selbst noch etwas wacklig auf den Beinen – trat eine kleine Rothaarige an mich heran.

»Wieviel Uhr ist es?«

»Viertel nach elf.«

»O Gott, wenn ich nur bis Mittag durchhalte.«

»Was ist denn mit Ihrem Auge?«

»Bin heute morgen um vier die Treppe runtergefallen.«

Es war dieselbe Frau, die während ihrer Dienstzeit im Contagious Hospital in Newark von ihren Freundinnen voll bis zum Stehkragen durch ein Fenster des Schlaftrakts gezogen worden war. Sie entkleideten sie und schoben sie unter die Dusche, damit sie um sieben ihren Dienst antreten konnte.

Manche von ihnen (ich erinnere mich nur an eine) sind so gut gebaut, daß sie ohne weiteres als, sagen wir, »Hostess« in einem Nachtclub arbeiten könnten. Aber es gibt auch andere Typen. Zum Beispiel solche mit kräftigen Beinen und Haaren, die einen Botticelli oder Modigliani verlocken könnten, sie zu zeichnen. Sie sind in den meisten Fällen so gut wie verloren.

Die Not treibt sie, sich für diesen Beruf zu entscheiden.

Und was wird aus ihnen? Manche bleiben dabei, träumen von Alaska oder Korea, ohne je dorthin zu gelangen. Einige wenige, die gewitzt oder klug oder mutig genug dazu sind, heiraten einen der noch freien Mediziner, die als Praktikanten in den Kliniken arbeiten. Gute Ehen. Aber die meisten heiraten andere Männer, brave Burschen, die ihren Frauen niemals die Art von Gesellschaft werden bieten können, an die sie sich während ihrer drei Jahre Dienst im Krankenhaus gewöhnt haben, vornehmlich in den Privatzimmern und unter den älteren Pflegern. Denn hier finden sich Persönlichkeiten, die nicht nur häufig weitaus kultivierter sind als alles, was die Mädchen bis dahin kennengelernt haben, sondern auch über größere finanzielle und geistige Besitztümer verfügen, als ihnen normalerweise erreichbar ist. Die Mädchen geraten in Versuchung. Manchmal bieten sich glänzende Aussichten. Sie sind tief beeindruckt. Sollen sie sich, bevor sie ins Mittelmaß versinken und Hausfrau und Mutter werden, diese letzte Chance auf ein achtbares Leben entgehen lassen?

Und die älteren Männer? Sind sie nicht oft charmant und treu und nur der Liebe ergeben – die sie in rosenroten Wolken darstellen und nicht grob, sondern eher zögernd, wenn auch nicht mutlos anbieten? Die Gelegenheiten sind mannigfaltig: der Nachtdienst, die Handlungsfreiheit zu ungewohnten Zeiten, dazu, oft unter großem Streß, der intime Charakter der Beschäftigung mit dem menschlichen Körper und das (fast) vollständige Wissen um seine Funktionen. Die Mädchen bekommen alles mit, was es zu sehen und zu wissen gibt. Operationen vermitteln ihnen tiefe Einblicke, und ihre Teilnahme an Geburten zeigt ihnen in allen Einzelheiten, wozu sie selbst geschaffen sind.

Das einzige, was diesen Mädchen fehlt, ist die Praxis der körperlichen Liebe. Die Theorie ist schon ein alter Hut für sie, ehe sie zwei Jahre von der High-School herunter sind; und sie selbst sind reif, oder genauer, traurig, aber wahr, überreif. Um so stärker empfinden sie ihren Verlust: das Wissen, die ausgelassenen Möglichkeiten, die ständigen Angriffe, denen sie von allen Seiten ausgesetzt sind, all das verschleißt sie, bevor sie überhaupt richtig angefangen haben. Sie haben eine Ahnung von der Liebe bekommen, es haben sich ihnen zahllose Möglichkeiten zu ihrer körperlichen Erfüllung geboten, doch am Ende sind sie immer noch unwissend, ihre schönen Körper verbraucht und ihre Seelen unbefriedigt. Nicht, daß alle von ihnen Seelen oder auch nur Gefühle hätten, aber zumindest hat das Krankenhaus sie verschlungen.

Als ich einmal aus der Garderobe kam, begegnete ich einem jungen Chirurgen, einem wirklich guten Burschen, der mir sehr sympathisch ist. Auf meinen freundlichen Gruß reagierte er mit einer barschen Antwort. Was gar nicht typisch für ihn war.

»He«, sagte ich und packte ihn an der Schulter, als er an mir vorbei wollte, »was haben Sie denn?«

»Ach, nichts«, sagte er.

Aber ich ließ nicht locker. »Kommen Sie mir nicht so«, sagte ich. »Was haben Sie? Spucken Sie's aus.«

»Wollen Sie's wirklich wissen?«

»Sicher, deswegen frage ich ja.« Wir standen im Durchgang zur Vorhalle.

»Ich war heute morgen drüben im anderen Krankenhaus. Wegen einer Operation, die seit gestern angesetzt war. Aber als ich um acht Uhr dort ankam, hatte schon ein anderer das Kommando übernommen.«

»Und ...?«

»Ich ging ins Desinfektionszimmer, um rauszufinden, was los war. Der ganze Raum war voller Leute, und er war auch da.« Er unterbrach sich kurz; ich wartete.

»Also frage ich ihn: ›Was steht heute morgen bei Ihnen an, eine Gallenblase?‹«

»›Nein, nur ein Blinddarm‹, sagt er. Und das hat mich wütend gemacht. Sie kennen ihn ja.«

»Ja, ich kenne ihn«, sagte ich.

»Da standen wir also, der ganze Raum hörte zu. Ich sagte zu ihm: ›Ich habe eine Idee: Wenn das nächstemal einer zu Ihnen in die Praxis kommt und Sie beschließen, ihm die Gallenblase rauszunehmen, nehmen Sie eine Pistole aus der obersten Schreibtischschublade, zielen ihm damit auf den Bauch und sagen: Wenn Sie mir zweihundertfünfzig Dollar geben, werde ich Ihnen die Gallenblase nicht herausnehmen. Er sieht, daß Sie es ernst meinen‹ – die anderen hörten alle zu, während sie sich die Hände desinfizierten. ›Und dann gibt er Ihnen das Geld.‹«

»Das haben Sie wirklich zu ihm gesagt?« fragte ich fasziniert und kicherte schadenfroh bei der Vorstellung, wie dieser kecke kleine Bursche hinter dem anderen stand, der doppelt so groß war wie er und jetzt wie alle anderen aufgehört hatte, sich die Hände zu waschen, um ihm zuzuhören.

»›Auf diese Weise‹«, fuhr mein Freund fort, »›erreichen Sie dreierlei: erstens bekommen Sie das Geld; zweitens sparen Sie allen eine Menge Zeit; und drittens entgeht Ihr Patient einer überflüssigen Operation.‹«

Manche Chirurgen fallen während der Arbeit tot um. Wie in jedem Kollektiv sitzen den Älteren stets die Jungen im Nacken. Es wird glänzende Arbeit geleistet, die selten Anerkennung findet. Wie in jedem Beruf, dem ein Mann oder eine Frau sich widmen kann, gibt es auch unter Ärzten manches Genie; außerordentliche Dinge werden vollbracht, einfach so, während der Dienstzeit, und niemand verlangt oder bekommt Lob dafür; zum Lohn erhält man allenfalls das Lächeln einer Krankenschwester oder das Kopfnicken eines Freundes, für großartige Leistungen. Wozu das alles? Für ein paar Dollar? Aber es sind nicht diese Höhepunkte, die heute die größte Anerkennung finden.

Ein alter Freund meines Vaters sagte einmal zu mir, als ich mich über ein eklatantes Fehlurteil unseres örtlichen Gerichtshofes aufregte: »Willie, was glaubst du eigentlich, was du vor Gericht bekommen kannst?«

»Also das mindeste, was man verlangen kann«, sagte ich, »ist Gerechtigkeit.«

»Aber nein«, antwortete er, »Gerechtigkeit bekommst du nicht, das ist ausgeschlossen. Du bekommst nur das Beste, was in deiner Gegend zu haben ist.«

In der Medizin ist es nicht anders; es ist eine ausgesprochene Hetzjagd, bei der diejenigen, die der Menschheit am treuesten dienen, oftmals das Nachsehen haben. Aber das läßt sich nicht ändern. Wenn mir jemand seinen Sohn bringt und erklärt, der Junge habe einen »Blinddarm«, den er, der Vater, heraushaben möchte, und wenn ich ihm dann sage, der Junge sei völlig gesund und brauche nicht operiert zu werden – was wird der Vater tun? Er geht über die Straße zum nächsten Arzt, und der macht die Sache, ohne auch nur einmal hinzusehen. Wer ist jetzt der Trottel? Na, ich natürlich. Multiplizieren Sie dies mit tausend und addieren dazu die Tatsache, daß am Ende ohnehin jeder stirbt, während wir uns doch bloß einen Aufschub des Übels erhoffen, und dann werden auch Sie sofort in den Topf greifen und das Geld nehmen.

Der Arzt hat Zugang zu allen Häusern. Oft bekommt er zu hören: »Ich lasse Ihnen die Haustür offen, Doc, Sie finden meine Frau im Bett. Gehen Sie nur rein. Sie wartet auf Sie.« Eine prächtige Freikarte für alles mögliche.

Wenn die Mädchen ihr Schwesternexamen machen und in ihren gestärkten Trachten auf dem Podium stehen, um ihr Diplom entgegenzunehmen, werden manche von ihnen den Zuschauern wie die schönsten Frauen der Welt vorkommen, und das sind sie auch.

Und dann tritt, wie ich es oft gesehen habe, der Leiter der Krankenhausverwaltung mit einer Liste in der Hand grinsend nach vorne und ruft die Mädchen nacheinander auf, um ihnen die Urkunde zu überreichen. Vielleicht fängt er mit einer »Miss Adams« an – aber irgendwann wird er auf einen schwierigeren Namen stoßen (der Idiot hätte sich die Namen ja vorher mal ansehen können), er gerät ins Stocken: »Miss – tch« – er lacht, das Publikum johlt, das Mädchen merkt schon, was er sagen will, und kommt mit rotem Gesicht nach vorn. Dies ist das Kennzeichen ihres Zustandes. Die beleidigende Hochmütigkeit des Mannes setzt sie in Verlegenheit.

Kapitel 45

White Mule

1932 brach Angel Flores ein anderes Eis, indem er einen Band mit Kurzgeschichten von mir veröffentlichte, um die er mich für seine Dragon Press gebeten hatte. Nichts von mir hatte sich verkauft. Ich hatte mich damit abgefunden. Dennoch war ich froh, daß der Mann diese Geschichten genommen hatte, die ich über ein Jahr hin während der Depressionszeit aufgeschrieben hatte. Eine reizvolle kleine Sammlung, mit der ich recht zufrieden war; aber das war's auch schon. Nur wenige Exemplare wurden verkauft, und ich habe nie wieder etwas von Angel Flores gehört.

Einige Monate später trat ein befreundeter Arzt aus dem Krankenhaus an mich heran und sagte: »Doc, ich bin auf der Tagung in Atlantic City gewesen.«

»Ach ja?«

»Tja. Hab da'n paar von Ihren Büchern gesehen, wurden auf der Promenade verkauft.«

»Tatsächlich? Welche?«

»Kurzgeschichten. *Die Messer der Zeit.* Korrekt?«

»Genau. Wie viele waren's denn?«

»Och, 'n dicker Stapel. Vielleicht hundert, oder mehr.«

»Und was wollten die dafür haben?«

Er lächelte. »Der Preis?« hakte ich nach.

»Wollen Sie's wirklich wissen?«

»Weshalb frage ich wohl?«

»Sie werden nicht sauer sein?«

»Nein.«

»Fünfzehn Cents das Stück.«

»Donnerwetter! Die muß ich haben; aber wie?«

»Ich fahr nächste Woche wieder runter. Wenn sie noch da sind, besorg ich sie Ihnen. Wie viele wollen Sie denn?«

»Alle.«

Ein paar Wochen später bekam ich dann eine Kiste voll, aber leider sind sie mir wie üblich unter den Händen zerronnen.

Mrs. Johns, meine Maschineschreiberin, war nach Paterson umgezogen. Ihre Stelle hatte eine andere Freundin eingenommen, Mrs. George Heath, die vor ihrer Ehe eine ausgezeichnete Bürokraft gewesen war. Schauspiele, Erzählungen und was weiß ich noch alles begannen mich wieder zu reizen. Die Depression drückte uns nieder. Fred Miller, ein Werkzeugmacher, der gefährlich über einer Tankstelle in Brooklyn wohnte, war arbeitslos und hatte die Zeitschrift *Blast* (nicht nach Pounds Londoner Abenteuer mit dem Vorticismus) gegründet, zu der ich die Kurzgeschichten beisteuerte, die später in *Life Along the Passaic River* zusammengefaßt wurden.

Zur gleichen Zeit brachte ein seltsamer Mensch namens Ronald Lane Latimer (vermutlich ein Pseudonym) von der Columbia University ein paar Bücher unter dem Signet »The Alcestis Press« heraus. Und wenn John Coffee in den Kellerkneipen seine sozialistischen Predigten anstimmte, wurde er rausgeschmissen. Er hatte in den großen Warenhäusern Pelze geklaut und die Sachen dann verkauft; den Erlös hatte er für wohltätige Zwecke gespendet und seinen verarmten Freunden geschenkt.

Es war die Zeit der Depression, zweifellos!

Latimer brachte mein *An Early Martyr* heraus, großartig und aufwendig auf Hadernpapier gedruckt, mit einer Widmung für John Coffee, der nach seiner Verhaftung in das Matteawan Hospital für kriminelle Wahnsinnige gesteckt worden war – ohne Prozeß –, um zu verhindern, daß er vor Gericht seine Rede hielt, in der er darlegen wollte, daß er nicht wahnsinnig sei, sondern gestohlen habe, um den Armen zu essen zu geben; die Stadt tue ja schließlich nichts für sie. Ich habe ihn dort besucht. Später wurde er der Aufsicht seines Bruders unterstellt. Das Haus war überfüllt.

1936 veröffentlichte Latimer mein *Adam and Eve & The City*. Aber noch immer verkaufte sich nichts. Ich glaube, bevor Latimer Pleite machte und aufhörte, brachte er noch ein Buch von Stevens heraus.

Irgendwann in diesen Jahren, vielleicht erst '39, kam Ford Madox Ford mit seiner Frau, der Malerin Biala, nach New York, um sich dort niederzulassen und amerikanischer Staatsbürger zu werden. Er wohnte in der Fifth Avenue, in Höhe der 10. Straße, und war damals ein wirklich kranker Mann – schon nach leichten Anstrengungen geriet er außer Atem –, obwohl er einen das nach Möglichkeit nicht merken ließ. Als ich ihn einmal abends in ein Taxi zu setzen versuchte, dachte ich, es sei mit ihm zu Ende.

Aus irgendeinem mir unbekannten Grund hatte Ford beschlossen, mich zu unterstützen. Er gründete einen Verein »Die Freunde von William Carlos Williams«, was für mich, obwohl es mir furchtbar peinlich war, eine Ehre darstellte, die ich aus Höflichkeit ihm gegenüber annehmen mußte. Wir trafen uns mehrere Male in einem kleinen Restaurant im Village (irgend jemand muß das finanziert haben, jedoch spendeten die geladenen Gäste, wenn es etwas zu essen gab, pro Kopf einen Dollar, glaube ich), wo dann diverse Reden gehalten wurden. Mir war das unangenehm, ich wollte das nicht, und ich machte nur aus Höflichkeit mit. Er kam uns einige Male in Rutherford besuchen und bemühte sich, uns eins der Werke seiner Frau zu verkaufen; aber auch das war mir unangenehm. Vielleicht habe ich ihn verletzt. Es war nicht zu ändern.

Einmal waren wir zu einem Abendessen eingeladen, das der alte Knabe selbst zubereiten wollte; er erinnerte mich immer an meinen Vater. Das Ganze fand in der dritten Etage eines Handelsgebäudes an der 28. Straße West statt – in der Wohnung von Carl Van Doren, der nie zu meinen Bewunderern zählte. Aber die gebratenen Bananen waren köstlich, und wir verbrachten einen netten Abend.

Die Weltausstellung 1939–40 in New York war vorbei. Wieder hatte ich vorgehabt, das Libretto für eine Oper über das grandiose Leben George Washingtons zu schreiben. Tibor Serly hatte sich mehr oder weniger bereit erklärt, die Musik zu komponieren, und da das Thema dieser Weltausstellung ja nun einmal Washingtons Leben war – mit einer grandiosen Washington-Statue auf der Esplanade –, meinte ich, das sei die Gelegenheit für mich. Grover Whalen sah das ganz anders!

Nach Serlys Rückzieher ging ich zu Virgil Thomson, dessen Musik zu Gertrude Steins *Four Saints in Three Acts* ganz vorzüglich gewesen war.

Ich traf Thomson beim Lunch im Restaurant des berühmten alten Hotel Chelsea an der 23. Straße West. Er war wirklich sehr nett.

»Sie haben doch von der Bühne keine Ahnung, stimmt's?«

»Stimmt.«

»Warum zum Teufel befassen Sie sich dann damit? Diese ganzen Bühnenbilder und Regieanweisungen … Sie sind doch Dichter, oder?«

»Ja.«

»Dann schreiben Sie Ihr Gedicht und vergessen das andere. Aber was ist mit diesem Ballett? Diese ganzen ›Schneemädchen‹, die da auftreten.«

»Nun, das Ballett soll den Schnee im Valley Forge darstellen.«

Er lachte. »Was für ein Gedanke, ich und ein Ballett für Schneemädchen!« sagte er schnaubend. »Was würde man da von mir sagen?«

Ich schwieg.

»Wer ist dieser Washington? Wer soll das sein?« fragte er.

»Ich bin Washington«, erklärte ich ihm.

»Das ist was anderes.« Und er beruhigte sich ein wenig. »Na, dann schreiben Sie mal Ihr Gedicht, und wenn Sie fertig sind, mach ich die Musik dazu.«

Vielleicht werde ich ihn eines Tages beim Wort nehmen, falls wir dann nicht längst tot oder bettlägerig sind – *und es wird auch gut werden, so wie ich es mir neu ausgedacht habe – ohne Schneemädchen!*

Um diese Zeit veröffentlichte James Laughlin meinen zweiten Roman, *White Mule*, und als das Buch erschienen war, fuhr er als Mitglied der amerikanischen Mannschaft zum Skilaufen nach Neuseeland.

Daß es bei den Kritikern gut ankam, war immerhin ein Kompliment für uns beide – mein erster richtiger Erfolg. Aber daß der Verleger außer Landes weilte und die Auflage nicht groß genug war, führte zu Problemen.

Laughlin senior ließ mich nach New Milford, Connecticut, kommen, um die Sache mit mir zu besprechen.

»Was haben Sie in dieser Situation vor?« fragte er mich.

»Was ich vorhabe? Ich bin nicht befugt, weitere Bücher drucken zu lassen«, sagte ich. »Ich habe das Buch bloß geschrieben …«

Aber er ließ eine zweite Auflage drucken.

Irgendwann in den dreißiger Jahren – wann und wo genau, habe ich vergessen – habe ich Nathanael West kennengelernt. Vielleicht über John Herrmann, ich weiß es nicht mehr. An das Gesicht des Mannes kann ich mich nicht mehr erinnern, weil ich ihn immer mit jemand anderem durcheinanderbringe, einem Anwalt;

auf alle Fälle war er ein dünner, leicht nach vorn gebeugter Mensch und hatte die gleichen, leicht verlegen dreinblickenden schwarzen Augen. West war ein großgewachsener Bursche, ein guter Schlagmann, der eine Zeitlang zur Probe als Outfielder bei den Giants gespielt hatte. Aber er verlor bald das Interesse daran. Es gefiel ihm nicht.

Ich fragte ihn: »Wie sind Sie zu diesem Namen gekommen?«

»Horace Greeley sagte: ›Gehen Sie nach Westen, Mann.‹ Das habe ich getan.«

So etwas war typisch für Pep West; ein großes Talent, auf einer Stufe mit den Besten seiner Zeit. Als ich ihn kennenlernte, arbeitete er als Türsteher für das Hotel Sutton in der 58. Straße Ost, und wir planten, *Contact* wieder aufleben zu lassen. Er schrieb da gerade seinen Roman *Miss Lonelyhearts*, oder war eben damit fertig. Ich habe das Buch und auch den Autor selbst sehr bewundert. Gemeinsam gaben wir drei Nummern der neuen *Contact* heraus. Aber dann konnte ich nicht mehr mithalten. Die Manuskripte, die uns geschickt wurden, waren nicht besonders. Ich erinnere mich an ein kurzes Gedicht von Ilya Ehrenburg, der sich später in Moskau einen Namen gemacht hat. Ich glaube, wir haben es schließlich akzeptiert. War nicht schlecht.

Dann verlegte sich Pep auf die Fasanenjagd in Erwinna im Osten von Pennsylvania, wobei es ihm wohl hauptsächlich darauf ankam, in dem entsprechenden Kostüm (der Hut ähnelte Sherlock Holmes' berühmter Kopfbedeckung mit den doppelten Ohrenklappen) herumzulaufen und sich teure Gewehre anzuschaffen. Ich bezweifle, daß er je etwas geschossen hat. Dann heiratete er seine irische Schönheit – und sie war, das muß man sagen, wirklich die Richtige für ihn –, und an diesem Kontakt ging *Contact* ein. Er war ein großartiger

Bursche. Sein Roman *The Day of the Locust* ist, soweit ich weiß, das einzige Werk über Hollywood, das man zur Literatur zählen kann. Er und seine Frau kamen eines Nachts an einer Kreuzung ums Leben, auf dem Heimweg von einer Hirschjagd in Mexiko; geschossen hatte er nichts, nehme ich an, außer jenen »Schüssen« für das Auge, die Hollywood stets verwirklichen möchte, aber nie so recht zustande bringt.

KAPITEL 46

Sturm

Auch den Sommer des Jahres '38 verbrachte Mutter, gelähmt wie sie war, in dem kleinen Haus an der »Küste«; als es Herbst wurde, schrieb mein Vetter Bill, die Abende würden allmählich ein wenig feucht und kühl; sie selbst wolle zwar noch nicht fort, es sei aber doch wohl besser, wenn ich sie abholen käme.

Der Tag meiner Ankunft war schön und still. Gerüchten zufolge war ein Hurrikan im Anmarsch, aber an dieser Küste hatte es buchstäblich seit hundert Jahren keinen Hurrikan mehr gegeben. Er würde sich wie üblich jenseits von Nantucket austoben; eine Vermutung, die vom Wetter dieses Tages bestärkt wurde. Nach dem Mittagessen packte Mutter ihre wenigen Sachen zusammen, und ich ging solange an den Strand, um Muscheln und ein paar interessante Steine für unseren Steingarten zu suchen. Als wir um drei Uhr von der waldigen Zufahrtsstraße abbogen und uns auf den Heimweg machten, regte sich kein Lüftchen. Aber zwei Stunden später stand in Mutters Schlafzimmer das Meerwasser einen Meter hoch.

Kurz hinter Milford war die Straße von schweren Ulmen blockiert, die Stromleitungen lagen am Boden. Damit mir auf den restlichen achtundachtzig Meilen nicht das Benzin ausging, versuchte ich irgendwo zu tanken. Sämtliche Pumpen waren außer Betrieb. Kein Strom. Auf dem Merritt Parkway – inzwischen goß es in Strömen – fuhren wir an einem wild gestikulierenden Polizisten vorbei – »Der Stausee!« –, aber ich hielt nicht an. Später erfuhr ich, daß der Damm oberhalb der Straße zu brechen gedroht hatte. Aber zu der Zeit erfaßte ich die Lage nicht; dabei hätte es mich eigentlich stutzig machen sollen, daß so viele Straßen gesperrt waren und ich ständig Umwege machen mußte. In der Nähe von White Plains sah ich eine Gruppe von Schülern, die im Regen auf einen Bus warteten; sie hatte sich längst in ihr Schicksal ergeben. Unterhalb von Port Chester sprudelte aus offenen Kanalrohren schlammiges Wasser über die Straße. Ich war von all dem so entzückt (Mutter übrigens auch) und so damit beschäftigt, eine befahrbare Strecke zu finden – was manchmal gar nicht so einfach war –, daß wir kaum bemerkten, wie die Zeit verging.

Insgesamt brauchten wir sechs Stunden für die Fahrt, die normalerweise in zwei Stunden zu schaffen war. Aber als wir in Rutherford ankamen, ging uns endlich auf, was sich da abgespielt hatte. Überall um unser Haus lagen umgestürzte Bäume. Es sah verheerend aus.

Flossie erzählte mir, wie die Bäume sich an unsere Vorderfenster gelehnt hätten und das Laub in Fetzen gerissen worden sei.

Einige Jahre später, ich glaube 1946, erschien ein Roman über die wesentlich schlimmeren Auswirkungen des Sturms an der Küste von Rhode Island: *Sudden Guest* von Christopher La Farge. Floss und ich waren von dem

Buch begeistert. Besonders angetan war Floss von der Stelle, wo die alte Frau in ihrem Haus beschrieben wird: sie wird von dem Sturm bewegt, aber nicht erschüttert, sein Toben enthüllt ihren Charakter. Floss gefiel das Buch so sehr, daß ich es für sie in blaues Saffianleder binden ließ.

Um es noch zusätzlich auszuzeichnen, schickte ich es an La Farge, den ich nicht kenne, und bat ihn um den Gefallen, es mit einer persönlichen Widmung für Floss zu versehen. Nach ein oder zwei Wochen bekam ich einen Brief von seiner Sekretärin, worin mir mitgeteilt wurde, Mr. La Farge pflege Widmungen nur in die für seine engsten Freunde bestimmten Bücher einzutragen – sonst sei es ja keine Auszeichnung mehr. Ich erzählte Floss, was ich vorgehabt hatte und wie es ausgegangen war.

»Meinetwegen hättest du das Buch nicht binden lassen müssen. Was soll das überhaupt?«

Das ließ ich mir eine Lehre sein.

In Europa hatte der Zweite Weltkrieg angefangen, aber noch waren wir nicht eingetreten. Nachdem er meine *Collected Poems* gedruckt hatte, legte Laughlin, was Bücher betraf, eine Pause ein, veröffentlichte meine Schauspiele, Artikel und Gedichte aber weiterhin in der Anthologie *New Directions* und gab eine broschierte Gedichtsammlung mit dem Titel *The Broken Span* heraus.

Wieder einmal reizte es mich, ein Schauspiel zu schreiben, doch wie üblich bestand nur wenig Hoffnung, daß jemand es aufführen würde. Aber in meinem Kopf drängten sich die Ideen, und bald fing ich an, die Szenen niederzuschreiben, wie sie mir gerade einfielen.

1939 oder 1940 wurde ich von Kitty Hoagland gebeten, etwas für das örtliche Little Theatre zu schreiben. Man hatte eine von Kitty für die Bühne bearbeitete Fassung meiner Kurzgeschichte »To Fall Asleep« aufgeführt und damit die Unterstützung einiger einflußreicher, aber konservativer Abonnenten verloren. Ich schrieb ein paar Einakter, aus denen aber nichts wurde. Denn erstens waren sie schwierig zu inszenieren und emotional gesalzen (und anspruchsvoll), zweitens wurden gerade die wandlungsfähigsten Darsteller zum Kriegsdienst einberufen, und drittens fehlten infolge des Krieges auch noch Bühnenarbeiter, Geld und Publikum, was am Ende zur Schließung des Little Theatre führte.

Da saß ich nun mit drei Einaktern – sie gefielen mir ziemlich gut –, und da sonst nichts mit ihnen anzufangen war, verband ich sie mit einer Rahmenhandlung und nannte das Ganze »Many Loves or Trial Horse #1«.

Meine Söhne gingen im Krieg zur Marine. Bill, der Arzt, diente im fernen Pazifik; Paul auf einem Zerstörer, der im Atlantik patrouillierte. Paul Hermans Anwesen in Harriman mußte zu einem Zehntel der ursprünglichen Kosten verkauft werden, und damit war es mit unseren dortigen Wochenenden und Sommerferien aus. Florences Mutter, nur noch ein Schatten ihrer selbst, kam nach Rutherford zurück und zog in ein nahegelegenes Sanatorium, wo sie nur einen Monat nach dem Hinscheiden meiner kleinen Mutter im Jahre 1949 starb.

Mutters letzte Jahre waren furchtbar, sie wurde fast vollständig blind und taub. Dies und ihr unverheilter Hüftbruch machten ihr das Leben äußerst schwer. Wie üblich waren wir an diesem Tag nicht dagewesen; wir hatten die Sheelers in Irvington besucht, und als wir zurückkamen, rief Mrs. Taylor an, die Mutter bei sich zu

Hause pflegte, und sagte mir, daß ihr Zustand sich plötzlich sehr verschlechtert habe.

Floss bot an, mich zu begleiten. Mutter war bereits bewußtlos. Zwei dringende Fälle riefen mich. Floss saß neben der alten Frau. Als ich zurückkam, war sie gestorben, ruhig, ohne das Bewußtsein wiedererlangt zu haben, als sei sie eingeschlafen. Ich habe Mutter in diesen letzten Jahren ziemlich gut kennengelernt. Ihr Verstand, der sie mit widerstreitenden Gedanken quälte, führte sie durch alle Gefahren. Am Ende, als sie fast vollständig erblindet war, sah sie nur noch mit ihrem inneren Auge – und dies erstaunlich klar.

Einmal erzählte sie, sie habe Besuch von einem Mr. E. J. Luce gehabt; der Mann hatte zusammen mit Mutter und Vater und einigen anderen bei der Gründung der Unitaristischen Kirche mitgewirkt und war seit mehr als zwanzig Jahren tot. Mutter sagte, er habe ein kleines Tischtuch eingesäumt. Früher hatte sie sich immer ein wenig vor ihm gefürchtet, er war ein unbeholfener, irgendwie linkischer Typ – ein ausgezeichneter, unbeirrbarer Anwalt und Kirchenorganist –, und fünfzig Jahre zuvor war er Mitglied der Baseballmannschaft des Williams College gewesen. Mr. Luce kam also, setzte sich vor Mutter hin und nähte gesenkten Blicks drauflos, wobei er gelegentlich eine Bemerkung machte. Die Sorgfalt, die er auf seine Nadelarbeit anwandte, faszinierte sie.

Er machte winzig kleine Stiche, sehr sauber und fachmännisch. Während sie sich unterhielten, setzte er seine Arbeit systematisch fort. Mutter fragte ihn nach seinem Sohn, der vor mindestens sechzig Jahren als Säugling gestorben war – Mr. Luce hatte ihn auf einer runden Tafel porträtiert, die über dem Kamin in seinem vorderen Zimmer hing. Er sagte zu ihr, das Kind sei bei seiner Großmutter und sehr glücklich usw. Mutter sah ihm unterdessen mit großer Anteilnahme und Zufriedenheit beim Nähen zu. Um sich zu vergewissern, daß das alles kein Trug sei, betrachtete sie auch die Kleider und die Schuhe des Mannes, die sie mir bis in die kleinsten Einzelheiten beschrieb.

»Er war da«, sagte sie auf meine Einwendungen hin trotzig. Wozu hätte ich ihr widersprechen sollen? Sie konnte wieder sehen, genauso scharf wie in ihrer Jugend.

Als Laughlin für weitere Bücher das Papier ausging, lernte ich zum Glück zwei junge Mitarbeiter der Cummington Press kennen. Harry Duncan und Paul Williams: wieder einmal war ich gerettet. Ich hatte ein Manuskript mit zwanzig oder dreißig Gedichten.

– Sind Sie gestern abend hiergewesen?
Ja.
Was haben Sie getan?
Geschrieben.
Was haben Sie geschrieben?
Die Geschichte meines Lebens.

Während des Krieges, als die Jungen auf See waren – wie auch in anderen schwierigen Zeiten –, bedeutete es einen gewissen Trost für mich, ein Gedicht im Kopf herumzutragen, nach einer ungewöhnlichen Struktur zu suchen – und den ganzen Tag nichts aufschreiben zu können. Die Ideen für einen Prosatext hielten mich warm. Ein komplettes Schauspiel stand vor meinen Augen, und ich hatte keine Minute, es schriftlich festzuhalten. Bis der große Moment schließlich kam, und ich es aufschrieb. Unterdessen beanspruchte der jeweils anstehende medizinische Fall meine ganze Energie und führte zu der Vergeßlichkeit, die jede schwere Arbeit mit sich bringt.

Wirklich eigenartig kommt es mir vor, daß ich mich nach intensiver Arbeit, sei es an einem Gedicht, sei es an einer Geburt, nicht erschöpft, sondern ausgeruht fühle. Das ist das Geheimnis. Ich vermute, es ist das gleiche wie bei Sportlern, denen der Trainer, nachdem sie sich verausgabt haben, den Rat gibt, sie sollten ausgehen und einen Eimer Bier trinken. Das entspannt sie. Bei mir ist es dasselbe. Ich bewundere die Arbeit nicht um ihrer selbst willen. Ich glaube von Herzen an das, was Dallam Simpson einmal gesagt oder zitiert hat: »Das einzige Ziel der Clique, die Rußland, Amerika, England und Frankreich regiert, ist die vollständige und restlose Vernichtung des beschaulichen Lebens und dessen Ersetzung durch ›ARBEIT‹, bis kein Mensch mehr Zeit haben wird, über irgend etwas nachzudenken.«

Arbeit ist für mich die Zwischenzeit, wo ich – von allen Spannungen befreit – am besten denken kann. Tatsächlich bin ich nur dann so richtig glücklich.

Zu allen Jahreszeiten, allein in meinem Auto, durch die Gegend zu fahren zählt für mich ebenfalls zu den schönen Dingen, selbst wenn es nur darum geht, abends nach Hause zu gelangen. Es ist ein Nervenkitzel. Ein förmliches Spiel. Und nicht ganz ungefährlich. Die Duelle mit den anderen, die vor einem auf der Fahrbahn herumkurven, sind eine Art Geschicklichkeitstest. Jede noch so flüchtige Unachtsamkeit kann einen Unfall herbeiführen. Ich kann mich brüsten, mancher Gefahr entronnen zu sein. Kein Cowboy in der Prärie könnte mit den Wagnissen, die er eingeht, zufriedener sein. Auf der Union Avenue tauchten einmal über einer Anhöhe ein PKW und ein Kohlenlaster nebeneinander vor mir auf. Ich fuhr ihnen mit flottem Tempo entgegen. Offenbar hatte ich keine Chance, einem Zusammenstoß zu entgehen. Natürlich gelang es mir doch, aber es war schon ein tolles Gefühl, nach links über den Bordstein zu fahren, zwischen zwei Bäumen hindurchzusausen, zehn Meter über den Bürgersteig zu rasen, wieder zwischen zwei Bäumen hervorzukommen und dann an einem Polizeiwagen vorbeizuschlittern, der den Kohlenlaster verfolgte.

»Hallo, Doc!« grüßte mich die Besatzung.

Kapitel 47

Vorträge

Es war Krieg, der Zweite Weltkrieg. Ich war Mitte Fünfzig, die Arbeit in der pädiatrischen Abteilung des Krankenhauses nahm mich ziemlich in Anspruch. Etwa um diese Zeit kamen die ersten Einladungen von Schulen und Colleges, vor den Schülern zu reden und meine Gedichte zu lesen. Dartmouth, Pennsylvania State College, Cooper Union, Vassar, Mt. Holyoke, Buffalo, Middlebury, Harvard, N. Y. U., Bard, Brandeis, Salt Lake City, Puerto Rico, von überall kamen Anfragen. Das Honorar betrug zwischen fünfundzwanzig und fünfzig Dollar, ohne Spesen. Im Barnard College las ich vor einer kleinen Zuhörerschar, während nebenan ein Basketballspiel lief. Kann sein, daß ich dort und an der Columbia überhaupt kein Honorar bekam.

Eine der ersten längeren Reisen führte mich nach Dartmouth, die Lesung war für drei Uhr angesetzt, und so saß ich mitten im tiefsten Winter den ganzen Tag im White Mountain Express. Unterwegs erstand ich Conrad Aikens frühe Anthologie amerikanischer Gedichte und mußte feststellen, daß er mich ausgelassen hatte.

Später sprach ich ihn darauf an. Er reagierte verwirrt. Ich hatte gehofft, er sei selbstsicher genug, mich über seine Motive aufzuklären. Pech gehabt. In Dartmouth las ich vor dreizehn Studenten und drei Fakultätsmitgliedern, glaube ich. Schöne Bilder von Orozco in der Bibliothek.

Als Bob Brittain an der Uni Princeton war, lud er mich dort einmal zum Tee ein, um mich kennenzulernen. Es war ganz reizend. Unter anderem fiel die Bemerkung, daß man mich eines Tages vielleicht zu einer Lesung oder einen Vortrag einladen werde. Daraus wurde aber nichts, was mich ärgerte. Etwa ein Jahr später weilten Babette Deutsch und ich dort als Experten bei einer von mehreren Colleges veranstalteten Poesie-Tagung. Während einer Diskussion mit zwei kichernden Englischdozenten über das Thema, ob ein von Rembrandt gemaltes Stück Rindfleisch in einem Metzgerladen nicht ebenso schön sein könne wie ein Porträt seiner Frau Saskia, gerieten wir, vielleicht auch nur ich allein, ins Schwimmen. Hinterher begleitete Babette die anderen zu einem zwanglosen Palaver ins Inn; ich dagegen verdrückte mich über den Campus, sah eine Zeitlang ein paar Lacrosse-Spielern zu und fuhr dann nach Hause.

Die Einladung ans Penn State College kam von Ted Roethke und Bob Wetterau; Ted spendierte Floss und mir ein Steak mit Beilagen und dazu einen ausgezeichneten Chambertin, der mir beinahe den Tag verdarb. Ich kann mich gut an den anschließenden Vortrag erinnern (es war einer meiner ersten): in den ersten fünfzehn Minuten dozierte ich vergnügt vor mich hin, nur war das, worüber ich mich da reden hörte, ganz und gar nicht das, was ich mir vorgenommen hatte. In dem Augenblick wurde ich wieder wach. Eine wertvolle Erfahrung. Ich erkannte, daß ich von da an nie mehr um Worte verlegen sein würde.

Irgendwann im April 1942 oder '43 las ich meine Gedichte in der Great Hall der Cooper Union. Wir traten zu viert dort auf: Auden, Kreymborg, Malcolm Cowley und ich. Houston Peterson, der Leiter des Forums – das während der Wintermonate jeden Abend stattfand –, stellte uns vor. Die Veranstaltung war für Floss von besonderem Interesse, weil ihr Vater in früheren Zeiten, als er noch in der Gewerkschaftsbewegung aktiv war, zusammen mit Gompers und anderen in diesem Saal Versammlungen organisiert hatte.

Zu unserer abendlichen Lesung kamen über tausend Zuhörer; jemand bemerkte, so viele Dichter habe man noch nie an einem Ort so lange stillsitzen sehen. Als wir danach auf den Platz kamen, war zu meiner Überraschung alles mit Schnee bedeckt – den ganzen Nachmittag bis zum frühen Abend hatte es sintflutartig geregnet. Schnee im April!

Die Lesungen und Vorträge an verschiedenen Universitäten haben uns am Ende durch die ganzen Vereinigten Staaten geführt. Aber nun war erst einmal wieder Dartmouth an der Reihe (erfolgreicher als beim letztenmal), dann Middlebury College, Harvard, Vassar, Holyoke – dort hatte ich einen Glückstag: die Mutter von Norman Macleod von der Englischen Fakultät erklärte mich für ein Muster an klarer Ausdrucksweise und geistiger Wendigkeit. Die New York University ist sehr großzügig gewesen. Am City College, New York, betonte ich bei meiner Tischrede unser Recht als Amerikaner auf eine eigene Sprache und behauptete, das Englische – seine Entwicklung seit Shakespeares Zeiten bis heute – gehe uns im Grunde gar nichts an.

»Aber diese Ihre Sprache«, meinte einer der Dozenten, allem Anschein nach ein Brite, »wo kommt sie denn her?«

»Aus dem Mund polnischer Mütter«, erwiderte ich.

Am Brooklyn Polytechnic Institute bekundeten die Studenten ein verblüffendes Interesse an der Konstruktion von Versen; ich zeigte ihnen einige der Techniken und erklärte ihnen das Grundprinzip meines Projektes zur Herbeiführung einer umfassenden Abkehr von den älteren Methoden.

An der Rutgers Universität hielt ich meine Lesung im physikalischen Labor, eine willkommene Abwechslung, die mir einen fliegenden Start verschaffte. Voriges Jahr, 1950, wurde ich von dieser Uni zum Ehrendoktor der Literatur ernannt, wobei der Präsident mich als Poeta laureatus von New Jersey bezeichnete; ihm wird kaum klar gewesen sein, was er damit sagte. Wenn ich vom Allgemeinen aufs Besondere schließe, vermag nur selten jemand anderer als ein Arbeiter dem von mir vertretenen Gedankengang zu folgen, der sich meist bewegt – falls er sich überhaupt bewegt, und dies ist bei Berufsdenkern selten der Fall – vom Besondern, das schnell fallengelassen wird, zum Allgemeinen, dessen Ursprünge dann vergessen sind.

Im gleichen Jahr wurde mir vom Bard College in Annandale-on-Hudson ein weiterer Ehrendoktor verliehen; als ich dort barhäuptig unter den Bäumen auf dem Campus stand, fragte ich mich, ob diese Leute überhaupt wissen, was sie da ehren. Der eigentliche Sinn ist unklar.

Als ich in Brandeis las, äußerte Professor Lewisohn die Überzeugung, daß die Fitts-Fitzgerald-Übersetzung der *Antigone* in irgendeine neumodische Versform umgegossen werden müsse, die nichts mit dem feierlichen Gedonner des Griechischen zu tun haben dürfe. Kurz vor meinem Auftritt gab man mir zu Ehren ein gemeinsames Abendessen – was nicht gut für mich war; unter anderem berichtete man von dem walisischen Barden, der kurz vor mir dagewesen war: er kam zu spät, war völlig betrunken, entledigte sich aber seiner Aufgabe mit Würde.

Aber mein allererster Ehrendoktortitel kam aus Buffalo – ein Dr. jur.! Ein solcher Titel wird dort nur einmal in hundert Jahren vergeben, und es ist immer der gleiche. Ich habe anläßlich derartiger Feierlichkeiten bemerkenswerte Männer kennengelernt.

1946 nahmen Floss und ich an einer zweiwöchigen Englisch-Tagung in Salt Lake City teil. Flossies Schwester Charlotte fuhr ebenfalls mit und wechselte sich mit mir am Steuer ab. Zuvor war ich nur ein einziges Mal westlich des Mississippi gewesen. Endlich zahlte die Literatur sich aus. In Salt Lake City traf ich mit Allan Tate zusammen, den ich immer verachtet hatte und der seinerseits mich immer für unzurechnungsfähig gehalten hatte; nun lernten wir einander kennen und schätzen. Er ist ein ziemlich guter Geigenspieler und war einmal Schüler des berühmten Ysaye gewesen. Wann immer er und Eric Bentley sich freimachen konnten, spielten sie Mozart-Sonaten.

Walter Van Tilburg Clark, Caroline Gordon, Mark Schorer, sie alle schwammen an den Abenden mit uns in dem nahegelegenen Teich; in Alta fuhren wir mit dem Skilift (der eigens für uns angeschaltet wurde) über den schneefreien Hang, der zwischen den hohen Tannen mit blühenden Pflanzen bedeckt war: Akelei, mit der ich vertraut war, und andere Blumen, deren Namen ich nicht weiß. Es war ein erregendes Gefühl, so hoch über dem Boden mit baumelnden Beinen an der Berglehne entlang bis ganz oben hin zu schweben, während tief unter uns ein Greyhound Bus voller Gouverneure fuhr, die neidisch zu uns hinaufblickten, kann ich mir vorstellen. Überall waren Flecke morschen Schnees zu sehen.

Später hörten wir die Geschichte von dem berühmten »Emma«-Bergwerk und sprachen mit dem Wächter dieser Mine oder eher ihres Geistes, ihrem treuen Geliebten und Freier; George Watson war sein Name.

Während wir langsam umhergingen und wegen der Höhe nach Atem rangen, verschwanden Walter Clark und Maia noch weiter nach oben. Später erzählten sie uns, sie hätten den nördlichen Gipfel bestiegen.

Auf dem Rückweg von Salt Lake City nahmen Florence, Charlotte und ich den »Million Dollar Highway«, so benannt nach dem goldhaltigen Quarz, den man versehentlich zu seiner Befestigung verwandt hatte.

Ebenfalls an diesem Tag sahen wir in Mesa Verde die erstaunlichen Relikte der Felsenbewohner – viel weitläufiger, als ich mir vorgestellt hatte.

Und jetzt, vier Jahre später, konnten wir dank der Poesie eine Rundreise durch die Westküstenstaaten machen, von der wir eben erst zurückgekehrt sind. Von Seattle über Los Angeles nach El Paso (Bob McAlmon in Juarez besucht) und New Orleans, von wo wir zum erstenmal nach Hause geflogen sind.

Zuvor waren wir nur ein einziges Mal geflogen, und zwar 1941 nach San Juan auf Puerto Rico zu einer Tagung der Universität von Rio Piedras.

Das war eine Reise! – unsere erste mit dem Flugzeug. Bis wir auf dem Flugplatz waren, hatten wir keinen blassen Schimmer, in welcher Richtung die Maschine fliegen würde – nicht auf die See hinaus, sondern ins Landesinnere, über ein Meer von Lichtern nach Philadelphia, ein zweites Lichtermeer, Washington, Richmond, dann bei Vollmond, der über einer fahlen Wolkenbank aufging, nach Osten, bis wir in der Dämmerung Palmen und den Flughafen von Miami sahen. Frühstück, und die Rampe hinunter zu einer blauen Bucht, wo unter einem klaren Morgenhimmel der Clipper auf eine Handvoll von uns wartete.

Das Tosen und Rauschen des Wassers, drei kreischende Mädchen, und plötzlich waren wir über den Wolken – der herrlichste Teil der ganzen Reise –, weiße Wölkchen, ihre Schatten dreitausend Meter unter uns auf der türkisblauen See, eindeutig türkis über den Riffen, die sich ins Ultramarin des tieferen Wassers erstreckten. Jener Flug besaß für Floss und mich die erstaunliche Realität all der Flugträume – weite Sprünge, manchmal zu Musik –, die wir in der Kindheit gehabt hatten – nun waren sie Wirklichkeit geworden. Besonders aufregend war es für mich gewesen, daß ich, wenn ich wollte, mit riesigen Sprüngen die Gegend besuchen konnte, aus der, wie ich wußte, meine Familie herstammte: Westindien. Ich dachte an Hart Crane und seine fehlgeschlagene Reise in die Karibik, und an mein *In the American Grain.*

Zu der kleinen Schar in unserem Flugboot zählte auch ein nervöser Priester und ein weiterer Schriftsteller – aber der kam erst in San Pedro auf Kuba dazu. An der Ostspitze von Kuba sichteten wir zum erstenmal Land und jagten dann über graue Hügel, die kreuz und quer von Ziegenpfaden durchzogen waren. Wir sanken langsam aufs Wasser und wurden am Pier auf spanisch begrüßt.

Eine Stunde später waren wir in Port au Prince auf Haiti; dort wehte ein halber Sturm. Wir stießen hinab auf die schwere See. Als wir auf die erste Welle prallten, wurden wir zwanzig Meter hoch in die Luft geschleudert, und dann ging es immer auf und nieder. Das alles bei strahlendem Sonnenschein, mit einem grünen, makellos ursprünglichen Berg zu unserer Rechten.

Am Anlegeplatz stiegen wir auf einen schmalen

Strandweg, an dessen Ende sich ein hoher Zaun befand, über den wir nicht hinausgehen durften.

Im Pavillon – eher ein überdachter Platz am Hafen zu unserer Linken – drängten sich Einheimische der besseren Schicht, der politischen Schicht, in Feiertagskleidung; sie waren gekommen, ihrem weißhaarigen Präsidenten zuzujubeln, der mit seinem Gefolge in einer Sondermaschine nach Washington flog, um über ein Darlehen zu verhandeln. Nachdem er aus dem Hafen gesurrt war, durften wir folgen.

Aus dieser Stadt mit ihren kleinen niedrigen Häusern war mein Onkel Carlos Anfang der achtziger Jahre vor den Revolutionären, die schon am Ende der Straße auftauchten, auf ein amerikanisches Kanonenboot geflohen. Sie saßen gerade beim Mittagessen – das Essen stand auf dem Tisch – die Bilder meiner Großeltern über ihnen an der Wand.

»Doktor Hoheb«, verkündete der amerikanische Offizier, der plötzlich seinen Kopf zur Tür hineingesteckt hatte, »wir ziehen ab. Sie sind jetzt am Ende der Straße. Das ist Ihre letzte Chance. Sie sollten besser mit uns kommen.«

Der Arzt schickte seine Frau und die neun Kinder voraus, ging in seine kleine Praxis und Apotheke, schaufelte das Bargeld aus der Kasse in seine Tasche und rannte ihnen nach, während schon die ersten Schüsse fielen. Sie hatten alles stehen und liegen lassen: Essen, Silber, Kleider, chirurgisches Besteck, alles. Und so kamen sie nach Panama, wo sie den Rest ihres Lebens verbrachten. Das hat man von seiner sinnlichen Veranlagung! Denn hätte seine Frau Rita sich nicht an Carlos' Beliebtheit bei den Damen gestört, wäre er nicht aus Santa Isabel fortgegangen und hätte sich nicht aus reiner Bosheit auf Haiti niedergelassen, und damit wären seiner Familie all diese Greuel erspart geblieben; ein erstklassiger Chirurg war er freilich. Zweifellos hätte ihn nichts dort hingezogen, wäre da nicht die Tatsache gewesen, daß er mehr französisches als spanisches Blut in den Adern hatte und die Sprache seines geliebten Paris über alles schätzte – ein Kapitel, das eines Tages einmal vollständig aufgeschrieben werden muß. All diese Gedanken gingen mir durch den Kopf, als ich dort auf dem kleinen Pier stand und ins Wasser sah. Ein junges Mädchen in der Nähe verkaufte Kaugummi und Postkarten; neben ihrer Schlichtheit wirkten wir geradezu geschmacklos aufgedonnert. Wieso eigentlich lassen wir uns von Surrogaten beeindrucken, wenn die Originale unserer Stimmungen nicht mehr da sind?

In Trujillo landeten wir auf dem Fluß zwischen tropischem Laubwerk an beiden Ufern. Nur ein kurzer Aufenthalt. Wieder spanisch. Ich dachte an meine Familie, Wellcome, den Pflegevater meines Vaters, den Wanderphotographen aus Puerto Plata und das Bild von dem »neuen Pier« von 1880, das ich noch immer in einer alten Truhe unterm Dach aufbewahre. Umspielt von einer tropischen Mittagssonne, läßt sich schwer an alte Zeiten denken. Trujillo der Tyrann, man weiß kaum, was man angesichts der von ihm veranlaßten Wohltaten denken soll – und selbst hier in diesen Bergen ist die Rede von einem Kriegszug über eine belanglose Grenze.

Auf Puerto Rico landeten wir in der Lagune jenseits von San Juan; kaum hatten wir im Hafen festgemacht, kredenzten uns die Fliegeroffiziere so ziemlich die besten Daiquiri-Cocktails, die ich je getrunken habe. Meine Vettern waren gekommen, um uns zu begrüßen.

Kapitel 48

Das FBI und Ezra Pound

Kurz vor Hitlers Einmarsch in Frankreich hatte Ezra mir in einem Brief seine Ansicht mitgeteilt, daß Mussolinis Hilfestellung für Franco nach seinem, Francos, Bruch der spanischen Verfassung etwa das gleiche sei, als ob er bei der Säuberung eines Moskitosumpfs im tiefsten Afrika mitgewirkt habe. Ich schrieb ihm aufgebracht zurück, daß er, Ezra, eine Schande für Amerika sei, und dergleichen mehr. Der Krieg war voll entbrannt, und damit war unsere Korrespondenz für eine Reihe von Jahren beendet.

Eines Tages kam Floss von der Bank nach Hause und erzählte mir, ein Kassierer habe sie gefragt, ob mir in Italien jemand bekannt sei, der Ezra Pound heiße.

»Er hat gestern abend im Radio gesprochen.«

»Ezra Pound?« fragte Floss.

»So was wie: der alte Doc Williams in Rutherford, New Jersey, werde das verstehen. Oder so ähnlich – den Rest habe ich nicht mitbekommen.«

»Was zum Teufel zieht er mich in seinen blöden Mist mit rein?«

»Ich berichte nur, was ich gehört habe«, sagte Floss. »Schöne ›Freunde‹, die dich dauernd in irgendwelche Schwierigkeiten bringen«, sagte sie.

Später fragte ich den Kassierer selbst danach, aber mehr wußte er nicht. Er hatte nur zufällig eingeschaltet und den Sender danach nie wieder gehört.

Dann kam eines Tages ein junger Bursche in meine Praxis. Nachdem er sich legitimiert hatte, fragte er mich, ob ich die Sendungen gehört habe, die Ezra Pound von Italien aus in den Äther schicke.

Ich antwortete: Nein, ich hätte nur davon gehört.

Ob ich die Stimme, wenn ich sie hören würde, identifizieren könnte?

Nein. Das hielte ich nicht für möglich, ich könnte mir allenfalls zu einem gewissen Grade sicher sein, daß er es sei, der da spräche.

»Sie sind mit ihm befreundet, und dies schon seit vielen Jahren?«

»Ja. Seit dem College.«

»Hätten Sie irgendwelche Bedenken, zu bezeugen, daß es seine Stimme wäre, wenn Sie sie hören würden?«

»Gewiß nicht, wenn ich sicher sein kann, daß es wirklich seine Stimme ist. Aber wie kann ich da absolut sicher sein?«

»Wir bringen Ihnen Schallplattenaufnahmen von seinen Sendungen und ein Abspielgerät hier in die Praxis.«

»Die möchte ich wirklich sehr gern einmal hören.«

»Wir bitten Sie lediglich darum, die Stimme als die von Ezra Pound zu identifizieren.«

»Ich kann sagen, die Aufnahme klingt wie die Stimme von Ezra Pound. Mehr als das kann ich nicht sagen.«

»Sind Sie ein loyaler amerikanischer Staatsbürger?« fragte er und sah mir fest in die Augen. Mir war das alles peinlich.

»Natürlich bin ich ein loyaler amerikanischer Staatsbürger. Ich – ich – ich habe, wenn man so will, mein ganzes Leben meinem Land gegeben und mich bemüht, ihm auf jede erdenkliche Weise zu dienen. Ich habe sogar ein Buch darüber geschrieben.«

»Was für ein Buch?«

»Es heißt *In the American Grain* – außerdem viele Artikel und Essays – ich bin William Carlos Williams, der Autor. Wenn Sie wollen, besorge ich Ihnen das Buch.«

»Das wird nicht nötig sein. Uns geht es nur um die

Feststellung, daß diese gegen unsere Regierung gerichteten Rundfunksendungen tatsächlich von Ezra Pound stammen. Sie als sein langjähriger Vertrauter könnten die Regierung bei der Identifizierung des Mannes wesentlich unterstützen. Wir wollen Ihnen keinerlei Umstände machen. Die Schallplatten werden Ihnen hier ins Haus gebracht. Ich darf doch vermuten, persönliche Erwägungen hätten keinen Einfluß auf Ihre Aussage, wenn auf den Schallplatten, die wir Ihnen vorspielen, tatsächlich Ezra Pounds Stimme zu hören wäre?«

»Nicht im geringsten.«

»Sie haben zwei Söhne, Doktor Williams?«

»Ja. Beide sind bei der Marine; einer, der Arzt, ist im Pazifik, und der andere fährt Patrouille auf einem Zerstörer zwischen hier und Europa.«

»Ausgezeichnet. Es ist Ihnen also recht, wenn wir Ihnen die Schallplatten bringen? Sie wollen sie sich anhören?«

»Gewiß doch.«

Aber er ließ sich dann nie mehr blicken. Ich bekam während des Kriegs noch zweimal Besuch vom FBI, aber die Schallplatten wurden mir nicht gebracht. Ein Freund, der in Washington Gelegenheit gehabt hatte, diese Aufnahmen zu hören, erzählte mir später, sie hätten aus zwei Teilen bestanden: die erste Hälfte schien ihm eindeutig von Pound gesprochen zu sein, enthielt aber nicht viel mehr als diverse Invektiven gegen Präsident Roosevelt und seine Familie und gegen das internationale Judentum, dem Pound an allem die Schuld gab. Die zweite Hälfte schien meinem Informanten nicht von Pound zu stammen, die Stimme klang anders; da ereiferte sich jemand anderer über eine Vielzahl von Nichtigkeiten, eher Schauspielerei als Landesverrat.

Ein Jahr nach Kriegsende bekam ich den Brief zurück, in dem ich Ezra wegen der Franco-Sache abgekanzelt hatte. Ich war Vorsitzender des örtlichen Komitees für medizinische Hilfslieferungen an das loyalistische Spanien gewesen; die Behörden hatten den Brief geöffnet. Zumindest hat Pound ihn nie zu Gesicht bekommen. Vermutlich hatte man mich aufgrund dieses Briefes mit Pound in Verbindung gebracht.

Und jetzt sitzt Pound also in einem Irrenhaus in Washington; Bob McAlmon arbeitet in El Paso für seine Brüder; Hemingway ein beliebter Schriftsteller; Joyce tot; Gertrude Stein tot; Picasso mit Keramik beschäftigt; Soupault mit einer reichen (?) Amerikanerin verheiratet; Skip Cannell von Kitty geschieden, jetzt mit einer Französin verheiratet und *disparu*; Nancy Cunard lebt noch, ein Schatten ihrer selbst; Bill und Sally Bird, die das Wetter in Paris nicht mehr ertragen konnten, nach Tanger umgesiedelt; Sylvia Beach, vorübergehend von den Deutschen vertrieben, lebt wieder in der rue de l'Odéon Nr. 12; Clotilde Vail tot; Brancusi zu alt zum Arbeiten; Stieglitz tot; Hart Crane tot; Juan Gris – früher mein Lieblingsmaler – schon lange tot; Charles Demuth tot; Marsden Hartley tot; Marcel Duchamp in New York, in der 14. Straße, untätig in seiner Dachstube ohne Telephon; die Baronin tot; Jane Heap tot; Margaret Anderson, ich weiß nicht, wo; Peggy Guggenheim immerhin noch aktiv, betreibt in Venedig eine Galerie für moderne Malerei, an die sie dem Vernehmen nach selber nicht glaubt; Steichen im Verwaltungsrat des Modern Museum; Norman Douglas schreibt – oder auch nicht; T. S. Eliot erfolgreicher Bühnenautor; Auden, E. E. Cummings, Wallace Stevens – leben und arbeiten; Marianne Moore übersetzt die Fabeln von la Fontaine. Ich habe sie kürzlich bei einem Essen des National Institute of Arts and Letters gesehen. Sie hat die Fabeln dreimal komplett durchgearbeitet, jedesmal mit einer anderen kritischen Zielsetzung; zwanzig Bücher von insgesamt ich weiß nicht wie vielen.

Sie sagt, Ezra Pound habe ihr sehr bei der Arbeit geholfen, die sie bis Juni 1951 fertig haben müsse.

Harold Loeb – wo? – wieder in der Wall Street; Ford Madox Ford tot; Henry Miller verheiratet, lebt mit Frau und Kindern in der Nähe von Carmel, Kalifornien, auf einem kilometerhohen Berg, von dem er selten hinuntersteigt. Lola Ridge tot; Djuna Barnes lebt noch irgendwo, verarmt, schreibt aber wenigstens nicht; Bob Brown versucht, nachdem er sein Geld verloren hat, in Brasilien zu überleben; Carl Sandburg schreibt schon lange keine Gedichte mehr; Alfred Kreymborg Mitglied des Institute of Arts and Letters; Mina Loy, Eugene O'Neill – mehr oder weniger verstummt.

Kapitel 49
Freundschaft

Ohne absolute Freundschaft kann weder ein Mann noch eine Ehe lange bestehen. Unter absolut verstehe ich einen ganzen Beichtstuhl – ein Zimmer – einen Bahnhofswartesaal, ein Revier, das ihm allein gehört: bei einer Ehe das gleiche, ein Raum, in dem sie gedeihen kann. Zwei solche Freundschaften sind uns in diesen Jahren zuteil geworden.

Freundschaft mag ein verhätschelter Fetisch sein oder eine persönliche und lebenslange Vertrautheit zwischen Individuen, eine sehr enge Vertrautheit, wie es sie auch in einer Ehe geben kann. Doch in diesem Fall meine ich etwas anderes. Nämlich das, was eine Ehe zwischen Ehen ermöglicht.

So etwas dürfte gefährlich sein – prekär – zusammengesetzt aus vielen fragwürdigen Querverbindungen, die es zum Scheitern bringen könnten, ihm aber, solange sie bestehen, eine gute, äußerst flexible Zellstruktur verleihen – Pfade, private Verknüpfungen zwischen den Beteiligten.

Wenn ein Mann und eine Frau mit einem anderen Paar befreundet sind und eins von ihnen mit einem der beiden anderen – wie auch immer gekreuzt – allein gelassen wird, kann sich alles daraus ergeben: eine solche riskante Beziehung ist erquicklich nur so lange, wie sie unsicher ist.

Mit Charles und Katherine Sheeler saßen wir manchmal, nachdem wir über irgendwelche Bilder diskutiert hatten, noch zusammen und quatschten munter drauflos, wobei wir uns gelegentlich betranken und nach Herzenslust dummes Zeug redeten – solche Freunde waren wir.

Katherine war ein sinnlicher Typ – melancholisch wie alle solche schöngeistigen Frauen – kleine Hände und Füße, aber ein großes Herz. Sie war eine begabte Erzählerin. Eine ihrer Geschichten aus Pennsylvania handelte von einer souveränen und schönen, nicht mehr ganz jungen Frau, die im vorigen Jahrhundert – jenem galanten Zeitalter – eine Kleinstadt westlich von Philadelphia, nennen wir sie Allentown, beherrschte: sie war dort Wirtin eines florierenden Freudenhauses.

Das Etablissement dieser schönen Frau, von der Kate uns erzählte, lag in einer Seitenstraße, unterschied sich aber ansonsten in nichts von den besten Häusern der Stadt, so wie auch sie selbst bei ihren täglichen Marktgängen nicht von den Damen der besseren Familien zu unterscheiden war. Sie besuchte regelmäßig die Kirche, wo freilich ein Kontrast zwischen ihr und der vornehmen Gesellschaft deutlich würde, denn Freundinnen hatte sie keine. Sie kaufte in den besten Läden und war eben allem äußeren Anschein nach eine Dame. Sie ließ regelmäßig den Rasen mähen, ihre Blumenbeete waren stets in Ordnung: Cannas, Coleas, Geranien.

Ihr Haus war innen wie außen in Ordnung. Die Mädchen, die man aber nicht auf der Straße sah, waren charmant und gebildet. Sie hatten bessere Manieren als die Töchter der Reichen. Die Kundschaft des Hauses war für alle Beteiligten ein steter Quell der Zufriedenheit. Diese Frau, meinte Kate, vermittelte den Mädchen praktisch ebensoviel wie die besseren Mädchenpensionate in New York oder New England. Ich glaube nicht, daß die Frau ihnen regelrecht Unterricht gab, sondern ihr Einfluß allein wird genügt haben, sich positiv auf ihre Art zu reden und sich zu kleiden auszuwirken. Einige konnten sich gut verheiraten nach dieser »Schule«. Und Damen mußten sie sein, da sie von den höflichsten und großzügigsten Herren der Stadt besucht wurden.

Dieser gut geführte Betrieb wurde im Lauf der Zeit nur noch beliebter und geriet geradezu in den Ruf der Sittsamkeit.

Auch die Bordellwirtin hatte keine Schwierigkeiten, ihre gesellschaftliche Stellung zu bewahren, bis es eines Tages zum Test kam: ein prominenter Bürger der Stadt war gestorben. Zum Zeichen der Wertschätzung seiner zahlreichen Spenden an örtliche Wohltätigkeitsvereine sollte ein besonderes Galadiner veranstaltet werden, von dessen Erlös man ihm ein Denkmal errichten wollte.

Die Bordellwirtin bat, ebenfalls ihr Scherflein dazu beitragen zu dürfen, doch wurde ihr Name nicht in die Liste der Geldgeber aufgenommen. Am Ende setzte sie sich selbst auf die Ehrenliste, und zwar schlicht durch die Höhe ihrer Spende – tausend Dollar, damals ein Betrag, den man einfach nicht ausschlagen konnte. Katie hat diese Geschichte nie wiederholt; warum, haben wir nicht herausfinden können.

Charles hatte sein altes Haus in Bucks County, das sie beide sehr gern gehabt hatten, aufgeben müssen. Die meisten seiner bekannten frühen Arbeiten waren dort entstanden. Die beiden sahen sich nach etwas ähnlich Schönem um, fanden aber nichts und zogen daher nach New York, um sich als Photographen durchzuschlagen.

Als wir sie kennenlernten, hatten sie eine Wohnung in der 8. Straße, dort wo jetzt das Whitney Museum untergebracht ist. Als das Gebäude für das Museum erworben wurde, zogen Charles und Katherine auf die andere Straßenseite in die Wohnung von Tex Guinan, der dort gerade ausgezogen war.

Aber das beste war, als sie von der Stadt genug hatten und nach South Salem, New York, umzogen, in ein bungalowähnliches Gebäude draußen in den Hügeln, neben einer alten Kirche und einem ummauerten Friedhof, und ein Schnapsschmuggler wohnte praktischerweise auch nicht weit von ihnen. Apfelschnaps war in jenen Zeiten so ziemlich das Beste, was man kriegen konnte.

Wir waren nicht mehr jung. Aus Partys machten wir uns nichts mehr – Cézanne erschien noch immer wie ein Gott – Steichen war ein vertrauter Freund. Und so war es gewiß keine schlechte Sache, daß Charles und Kate ein oder zwei Jahre später ein komfortableres Haus in Ridgefield bezogen, denn dort in der Nähe hatte Steichen seine landwirtschaftliche Experimentierstation.

Aber das Land ist heute immer trügerisch. Bei Katherine wurde eine bösartige Krankheit festgestellt, an der sie schließlich starb. Charles lebte dann neun Jahre lang allein in dem Haus.

Als ich im Sommer 1948, nachdem ich ein paar Monate zuvor eine leichte Angina überstanden hatte, mit dem Zug nach Seattle fuhr, um dort auf einer Englisch-Tagung einen Vortrag zu halten, hatte ich eine kleine Flasche 3-Sterne-Hennessy bei mir, die Floss in meinem Koffer unter den Schlafanzügen versteckt hatte. Ich öffnete sie erst, als wir uns Butte in Montana näherten. Irgendwas war mit mir los, ich wußte nur nicht was und bekam ein wenig Angst, bis ein Blick in den Fahrplan mir zeigte, daß wir uns auf einer Höhe von zweitausend Metern befanden; da war mir alles klar. Ich begab mich in die Toilette am Ende des Wagens, öffnete die Flasche, nahm einen Pappbecher und bemerkte dann einen Soldaten in Uniform, der zu mir hinübersah.

»Wie wär's«, sagte ich. »Wollen Sie einen mittrinken?«

»Was haben Sie denn?«

»Brandy, guten Brandy. Nehmen Sie sich einen Becher, oder verstößt es gegen das Gesetz, einem Uniformierten etwas zu trinken anzubieten?«

»Nein«, sagte er, »keineswegs. Aber das ist mir zu stark. Ich trinke nur Bier.«

Und so kamen wir ins Gespräch. Er erzählte mir, er sei aus dem Norden des Bundesstaates New York, komme soeben von einem Heimaturlaub und fahre jetzt nach San Francisco zurück, von wo man ihn vermutlich wieder ins Ausland schicken werde.

Butte, gerade bei Sonnenuntergang, war eine sonderbar schöne Stadt; eine einzige Straße, die wie eine gewaltige Treppe den Berg hoch führte, hell erleuchtet wie der Tempel irgendeiner Gottheit, und hoch oben zu beiden Seiten der Flammenschein der Schmelzhütten neben den Minen. In dieser öden Landschaft machte dies auf mich einen Eindruck von überwältigender Erhabenheit.

Die Tagung in Washington war auch nicht schlecht. Dort auf dem Podium entwickelte ich zum erstenmal ein Selbstvertrauen, wozu mir zweifellos Granville Hicks' Erklärung verhalf, meine Lesung sei für ihn ein aufrüttelndes Erlebnis gewesen. Vorher hatte Floss mir immer wieder gesagt, ich würde gegen mein Publikum kämpfen. Aber warum auch nicht? Ich hatte immer das Gefühl, daß die Leute mir nur aus einer zynischen Neugier heraus zuhörten, um über irgendeine unbeabsichtigte Obszönität grinsen zu können – um sich einen alltäglichen Kitzel zu verschaffen. Im großen ganzen empfand ich nur Verachtung für sie. Ich war wütend oder ärgerlich, oder ich lachte sie aus. Etwas ganz anderes war es freilich, wenn jemand mich lesen hören wollte, vor dem ich Achtung hatte. Im übrigen begann ich damals gerade erst zu lernen, meine Gedichte vorzutragen, und das war von entscheidender Bedeutung.

Als wir uns am letzten Abend um den runden Tisch versammelt hatten – S-, John van Druten, Hicks und ich –, stellte sich heraus, daß S- schwer einen sitzen hatte. Na prima. Eigentlich rückt man in solchen Fällen zusammen, um einen Bruder vor den Wölfen zu retten. Aber das hatte er nicht nötig.

Vor ungefähr zehn Jahren bekamen wir im Winter einmal Besuch von Charles Abbott. Den ganzen Nachmittag saßen wir, Floss, er und ich, bei dem einen oder andern Highball in unserem Vorderzimmer und starrten in das Holzfeuer im Kamin, bis es draußen dunkel geworden war. Wir bewegten uns praktisch nur, um die Gläser wieder vollzuschenken. Das Telephon läutete kein einziges Mal. Wir fühlten uns wie im Himmel.

Er erzählte uns von seinem Projekt: es ging darum, Manuskripte der lebenden englischen und amerikanischen Dichter zu sammeln – alles was zu haben war –, Material, das oftmals weggeworfen wurde oder verlorenging, Material, aus dem man später vielleicht ein Bild von ihrem Leben und ihren Arbeitsmethoden zusammenfügen konnte. Er hatte schriftlich bei mir angefragt, ob ich irgend etwas dergleichen im Haus herumliegen hätte, das ich ihm für die Lockwood Memorial Library der Universität von Buffalo überlassen könnte; man habe dort für diese Sammlung einen eigenen Raum bereitgestellt. Wir nutzten die Gelegenheit und sprachen über Literatur, vor allem amerikanische Literatur, über seine Zeit in Oxford, tauschten Ansichten und Überzeugungen aus. Er fragte, ob wir ihn nicht im nächsten Sommer auf Gratwick Highlands besuchen wollten, und erzählte uns von dieser alten Farm östlich von Buffalo – früher, vor der verheerenden letzten Depression, der Besitz eines reichen Mannes –, wo er mit seiner Familie lebte.

Sie bewohnten das alte Kutscherhaus neben dem Eingang des Anwesens, die Scheune und die Gewächshäuser; unterstützt wurden sie dabei von Nora, Mrs. Abbotts inzwischen betagter Amme, die noch immer die Hauptstütze der Familie war. Charles fuhr jeden Tag die sechzig Meilen zur Arbeit an der Universität von Buffalo.

Aber es lebte und lebt dort noch eine andere Familie, Bills Familie. Bill ist Mrs. Abbotts Bruder, der jüngste männliche Sproß der Gratwicks; er geht auf der alten Farm seinen Interessen nach. Kurz, er züchtet Schafe, ich glaube, sie werden Dorsets genannt, Schafe mit gewundenen Hörnern (insgesamt wird er rund fünfzig Stück davon auf der Weide haben), und er verkauft Strauchpäonien, von denen er ausgezeichnete

Kreuzungen herstellt. Seine Frau Harriet, eine geborene Saltonstall, hilft ihm bei seinen Unternehmungen; die restliche Zeit widmet sie ihren drei Töchtern (eine hat kürzlich geheiratet) und einer Leidenschaft, einer tätigen Leidenschaft für die Künste – vornehmlich gilt ihr Engagement einer Musikschule, die sie dort gegründet hat.

Im Mittelpunkt der ganzen Farm – sechzig Hektar kultivierter Felder und Wälder, durchzogen von einer sehr schmalen, aber tiefen Schlucht, an deren Grund ein kleiner Bach fließt – steht noch immer das verfallene alte Hauptgebäude, die ehemalige Sommerresidenz der Gratwicks, die früher einmal zwanzig bis dreißig Hausangestellte, Farmgehilfen und Dienstboten beschäftigt hat.

Als Floss und ich, nachdem wir uns eine Zeitlang in Buffalo herumgetrieben und den Weg erkundet hatten, an jenem Abend dort eintrafen, hatten die Abbotts Gäste: Wyndham Lewis mitsamt seiner jungen Frau und einem kleinen Hund; er malte nämlich ein offizielles Porträt des College-Leiters, ein Auftrag, den Charles ihm besorgt hatte, und wohnte solange bei ihnen. Da er sein Quartier auf der zugemauerten, mit Büchern vollgestellten Veranda, wo er seit gut einem Monat hauste, nicht aufgeben wollte, lud Bill Gratwick uns ein, die erste Nacht bei ihm zu verbringen.

Es war ein schöner Juniabend. Kurz nach Sonnenuntergang brach Charles mit Lewis und mir zu einem Mondscheinspaziergang auf. Wir streiften durch eine mir vollkommen fremde Gegend, gingen über Schafswege und einen Tennisplatz, schoben ein Eisengitter beiseite und traten durch Mauerbögen, die in ihrer halben Verfallenheit unglaublich romantisch wirkten, in den einstmals kunstvoll angelegten Garten des alten Anwesens.

Kletterpflanzen, hauptsächlich Steinkraut, bedeckten in schweren Wogen die Kronen der Mauern, an denen Rotkehlchen, Spottdrosseln und andere Drosseln singend herumflatterten. Ich glaubte, einen solchen Reichtum an Tönen, einen solch rustikalen Überfluß noch nie in meinem Leben erlebt zu haben. Der Mond stand am Himmel, wir gingen umher, Lewis stellte mir Fragen, aber ich war praktisch sprachlos.

Am nächsten Abend, am Vorabend von Lewis' Abreise, waren wir zum Essen bei den Gratwicks eingeladen, bei denen wir während dieser ersten vierundzwanzig Stunden gewohnt hatten.

Er erzählte uns, daß er in Wirklichkeit Amerikaner sei, daß er gleich hinter dem Hügel, im Genesee Valley jenseits des dunklen Gartens, in dem ich am Abend zuvor gewesen war, auf die Welt gekommen sei.

Harriet hatte einen schönen Braten für uns zubereitet; beim Essen fragte Lewis, ob es keinen Wein dazu gebe, er sei es gewohnt, Wein zu den Mahlzeiten zu trinken. Bill sagte, er glaube, sie hätten noch eine Flasche von einer Kiste übrig, die sie zu Weihnachten aufgemacht hätten.

»Hol sie«, sagte Lewis.

Bill brachte den Wein, einen Sauterne, glaube ich, aber das störte Lewis nicht, obwohl es kein Rotwein war. Die Flasche wurde geöffnet.

Die nächste Nacht schliefen wir bei den Abbotts, wo wir auch bleiben wollten. Gegen Abend zog ein Gewitter auf. Floss war oben, und mein Bett stand im Parterre, an der Westseite der Veranda in einem kleinen Zimmer, das gerade Platz genug für ein Einzelbett bot. Als das Gewitter heftiger wurde, begann in einem Fallrohr, das höchstens einen halben Meter von meinem Ohr vom Dach herunterführte, das Wasser zu rauschen; ich selbst lag behaglich im Trockenen daneben.

Nie werde ich das Geräusch dieses Wassers vergessen, es war eins der beruhigendsten Geräusche, die ich je gehört habe.

Im nächsten Sommer war der Maler Nassos, ein kleiner Grieche, ein freundlicher und fleißiger Mann, dort zu Gast; er wohnte in dem alten verlassenen Hühnerstall, in dem auch Theresa, Mrs. Abbott, in ihrer Freizeit zu malen pflegte. Ursprünglich war er gekommen, um die Strauchpäonien in Gemälden zu verherrlichen – Kreuzungen mit Namen wie »Weißer geschlängelter Drache« (Hakubanryo), »Tanz der sich sammelnden Wolken« (Skinkagura) und »Woge karminroten Rauchs« (Nissho), deren ebenso fragile wie üppige Blüten in Weiß, Rosa und Hochrot an holzigen Stengeln sie mit zu den schönsten Blumen der Welt machten.

Diese Pflanze, deren Blätter sich öffnen wie die Finger einer zierlichen Hand, hat Bill Gratwick zu einigen achtbaren bildhauerischen Arbeiten inspiriert.

Und Nassos hatte, in den vier Farben Weiß, Rosa, Rot und Gelb, eine Reihe von Studien dieser Päonien angefertigt und mit exotischen, halb abstrakten Landschaften umgeben. Ob es nun nicht schön wäre, meinte Bill, wenn ich zur Feier dieser Blumen ein paar Gedichte schreiben würde.

Um den Handel zu besiegeln, regte Bill eine Feier an, in deren Verlauf ich zum Poeta laureatus der Strauchpäonien gekrönt werden sollte – und so vernahm ich eines Tages ein großes Geschrei und Hallo, begriff aber nicht, was das sollte. Ich las gerade, auf französisch, Paul Valérys Rede vor der Académie française anläßlich seiner Aufnahme in diese erlauchte Gesellschaft – eine Rede, deren zwingende Logik und Schlichtheit mir sehr imponierte. Das Lärmen draußen riß mich in die Wirklichkeit zurück. Hinter Abbotts Haus schrie jemand, es war Bill, der auf einem Ford-Traktor mit Vollgas über den gefurchten Gartenboden herangerumpelt kam. Auf dem offenen Fahrgestell des Vehikels lag ein Betonklotz, etwa sechzig mal sechzig Zentimeter groß, auf dem er mich, nachdem er angehalten hatte, Platz zu nehmen bat. Als ich saß, quetschte sich Harriet auf einer Seite neben mich – es war ziemlich eng –, und auf die andere Seite kam Floss oder Theresa. Nassos stieg irgendwo hinten auf, die Kinder liefen mit den Hunden hinter uns her, und Floss (wahrscheinlich) und Charles bildeten die Nachhut.

Bill saß am Steuer, alles lachte und kreischte, und dann brausten wir los. Ich fürchtete für das Leben der Beteiligten. Noch wußte ich nicht, was Bill eigentlich vorhatte, jedenfalls brachte er uns alle wohlbehalten zum Lilienteich. Alle stiegen ab. Man führte mich unter Applaus an eine günstige Stelle am Ufer des kreisrunden Teichs, dann setzte mir Harriet einen Kranz aus olivenähnlichen Blättern aufs Haupt, graugrün, frisch gepflückt und eigens für diesen Anlaß gewunden.

»Eine Ansprache, eine Ansprache!«

Was sonst hätte mir einfallen sollen als der französische Beginn von Valérys Rede vor der Académie française, die mich so beeindruckt hatte, daß ich sie auswendig gelernt hatte? Ich warf mich in die Brust, runzelte caesarenhaft die Stirn und legte los. Das Gesicht der kleinen Lucy und ihres Bruders Neil werde ich nie vergessen. Halb verängstigt sah sie mit offenem Mund zu mir auf, als sei ich tatsächlich ein Halbgott, der auf die Erde niedergestiegen war.

Aber ich konnte die Stimmung nicht aufrechterhalten. Und so kehrte die Gesellschaft nach dem Verzehr von Limonade, Kuchen und Eis in die Welt des Genesee Valley zurück, zu Schafen und Zaunkönigen. Nassos photographierte das Ganze, hielt aber in seiner Aufregung das Objektiv dauernd mit einem Finger oder

Daumen zu, so daß bloß ein leerer Film auf die Nachwelt kam.

Ich habe wohl, zur Bestätigung meines neuen Amtes, tatsächlich ein Gedicht geschrieben, aber dann kamen andere Dinge, die uns allen wichtiger waren, dazwischen.

Eines Tages im Sommer vor ein oder zwei Jahren, so wurde mir erzählt, hatte Bill, dessen Improvisationstalent ihn nie im Stich läßt, auf einer Grange-Party die jungen Leute zu einem Squaredance animiert, als er draußen Charles' Tochter Agnes erblickte. Sie befand sich, wie junge Mädchen gerne tun, auf einem nächtlichen Ritt durch den Wald und hatte sich dem Haus genähert, um herauszufinden, was da gefeiert wurde.

Als er das Mädchen sah, öffnete Bill ein Fenster des großen Raums, nahm sie bei der Hand und half ihr galant hinein. Es war ein warmer Abend, sie war nur spärlich bekleidet, eine offene weite Bluse und Shorts von der Art, wie junge Mädchen sie im Haus oder auf dem Tennisplatz tragen. Alle waren vom Tanzen locker und entspannt und beobachteten, wie Bill und Agnes einen *pas de deux* begannen – er selbst hörte bald auf und sah zu, wie sie sich ausnahmsweise einmal zur Musik gehenließ und lostanzte.

Die zwanzig oder dreißig Grange-Leute von den Farmen der Umgebung, die Musiker und andere Leute aus Rochester verfolgten wie gebannt die spontane Pantomime, mit der Agnes ihren jungen Begierden Ausdruck verlieh – halb bewußt, ihr selbst noch fremd, wand sie sich zur Musik, wirbelte herum, bog Hüfte, Knie und Schultern und schwenkte die Arme.

So tanzte sie lange, bis sie endlich zu sich kam, sich mit verlegenem Lachen ängstlich umblickte und dann eilig wieder durchs Fenster nach draußen entschwand.

Im dritten Sommer bat mich Harriet, eine Hymne, wie sie es nannte, für die Feier der Aussaat am Sonntag vor Christi Himmelfahrt zu schreiben. Canning, einer der Harmonielehre-Dozenten in Rochester, schrieb eine Musik für Blechbläser dazu. Es wurde zum Abschluß eines langen Programms am Lilienteich aufgeführt. Ich las das Gedicht vor dem versammelten Publikum, das sich behaglich im Gras niedergelassen hatte.

Wir, die Kinder, die Abbotts, die Gratwicks und der Dirigent, unser Komponist Mr. Hollenbeck, saßen am langen Tisch in dem geräumigen Speisezimmer beim Abendessen, als Bill plötzlich bemerkte: »Da gehen die Mädchen!« und auf die Verandatür zeigte, hinter der mit nickenden Köpfen seine Schafe zur Weide strebten. Auf Bills Bitten versuchte ich das Libretto einer Operette für sie zu schreiben – aber es wurde nichts daraus.

Das Problem war, daß die von einer solchen Komposition erheischte Leichtigkeit rasch von den ernsten Folgerungen, die damit verbunden sind, erstickt wird. Ich sah mich nach einem Thema um und stieß auf die Hexenprozesse, die jetzt oder damals in Washington geführt wurden, und natürlich fielen mir die Parallelen zwischen diesen und den anderen auf, die 1696 in Salem, Massachusetts, ein so tragisches Ende genommen hatten.

Die Geschichte faszinierte mich. Ich schrieb das Libretto – ein umfangreiches Ding – mit einem historischen Schwung, der selbst einem Tolstoi Ehre gemacht hätte.

»Ein bedeutendes Werk«, sagte Charles Abbott.

Zum Singen ungefähr so gut geeignet, sagten andere, wie Veblens *Theorie der begüterten Klasse.*

Als ich es in Yaddo schließlich dem Komponisten Ben Weber zeigte, stürzte dieser sich eifrig darauf, doch wurde es ihm am Ende zu heiß. Man darf ein zeitgenössisches Problem nicht auf diese Weise angehen!

Kapitel 50
Projektiver Vers

Wir können unsere Irrtümer nur verstehen, wenn wir die Grundlagen unseres Denkens vollständig umgestalten. Es ist schon ein achtbarer Fortschritt, wenn wir ein Gedicht nicht als eine Ansammlung von mehr oder weniger verwachsenen Zeilen betrachten, sondern als ein Feld – eine gute Illustration dazu bietet der folgende Text von Charles Olson:

PROJEKTIVER VERS

(projektiler
(perkussiver
(prospektiver

im Gegensatz zum

NICHT-Projektiven

Charles Olson

(oder der Vers, den ein französischer Kritiker »geschlossen« nennt, jener Vers, den der Druck erzeugt hat und der ziemlich dasselbe ist, was wir im Englischen und Amerikanischen gehabt haben und immer noch haben, trotz dem Werk eines Pound & Williams:

er führte Keats bereits vor hundert Jahren dazu, ihn (den Vers Wordsworths, Miltons) im Licht des »Egotistical Sublime« zu sehn; und noch heutzutage hält er sich zäh als das, was man das private-Herz-an-jeder-x-beliebigen-öffentlichen-Anschlagsäule nennen könnte)

Der Vers muß heute, 1950, wenn er weiterkommen soll, wenn er von *entscheidendem* Nutzen sein soll, für meine Begriffe gewisse Gesetze und Möglichkeiten des Atems einholen und sich ihnen verschreiben: des Atems und Atmens sowie des Gehörs dessen, der schreibt. (Die Revolution des Ohrs, 1910, die Hebung des Trochäus, verlangt es von den jüngeren Dichtern.) …

I

Zunächst ein paar einfache Dinge, die man lernt, wenn man im OFFENEN arbeitet, oder in dem, was sich auch FELDKOMPOSITION nennen läßt, im Gegensatz zur ererbten Zeile, Strophe, Gesamtform, nämlich der »alten« Basis des Nicht-Projektiven.

1. die *Kinetik* des Ganzen. Ein Gedicht ist eine Energiemenge, die von dort, wo der Dichter sie herhat (er wird eine Reihe verschiedener »Quellen« haben), mittels des Gedichtes selbst den ganzen Weg hinüber zum Leser übertragen wird. Okay. Dann muß das Gedicht selbst an jeder Stelle ein hochwertiger Energieträger und ebenso an jeder Stelle ein Energieentlader sein. Nun, wie kann der Dichter besagte Energie bereitstellen, wie kann er das, mit was für einem Verfahren kann er an jeder Stelle eine Energie einschleusen, die mindestens das Äquivalent der Energie ist, die ihm den ersten Anstoß gegeben hat, jedoch eine Energie, die nur dem Vers eigen ist und die sich außerdem naturgemäß von der Energie unterscheiden wird, die der Leser, weil er ein dritter Faktor ist, für sich beanspruchen wird?

Dies ist das besondere Problem, dem sich jeder Dichter, der der geschlossenen Form den Rücken kehrt, gegenübergestellt sieht. Und es schließt eine ganze Reihe neuer Erkenntnisse ein. Sobald der Dichter sich an die FELDKOMPOSITION wagt – sich ins Offene begibt – kann er keinen andern Weg verfolgen als den, den das im Entstehen begriffene Gedicht für sich selbst angibt. Danach hat er sich zu verhalten und muß sich, Punkt für Punkt, der verschiedenen Kräfte bewußt sein, die gerade jetzt untersucht zu werden verlangen. (Dieser Anstoß ist beispielsweise viel mehr als nur ein solcher, den Pound, um uns auf die Beine zu helfen, so klug den »musikalischen« Satz genannt hat; richtet euch danach, Jungens, und nicht nach dem Metronom.)

2. das *Prinzip*, das Gesetz, welches eine derartige Komposition offenbar beherrscht und das, wenn man ihm folgt, die Entstehung

eines projektiven Gedichtes möglich macht. Es lautet: FORM IST NIE MEHR ALS EINE AUSDEHNUNG VON INHALT. (Oder so wurde es von Robert Creeley formuliert, und ich finde das absolut vernünftig, vielleicht mit dem Zusatz, daß die richtige Form eines Gedichtes die einzig und ausschließlich mögliche Ausdehnung des zur Debatte stehenden Inhalts ist.) Da ist es, Brüder, und wartet, ANGEWANDT zu werden.

Und nun 3. der *Prozeß* des Ganzen: wie läßt sich erreichen, daß das Prinzip die Energien so modelt, daß die Form dabei herauskommt. Ich denke, es läuft am Ende auf folgenden Satz heraus (den mir Edward Dahlberg als erster eingehämmert hat): EINE WAHRNEHMUNG MUSS SOFORT UND DIREKT ZUR NÄCHSTEN WAHRNEHMUNG FÜHREN. Das meint genau, was es sagt, es handelt sich, und zwar in *jedem* Punkt (sogar wenn es darum geht, wie wir mit der täglichen Wirklichkeit und der täglichen Arbeit fertig werden, möchte ich meinen), ums Weitermachen, in Bewegung-Bleiben, Dranbleiben, Geschwindigkeit, die Nerven und ihre Geschwindigkeit, die Wahrnehmungen und deren Geschwindigkeit, die Handlungen, die Bruchteile von Handlungen; das alles, Bürger, laß es sich so schnell bewegen, wie du kannst. Und falls du dich auch als Dichter etablieren willst, NÜTZE, NÜTZE, NÜTZE den Prozeß an jeder Stelle: immer, immer, in jedem gegebenen Gedicht muß muß muß eine Wahrnehmung DIREKT IN DIE NÄCHSTE ÜBERGEHEN! ...

Beginnen wir bei der kleinsten Partikel überhaupt, bei der Silbe. Sie ist Dreh- und Angelpunkt des Versbaus, ist das, was Zeilen und größere Formen eines Gedichts beherrscht und zusammenhält. Ich habe die Vermutung, daß der Vers hier und in England dieses Geheimnis von den Spät-Elisabethanern an Ezra Pound weitergegeben hat und es in der Süße von Metrum und Reim, in einem Honigtopf verloren hat. (Die Silbe ist *eine* Möglichkeit, den ursprünglichen Erfolg des Blankverses, und seinen Verfall mit Milton, zu apostrophieren.) ...

Als mögliche Korrektur an der heutigentags geschriebenen Prosa und Lyrik würde es nichts schaden, wenn sowohl Reim wie Metrum und beim Wort als Quantum auch Sinn und Klang weniger im Vordergrund stünden als die Silbe und wenn es der Silbe, diesem schönen Geschöpf, in stärkerem Maße erlaubt wäre, die Harmonie anzuführen. Denen, die den Versuch wagen wollen, dies zur Mahnung: sich auf diesen Punkt der Elemente und Bausteine der Sprache zurückzuziehen heißt, die Sprache dort einzusetzen, wo sie am wenigsten nachlässig – und am wenigsten logisch ist. Man muß so konstant und so gewissenhaft auf die Silben hören, man muß so absolute Ansprüche stellen, daß ein sicheres Gehör nur um den höchsten Preis – 40 Stunden pro Tag – erkauft werden kann…

Doch die Silbe ist nur das erste Kind des Inzests des Verses (immer bringt dieses ägyptische Ding Zwillinge zur Welt!). Das andere Kind ist die ZEILE. Und gemeinsam ergeben die Silbe *und* die Zeile ein Gedicht, also jenes Gebilde – wie wollen wir's nennen – die Herrin des Ganzen, die »singuläre Intelligenz«. Und die Zeile stammt (ich schwör's) vom Atem, vom Atmen dessen der schreibt, im Augenblick wo er schreibt, und folglich ist sie; hier kommt die tägliche Arbeit, die ARBEIT, ins Spiel, denn nur er, der, der schreibt, kann in jedem Augenblick der Zeile ihr Metrum und ihr Ende beibringen – wo ihr Atmen zu seiner Bestimmung kommen soll.

Für meine Begriffe liegt der Fehler bei den meisten Werken, seit man traditionellen Zeilen und Strophen und solchen Großformen wie, sagen wir, Chaucers *Troilus* oder Shakespeares *Lear*, den Rücken gekehrt hat, in folgendem: die zeitgenössischen Arbeiter beginnen zu schlampen GENAU DA, WO DIE ZEILE GEBOREN WIRD.

Ich will es unverhohlen sagen. Die beiden Hälften sind:
der KOPF über das OHR zur SILBE
das HERZ über den ATEM zur ZEILE

… Hier bin ich dogmatisch: der Kopf zeigt sich in der Silbe. Dort, in den Silben von Prosa und Vers, spielt sich der Tanz des Intellekts ab. Seht euch die besten Köpfe, die ihr kennt, im Hinblick darauf an: wo zeigt sich der Kopf, wenn nicht genau hier, in den raschen Gießbächen der Silben? erkennt ihr nicht, ob jemand Grips hat, daran, was dieser Grips genau hier zustande bringt? Es stimmt, was der Meister angeblich aus Konfusion aufgelesen hat: alle Gedanken, deren die Menschen fähig sind, lassen sich auf die Rückseite einer Briefmarke schreiben. Also, ist es nicht das SPIEL eines Geistes, dem wir hinterher sind, ist es nicht das, was anzeigt, ob sich von Geist überhaupt reden läßt? …

Was es mit der Rekonstruktion des Gedichts, immerhin einer der wichtigeren Betätigungen der zeitgenössischen Intelligenz, auf sich hat, möchte ich an folgendem Beispiel darstellen:

Charles Sheeler wartete neun Jahre, dann heiratete er zum zweitenmal. Seine Braut war Musya Sokolova, eine Tänzerin, die mit fünfzehn Jahren von den Revolutionären aus Rußland vertrieben worden war.

Er verließ das Haus in Ridgefield, wo er sie kennengelernt hatte, und zog ins Hudson River Valley bei New York, wo er das Gärtnerhaus des ehemaligen Lowe-Anwesens erworben hatte, eine kleine Graustein-Villa mit Mansardendach und tiefliegenden Terrassentüren, genau das Richtige für seine Zwecke.

Dies also der Schauplatz: ein vorsätzlich zerstörtes Anwesen am Hudson River, ein ehemaliger Wohnsitz der amerikanischen »Aristokratie« des achtzehnten Jahrhunderts, später noch prachtvoller und reizender umgebaut; die Landschaft Washington Irvings, das Land der frühen Holländer und Engländer – der Livingstones, der Phillips', der Frau, die beinahe George Washington geheiratet und ihn dazu gebracht hätte, sich im Staate New York und nicht in Virginia anzusiedeln, mit allem, was daraus hätte folgen können.

Das Hauptgebäude mit seinen über sechzig Zimmern war abgerissen worden, und zwar anscheinend bloß, um Franklin Roosevelt eins auszuwischen; nur das kleine Haus und die riesigen Scheunen ließ man stehen, und die Reste eines kleinen Wäldchens, eine so schöne Ansammlung von Bäumen – Ahorn, Blutbuchen, Linden, japanische Ginkos –, wie man sie im Osten des Landes nur selten finden kann. Viele von ihnen waren über siebzig Jahre alt, als Charles und Musya dort einzogen.

Das Gedicht ist unser Ziel, der geheime Kern der Sache – so wie Sheelers kleines umgebautes Haus der Kern des verschwundenen Lowe-Anwesens ist – Produkt eines Vermögens, das mit Tabak oder Chiclegummi oder womit auch immer erworben wurde.

Charles Sheeler, der Künstler, hat das einzige mehr oder weniger intakt gebliebene Objekt (ich übergehe die geräumige Holzscheune) in Besitz genommen, eine steinerne, stilistisch bedeutsame Einheit, um dort – zusammen mit Musya, einer Russin mit tragischer Vergangenheit und leidenschaftlicher Integrität – zu leben und ein Gedicht (ein Gemälde) daraus zu machen; eine Keimzelle, ein Saatkorn intelligenter und lebhaft empfundener Sicherheit. Wir selbst sind es, die sich auf solche Weise organisieren, nicht gegen die Vergangenheit oder für die Zukunft oder gar um zu überleben, sondern um vermittels einheitlichen Verständnisses Kontinuität zu gewährleisten und dem Geist einen Ort zuzuweisen.

Das Gedicht (in Charles' Fall das Bild) ist die Konstruktion innerhalb der faßbaren Begrenzungen seines Lebens. Das ist Sheeler; das ist, zu seinem Glück, teilweise und potentiell, auch die Musik. Man kann auch Ehe dazu sagen. Alle diese Begriffe müssen neu definiert werden, eine Ehe muß als ein Ding betrachtet werden. Das Gedicht ist aus Dingen zusammengesetzt – auf einer Fläche.

Das Gedicht, das kleine Haus (Graustein, eine Glyzinie, deren Stamm so dick ist wie ein Bein, die Nähe des verfallenen Anwesens mit seinen vollkommenen Bäumen) hat Charles sich nur unter Schwierigkeiten angeeignet und zu einem Ausdruck gestaltet – so gut er es als Maler kann – so gut er es kann! (Nicht realistisch.)

Aber das Objekt, die Ausstattung ihres Hauses, ist eine Fortsetzung der Vergangenheit, des Lebens von Sheeler, dem Künstler, und seinem alten walisischen Vater, seiner Erziehung in Pennsylvania und sogar der Tatsache, daß sein Onkel ihn, als er noch ein kleiner Junge war, zum Werfer bei den alten Athletics machen wollte und mit ihm zu den Spielen ging, um ihn in dieser Richtung zu beeinflussen.

Das Haus, so wie sie es jetzt eingerichtet haben (ich beziehe mich weiter auf die Konstruktion, die Wiederherstellung des Gedichts als mein Hauptthema), entspricht den Erfordernissen der Gegenwart.

Gewiß bewundert Charles den Geschmack und die Fähigkeiten seiner Freunde, der Greens und anderer, doch setzt er all dem bewußt seine eigenen triftigen Gründe entgegen; er prüft, was sie anzubieten haben, und bietet seine eigenen Wertvorstellungen an. Wenn es wirklich seine Freunde sind, werden sie erkennen, daß er den Vorzügen von Paris, von Italien oder welchem Ort auch immer sein eigenes Gedicht entgegensetzen muß, ohne dabei ihre Brancusis, ihre Picassos, ihre Cézannes und, möchte ich hinzufügen, ihre Lorcas und sogar ihre Engländer aus dem Blick zu verlieren.

Und was hat er zu bieten gehabt? Scheunen in Bucks County? Wie können wir denn in dieser Sphäre des Geistes, die doch alles ist, was wir mit Händen und Sinnen greifen können, unsere Geschichte anders organisieren als so, wie die Shaker ihre Möbel organisieren? Letztere entstammen einer von nichts als schierer Notwendigkeit beeinflußten Vergangenheit, in der nur der Gegenstand als solcher und das Verhältnis der Teile zum Ganzen einen Wert besaß. Die Shaker bauten Möbel allein zum schlichten rituellen Gebrauch – aus Kiefernholz, Apfelholz, Birke, was eben vorhanden war. Sheeler besitzt eine bemerkenswerte Sammlung solcher Möbel. Er verwendet Steppdecken, Läufer, Gläser und frühe Gemälde.

Seine Frau Musya mit ihrem gesunden russischen Geist ist der Gegenwart zugewandt, die erdrückende westeuropäische Vergangenheit kann ihr nichts anhaben. Mit Sheelers Hilfe hat sie es geschafft, in dieser Umgebung Fuß zu fassen – genau wie ihre große, wirklich große und von ihr bewunderte Freundin, die Tochter von Leo Tolstoi, die ebenfalls im Hudson River Valley lebt, auf der anderen Seite des Flusses.

Es ist eine geistige Großtat, Kenntnisse aus einer aristokratischen Vergangenheit und aus einem anderen gedanklichen Kontext in diesen Kontext, den Kontext von Shaker-Mobiliar, zu übertragen, ein New Yorker Modern Museum, so schlecht es auch zuweilen sein kann. Werte in einen neuen Kontext zu übertragen, ein Gedicht neu zu schreiben.

Ich habe Männer und Frauen gesehen, die vor der dringenden Notwendigkeit, etwas Neues zu konstruieren, davongelaufen sind. Diese Frau verfügt über starke Anlagen und hat Anlagen für eine Neukonstruktion hierher mitgebracht. Für mich ist es von großem Wert, diese Faktoren vor mir zu haben, wenn ich mit dem Dichten anfange. Sie sind unerläßlich bei meiner Arbeit, das Gedicht herzustellen.

Nachdem Willie Hansen von dem jetzt verwüsteten Lowe-Anwesen vertrieben worden war, nahm er einen Job als Gärtner bei der Prinzessin de Talleyrand an, einer geborenen Gould. Sie besaß in Tarrytown ein viel größeres Gut, das wir einmal besuchen durften. (Kaum eine Menschenseele holt sich die Blüten aus den Orchideenhäusern.) Man weiß nie, was man bei der Rekonstruktion des Gedichts alles brauchen kann. Man benutzt, was man findet. Willie hat es nicht lange dort ausgehalten.

Nichts kann wachsen, wenn es nicht im Boden wurzelt.

Kapitel 51

Ezra Pound im St. Elizabeth's Hospital

Wenn ich heute Ezra Pound besuche, dann muß ich ins St. Elizabeth's Hospital in Washington, D. C., wo er seit seiner Verhaftung im Anschluß an den letzten Krieg eingesperrt ist: ein grauer Steinbau, entworfen und errichtet um die Jahrhundertwende, nehme ich an, keineswegs früher, mit hohen vergitterten Fenstern und langen breiten Korridoren. Am Ende eines solchen steht ein Tisch, geschützt von einem schlichten verstellbaren Wandschirm, hinter dem, in der Ecke, Ezra auf seinem Liegesessel ruht und Audienzen gibt. Täglich von eins bis vier darf er, wenn er es wünscht, Besucher empfangen. Wann immer ich ihn besucht habe, war seine Frau Dorothy bei ihm. Ich denke, sie wird seit seiner Inhaftierung keinen Tag an seiner Seite versäumt haben. An schönen Sommertagen darf er den ganzen Nachmittag mit ihr draußen in dem parkähnlichen Gelände sitzen. Dem unmittelbar für ihn verantwortlichen Beamten zufolge ist er ein vorbildlicher Patient. Wie es weitergehen wird, bleibt abzuwarten.

Aber als ich ihn zum erstenmal dort besuchte, war mir gar nicht wohl dabei; geistige Umnachtung ist für mich immer ein Gebiet gewesen, vor dem ich instinktiv zurückgeschreckt bin wie vor dem Unbekannten. Ezras erste Wochen oder Monate in Haft – zusammengepfercht mit mehr oder weniger hoffnungslosen Fällen; körperliche Bewegung hatte er nur auf einem kleinen betonierten, von einer hohen Mauer umschlossenen Hof – waren mir sehr nahegegangen, als ich davon hörte. Nach einem Treffen der Fellows of the Library of Congress in Washington nahm ich ein Taxi und fuhr hin, ohne zu wissen, was mich dort erwartete. Die Fahrt dauerte zwanzig Minuten, dann rollten wir durch eins der offenbar unbewachten Tore hinein. Es war ein schöner Nachmittag, und ich begann mich nach dem Gebäude zu erkundigen, in dem er sich aufhalten sollte. Ich weiß nicht, wie viele Hektar das Gelände dieser Anstalt umfaßt, aber bis wir endlich am Ziel waren, müssen wir sie alle abgeklappert haben. Ich bat den Fahrer zu warten und ging rein, um mir eine Besuchserlaubnis zu holen.

»Sie finden ihn und seine Frau dort draußen unter den Bäumen«, sagte der Mann.

Und tatsächlich, da saß er in einem nagelneuen Liegestuhl; vor ihm Dorothy, die ihm etwas vorlas; ich ging durch eine Gruppe anderer Insassen, die mich neugierig ansahen, auf die beiden zu. Er wußte nicht, daß ich kommen wollte; erst als ich ihn fast erreicht hatte und er mich endlich erkannte, sprang er auf, packte meine ausgestreckte Hand – und umarmte mich.

»Nun«, sagte Dorothy, »Sie sind doch Bill Williams, stimmt's?«

An diesem Tag sprachen wir eine Stunde lang über alles mögliche. Er sah ziemlich so aus wie früher: der gleiche Bart, das gleiche nervöse Händezucken und Schulterdrehen, während er mich von seinem Liegestuhl aus musterte, das gleiche herausfordernde Lächeln, die zusammengekniffenen Augen, das halb hustende Lachen, die kurzen hastigen Worte ohne erwähnenswerte Satzstruktur. Ich war natürlich froh, ihn so wohlauf anzutreffen.

Wir sprachen hauptsächlich von der Lage der Literatur in unserer Welt – nicht gut; von Persönlichkeiten und der mangelnden Initiative derjenigen, die aktiv sein sollten – mich selbst mit eingeschlossen.

Selbstverständlich sprachen wir auch über sein Lieblingsthema: die Ökonomie und die Überzeugungen, die viele Leute mit Ezra teilten – daß das internationale Finanzwesen uns alle in immer kürzeren Intervallen ins Verderben reiße. Daß Kriege von der Rußland, England, Frankreich, Deutschland, die Vereinigten Staaten und was sonst noch alles beherrschenden internationalen Clique geführt würden. Daß man sie benennen könne, daß man sie kenne – sie täuschen viele, aber nicht alle – und daß momentan F. D. R. der Hauptverbrecher sei. Ich konnte ihm nur zuhören.

Auch Dorothy hörte zu. Immerhin ist es ihr Mann, und sie teilt ergeben sein trauriges Schicksal: eine große, asketische Engländerin, für die jeder, der sie sieht und kennt, tiefen Respekt und Zuneigung empfindet. Die Pounds haben kein Geld. Während des ersten Winters bewohnte Dorothy ein ungeheiztes Zimmer im zweiten Stock eines Hauses neben der Anstalt. Wir luden sie ein, sich bei uns in der Nähe von New York ein wenig auszuruhen, aber sie wollte nicht.

An jenem Tag unter den Bäumen sprachen wir auch, wie mir jetzt einfällt, von Nancy Cunard und ihren Erfahrungen während der Besetzung Frankreichs durch die Deutschen und vielen anderen solchen Dingen; von Wyndham Lewis, über den Dorothy und Ezra lachten, als ich ihnen erzählte, was wir im vorigen Sommer in Buffalo mit ihm erlebt hatten. Ezra hält Lewis für leicht übergeschnappt, aber auch für einen der wenigen informierten Menschen auf dieser Welt, und angesichts der Vollidioten, die uns von oben herab regieren, scheint ihm sein exzentrisches Wesen ganz verzeihlich.

Pound sieht die Sache ganz einfach: wenn irgendwer irgend etwas wüßte von dem, was sich wirklich in den Regierungen abspielt, wäre es ein Kinderspiel, zu einer soliden Basis für eine Regierung zu kommen und Frieden zu schaffen. Aber er meint, in ganz Washington gebe es höchstens fünf Leute, die von den entscheidenden Dingen eine Ahnung hätten – Tinkham aus Massachusetts soll einer von ihnen sein –, so daß, falls überhaupt einmal etwas Erwähnenswertes getan wird, dies rein zufällig geschieht.

Zum Beispiel ist Ezra überzeugt, er hätte – nach zwanzig Minuten Unterweisung im georgischen Dialekt, wenn Stalin ihm zu Beginn unserer Schwierigkeiten mit Rußland ein fünfminütiges Interview gewährt hätte – dem Mann seinen Denkfehler nachweisen können, ihn dazu bringen können, dies einzusehen, zu begreifen und danach zu handeln; womit die ganze folgende Konfusion und Katastrophe vermieden worden wäre.

Marx spricht im *Kapital* an keiner Stelle vom Geld, er hat von der wahren Lage, die jetzt die Welt beherrscht, nie etwas geahnt. Er war ein Produkt der Mitte des neunzehnten Jahrhunderts – seine ganze indeterministische Dialektik geht darauf zurück – und ...

Dialektik, welcher Art auch immer, ist bloß eine Prämisse, in diesem Fall eine falsche, die logisch bis zu ihrem verbalen Resultat verfolgt wird, wobei wir die Augen schließen und einen logischen Mord begehen.

Wozu sollte man in einer Welt, die von einem solchen Thema beherrscht wird, nach den Feinheiten der Liebe oder auch nur ihrer Abwesenheit oder Gegenwart suchen?

Müssen wir denn, wenn wir Dichter sein wollen, Idioten sein, die im Halbdunkel einer Dämmerstimmung vor sich hin träumen? Der Gipfel unserer menschlichen Leistungen, alles, was wir erstreben, bleibt unerreichbar, solange wir vor einer kompakten Wand, die uns den Weg versperrt, die Augen verschließen. An einer solchen Stelle darf das Gedicht nur ein Thema haben: die Entfernung der Blockade, die uns den Weg zu allem versperrt, was wir erreichen könnten, wenn sie erst einmal beseitigt ist. Wenn mit Steuern, die unsere Existenz vernichten, Privatkredite finanziert werden, deren Ertrag von einer internationalen Clique zur Verlängerung bewaffneter Konflikte verwendet wird, aus denen ebendiese Clique wiederum privaten Profit schlägt – sich also noch weiter daran bereichert –, dann ist es genau dies, das Inferno der *Cantos*, worum der Dichter sich als erstes zu kümmern hat.

Wir sprachen also über die Leute, die Bescheid wissen, im Gegensatz zu der nur auf Eigennutz bedachten Bande der »Gesetzgeber«, diesen kläglichen und ungeheuer unwissenden Bonzen, die Hand in Hand mit Kriminellen arbeiten – in Städten, Bundesstaaten und Staaten; wir sprachen von unserer obersten Pflicht als Künstler, die wir, da wir uns mit allen Wissensgebieten beschäftigten, die einzigen wenigstens halb informierten Mitglieder der Gesellschaft seien. Wir haben die Pflicht, um jeden Preis zu sprechen; um jeden Preis, selbst um den, in solcher Isolation, solcher Quarantäne, wie eine Anstalt wie das St. Elizabeth's Hospital sie mit sich bringt, von jeglichem Informationsfluß abgeschnitten zu werden.

Ich behaupte nicht, daß Ezra all das *gesagt* hat; es ist nur das, was ich seinen stockenden, stoßweise vorgebrachten Satzfetzen entnommen habe. Nach meinem letzten Besuch – er war aufgestanden und hatte sich von mir verabschiedet – trat ich unter mancherlei Gedanken aus dem Tor und winkte ein Taxi, um nach Washington zurückzufahren; der Fahrer war ein Farbiger.

Da ich immer gern mit diesen wichtigen Nachrichtenträgern rede, machte ich irgendeine Bemerkung über das Klima dieser Gegend und so weiter und so weiter und kam bald mit ihm ins Gespräch. Ich erzählte ihm, ich sei Arzt und habe in der Anstalt einen alten Freund besucht, der dort eingesperrt sei; doch der Fahrer, wie jeder andere auch, dachte zunächst einmal an sich.

»Sie sind also Arzt. Hören Sie, Doc, ich hab's am Rükken. Solange ich sitze und fahre, geht's ganz gut, aber wenn ich irgendwas heben will, schaff ich's nicht.«

»Das hört sich nach einem Bandscheibenvorfall an«, sagte ich. »Wie lange haben Sie das denn schon?«

»Och, ungefähr zwei Jahre.«

»Und wie ist es gekommen? Plötzlich nach einem Unfall, oder nachdem Sie was Schweres gehoben haben?«

»Angefangen hat es ungefähr eine Woche nachdem ich mich mit einer Freundin getroffen hatte. Wir haben's ganz schön heiß getrieben. Und eine Woche später hab ich's dann gemerkt. Nehme an, das muß es gewesen sein.«

»War wohl zuviel für Sie, he?«

»Kann schon sein, daß ich mich überanstrengt habe.«

»Durchaus möglich. Haben Sie irgendwas dagegen unternommen?«

»Aber sicher, ich war beim Arzt, aber der will mich operieren, und dazu hab ich keine Lust.«

»Wie alt sind Sie?«

»Achtundvierzig. Eine Bekannte von mir hat es machen lassen, und es ist nicht so gut gelaufen. Das ist jetzt über ein Jahr her, und sie kann noch immer nichts machen. Meinen Sie, ich soll's riskieren?«

»Das hängt ganz davon ab, wie sehr es Sie stört«, sagte ich. »Wenn es nicht schlimm ist, geht es vielleicht auch einfach so vorbei, solange Sie keine Schmerzen haben. Aber wenn es Sie wirklich stört, sollten Sie es machen lassen. Die Chirurgie ist das einzige, was sicher hilft – wenn Sie an den Richtigen geraten.«

»Oh, der Mann ist schon in Ordnung. Wie lange würde ich liegen müssen?«

»Nun, man muß die zerquetschten Teile da rausholen, die Kanten säubern und die Knochen verbinden. Ich weiß nicht viel über die Technik, aber es wird wohl mindestens sechs Wochen dauern, nehme ich an, ehe Sie wieder laufen können, aber man könnte Ihnen ein Gipskorsett verpassen, da kommen Sie schon früher auf die Beine.«

Wir hielten an einer Kreuzung und schwiegen, und dann redete ich weiter – irgendwas über die gegenwärtige Weltlage, wozu er einige feste Ansichten hatte: Stalin müßte schon ein ziemlicher Trottel sein, wenn er die nächsten zwei oder drei Jahre untätig abwarten würde, bis wir alle unsere Minen gelegt hätten, um ihn ins Jenseits zu befördern, wenn er also nicht vielmehr selbst Anstalten treffen würde, um uns an den Hals zu springen.

Es überraschte mich ein wenig, in Washington, D. C., von einem Mann, der mit der öffentlichen Meinung so vertraut ist, solche Reden zu hören.

»Vielleicht haben Sie recht«, sagte ich.

»Natürlich hab ich recht, würden Sie in seiner Lage etwa nicht dasselbe machen? Wir müssen ihn schlagen, aber es ist doch klar, daß er so denkt.«

»Und was können wir dagegen tun?« fragte ich.

»Nichts, überhaupt nichts, nur nachdenken – solange wir uns einig sind.«

»Genau wegen solcher Gedanken sitzt mein Freund in dieser Anstalt.«

»Tatsächlich? Was hat er denn getan?«

»Er hat während des Kriegs im Rundfunk gegen unser Land gesprochen, von Italien aus.«

»Das ist schlecht, so was kann man nicht machen. Was hat er gesagt?«

Ich gab ihm einen kurzen Überblick über Ezras internationale Ansichten: die Bedeutung, die er dem Wechselkurs beilegt; die internationale Clique; was Ezra F. D. R.s Versagen nennt, das Grundübel an der entscheidenden Stelle auszumerzen; seine Anklage gegen die internationalen Banken, ihre Vorgeschichte und ihre heutigen Vertreter. Der Mann hörte mir aufmerksam zu, während wir durch den Washingtoner Verkehr zu meinem Hotel fuhren. Als ich mit meinen Ausführungen fertig war, hielt er den Wagen an und drehte sich zu mir um.

»Und deswegen haben sie ihn eingesperrt«, sagte er.

»Ja, darauf läuft es im wesentlichen hinaus.«

Der Mann sah mich an. »Der ist nicht verrückt«, sagte er. »Er redet nur zuviel.«

Ich habe nicht oft Gelegenheit, Ezra zu besuchen. Wenn ich kann, fahre ich hin, so wie dieses letzte Mal mitten im Winter; da konnten wir nicht ins Freie gehen, sondern mußten an dem alten runden Holztisch bei den großen Fenstern sitzen, in dem kleinen, von dem ramponierten Wandschirm abgetrennten Raum am Ende des Korridors. In seiner Zelle, wo er Bücher und verschiedene andere kleine Geschenke aufbewahren darf, bin ich nie gewesen. Der Mann ist jetzt fünfundsechzig und hat während des letzten Jahres zugenommen. Sein rötliches Haar und den Bart durfte er sich wild wachsen lassen – die langen Haare verleihen seinen unveränderten Zügen ein halb lächerliches, halb gespenstisches Aussehen, sein Gesicht ähnelt dem der Bestie aus Cocteaus bekanntem Film – und wo ich dies erwähne, fällt mir eine noch tiefere Ähnlichkeit zwischen dem lebendigen Pound und der erfundenen Gestalt des französischen Filmkünstlers auf. Pound ist ein Bewunderer von Cocteau, und Dorothy hat mir voriges Jahr Cocteaus neueste Gedichte geschickt.

Ich hatte gehört, daß einige Leute sich um eine Wiederaufnahme des Prozesses bemühten, um die gegen Pound erhobenen Vorwürfe überprüfen zu lassen und zu erreichen, daß er aus dem St. Elizabeth's Hospital zur Behandlung in ein besseres Krankenhaus verlegt würde. Aber Pound wollte nichts davon wissen; denn er war überzeugt, daß irgendein Agent der »internationalen Bande« ihn erschießen werde, sobald er die Anstalt verlassen würde. Vielleicht hat er recht, denn eins steht fest: er würde nie zu reden aufhören.

Mein Leben lang habe ich mir von diesem alten Freund Strafpredigten anhören müssen über meine Schwerfälligkeit, den Ernst der Weltlage nach Maßgabe seiner Dialektik einzusehen. Dabei leuchten mir seine Ansichten in vielen Fällen durchaus ein. Ich sehe sowohl den besonderen Punkt, der den kriminellen Mißbrauch des Geldes betrifft, als auch den Stellenwert, der dem Gedicht bei unserer Offensive zukommt; es ist ein wesentlicher Faktor, wenn es darum geht, dieses Gesindel unter Druck zu setzen, das uns mit Hilfe der diversen Englisch-Fakultäten »der Universität« mit ihrer »heiligen« Rücksichtnahme auf abgedroschene Traditionen in Knechtschaft halten will. Formell spielt es den Kriminellen auf Regierungsseite in die Hände, die allein Gehorsam erzwingen können.

»Auf dieser Ebene muß man sie angreifen!« schreit Pound.

Aber wir verkennen, so erklärt er, daß eben der Formalismus des Gedichts dem Kriminellen Sicherheit gibt, er ist dort so fest verankert, daß eine wehleidige Bürokratie – mit all ihren Preisen und Auszeichnungen – nur für die Bande arbeitet, zu deren Zerschlagung sie angetreten ist. Allein das Gedicht (nicht die »Poesie«, dieses Beschwichtigungsmittel) ist die Kapsel, in der, zuweilen bei der Intelligenz, die Fakten des

Falles zur sicheren Verwahrung gegeben werden können.

Daher der Haß auf das Gedicht, die bösen und brutalen Versuche, es zu unterdrücken – der Schock, den es manchmal auslöst – und die unablässigen Bestrebungen, jeden zu verleumden, der von seiner Flamme berührt ist – falls es eine Flamme ist, und das ist, wie man feststellen muß, nicht oft der Fall. Das Gedicht ist der aktive Faktor mancher grundsätzlichen Attacke. Oft genug liegt in ihm die Welt auf der Lauer.

Man verbrennt Bücher, man unterdrückt ihre Freiheit, man wirft die Autoren ins Gefängnis, man versucht sogar – ich denke an »Guernica« – Bilder zu verbrennen. All das gibt Pound recht, wenn er das Gedicht als seinen Ausgangspunkt nimmt, so wie eine Eiche zu demselben Zweck eine Eichel nimmt oder Senf ein Feld mit Blüten bedeckt.

Als ich im Februar des vorigen Jahres von Ezra Abschied genommen hatte und im kalten Regen durch den Schlamm des Anstaltsgeländes auf den Ausgang zuging, mußte ich an einem der alten Gebäude vorbei. Inzwischen hatte ich das Gefühl, den Ort ein wenig zu kennen; mein ursprünglicher Schrecken, obschon ich Arzt war, angesichts der ganzen Tragweite dieses Ortes, hatte sich gelegt. Beim erstenmal war ich mit Schaudern durch die schmale Tür in den Turm getreten, in dem eine steinerne Wendeltreppe immer im Kreis hinauf zu seiner Etage führt. Ich hatte zwei Treppen statt einer genommen und war im falschen Stockwerk gelandet. Nach Betätigung der Klingel wurde ich von einem mißtrauischen Pfleger eingelassen. Plötzlich war ich von Insassen umgeben, sie säumten die Wände zu beiden Seiten, manche standen, manche saßen, manche lagen auf den Steinfliesen. Ich folgte dem Pfleger, der mich, nachdem er sich durch einen Anruf im Hauptbüro meiner Identität versichert hatte, wieder hinausließ und mir sagte, ich solle eine Etage tiefer gehen und dort so lange klingeln, bis mir jemand aufmache.

Daran hatte ich mich gewöhnt. Ich spürte wieder so etwas wie Menschlichkeit; jedenfalls nahm ich eine Abkürzung zum Ausgang, die mich keine zwanzig Meter an dem Gebäude vorbeiführte, das neben dem stand, in dem Pound untergebracht war. In regelmäßigen Abständen ausgestoßene Schreie, die von irgendwo aus diesem Gebäude drangen, ließen mich aufhorchen, und als ich dann um die Ecke bog, erblickte ich eine Gestalt, die meine ganze Aufmerksamkeit in Anspruch nahm. Es ist erstaunlich, wie offen und scheinbar unbewacht das ganze Anstaltsgelände sich dem Besucher darbietet: scheinbar unbeobachtet und auf jeden Fall ungehindert geht man umher, geht man ein und aus, doch als ich aus dem Schlamm, durch den ich behutsam watete, den Blick nach oben wandte, sah ich einen Mann: nackt, voll erigiert, reglos, die Arme ausgestreckt, als klettere er eine Wand hoch, klebte er an einem der hohen Fenster des alten Gebäudes wie eine Schnecke an der Innenseite eines gläsernen Aquariums. Sein Bauch drückte sich an das von dem miesen Wetter beschlagene und bespritzte Glas. Ich blieb nicht stehen, sah aber immer wieder zu ihm hin und blickte mich um, ob irgendwelche Frauen in der Nähe waren. Es war niemand auf dem Gelände außer mir selbst. Die Genitalien des Mannes waren hart an das kalte (es muß kalt gewesen sein) Glas gepreßt und schienen dort in dieser verzweifelten Pose festzukleben. Wann würde jemand kommen und ihn da runterholen? Immerhin war es Glas, Fensterglas, auch wenn sich dahinter ein Gitter befand. Ohne Hektik, schweigend drückte sich die weiße Haut an das Glas wie der weiße Bauch einer Schnecke.

Ich kann nicht begreifen, daß Pound sich so offensichtlich nichts aus seiner Inhaftierung macht, so schuldig oder im wesentlichen unschuldig er auch sein mag. Sein Geist hat sich nicht um Haaresbreite von seiner Grundüberzeugung entfernt, im Gegenteil, er hat sich noch tiefer darin verschanzt – zumal er erst kürzlich in den über sechzig Jahre alten Schriften eines gewissen Währungskontrolleurs ganz ähnliche Ansichten über die Perfidie unserer Herrscher entdeckt hat. Pound hat Privilegien, das muß man anerkennen, und das Anstaltspersonal behandelt ihn durchaus freundlich. Aber er macht keinen Gebrauch davon. Er arbeitet und liest unablässig. Der Leiter der Washingtoner Oriental Library schickt ihm auf Wunsch jeden Text, den er haben will; ihm steht alles zur Verfügung, was es zu entziffern und zu verstehen gibt. Er darf übersetzen; er hat seine Schreibmaschine: seine Belesenheit wird im Lauf der Zeit immer furchteinflößender, was immer dabei herauskommen wird.

Und es muß von einem Leben in Haft gesagt werden – falls er es übersteht –, daß viele der großartigsten Texte der Welt nur entstehen konnten, weil ihre Autoren vom Gang der Dinge ausgeschlossen wurden. Was ein Mann braucht, um die Früchte seines Geistes zu ernten, ist Konzentration. Vielleicht ändern wir uns – er, wer auch immer er ist, tut es bestimmt – durch unsere Kontakte, aber um etwas Gutes daraus zu machen, müssen wir Ruhe finden. Die Klosterzelle ist ideal für diesen Zweck, obwohl ihre einschränkende orthodoxe beziehungsweise einseitige Ideologie manche Grenzen setzt. Nichtsdestotrotz bietet sie Ruhe und gewährt Schonung vor ökonomischen Zwängen: hier kann man schreiben. Ein Gefängnis ist freilich noch besser, oder scheint es jedenfalls in der Vergangenheit gewesen zu sein. Aesop war Sklave; mancher Grieche hat seine besten Sachen im Exil auf Sizilien oder auch nur in der nächsten Stadt geschrieben. Sappho muß sich auf Lesbos sehr eingesperrt gefühlt haben; Raleigh schrieb gute Gedichte in Gefangenschaft; *Pilgrim's Progress* ist aus dem Kerker gekommen – bei der Geburt ist es das gleiche –, aber das Allerbeste war *Don Quixote*, den Cervantes im Gefängnis schrieb. Es gibt noch mehr Beispiele.

Das Gedicht ist eine Kapsel, in die wir unsere sträflichen Geheimnisse hüllen. Und daß sie in sich das einzige »Leben« bergen, die Fähigkeit, zu einer günstigeren Zeit aufzugehen, ihre geheime Struktur bis ins winzigste Detail unserer Gedanken wahr werden zu lassen, verleiht ihnen ihre besondere Wirksamkeit.

Dafür schreiben wir: daß die Saat aufgehen möge. Die größte von der Erfahrung bestätigte Gewißheit, daß wir weiterleben werden, vermittelt uns offenbar das Gedicht. Was auch immer Pound über die Regierung schreibt, in diesem Fall über unsere, sie gestattet es ihm, sich bis an die Grenzen seiner Fähigkeiten des gesamten in der Hauptstadt unseres Landes vorhandenen Wissensvorrats zu bedienen.

»Ja«, sagte ich zu ihm, als wir uns beim letztenmal verabschiedeten, »es stimmt durchaus, was du sagst, Ez, du vergißt nur eins. Deine Schlußfolgerungen mögen noch so logisch sein, aber Logik, Logik allein, überzeugt niemanden.«

Diesmal gab er keine Antwort, aber Dorothy hob plötzlich den Blick, zeigte mit dem Finger auf ihn und öffnete lächelnd die Augen, als wollte sie sagen: »Da hast du's.« Er blieb stumm.

Doch als ich wieder zu Hause war, bekam ich den üblichen Schmähbrief von ihm – er war wieder zu Atem gekommen –, dem ein oder zwei Wochen später ein zweiter Brief folgte. Als ich ihm von der Autobiographie erzählte, hatte er lächelnd bemerkt: »Du kannst unbesorgt alles über mich schreiben, was du willst, denn ich habe ja keine Rechte in diesem Land.«

Kapitel 52
Yaddo

1950 wurden Floss und ich von Elizabeth Ames, der Direktorin der Yaddo-Stiftung, zu einem Besuch in Saratoga Springs eingeladen. Man hatte uns schon im Jahr zuvor eingeladen, aber da konnten wir nicht kommen. Diesmal nahmen wir an. Daß Mann und Frau gemeinsam nach Yaddo eingeladen wurden, war eher ungewöhnlich. Wir hatten ein schönes großes Zimmer mit einem altmodischen Bad im Erdgeschoß des West Cottage. Anderen Ehefrauen, die ihre in der Stiftung wohnenden Männer besuchen wollten, war dies nur tagsüber oder an Wochenenden möglich. Arme (?) Künstler mußten zehn Dollar pro Nacht bezahlen, wenn sie in Saratoga Springs eine Nacht mit ihren Frauen verbringen wollten.

Yaddo, gleich neben der Rennbahn von Saratoga gelegen, war mir nicht unbekannt; Josephine Herbst hatte mir erzählt: »Man braucht nur durch eine Hecke zu gehen, und schon steht man an der Abgrenzung der Gegengeraden.«

Auf diesem Gelände hatte Edgar Allan Poe die letzte Strophe seines beliebten Gedichts *The Raven* geschrieben, zu der Zeit, als er noch das wohlhabende Pflegekind der Allans gewesen war – einschließlich Besuch von Bädern und Forellen-Diners mit vornehmen Zeitgenossen.

Heute herrscht dort, obwohl die Einrichtung absolut weltlich ist, eine leicht klösterliche Atmosphäre: eine große alte Villa im Stil eines englischen Landhauses; seit einem halben Jahrhundert werden Schriftsteller, Maler und Bildhauer dorthin eingeladen, um inmitten von Kiefernwäldern, Rasen und einem streng terrassenförmig angelegten Rosengarten nach Herzenslust zu schreiben, zu malen oder was auch immer sonst zu tun.

Über uns, im ersten Stock des West Cottage, wohnte der Komponist Ben Weber, der vom National Institute of Arts and Letters ein einjähriges Stipendium erhalten hatte. Als er, Floss und ich einmal Schnaken klatschend zum Frühstück gingen, kamen wir auf Oper und Libretto zu sprechen, auf das Verhältnis, in welchem diese beiden stünden – welches zuerst dagewesen sei und so weiter.

Weber, ein kleiner, nicht sehr wortgewandter, rothaariger, rundköpfiger Mann mit leiser Stimme, ließ sich nur selten auf den gelegentlichen Feierabendparties in den verschiedenen Ateliers blicken, und wenn er einmal kam, trank er am liebsten nur Bier. Ich erzählte ihm, ich hätte ein Libretto beziehungsweise das Material für das Libretto einer Oper, an dem ich gearbeitet habe. Er sah mich an und sagte, alle Komponisten seien auf der Suche nach Librettos, er selbst fahnde seit über zwei Jahren im ganzen Land vergebens nach einem. Ich spürte, daß er mich belauerte, und fragte ihn, ob er sich meins mal ansehen wolle; ich gab es ihm noch am gleichen Abend in seinem Zimmer, das ich bei dieser Gelegenheit zum erstenmal sah.

So läuft das in Yaddo. Floss ging mit mir nach oben. Es war das Haus, das Mrs. Peabody gebaut hatte, als das Hauptgebäude einmal eine Zeitlang nicht benutzt werden konnte. Dies war ihr Boudoir gewesen – noch ganz im ursprünglichen Stil eingerichtet. Weber hatte sein

Piano dort. Er sagte, manchmal starre er tagelang nur in den Regen hinaus, etwa auf den Rasen zwischen den Gruppen gewaltiger Fichten, und improvisiere auf den Tasten, wie ihm gerade zumute sei. Er war seit über einem Monat da. Wir tranken Cocktails, anschließend spielte er uns eine noch unfertige Lieder-Suite vor – falls es eine Suite war und nicht einfach einzelne Lieder –, Musik auf zwei Gedichte von Blake, die er auf Auftrag komponierte und bis zum Ende des Sommers fertig haben sollte.

Das mir zugewiesene Arbeitszimmer lag in der obersten Etage des Hauptgebäudes. Es war hoch unters Dach gewölbt und hatte breite hohe Fenster, welche die gesamte Ostseite einnahmen und Ausblick auf eine sanft abfallende Weide gewährten, eine mit Feldthymian bewachsene Fläche, die sich eine Achtelmeile weit bis zu den Springbrunnen im italienischen Stil und den Wegen zum Rosengarten hinzog. In der Ferne sah man die Bemis Heights von Vermont. In das Glas des seitlichen Fensters waren die Namen von Dichtern eingekratzt, die diesen Raum in der Vergangenheit genutzt hatten. Das war zuviel für mich. Ich bat um eine kleine Arbeitshütte jenseits des Gartens, mit einem Kamin und einem Stapel Feuerholz.

Es war kalt letzten August in Yaddo; ich arbeitete an Buch IV von *Paterson*, und um es fertig zu bekommen, strich ich meine umfangreichen Notizen, mindestens hundertundfünfundzwanzig Seiten, auf knappe zweiundzwanzig zusammen. Dabei verbrannte ich das ganze Holz, das man mir gegeben hatte. In der Hütte roch es nach Asche und aromatischem Verfall.

Ich arbeitete ununterbrochen zwei Wochen lang, sieben Tage die Woche vom Frühstück bis zum Mittagessen und von eins bis vier Uhr nachmittags. Was blieb mir dort auch anderes übrig?

Für die Mahlzeiten gibt es in Yaddo ein strenges Programm. Am ersten Tag bat ich um Eier mit Speck. Eier mit Speck waren zum Frühstück nicht vorgesehen. Am Ende jeder Mahlzeit erklingt eine Glocke, und die Gäste tragen ihr schmutziges Geschirr zu den Wägelchen, die dann in die Küche geschoben werden. Aber wie sagte doch Nicolas Calas, den ich zu meiner Freude dort nach so vielen Jahren wiedersah, so treffend zu mir: Wo in der zivilisierten Welt kann man – wenn man sich einmal an den milden Kodex solch geringfügiger Vorschriften gewöhnt hat –, wo sonst also kann ein Mann oder eine Frau so viel Freundlichkeit und Freiheit zum Arbeiten finden? Es werden keine Fragen gestellt. Es wird kein Buch geführt. Der Künstler erhält großzügige und grenzenlose Unterstützung, er bekommt gut zu essen und eine gute Unterkunft in einer herrlich angelegten und angenehmen Umgebung. Darüber hinaus wird er vor seinen Kollegen geschützt: Besuche in anderen Arbeitszimmern sind erst zum Tee gestattet.

Calas arbeitete an einem Kommentar zu den in Hieronymus Boschs Triptychon *Der Garten der Lüste* dargestellten Symbolen; es kann auch sein, daß er an ihrer exakten Dechiffrierung arbeitete. Jedenfalls ist es eins seiner Hauptwerke. Calas gewährte mir das Privileg, mir seine Arbeitspapiere zu zeigen. Jedes Detail des Gemäldes wird mit einem Mikroskop untersucht; ein erschreckender Aufwand von Gelehrsamkeit. Ich würde verrückt darüber werden. Aber wenn die Arbeit schließlich gedruckt ist, wird ihr nichts von all dem, was ich jemals über das Denken des Mittelalters, insbesondere in den Niederlanden, gelesen habe, das Wasser reichen können, zumindest was die Absicht betrifft. Freilich hat eben die Gewissenhaftigkeit seiner Arbeit Calas praktisch zum Einsiedler werden lassen.

John Husband aus Tulane war da, Harvey Shapiro,

Richard Eberhart mit seinen Drachen, Jessamyn West, die Brüder Pierre und Philippe Marcelin aus Haiti, die dort gemeinsam ihren neuesten Roman schrieben, Mitsu, die ihrem Mann Taro Yashima gefolgt war, Maler, die, weil sie Christen waren, als Kriegsdienstverweigerer während des letzten Krieges in Japan die Hölle durchgemacht hatten. Mitsu hatte Zahnschmerzen! und ließ nicht einen einzigen Piepser hören.

Ich hatte Weber mein Libretto gegeben, und am nächsten Tag äußerte er sich begeistert darüber. Aber trotz aller Begeisterung ist mein Schauspiel *A Dream of Love* noch immer nur ein Traum.

Es sind noch mehrere Bücher zu schreiben: eine Biographie meiner Mutter, die Fortsetzung der *White Mule*-Reihe; die Prosastücke, Essays, Vorworte und diverse Rezensionen müßten gesammelt werden und so weiter. All das wird noch kommen.

Kapitel 53
Übersetzungen

Ich habe schon immer einmal etwas aus dem Spanischen übersetzen wollen. Es war die Muttersprache meiner Mutter, und mein Vater beherrschte sie seit seiner Kindheit. Aber auch so hat diese Sprache einen besonderen Reiz für mich, als Erholung vom klassischen Gestus des Französischen und Italienischen. In dem Sinne, wie ich es hier verstanden wissen will, ist das Spanische keine literarische Sprache. Es hat seinen eigenen Platz, einen unabhängigen Platz, der eng mit der Neuen Welt verbunden ist.

Diese Unabhängigkeit der spanischen Literatur, ihr

Gelöstsein von unserer britischen Vergangenheit erlaubt es uns, neue Bewertungen vorzunehmen, und dafür bieten sich insbesondere Übersetzungen an, bei denen wir unsere eigene Sprache wie etwas vollkommen Neues behandeln dürfen. Bei solchen Versuchen brauchen wir uns nicht an Präzendenzfälle zu halten, sondern können neue Wege des Ausdrucks beschreiten, neue Formen assimilieren und sogar neue Formen entdecken, wenn es darum geht, Äquivalente für die trefflichen Stilmittel der Vergangenheit zu finden. So jedenfalls habe ich mir das vorgestellt – besonders für meinen Plan, spanische Gedichte in Angriff zu nehmen. Bis jetzt ist es ein Plan geblieben.

Ein bemerkenswerter Fundus an Gedichten steht uns zur Verfügung. Nicht so reichhaltig und vielfältig wie die englischen, doch finden sich etwa im *Romancero* manche Gedichte von ausnehmender Schönheit. Wir haben sie noch kaum angerührt. Als ich gerade anfing, zu mir selbst zu finden, habe ich mich an einige von ihnen gewagt, war aber noch nicht reif dafür.

Meine ersten Versuche, aus dieser Sprache zu übersetzen, galten eher der Prosa als dem Gedicht. Mein Vater half mir in seinen letzten Tagen bei der Übertragung einer Kurzgeschichte von Rafael Arevalo Martinez aus Guatemala. Sie hieß »Der Mann, der einem Pferd glich«. Wir hatten eine Menge Spaß damit. Später erschien unter dem Titel *Und Spanien singt* eine Sammlung von Gedichten aus dem loyalistischen Spanien. Ich übersetzte einige davon und fand es aufregend.

Aber die größte Herausforderung für uns Heutige ist Lorca, und durch ihn Gongora, von dem er in den letzten Lebensjahren immer häufiger gesprochen hat. Ich habe den Eindruck, als könnte eine Übertragung von Lorca und Gongora in unsere Sprache uns eine fast ideale Gelegenheit bieten, neue Sprechweisen zu erproben, die völlig anders sind als alles, was im Englischen und Französischen möglich ist. Ich muß gestehen, daß ich bis jetzt noch nichts daran getan habe, aber es reizt mich sehr, und eines nicht fernen Tages werde ich damit anfangen.

Doch als Mutter in ihren Achtzigern war und wir nach etwas Ausschau hielten, das ihr Vergnügen bereiten könnte, stieß ich auf ein altes Buch, das Pound bei einem seiner Besuche hier zurückgelassen haben muß. Wir begannen es zu übersetzen und unterhielten uns köstlich dabei. Das Buch hieß *El Perro y la Calentura*, wörtlich *Der Hund und das Fieber*, und stammte von dem berühmten Don Francisco Quevedo, einem Zeitgenossen von Lope de Vega und Shakespeare. Er nannte es eine *novela peregrina*, eine ländliche Novelle, und schrieb es während einer der Zeiten seiner Verbannung aus Madrid, vermutlich nicht während der ersten Verbannung – damals hatte er einen Mann getötet, der im Dom eine betende Frau beleidigt hatte –, sondern während der zweiten oder dritten, Folge seines politischen Kampfs gegen Intriganten am Hof, auf die er einen enormen Haß verspürte.

Ich finde diesen Roman einzigartig und faszinierend. Er wurde am Anfang des achtzehnten Jahrhunderts ins Englische übersetzt, jedoch weder vollständig noch besonders sorgfältig; wer auch immer es war, er hat die Grundstimmung überhaupt nicht erfaßt. In dem Buch geht es darum, Tatsachen über das korrupte Hofleben aufzuzeigen; freilich konnte Quevedo es sich nicht leisten, dies offen zu tun. Statt dessen schrieb er seine Geschichte in Form von volkstümlichen Parabeln und benutzte dazu Umgebung und Geräusche des Bauernhofs, auf dem er damals lebte. Der Leser muß selbst seine Schlüsse ziehen, nichts wird direkt festgestellt – ziemlich genau so, wie man es auch heute machen könnte.

Die Oberfläche ist bukolisch, aber der Unterton boshaft und ungestüm in seiner Attacke auf die Mächtigen bei Hofe, die Quevedo so verhaßt waren. Mutter und ich fingen eher beiläufig mit der Arbeit an, aber schon bald nahm uns der Versuch, englische Entsprechungen für das altertümliche Spanisch zu finden, ganz gefangen. Denn es handelte sich um altes Spanisch, was sowohl die Schwierigkeit als auch den Reiz nur erhöhte. Das Buch hatte auch seine obszönen Seiten, aber das schreckte Mutter nicht ab; im Gegenteil.

Tatsächlich war dies eins der Dinge, die mich sofort anzogen, als ich den Namen Quevedo zum erstenmal sah. Mutter hatte mir eine Menge anrüchiger Geschichten über Quevedo zu erzählen; in der spanischen Literatur wimmelt es davon. Hier findet man dergleichen vor allem am Ende des ersten kurzen Berichts, wo er vermittels eines Kunstgriffs, mit dem die Tatsachen immer mehr verhüllt werden, eine wüste Geschichte von einer Liebesaffäre im Garten erzählt, in deren Verlauf der alte kirchliche Würdenträger, der ein Doppelleben führt, selbst zum Hahnrei gemacht wird.

Nach über einem Jahr schlossen Mutter und ich die Arbeit unter großen Schwierigkeiten ab, die noch von der Sprache, die uns am Ende vor schier unlösbare Rätsel stellte, vervielfältigt wurden. Das Ganze war nämlich in Slang geschrieben, im Slang des frühen siebzehnten Jahrhunderts und voller dunkler Anspielungen, von denen manche, ich muß es gestehen, unmöglich zu entschlüsseln waren. Die ersten Übersetzer haben sich an dieser Stelle nicht einmal versucht. Aber man versteht doch soviel, daß auch diese spezielle Passage des Buchs überaus amüsant zu lesen ist. Am Ende haben wir auch dies irgendwie geschafft. Eine Seite, mit der wir überhaupt nichts anfangen konnten, schickte ich an einen Professor Salinas von der Johns Hopkins-Universität, um zu sehen, ob er uns nicht den einen oder anderen Hinweis geben könnte. Er wollte sich das nicht einmal ansehen, schickte es uns aber mit der hilfreichen Bemerkung zurück, daß der Text, von allen anderen Problemen abgesehen, vermutlich korrupt sei; das hat uns wirklich sehr geholfen. Eine oder zwei Stellen, die überhaupt keinen Sinn ergaben, wurden nach leichten Eingriffen in die Orthographie einigermaßen verständlich.

Natürlich hat niemand das Buch gedruckt, obwohl ich es mehreren Verlagen angeboten habe. Aber eines Tages werde ich einen fortlaufenden Kommentar mit Erläuterungen und Interpretationen zum Text schreiben, wodurch es hoffentlich attraktiver wird. Dabei will ich nicht mit meiner Gelehrsamkeit prahlen, sondern bloß etwas schreiben, das jeder lesen kann, der sich ein wenig amüsieren will, jeder, der sich mit dem Buch hinsetzt und sich von ihm unterhalten lassen möchte.

In ihren letzten Lebensjahren konnten wir Mutter unmöglich bei uns im Haus behalten und mußten ihr etwas anderes suchen. Aufgrund eines glücklichen beziehungsweise, um die Wahrheit zu sagen, eines unglücklichen Zufalls konnten wir sie in das Bett verlegen, das Nana Herman, Flossies Mutter, soeben freigemacht hatte. Es war eine höchst unselige Verkettung von Umständen. Aber am Ende hätte es für mich und die ganze Familie gar nicht besser kommen können.

Denn es trug uns die Freundschaft einer bemerkenswerten Frau und ihres ebenso treuen wie unterhaltsamen Mannes ein, der, was man sonst auch von ihm sagen mochte, viel Fröhlichkeit in unser aller Leben brachte. Mrs. Taylor stammt aus England; Harry ebenfalls. Niemand, der nicht ihre Schule durchgemacht hatte, hätte für Mutter tun können, was sie getan hat. Zu Anfang betrachtete Mutter sie mit Argwohn, aber so war sie nun einmal. Sie ärgerte sich, daß Mrs. Taylor sie pflegen sollte; sie verabscheute das Essen; sie wehrte sich gegen das Krankenhausbett, in dem sie liegen mußte; sie weigerte sich, die Bettpfanne zu benutzen; aber schließlich hob Mrs. Taylor sie eines Nachts gegen drei Uhr auf – und das ging dann über zehn Jahre lang so weiter – und setzte sie auf den Topf. Sie tat dies mit immerwährendem Lächeln, selbst wenn meine Mutter zappelte und um sich schlug und ihr sagte, wie tölpelhaft sie sei und wie sehr sie ihr weh täte. Gelegentlich, wenn es Mutter schlecht ging, half Mr. Taylor seiner Frau. Was Mutter zu wahren Tobsuchtsanfällen veranlaßte. Jahrelang ging das so. Und nie habe ich von Mrs. Taylor ein Wort der Klage gehört; in diesen degenerierten Zeiten und dieser Umwelt gibt es so etwas nicht mehr. Außerdem muß man stark sein. Und Mrs. Taylor war stark.

Harry kochte unterdessen, die Haare zerzaust, das Unterhemd bis zum Hals zugeknöpft, die Hose kurz vorm Runterrutschen, unrasiert und angetrunken, wann immer er an Stoff herankommen konnte. Ich denke nicht, daß er das abstreiten würde, es gehörte zu seinem Leben, er glaubte daran und tut es noch heute.

»Wenn Harry eine Flasche anbricht«, pflegte seine Frau zu sagen, »muß er sie austrinken, egal was drin ist.«

Sie zuckte lächelnd die Achseln, als wollte sie sagen: Was soll man machen? und mischte sich so wenig wie möglich ein. Nur seine Finanzen hielt sie stets auf einem absoluten Tiefstand, was er instinktiv akzeptierte, so daß es nie zu Streitigkeiten zwischen ihnen kam. Sie war ohnehin kein streitsüchtiger Typ, und er ließ es sich auch weiterhin nicht nehmen, mit großzügiger Hand das Essen zu machen.

»Die geben mir zuviel!« beklagte Mutter sich oftmals verbittert. Aber da Harry ihr nur wenig Beachtung schenkte, mußte sie sich fügen. Gelegentlich kam er, während sie aß, herein und sah ihr zu, fragte sie nach ihrem Befinden. Sie blickte ihn mit ihren trüben Augen an und sagte kein Wort. Wozu auch? Der Mann gefiel ihr. Ihr gefiel alles, was Hosen anhatte, und Harry gefiel ihr weit besser als Mrs. Taylor, die doch nun wirklich alles für sie tat. Harry Taylor gefiel ihr vor allem deshalb, weil er viel feinfühliger war als seine Frau; mit einem Wort, er war ein verhinderter Künstler. Mutter wußte das und sprach öfter mit mir darüber. Mrs. Taylor wußte es auch, und eben dies Ungewöhnliche war der Grund, daß sie vor ihrem Mann nicht den Respekt verlor. Er war Tänzer gewesen. Das konnte man seinen Waden ansehen, falls man sie zu Gesicht bekam; sie waren außerordentlich entwickelt.

Im Gegensatz zu seiner Frau entstammte Harry Taylor keiner armen Familie. Mrs. Taylors Vater war Postmeister in einer Kleinstadt nördlich von London gewesen. Aber die Verwandtschaft ihres Mannes war reich oder zumindest wohlhabend. Es war eine Bankiersfamilie, und Harry Taylor wurde von seinem Vater auf dessen eigene Bank in die Lehre gegeben, nachdem er volljährig geworden war. Dort langweilte sich der junge Mann entsetzlich. Denn wie auch immer er das geschafft hatte – vielleicht hatte man ihn ja, wie in solchen Kreisen üblich, in die Tanzstunde geschickt –, jedenfalls entwickelte er als Tänzer solche Fähigkeiten, daß es ihn auf die Bühne drängte. Und irgendwie muß er es geschafft haben, sein Talent auf die eine oder andere Weise zur Schau zu stellen, denn seine Eltern bekamen

Wind davon und durchkreuzten seine weiteren Pläne. Das brach dem jungen Mann das Herz.

»Daß ihr Sohn im Ballett tanzte«, meinte Mrs. Taylor mir gegenüber, »konnten sie nicht zulassen.« So etwas wäre in Bankierskreisen, in denen er doch verkehren sollte, nie und nimmer toleriert worden. Ausgeschlossen. Die Tanzerei mußte aufgegeben werden, und zwar auf der Stelle. Damit war die Sache erledigt. Harry ging zur Bank zurück.

Da er nicht tanzen durfte, da sein Lebensplan, Tänzer zu werden, vereitelt worden war, da es ihm unmöglich gemacht wurde, sein extravagantes fröhliches Wesen im Rampenlicht, wo es hingehörte, zur Schau zu stellen, da er hilflos in der Falle saß, ohne Hoffnung auf Entkommen, währte es nicht lange, bis er den einzigen Ausweg wählte, der sich ihm zu bieten schien, und dieser bestand in Träumen, die ihm allein der Alkohol gewährte: er trank alles, was er in die Finger bekam. Und hier hatte er vollen Erfolg. Er wurde ein solcher Säufer, daß er, als der Erste Weltkrieg kam und er darin eine Möglichkeit erblickte, von der verhaßten Bank wegzukommen, sich freiwillig zur Marine meldete – als Koch! Seine Eltern ließen ihn nur zu gerne ziehen.

Es ist eine lange Geschichte, und ich kenne nicht einmal die Hälfte, aber seine Künste als Kombüsenkoch führten Harry einige Jahre nach dem Krieg nach Amerika, wo er sein Glück machen wollte. Er landete im Westen, also irgendwo im Gebiet der Rocky Mountains: ein Ziel, das der Groschenroman allen braven jüngeren Söhnen der britischen Aristokratie als erstrebenswert hingestellt hatte. Unter anderem arbeitete er als Koch in einem großen Krankenhaus in Salt Lake City. Die Mädchen dort waren attraktiv, der Schnaps vorzüglich. Aber bei einer der jungen Damen, einer Mormonin, wurde die Lage ernst, und Harry schrieb nach Hause und fragte an, was man davon halte, daß sie Anhängerin dieser ungewöhnlichen Religion sei. Vielleicht hat er gehofft, man werde Einwendungen machen und er könnte ihr daraufhin sagen, daß die Beziehung nicht aufrechtzuhalten sei. Denn als man ihm antwortete, solange sie ein nettes Mädchen sei und aus einer guten Familie stamme, habe seine Familie nichts gegen seine Verehelichung mit ihr einzuwenden, sprang er eines Nachts auf einen Güterzug und verließ die Stadt.

Er gelangte nach Kanada und bekam einen Job als Koch beim Ringling Brothers Circus. Mit diesem Verein kam er nach Victoria, wo er eines Tages die künftige Mrs. Taylor kennenlernte; schließlich heiratete er sie, und nach vielen Wechselfällen landeten die beiden hier in Rutherford.

Das alles ist jetzt vorbei, was uns betrifft, aber die dezenten Gefälligkeiten, mit denen die beiden diese schwierige und unversöhnliche alte Frau – ich rede von meiner Mutter – so selbstlos überschütteten, kann ich nicht vergessen. Und ich werde auch nie vergessen, wie sie lachte, als der Kanarienvogel ins Spülwasser fiel. Mr. Taylor trocknete ihn so gut er konnte ab und steckte ihn dann in den Backofen, damit er sich aufwärmen und seine Federn in Ordnung bringen konnte. Als Mrs. Taylor den Vogel schließlich gerettet hatte, entfleuchte er seinem Herrchen, dessen lustiger Kumpan er bis dahin gewesen war, setzte sich oben auf die Küchentür, wo Mutter ihn von ihrem Sessel aus sehen konnte, und deckte ihn mit Flüchen ein. All sein Schmeicheln war vergeblich, er konnte den Vogel nicht dazu bewegen, die alte freundschaftliche Beziehung wieder aufzunehmen; Mutter lachte, bis ihr die Tränen kamen.

Als ich sie einmal besuchte, merkte ich, daß sie mir unbedingt etwas sagen wollte.

»Du mußt ihn dazu bringen, für dich zu tanzen«, sagte sie. »Er ist doch so gut, wirklich gut«, sagte sie. »Bring ihn dazu, es dir zu zeigen. Das muß man gesehen haben. Du mußt es sehen.« Aber der Mann lächelte nur und wollte es nicht noch einmal tun. Anscheinend hatte er tags zuvor, gut abgefüllt und in Topform, Mutter in gedrückter Stimmung angetroffen. Um sie aufzuheitern, hatte er eine Pirouette hingelegt. Sie machte die Augen auf, sie wußte, das war gut, und sah ihm aufmerksam zu. Woraufhin er – die beiden waren allein im Zimmer – seine ganze Nummer abzog und zum Schluß, noch einmal ganz der alte Virtuose, einen Entrechat hinlegte, dem Mutter hingerissen applaudierte.

Kapitel 54

Die Praxis

Was den Beruf des Arztes wirklich befriedigend macht, ist die eintönige, gleichförmige, alltägliche Arbeit: die anderthalb Millionen Patienten, die ein Arzt über einen Zeitraum von vierzig Jahren an Wochentagen und Sonntagen zu sehen bekommt, die sind sein Leben. Ich habe meine Praxis nie des Geldes wegen betrieben; das wäre mir nicht möglich gewesen. Aber jederzeit und unter allen Umständen Leute aufzusuchen, sich mit ihren intimsten Lebenslagen auseinanderzusetzen, wenn sie geboren werden, wenn sie sterben, sie sterben zu sehen, sie von einer Krankheit genesen zu sehen, das hat mich immer gefesselt.

Ich verlor mich geradezu in ihren Gedanken: zumindest vorübergehend verwandelte ich mich in sie, wer auch immer sie sein mochten; und wenn ich mich nach einer halben Stunde völliger Konzentration auf die Krankheit, die ihnen zu schaffen machte, von ihnen löste, kam es mir vor, als erwachte ich aus einem Schlaf. In diesen Augenblicken hatte ich nicht existiert, nichts, was mich selbst anging, berührte mich. Und daher kam ich dann buchstäblich wieder zu mir, ausgeruht wie nach einem ganz gewöhnlichen Nickerchen.

Wieder und wieder kehrte ich abends mit dem Gefühl, die Augen keine Sekunde mehr offenhalten zu können, in meine Praxis zurück. Nach nur wenigen Stunden Schlaf brach ich am Morgen zu den Hausbesuchen auf und wartete erst einmal vor irgendeinem Haus, bis ich meinen Mut beisammen hatte, die Treppe hochsteigen und auf die Klingel drücken zu können. Aber sobald ich den Patienten sah, war all das weg. Blitzschnell fügten sich die Einzelheiten des Falles zu einem erkennbaren Grundriß zusammen, die Diagnose lag entweder auf der Hand oder machte Schwierigkeiten, und die Suche konnte beginnen. Auch der Patient selbst gewann allmählich Konturen, die es zu beachten galt, seine Eigenarten, ihre Verschlossenheit oder Offenheit. Und mochte ich mich nun angezogen oder abgestoßen fühlen, die professionelle Einstellung, die jeder Arzt aufbringen muß, gab mir die nötige Ruhe und diktierte mir die nächsten Schritte. Oft muß der Arzt die Gedanken seines Patienten beobachten, so wie dieser ihn beobachtet, ihm mißtraut, ständig bereit, sich bei der nächstbesten Gelegenheit von ihm abzuwenden. Der Arzt erkennt das Mißtrauen, sieht, wie der Patient sich jemand anderem zuwendet und ihn verstößt.

Wir alle sind häufig genug verstoßen worden, haben gesehen, wie eine bedrängte Mutter, ein bedrängter Ehemann jemand anderen um Rat gefragt haben, wobei wir wissen, daß der Rat, den wir ihnen gegeben haben, der richtige war. Auch dies gehört mit dazu. Aber im allgemeinen stellt sich Friede und innere Ruhe ein, wenn man den Zustand des Patienten so betrachtet, als wäre es der eigene, für den man eine Lösung zu finden hat während dieser wenigen Minuten, dieser Stunden oder dieser aufreibenden Tage, in denen man nach Ursachen forscht, dies und jenes in Zusammenhang zu bringen versucht, um einen vernünftigen Ausgangspunkt zum Handeln zu gewinnen. Allein das kann uns Frieden verschaffen. Wie gesagt, oftmals, wenn ich schwer angeschlagen von irgendwelchen privaten Verwicklungen, physisch und geistig erschöpft, in die Praxis gekommen war, fühlte ich mich nach zwei Stunden intensiver Hingabe an die Arbeit vollständig ausgeruht (und zwar wirklich ausgeruht) und konnte wieder lachen, als ob der Tag eben erst begonnen hätte.

Deswegen habe ich mich als Schriftsteller auch nie von meinem Arztberuf gestört gefühlt; im Gegenteil, ich habe darin stets die eigentliche Nahrung gesehen, eben das, was mir das Schreiben überhaupt ermöglicht hat. Hat der Mensch mich denn nicht interessiert? Da war es doch, dieses Ding, unmittelbar vor meinen Augen. Ich konnte es anfassen, ich konnte es riechen. Ich war es selbst, nackt, so und nicht anders, ohne eine Lüge, die sich mir selbst erzählte. Ach, ich wußte, daß es mir nur wenig Tiefschürfendes vermittelte, aber es gab mir Begriffe, Grundbegriffe, mit denen ich Dinge aussprechen konnte, so tiefschürfend, wie ich immer wollte.

Mir war bewußt, daß ich es mit einer elementaren Welt zu tun hatte, aber die Gutgläubigkeit, mit der gerade unbedarfte Menschen an diese Welt herangehen, hat mich, vor allem im Vergleich mit der Schäbigkeit der öffentlichen Sichtweise, wie sie sich in Berichten über die Welt im allgemeinen darstellt, immer in Staunen versetzt. Verglichen mit dem, was ich täglich in meiner Arztpraxis zu sehen bekomme, ist die öffentliche Meinung, die das Verhalten so vieler Menschen beeinflußt, eine sehr verkommene Angelegenheit. Ich möchte beinahe sagen, was in den meisten Fällen die Unterscheidung zwischen Heuchelei und einer befriedigenden gedanklichen Grundlage so schwierig macht, ist der Konflikt zwischen öffentlicher Meinung vom Leben meiner Patienten und dem, was sich meinen Augen darbietet.

Aber es kümmert mich nicht allzu sehr. Was die Leute sind, was sie glauben, ist mir ganz egal. Sie kommen zu mir. Ihnen gilt mein Interesse, und entweder werden sie meine Freunde oder nicht. Das ist ihre Sache. Meine Sache ist es, außer der rein physischen noch eine andere Art von Diagnose zu stellen, die sie als Individuen betrifft, und dies hat mit dem, weswegen sie meinen Rat suchen, überhaupt nichts zu tun. Das fasziniert mich. Es hat mich von Anfang an fasziniert, und zwar mehr, als mir selbst bewußt war. Denn wo ich auch sein mochte, hat sich mir jede nur denkbare Art von Individuum in irgendeiner Phase seiner Entwicklung, von der höchsten bis zur niedrigsten, zu irgendeinem Zeitpunkt offenbart. Ich bin sicher, ich habe sie alle kennengelernt. Und alle haben Beiträge zu meinen Sachen geliefert. Mögen die Erfolgreichen ihre blauen Bänder davontragen; ich habe die Erfolglosen kennengelernt, und sie waren bessere Menschen als ihre glücklicheren Brüder. Lachen kann man über sie beide, welche Masken sie auch immer anlegen. Und wenn es einem gelingt, ihnen, hohen oder niedrigen, Klarheit über sich selbst zu verschaffen, sind sie stets dankbar, erstaunt, daß jemand es fertigbringt, die innersten und geheimsten Motive eines anderen ans Licht zu bringen. Ein

Schriftsteller, der das kann, hat Beachtung verdient: auf irgendeine Weise, auf welchem Weg auch immer, ist er zum Kern vorgedrungen, um sie uns ungeschminkt und in Formulierungen vorzulegen, denen wir, sosehr wir es auch versuchen mögen, am Ende nicht entkommen können. Und dann bleibt uns keine Wahl: wir müssen ihn akzeptieren und zum Helden machen.

Die tägliche Arbeit des Arztes ist ein Beobachten, Abwägen und Vergleichen von Werten, deren Bedeutung weder er noch der Patient kennen kann. Er mag gefühllos sein. Aber wenn er nicht nur ein sorgfältiger Handwerker und verständnisvoller Mann ist, sondern zusätzlich auch noch über eine gewisse – geistige Unruhe verfügt, ein rastloses Interesse ... Wenn bloße Heilerfolge ihn nicht zufriedenstellen, wenn es ihm an Ehrgeiz fehlt, wenn er sich damit zufriedengibt ... Wenn er unzufrieden ist und wahrscheinlich immer sein wird; mit anderen Worten, wenn er sich, ohne dies forcieren zu wollen, denn dies würde ja sein lebenslanges Beobachten nur stören, allen möglichen Beschimpfungen aussetzt! Was wird man da von ihm denken?

Halb schämt er sich, daß die Leute ihn verdächtigen, heimlich und hinterhältig die Öffentlichkeit auszuspionieren. Sie fragen ihn naiv: »Wie machen Sie das? Wie können Sie einen solchen Beruf ausüben und gleichzeitig Zeit zum Schreiben finden? Ein normaler Mensch kann das nicht. Sie müssen mindestens soviel Energie wie zwei Menschen haben.« Sie begreifen nicht, daß die eine Beschäftigung die andere ergänzt, daß es zwei Teile eines Ganzen sind, daß es überhaupt nicht zwei Berufe sind, daß das eine den Mann entspannt, während das andere ihn ermüdet. Der einzige Mensch, der in diesem Zusammenhang zu bedauern ist, ist seine Frau. Sie wird praktisch zur Einsiedlerin. Er selbst kennt nur eine Angst, nämlich die, daß man ihm die Quelle seiner Erkenntnisse, den täglichen Umgang mit Menschen jeder Art, jeden Alters und jeden Zustandes, eines Tages nehmen könnte. Daß man ihm auf die Schliche kommt.

Was das Schreiben selbst betrifft, so beansprucht es so gut wie keine Zeit. Wir schreiben täglich viel zuviel. Das erdrückt uns. Doch wenn wir gelegentlich das Chaos dieses ziellosen oder eigennützigen Gefasels durchschauen, wenn wir zufällig zu irgendeinem bewegenden Detail eines Lebens vordringen, findet sich immer die Zeit, ein paar Seiten herunterzuhämmern. Das Problem ist nicht, die Zeit dafür zu finden – täglich vergeuden wir etliche Stunden mit Nichtstun –, schwierig ist nur, das flüchtige Leben der Sache festzuhalten, die Worte so zu setzen, daß Klischees einer kurzen Einsicht weichen. Da liegt die Schwierigkeit. Wir können uns glücklich preisen, wenn dieser unterirdische Strom sich anzapfen läßt, wenn die geheime Quelle unseres Lebens ihr reines Wasser emporsendet. Das geschieht nur selten. Tausend Banalitäten drängen sich nach vorn, ihnen voran unsere verlogenen Sprachgebräuche und Denkgewohnheiten, die uns sagen, genau *das* sei es, was »die Leute« hören wollen. Erzähl ihnen was anderes. Du willst doch ein erfolgreicher Schriftsteller sein. Solchem Geschwätz vermag die tägliche Arbeit als Arzt drastisch abzuhelfen.

Das Schreiben kann man vergessen, es ist banal. Aber wenn tagein, tagaus Patienten mit schwerer Zunge mühsam versuchen, einem ihr Innerstes zu offenbaren, oder wenn jemand, der bloß ein Furunkel am Rücken hat, so aus der Fassung gerät, daß er irgendein Geheimnis aus der mitleiderregenden Gedankenwelt einer ganzen Gesellschaftsschicht preisgibt, dann packt einen plötzlich wieder das Verlangen, von dem unterirdischen Strom zu sprechen, der da für einen Augenblick an die Oberfläche gekommen ist. Was da so flüchtig zutage tritt, ist ein bloßer Bruchteil von all dem, was die Tagespresse übersieht oder vorsätzlich unterschlägt, aber es ist so erregend, daß man einfach wieder schreiben muß. Das ständige Tasten nach dem Sinn dieses rohen Materials, das uns am Telephon oder in der Praxis dargeboten wird, bringt uns zu der Erkenntnis, daß es keine bessere Methode gibt, eine Ahnung von dem zu bekommen, was sich in der Welt abspielt.

Ab und zu nehmen wir flüchtig etwas wahr, wir spüren, daß etwas Wesentliches uns gestreift hat, etwas Außergewöhnliches – wenn zum Beispiel die lächelnde kleine Italienerin sich von uns verabschiedet hat. Für einen Augenblick sind wir wie betäubt. Was war das? Wir können es nicht benennen; wir wissen, es wird sich niemals verständlich machen lassen; die Menschen werden alle längst tot sein, bevor sie dem auch nur nahegekommen sind. Ganze Leben werden mit den enormen Begebenheiten des Alltags verbracht, ohne den großartigen Dingen, die ich täglich zu sehen bekomme, auch nur nahezukommen. Meine Patienten haben keine Ahnung, was mit ihren Männern und Kindern, ihren Frauen und Bekannten los ist. Dabei müssen wir einander gar nicht so fremd sein, wir müssen nur auf Trägheit, Gleichgültigkeit und die ewige törichte Ignoranz verzichten.

Für mich ist daher der Arztberuf gleichbedeutend mit der Jagd nach raren Stoffen, die sich jederzeit und an jedem Ort dem Blick darbieten können. So was kann überaus peinlich sein. Jeden Augenblick kann gegenseitiges Erkennen aufleuchten. Die Beziehung zwischen Arzt und Patient, würde man ihr buchstäblich folgen, könnte uns eine außerordentlich fruchtbare Welt der Phantasie eröffnen, an die wir kaum herankommen. Unnötig, Fälle zu vermehren; es ist da, es ist großartig, es erfüllt meine Gedanken, es geht bis an die fernsten Grenzen unseres Lebens.

Was hat es für einen Sinn, die altbekannten Neuigkeiten des Tages zu lesen, die tragischen Todesfälle und alltäglichen Mißstände, wenn wir über ein halbes Leben lang gewußt haben, daß all dies genau so geschehen mußte, wie es unter den Bedingungen, die es veranlassen, geschehen ist? Sie erhellen nichts. Es sind banale Lückenbüßer. Wir wissen, das Flugzeug wird abstürzen, der Zug entgleisen. Und wir wissen, warum. Niemand interessiert sich dafür, niemand kann sich dafür interessieren. Wir hören die Neuigkeit und gehen darüber hinweg, und wir tun durchaus recht daran. Es ist banal. Aber die gehetzten Neuigkeiten, die mir von den Augen irgendeines unbekannten Patienten erzählt werden, sind nicht banal. Sie sind groß: ganze gelehrte Akademien, ganze Kirchenhierarchien sind darauf gegründet und haben darauf, und auf nichts anderem, das errichtet, was sie ihre Dialektik nennen, ihre verlogene Dialektik. Dialektik ist irgendein willkürliches System, das, da alle Systeme bloße Erfindungen sind, notwendigerweise in jedem Fall eine falsche Prämisse darstellt, auf die ein geschlossenes System gebaut ist, das diejenigen, die sich darauf beschränken, vom Rest der Welt ausschließt. Alle Menschen leben so oder so mit irgendeiner Dialektik, in die sie eingeschlossen sind, sei es ein Argentinien oder ein Japan. So ist jede Gruppe eingeschränkt. Jede ist von einer dialektischen Wolke umgeben, in Einzelhaft, und aus diesem Grund stürzen wir uns in Kriege und Egoismen der oberflächlichsten Art.

Erkennen wir nicht, daß wir sprachlos sind? Was uns scheitern läßt, ist dies: wir sind nicht in der Lage, einander mitzuteilen, wie wir in uns selbst eingeschlossen sind; diese Unfähigkeit, einander auch nur die simpelsten Dinge von Bedeutung wissen zu lassen – und ich rede von uns allen, auch den Besten –, diese Unfähigkeit also führt dazu, daß unser Leben dem eines Wurfs Katzen in einem Holzhaufen gleicht. Hier nun bekommt der Arzt, und ich meine jetzt nicht den hochdotierten Psychoanalytiker, seine Chance; die Psychoanalyse ist letztlich auch nur eine Dialektik, in der man gefangen bleibt.

Der Arzt hat die wunderbare Gelegenheit, tatsächlich Zeuge zu sein, wenn die Worte geboren werden. Ihre wahren Farben und Formen werden mitsamt den kleinen Bürden, die sie tragen, vor ihm ausgebreitet, und er genießt das Privileg, sie in ihrer unverdorbenen Neuheit in seine Obhut nehmen zu dürfen. Er sieht die Mühe, unter der sie geboren wurden, und was ihnen auszurichten bestimmt ist. Außer dem Sprecher und uns selbst ist niemand zugegen, wir sind buchstäblich die Eltern dieser Worte. Nichts kann bewegender sein.

Aber nachdem wir die ganze Skala der einfachen Bedeutungen, die man im Lauf der Jahre mitbekommt, durchlaufen haben, ändert sich langsam etwas. Wir kennen den Spielraum, innerhalb dessen wir kommunizieren können. Das Mädchen, das atemlos in meine Praxis stolpert, in ihrer Unterwäsche einen noch atmenden Säugling, und mich bittet, ihre Mutter aus dem Zimmer zu weisen; der Mann, der den Verstand verloren hat – sie alle sagen letzten Endes das gleiche. Und dann schiebt sich eine neue Bedeutung dazwischen. Denn unterhalb dieser Sprache, die wir unser Leben lang vernommen haben, bietet sich uns eine neue, eine schwerer zu verstehende Sprache an, die allen Dialektiken zugrunde liegt. Man nennt das Poesie. Es ist die letzte Phase.

Das ist es, erkennen wir, was sie jenseits all dessen, was sie gesagt haben, zu sagen versucht haben. Sie lachen (denn sind sie nicht lächerlich?); sie können sich nichts vorstellen, das sinnloser wäre (und sind sie es nicht selbst?); etwas, das aus Worten gemacht ist (Haben sie nicht ihr Leben lang versucht, Worte zu gebrauchen?). Wir beginnen zu verstehen, daß der tiefere Sinn all dessen, was sie uns sagen wollen und nie haben vermitteln können, das Gedicht ist, jenes Gedicht, das nur sie mit ihrem Leben realisieren können. Niemand wird es glauben. Es ist enthalten in den Worten, wie wir sie unter allen möglichen Umständen zu hören bekommen. Es ist tatsächlich da, in dem Leben, das wir da vor uns haben, in jeder Minute, die wir ihnen zuhören – etwas ganz Außerordentliches, das nicht in unserer Phantasie existiert, sondern da ist, wirklich da. Es ist jene Substanz, die in eben den Worten verborgen ist, die uns in die Ohren kommen und aus denen wir den tieferen Sinn so sachlich herausholen müssen wie Metall aus Erz.

Das Gedicht, das jeder von ihnen uns mitzuteilen versucht, liegt in den Worten. Zumindest wird es von den Worten zur Sprache gebracht. Das ist schon immer so gewesen. Gelegentlich wird ein außerordentlicher Mensch geboren, der ein Gerücht davon aufschnappt – ein Homer, ein Villon –, und seine Nation und die Welt bewahren ihn im Gedächtnis. Ist es nicht offenkundig, warum? Der Arzt, der Tag für Tag zuhört, bekommt bei seinem Beruf auch ein wenig davon mit. Indem wir auf die kleinsten Variationen der Sprache achten, erkennen wir allmählich, daß heute, wie eh und je, die im Wust der Worte verborgene Substanz nur darauf wartet, entdeckt zu werden.

Charakteristisch für dieses Außerordentliche ist es aber, daß es sich ungern zur Schau stellen läßt, daß es schüchtern und rachsüchtig ist. Es ist kein Name, der auf dem Markt in Umlauf gebracht wird, und ebensowenig ist es etwas, das sich einfangen und von den Akademien ausbeuten läßt. Sein Gesicht ist ein besonderes Gesicht, es kann unter den unwahrscheinlichsten Masken auftreten. Von früheren Auftritten her kann man es nicht wiedererkennen – tatsächlich ist es immer ein neues Gesicht. Es weiß alles, was wir gewohnheitsmäßig beschreiben. Bei jedem Auftritt wird es ein anderes Gewand anlegen. Und es ist unser Leben. Es ist wir selbst, wir sind es in unseren kostbarsten Augenblicken, doch kann es sich zumeist nicht verständlich machen, und nur alle fünf- oder sechshundert Jahre gelingt es einem Menschen, es mit ein paar begnadeten Sätzen im Gedicht festzuhalten.

Das Gedicht entsteht aus den halbgesprochenen Worten von Patienten, wie der Arzt sie Tag für Tag zu hören bekommt. Er bemerkt es in den eigenartigen konkreten Strukturen, in denen das Leben verborgen ist. Er unterwirft sich ihm und ist bemüht, durch ausdauernde Übung eine Interpretation für seine besondere Ausdrucksweise zu finden. Da liegt das Geheimnis. Am Ende, nachdem er ein Lebenlang sorgfältig zugehört hat, wird dies vielleicht der wahre Beruf des Arztes.

Kapitel 55

Im Westen: 1950

Als wir 1950 in den Westen reisten, machten wir als erstes in Chicago halt, wo Floss noch nie gewesen war. Wir nahmen ein Taxi und ließen uns von dem dicken Fahrer an der Uferpromenade entlangkutschieren. Nachdem wir wieder ausgestiegen waren, meinte Floss, ich hätte ihm nicht genug Trinkgeld gegeben; also lief ich ihm nach und erwischte ihn, als er wendete, um auf dem Bahnhofsvorplatz den nächsten Fahrgast aufzunehmen. Er wollte gerade losfahren und öffnete sein Fenster eben weit genug, daß meine Hand durchpaßte und er mir danke sagen konnte. Ich erzählte ihm, meine Frau sei auf die Idee gekommen. Er nickte lächelnd. Ich hatte nicht bemerkt, wie fadenscheinig der Ärmel *meines* Mantels geworden war.

Der obere Mississippi weckte unsere Phantasie, als wir uns bei Sonnenuntergang Minneapolis und St. Paul näherten. – *Ich habe nie das Bild* The River *gesehen. Muß Steichen dazu bringen, es für uns im Modern Museum aufzuhängen* – Viel Milchwirtschaft gibt es dort. Kein Wunder.

Als wir am nächsten Morgen die Dakotas überquerten, begannen wir die ersten Enten zu sehen – und Spuren von Jägern – aus den Städten am See. An dem Tag wurde die Jagd eröffnet. Jeder kleine Teich entlang der Strecke hatte seine Brut – halb flügge. Ich habe sie den ganzen Tag lang beobachtet. Sahen wie Krickenten aus.

Wir fuhren meilenweit durch eingezäuntes Land, braun wie ein alter Mantel, vollkommen verlassen, das Klohäuschen vom Wind gebeugt, nicht mal ein Hund trieb sich da rum. Es war Ende Oktober. Am Vormittag hatten wir einen belanglosen Graupelschauer gehabt, aber der war vorbei. Die jungen Enten waren überall, wo es Wasser gab. Keine in der Luft, abgesehen von kurzen Flügen, die unser Eindringen auslöste.

Ich hatte all dies schon einmal gesehen:

»Wie ist es hier im Winter?« fragte ich den Zugschaffner, als ich 1948 allein durch den Westen reiste.

»Grauenhaft!« lautete seine Beschreibung. Ich stand auf der hinteren Plattform und sah mir die vorbeirollende kahle Landschaft an.

Er sei auf dem Heimweg, habe kaum was zu tun, nur drei zahlende Passagiere auf dieser Fahrt, hatte mir der Schaffner erzählt. »Sie, dieser andere Mann und eine Frau. Bin jetzt eine Woche von zu Hause weg«, fuhr er fort, »mußte mir fünf Dollar vom Zugführer leihen, damit ich mir während der Pause in Seattle was zu essen holen konnte.«

Der Schaffner war ein großer, alternder Mann, ein kräftiger Bursche mit stark zerfurchtem Gesicht. Als ich ihm Platz machte, ließ er sich dankbar in den Sitz neben mir sinken.

»Ich wohne in Chicago. Bezahlt werde ich erst, wenn ich wieder ins Pullman-Büro komme. Ich habe eine junge Frau und zwei kleine Kinder. Ich weiß nie, was mich bei meiner Rückkehr dort erwartet. Wir haben ein hübsches kleines Haus, aber man kann nie wissen.«

»Sind Sie in Chicago geboren?«

»Nein. In New York, bin aber in Chicago aufgewachsen. Gute Stadt. Hab zwei Brüder dort. Der eine hat ein Restaurant unten am See. Schöner Laden. Er beschäftigt weiße und farbige Mädchen, ungefähr halbe-halbe. Er macht viel Geld. Will, daß ich bei ihm einsteige. Nicht mit mir. Ich bin zufrieden – oder könnte es sein, wenn da nicht manches wäre.«

»Und Ihr anderer Bruder?«

»Ach, der. Wenn Sie ihn sehen, könnten Sie meinen, ihm gehört die ganze Welt. Er ist der größte und am besten aussehende von uns allen – ich hab noch einen Bruder in New York, aber den seh ich nie.«

»Sie sagen, dieser andere in Chicago macht auch viel Geld?«

»O ja, viel Geld. Er fährt einen Cadillac und trägt hundertfünfzig-Dollar-Kleider. (Ich konnte ihn vor mir sehen! Ich bin immer neidisch auf die Farbigen gewesen, wie *die* ihre Hosen tragen konnten! Unvergleichlich.) Schuhe, Hemden – alles aufeinander abgestimmt – die Taschen voll Geld. Aber er hat keinen Pfennig, den er sein eigen nennen könnte. Nein Sir, nichts für mich. Er wirbelt eine Menge Staub auf, aber so was will ich gar nicht haben.«

»Wie das?«

»Die haben ihn in der Hand.«

»Wer?«

»Stadtverwaltung. Er muß sich dort den ganzen Tag alle zwei Stunden melden. Er arbeitet für die. Alles, was er macht, kommt von diesen Leuten. Und auch alles, was er besitzt. Die brauchen bloß ein Wort zu sagen, dann hat er gar nix mehr! Der in New York hat ein Taxiunternehmen. In meiner Familie haben alle es zu was gebracht – wenn ich nur sicher sein könnte, was mich jetzt zu Hause erwartet, hätt ich wirklich keinen Grund zur Klage.«

»Wir haben nichts zu tun«, sagte ich. »Können Sie mir nicht ein bißchen mehr davon erzählen?«

»Sicher, kann ich machen. Als ich von der vorletzten Fahrt zurückkam, bin ich überfallen worden und hab meinen ganzen Lohn verloren. Sie müssen wissen, wir kommen spät da an, in der Dämmerung. Wir werden im Hauptbüro ausgezahlt, und dann gehen wir nach Hause. Die wissen das und lauern uns auf. Ich war noch keinen Block weit gegangen, da kamen zwei von denen auf mich zu. Der eine schiebt mir eine Kanone in die Rippen und sagt, ich soll nicht schreien, der andere greift mir in die Tasche und zieht das ganze Geld da raus. Das war das dritte Mal, daß mir das passiert ist.«

»Haben Sie es zurückbekommen?«

»Wie soll ich das zurückbekommen?«

»Da müssen doch Polizisten in der Nähe sein.«

»Einmal hab ich es zurückbekommen. Ein junger Mann war hinter mir aufgetaucht und hatte mich gepackt. Ich fang an zu schreien und stoß ihn weg. Er schlägt mich mit seiner Kanone, aber ich halt ihn fest und schrei weiter. Gerade da hält ein Taxi am Bordstein, und der Fahrer steigt aus.

›Was ist denn hier los?‹ fragt er.

›Der Mann ist betrunken, ich bring ihn nach Hause.‹

›Ich bin nicht betrunken‹, sag ich. ›Der will mich ausrauben.‹ Und dann will er abhauen, mit meinem Geld in der Hand.

Aber der Taxifahrer hält ihn fest, und es gibt eine Rangelei und viel Geschrei, bis ein Polizist kommt und uns alle hochnimmt.«

»Guter Mann, wie?« bemerkte ich.

»Ja, der war in Ordnung. Vielleicht hat er mich erkannt, wegen meinem Bruder.«

»Und dann?«

»Na ja, ich wollte keine Anzeige erstatten. Meine Frau wartete auf mich, und ich wollte nur nach Hause.

›Ich will bloß meinen Lohn zurück‹, sag ich. Aber davon wollten die nichts hören – das Geld war beim Gericht – also mußte ich Anzeige gegen den Mann erstatten, und dann wurde er eingesperrt. Meine Brieftasche blieb solange beim Gericht. Als dann der Prozeß eröffnet wurde, nahm mich der Richter in sein Zimmer und fragte, auf wieviel ich den Mann verklagen wollte.

›Ich will gar nichts‹, sag ich, ›ich will bloß nicht, daß der mir mein Geld wegnimmt.‹

›Wieviel war es denn?‹ fragt der Richter.

Ich sage ihm, wieviel es war, und er sagt, das wäre nicht genug, ich sollte ihn auf 250 Dollar verklagen. Die Eltern des Burschen waren auch im Gericht und jammerten, sie hätten nicht soviel Geld, und er sei immer ein guter Junge gewesen. Aber der Richter sagte ihnen, sie sollten es besorgen, und zwar schnell. Also holten sie es und gaben es dem Gericht. Der Junge bekam fünf Jahre aufgebrummt.«

»Haben Sie denn am Ende Ihr Geld wiederbekommen?« fragte ich.

»O ja, hab ich, ungefähr neunzig Dollar. Den Rest hat der Richter behalten, einfach so. Und als ich drei Monate später mit der Straßenbahn fahre... Da sitzt der Kerl doch tatsächlich neben mir.«

»Wer?«

»Der mich überfallen hatte. Direkt neben mir!«

»Aber ich dachte ...«

»Tja, Sir, drei Monate, nachdem sie ihn für fünf Jahre eingebuchtet hatten. Er hat mich auch erkannt und mich beschimpft und gesagt, er hätte nicht übel Lust, mich gleich auf der Stelle kaltzumachen. Ich weiß nicht mehr, wie ich aus der Bahn gekommen bin.«

»Sie sagten, Ihre Frau ist noch jung?«

»Ja. Zwanzig Jahre jünger als ich. Vorher war ich noch nie verheiratet. Sie ist eine gute Ehefrau, und ich hab zwei prächtige Kinder. Hübsch und sauber.«

Ich wartete, denn ich spürte, daß er mit seiner Erzählung noch nicht fertig war.

»Beim vorletzten Mal«, sagte er schließlich, »hat meine Frau mir erzählt, es wären zwei Männer dagewesen, die ihr einen Staubsauger verkaufen wollten.

›Ich hab schon einen‹, sagt sie zu ihnen.

›Ja, aber sehn Sie sich den hier mal an‹, sagen sie, ›das ist ein neues Modell.‹ Sie drängen sich rein, um ihr vorzuführen, wie es funktioniert. Und während der eine das Ding einstöpselt, fällt der andere über sie her, und dann räumen sie alles aus. Nehmen ihr das ganze Geld weg, vergewaltigen sie und hauen wieder ab.«

»Aber hat sie denn nicht um Hilfe geschrien?«

»Was sollte das wohl nützen? Dann wär's ihr nur noch schlimmer ergangen.«

»Stimmt wahrscheinlich«, sagte ich.

»Sicher stimmt das. Und so sieht es jetzt für uns aus – ich hab die Nase voll von dieser Stadt. Ich will da weg und woandershin.«

»Aber warum zahlt man Sie nicht mit einem Scheck aus, warum in bar?«

»Das würde auch nichts nützen, die kriegen einen trotzdem.«

»Sagen Sie mir«, bat ich ihn, weil ich nicht sicher war, »wieviel Trinkgeld halten Sie für so eine Dreitagefahrt für angemessen?«

Er lachte. »Erinnern Sie sich an den letzten Halt? Diese Frau mit dem kleinen Mädchen? Also, sie steigt aus, ich bringe ihre Koffer runter und gehe weg. Und sie schickt mir die Kleine nach, mit zwei Cents.

›Hör mal, Kleine‹, sag ich zu ihr, ›kauf dir ein paar Bonbons davon.‹« Er lachte wieder. »Manchmal bekommt man gar nichts, und manchmal finden wir beim Bettenmachen eine Brieftasche unterm Kopfkissen. Ha, letzten Sommer hab ich eine mit siebenhundert Dollar drin gefunden. Der Mann hat im ganzen Land danach rumtelephoniert. Ich hab sie in Seattle im Büro abgegeben ... und was meinen Sie, was passiert ist?«

»Finderlohn?«

»Nix da, keinen Cent. Aber angenommen, nicht ich, sondern jemand anderer hätte sie gefunden. Dann hätt ich höchstwahrscheinlich meinen Job verloren.«

»He!« rief er, als einer der Speisewagenkellner bei uns vorbeikam. »Verschwinde!« Dann drehte er sich wieder zu mir um. »Die haben in diesen Wagen nichts zu suchen«, sagte er. »Wir müssen sie ständig im Auge behalten. Die sind das nämlich.«

»Wären fünf Dollar ein angemessenes Trinkgeld?« fragte ich.

»Angemessen nicht, aber großzügig. Würde mich darüber freuen.«

»Reicht Ihnen das auch bestimmt?«

»Das ist ein großes Trinkgeld. So viel krieg ich nur ganz selten, manchmal ein ganzes Jahr nicht.«

Als wir uns dem Blackfoot-Reservat näherten, hatten Nebel und Schneewolken sich verzogen. Die Sonne schien, und ich legte mich eine Weile hin. Ich hatte Bauchschmerzen und fühlte mich nicht ganz wohl. Floss hielt weiter nach dem Clark Memorial Ausschau, einem kleinen Obelisken neben dem Bahndamm, der an die berühmte Reise erinnern sollte, die er in den Jahren 1804–5 durch diese Gegend gemacht hatte. Sie sah ihn und berichtete mir gleich danach, daß wir offenbar ein hier im Gebiet von Cliffedge neu erschlossenes Ölfeld durchfahren würden; auf sämtlichen Hügeln ringsum sprossen die Tanks und Pumpen. Besonders fiel mir ein langgestreckter Schuppen auf, und der Name Jones & Laughlin, Bedarfsartikel.

So also werden gute Bücher auf den Markt gebracht, dachte ich bei mir. Die Blackfoot-Handelsvertretung war nur ein paar Meilen entfernt, ein kleines Dorf, zu dem von der Weiche rechts eine schmale Asphaltstraße abging. Und dahinter türmten sich nach dem Schneesturm die Gipfel der Rockies im strahlenden Sonnenschein über dem leeren Hotel des Glacier National Park. Was dachten wir, als der Zug sich bis Einbruch der Dunkelheit mühsam die Schlucht von Marias Pass nach oben quälte? Eine einsame Welt.

In der Morgendämmerung begrüßte uns Regen. Vom Puget Sound bekamen wir nur Nebel und Enten zu sehen, dazwischen Reiher, die auf Baumstümpfen stehen mochten, und die üblichen Hafenmöwen, ein paar Fischkrähen und Falken.

Professor Heilman und seine Frau holten uns ab. Eine anstrengende Woche erwartete uns. Praktisch das erste, was er zu mir sagte, war: »Mittwoch abend halten Sie einen Vortrag über den Roman.«

Da ich vom Roman keine Ahnung hatte, mußte ich mir rasch etwas ausdenken. Und so entwickelte ich in dieser Nacht im Traum eine Theorie, die sich während der ganzen Fahrt als sehr nützlich herausstellte: Der Roman, eine Form, die ich nie respektiert habe, ist im Grunde ein Striptease. Mit jedem Kapitel legt man, von vorne nach hinten vorgehend, ein Kleidungsstück ab. Je weiter man kommt, desto mehr enthüllt sich das Thema – zum Beispiel eine Becky Sharp –, aber da die Form nicht seriös, sondern bloß ein romantischer Trick ist, gibt es am Ende stets ein Blackout: die Schlacht ist gewonnen oder verloren, oder jemand kommt auf irgendeine Weise ums Leben, und dann ist Schluß.

»O nein!«

»O ja!« gab ich zurück. »Aber wenn man es bis zum (Nylon-)Slip, oder meinethalben bis zum Suspensorium schafft, einen Finger da reinschiebt und es runterreißt – dann sind wir – hoffentlich – beim Gedicht angelangt.«

»Aber was ist mit *Krieg und Frieden*? Was ist mit …?«

»Horatio Alger?«

»Nun, was ist mit Horatio Alger?«

»In einem Roman wird immer etwas entblößt – bis zu einem gewissen Punkt. Das verborgene Talent, das verborgene Verbrechen – Raskolnikow – der unsichtbare Kern wird am Anfang verschleiert. Aber nie die Tatsachen, nie die darunterliegende Nacktheit patriotischer oder ökonomischer Zwänge oder irgendeine andere Wirklichkeit. Das geht nicht. Es ist ein Roman, eine romantische Ziertapete.«

»Einspruch.«

(Den Zuhörern gefiel die Idee, auch wenn sie sie reichlich schockierend fanden.)

»Sehen Sie«, fuhr ich fort, »ursprünglich gab es keine Romane. Am Anfang stand das unbekleidete Gedicht. Zum Roman kommt man erst, wenn man die grausame Nacktheit zu verhüllen beginnt; wenn man sich Kleider macht. Carlyle hat das erkannt und ausgesprochen (soweit der Ärmste in seiner viktorianischen Umgebung dies wagen durfte), und zwar in *Sartor Resartus*, diesem entsetzlichen Bild von einem nackten Parlament. Können Sie sich vielleicht einen Henry James vorstellen, der ohne Korsetts und Gehröcke und gestreifte Hosen ausgekommen wäre? Ich nicht. Zu einem Roman brauchen wir zunächst einmal Kleider, Kleider, die dann wieder abgelegt werden können – freilich nicht alle. Der Roman kommt in Gang, wenn unsere bekleideten Menschen sich im Lauf der Zeit in Kleiderständer verwandeln. Es gibt eine berühmte Karikatur von Tenniel, glaube ich; sie zeigt Louis, einen dünnbeinigen, kahlköpfigen und zahnlosen alten Mann; daneben Rex, eine riesige Lockenperücke, auf der ein Federhut sitzt, einen bestickten Mantel, darunter Kissen statt Beine; und schließlich – Louis Rex in vollem Hofstaat, den König selbst – Louis XV.

Ähnlich fühlt sich der Roman am wohlsten und genießt die größte Wertschätzung dann, wenn nichts als die Kleider übrigbleiben, die, wenn sie ausgezogen werden, eine Chiffre enthüllen. Der Bilderstürmer bei der Arbeit. Das sollte, wie Henry James es mit seinem Werk getan hat, ins klassische Zeitalter führen, hin zum Gedicht.

Aber das Gedicht müßte wesentlich stabiler sein, sonst wird der Roman es von neuem verdrängen. Auch von der Kurzgeschichte wird es angegriffen.«

Ich sollte drei Wochen lang Referate halten – über

den Roman, die Kurzgeschichte und das moderne Gedicht – und zwischendurch das allgemeine Publikum über den »kreativen Prozeß« aufklären. Weiterhin gab es Seminare, Diskussionen und gelegentliche Vorträge, und ich sollte Manuskripte prüfen und ihren Autoren Tips dazu geben. Vier Romane (in fünf Tagen) usw., dann erst mal Schluß. Ich mußte mich daran erinnern, daß ich nicht als Ketzer, sondern als Lehrer hier war und dafür bezahlt wurde (zu Flossies Bestem).

Kultur ist eine großartige, eine wunderbare Sache. Um letztlich, wenn auch auf Kosten der Verständlichkeit, die Oberhand zu behalten, mußte ich in mancher Stunde ohne Rücksicht auf Verluste voranschreiten: hatte nicht Washington die Schlacht von Germantown verloren, weil sein Feldkommandant genau dies außer acht gelassen hatte?

Und hatte ich nicht von einem gewissen Gastdozenten an eben dieser Washington University gehört, der sich, wenn er sich langweilte, bei Dinnerpartys auf den Boden zu legen pflegte und schließlich zwei Wochen vor Beendigung seines Kurses das Weite gesucht hatte? Da er keinerlei Fragen für die Abschlußprüfung zurückgelassen hatte, verloren seine Schüler Zeit und Anerkennung. Aber er kam ja von Princeton, das mußte ihn entschuldigen. So einer wollte ich nicht sein.

Und dann Kurzgeschichten und fünf Gedichte beziehungsweise Gruppen von Gedichten. Floss las die Romanmanuskripte (alle konnte ich nicht schaffen), erzählte mir, worum es ging, und empfahl mir bestimmte Kapitel.

Ted Roethke war dort, Matthews, Jerry Willis und Heilman selbst. Den Namen des jungen Dichters habe ich vergessen; er machte keinen sehr verheißungsvollen Eindruck und studierte, wie sich herausstellte, im

Hauptfach Musik; er trug einen schmierigen, ledergefütterten Kordmantel, er hatte ein schmutziges Gesicht und Hände, die er sich offensichtlich seit einem Monat nicht mehr gewaschen hatte. Er zeigte mir ein (unfertiges) Gedicht, in dem es um Selbstmord ging – das beste, das ich auf dieser Reise gelesen hatte –; eine Katze, die im kritischen Moment seinen Knöchel streift, bringt ihn davon ab.

Ich erklärte ihm, daß sein Gedicht – gutgemacht, wenn man dem Thema gewachsen ist – etwa zehn Zeilen vor dem Punkt endete, an dem er aufgehört habe. Er wollte meine Kritik nicht gelten lassen.

»Aber sehen Sie doch«, sagte ich und las ihm die Stelle vor. Er schüttelte noch immer den Kopf.

»Ich verstehe natürlich«, meinte er, »aber so einen Schluß möchte ich nicht haben. Es soll verwehen wie der Refrain eines Liedes, das langsam ausklingt.«

Ich sah es mir noch einmal an und lernte etwas über mich selbst: daß ich oft zu abrupt bin.

»Ja, ich verstehe, was Sie meinen«, sagte ich, »aber Sie müssen das irgendwie anders anpacken. Nehmen Sie hier oben (ich zeigte ihm eine verfrühte Stelle) ein paar Zeilen raus und fügen sie unten wieder ein.«

Er sah es sich an. »Na ja, vielleicht. Ich werde darüber nachdenken müssen.« Er fügte hinzu, daß einige aus seiner Gruppe ihn kritisierten, weil sie meinten, er lasse sich zu sehr von William Carlos Williams beeinflussen.

»Halten Sie das für hinderlich?« fragte ich. An seine Antwort kann ich mich nicht erinnern.

In Seattle gibt es ein Museum für asiatische Kunst, in dem einige plastische Arbeiten gezeigt werden, Holzfiguren in Lebensgröße, die zu den schönsten Beispielen chinesischer Schnitzkunst zählen, die ich je gesehen habe. Die Griechen wirken im Vergleich damit leblos. Es gibt dort auch ein Gemälde, eher so was wie ein Wandschirm, auf dem hundert Krähen im Flug dargestellt sind, sonst nichts; ein solches Bild, stünden wir davor, könnte unsere Gedanken für viele Welten empfänglich machen. Ich denke an Shapley vom Harvard-Observatorium und seinen lebhaften Wunsch, daß sich in einer wahrhaft aufgeklärten Welt viele Kulturen kreuzen mögen, um unsere Not zu lindern.

In Seattle schlossen oder erneuerten wir viele Freundschaften. Carmen Lopez, Helen Russel, ihr Mann Jim, ein sehr geduldiger Mann. An einem Abend fuhren wir mit dem Taxi zu ihnen. Es war kurz vor sechs. Als ich dem jungen Fahrer die Adresse nannte, sah er mich an.

»Wo?« fragte er.

Es war zehn Meilen südöstlich von unserer Adresse in New Jersey.

Kapitel 56

Leben am College

Am Reed College, unserer nächsten Station, wurden wir von Jones und MacRae begrüßt. Dort war gerade Hochwasser. Es hatte seit einem Monat ununterbrochen geregnet. Man besorgte uns ein Zimmer im alten Portland Hotel, das von Stanford White entworfen worden war, angeblich eine Nachbildung des alten Murray Hill in New York. Dort beobachtete Floss, wie vor dem Frühstück der Kellner mein weichgekochtes Ei schälte, das glatte Ovulum danach in seine Finger nahm und mit der anderen Hand einen Löffel heißes Wasser darübergoß, ehe er es sachte in den Becher stellte. Das paßte gut zu den hohen Räumen und dem altertümlichen Foyer.

Die Fakultät in Reed hat fast genauso viele Mitarbeiter, wie es dort Studenten gibt, nämlich nur rund sechshundert. Bei einem kleinen Empfang im Fachschaftsgebäude verschaffte ich mir, ohne es zu wollen, einen schlechten Start, indem ich sagte, daß alle Herausgeber Lügner seien (nach meiner Erfahrung); und das ausgerechnet vor einem Herausgeber des erlauchten *Portland Observer*, einem Mitarbeiter des Eigentümers dieser Zeitschrift und dem freundlichen Rektor des Colleges.

Später erwähnte ich, ich hätte bei meinen Vorträgen gelitten.

»Da sind Sie nicht allein«, sagte MacRae, »wir von der Fakultät leiden auch, wenn Sie reden.«

»Tatsächlich?« sagte ich.

»Bloß weil wir nicht sicher sind, wieviel Sie verschweigen«, versicherte er.

Die Studenten zeigten mir ihre – zum Teil fortgeschrittenen – Arbeiten, die wir anschließend besprachen. Einmal schloß ich mich mit einer jungen Frau in Blue Jeans in MacRaes Büro ein. Als jemand an die Tür hämmerte und nicht hineinkam, sagte sie mir, es sei nicht erlaubt, sich mit einer Studentin einzuschließen.

Als unsere Gruppe von einem Saal in einen anderen ging, sah ich einen Jungen und ein Mädchen ins Gespräch vertieft. Sie, hübsch wie ein Baby, lief dunkelrot an, als sie uns bemerkte.

Stanly Moore, der Philosophiedozent, Reynolds und vor allem Jones waren mir sympathisch. Da ich in meinen Vorträgen *irgend etwas* sagen mußte, etwas Freundliches, so wie sie alle freundlich waren, blieb mir wieder nichts anderes übrig, als im Freudschen Geist eine

Theorie über den kreativen Prozeß und den Ursprung der Kunst zu erfinden.

»Es gibt etwas, das selbst Gott nicht kann«, sagte ich. »Er kann nicht gleichzeitig den Arm heben und senken.«

»Wenn Er wollte, könnte Er es wohl«, sagte Stanly.

»Nein, könnte Er nicht. Nicht gleichzeitig. Nicht zur selben Zeit den Arm heben und senken. Daher die Dualität, daher die zwei Geschlechter. Das Geschlechtliche liegt jeglicher Kunst zugrunde. Gott ist die Einheit, doch um Gleichzeitigkeit zu erreichen, brauchen wir zwei, also eine Vielheit, das Männliche und das Weibliche, Mann und Frau – die gemeinsam agieren: das Prinzip der Befruchtung.«

»Weiter«, sagte er.

»Daher« (es war ein prickelndes Gefühl, mit dem intelligentesten Philosophen zu reden, der mir je begegnet war, einem, der peinliche Ausdrücke vermied – und lächelte), »daher gilt unser Streben bei allem, was wir tun, nur *einem* Ziel: Vereinigung, um nicht Einheit zu sagen; und je kraftvoller unser Sex (bei uns Männern), je kraftvoller unsere Taten, je mehr Hitze, je mehr physiologischen Sauerstoff wir uns ins Hirn pumpen, desto besser wird das Kunstwerk, an dem wir arbeiten.«

»Das ist Heraklit«, teilte er mir mit. »Der Pfeil und der Bogen; die Sehne wird gespannt, und wenn die Finger sie loslassen, wird der Pfeil nach vorn getrieben: Aktion und Reaktion.«

»Schon möglich«, sagte ich. »Aber wir Heutigen können uns besser ausdrücken. Dualität. Die Frau ihrerseits strebt nicht weniger entschlossen nach Vereinigung, nach der Einheit eines unmöglichen Einsseins, und überläßt sich ihrem Trieb. Sie verkümmert, wenn sie nicht in der Lage ist, den Akt, den ursprünglichen

Akt zu vollziehen und eins zu werden. Und läßt sich folglich ebenfalls nach diesem Streben beurteilen. Ich finde, die Frauen werden in den Künsten vernachlässigt.«

Er wandte ein, ich würde die Frauen unterschätzen. Und so verging die Zeit.

Nach und nach lernte ich meine Gedichte vorzutragen. Ich fand heraus, daß das Publikum aufmerksam zuhörte und applaudierte. Eine seltsame Erfahrung. Ein junger Mann brachte mir einen Band meiner *Collected Poems 1938* zum Signieren.

»Wo haben Sie das Buch gekauft?« fragte ich ihn.

»Im Genossenschaftsladen der Universität von Oregon«, sagte er.

»Haben die noch mehr davon?« Ich hatte dort nämlich am Wochenende einen Termin.

»Nein«, sagte er, »das war das letzte.«

»Wieviel haben Sie dafür bezahlt?«

»Fünfundsiebzig Cents.«

Ich bot ihm zehn Dollar dafür an. In New York war es zu keinem Preis zu bekommen; aber er wollte es nicht hergeben. Es war ein tadelloses Exemplar.

Am letzten Abend waren wir auf einer Party bei den MacRaes – an anderen Abenden woanders. Der nächste Tag war ein Sonntag. Reynolds holte mich ab, um mir im Museum die vorzügliche Sammlung indianischer Kultur der Nordküste zu zeigen.

Besonders beeindruckte mich eine aus Holz geschnitzte Festschale beziehungsweise eine Reihe von Schalen in Gestalt eines Riesen, der von diesen ursprünglichen Menschen mit rituellen Mustern bemalt worden war. Er trug ein traditionelles Kostüm aus Pelz und Perlen und lag auf dem Rücken, schwarz und rot und weiß, die Knie angezogen, den Kopf auf einen Holzklotz gestützt. Sein Bauch war für den Hauptgang ausgehöhlt, Brust und Kopf wiesen kleinere Vertiefungen auf, und in Knien und Oberschenkeln befanden sich noch kleinere Löcher für besondere Leckerbissen und Zutaten. Die Muster wurden von den Häuptlingen entworfen und von den Frauen des Stammes ausgeführt.

Der Stamm, ein Ausdruck, den ich mir von den Ethnologen geborgt habe, lag vielem zugrunde, was ich über die Künste zu sagen hatte. Kultur, dieses von den Anhängern des Subjektivismus so gequälte Wort, drängte sich mir immer heftiger auf. Frustration, so wird uns gelehrt, sei der Ursprung des Traums von Kunst, jener Phantasie – darüber können wir nur lachen. Frustriert wovon? Von der Unmöglichkeit, gleichzeitig den Arm zu heben und zu senken? Was könnte es denn sonst noch sein? Und wer, so fragte ich, ist denn nicht frustriert?

Es ist das Thema sämtlicher Romane des Nordwestens, erklärte ich ihnen: ein schönes junges Mädchen, vorzugsweise aus Norwegen, blond und langbeinig; aufgezogen von ihrer Großmutter, einer Pionierin, deren ehrenwerter Herr und Gebieter sie sehr wahrscheinlich des öfteren im Rausch zusammengeschlagen hat. Diese achtbare Primitive also hat die Erziehung ihrer schönen Enkelin übernommen, hat sie gelehrt, sich zum Schlafengehen niemals, nicht einmal wenn sie allein ist, ganz zu entkleiden und die Hose erst auszuziehen, nachdem sie sich das Nachthemd darüber gezogen hat. Dies hat das Kind befolgt – um ihre Gedanken und sich selbst bis zum Tag ihrer Hochzeit rein zu erhalten – einem Tag, der gar nicht bald genug kommen kann. Doch da sie sich selbst in ihrer Schönheit, deren sie sich ebenso bewußt ist wie irgendein anderer (sie ist nicht dumm), unerklärt und unerklärlich findet, legt sie bei der erstbesten Gelegenheit, vielleicht mit fünfzehn – sie ist ein großes, ausgereiftes Mädchen – vor dem nächstbesten Spiegel atemlos die Kleider ab, um sich voller Erstaunen zu betrachten. Anschließend findet und heiratet sie den erstbesten narzistischen Muskelprotz, und dann bricht die Hölle los.

»Aber wo kommen all die Schwindler her?« fragte ein junger Mann.

Kehren wir das Ganze um; der Waldläufer, auch er ein Pionier, mit dem der Sohn es unmöglich aufnehmen kann (im Freudschen Sinn): der Alte ist Herr in Bett und Haus; und der Junge, durchaus kein Zwerg, erblickt in seinem zum Fällen von Bäumen gebauten Körper eine beträchtliche Last und Behinderung. Wie nennt man das – Transvestit? – er hat, und so sollte es ja auch sein, eine Schwäche für Damenunterwäsche. Er ist genau der Richtige, mit dem Mädchen davonzulaufen.

Diese auf Tatsachen wie auch auf dem Ödipuskomplex beruhende Komödie – die Unmöglichkeit, die Zuneigung der Mutter zu erlangen – wir sehen sie in New England oft genug mit katastrophalen Folgen, wenn der ungehobelte Schiffskapitän heimkehrt und seine Frau über den Köpfen der Söhne nimmt, die sie einen Monat, ein Jahr, manchmal zwei Jahre lang für sich allein gehabt haben.

Und so gibt es unvermeidlich für uns alle harmlose Frustrationen, Trauben (außer Reichweite) für jeden und nach Belieben. Das ist das Primitive. Eine Kultur wird daran gemessen, inwieweit sie uns dies gewährt. In der Wüste um Tucson finden wir eine Tonscherbe. Darauf sind regelmäßige schwarze Pinselstriche angebracht. Ein Beweis, daß Menschen sich aus ihrer Langeweile befreit haben, aus dem Leben der Schweine, daß es zwischen den Kriegen zumindest Atempausen gab, in denen sie Kultur und Kunst entwickeln konnten.

Und damit erkennen wir die Funktion der Kunst, denn niemand weiß irgend etwas ganz genau. Frustriert, wie wir sind, ist das Maß der Kultur ihre Tiefe, ihre Dichte, ihre Möglichkeiten, die natürlichen Anlagen in Gebrauch zu nehmen. Es mag der Sinn des Lebens sein, die Frau zu penetrieren oder im gegenteiligen Vorgang Erfüllung zu finden. Richtig. Aber was für eine Frau? Es gibt viel zu viele verschiedene Frauen, um sie alle erforschen zu können. Indem wir uns nur mit *einem* Mittel Erleichterung verschaffen, langweilen wir unsere Frauen bis zur Frustration, die auch unsere eigene ist.

Doch Kultur erlaubt uns, unseren Feind, den Ehemann, zu schlagen – wie Homer, die Troubadoure, Shelley, Browning (nicht Shakespeare) nie erlahmten uns zu sagen, wie der junge Pound unermüdlich wiederholte. Der Magier, der Zauberer, der für den Häuptling und all seine Frauen kein unbedeutender Rivale war: selbst die Jugend ließ ihm den Kopf abschneiden oder noch mehr. In kulturell entwickelter Umgebung gab es für die Geschickteren viele Möglichkeiten, viele Ebenen der Kunst, auf denen sie etwas leisten konnten.

Der Künstler ist auf keinen Fall ein frustrierter Mensch, ist es nie gewesen. Wer ein Gedicht schreibt, erröte nicht, sondern biete ihm die Stirn, *vorausgesetzt*, es ist ein Gefüge, ein Bau, der auf eigenem Boden errichtet ist, um diesen geltend zu machen, auf Ihrem Boden, auf dem Sie mit eigenen Füßen stehen, jedem anderen zum Trotz.

Ein Brückenbauer legt seine Konstruktion über einen Fluß oder eine Gebirgsschlucht – die er dann überquert –, aber was macht er, wenn er auf der anderen Seite ankommt? Wieder zurückgehen (Nützlichkeit ist keine Antwort), um ein Scheffel Bohnen rüberzubringen? Was das betrifft, so gibt es keine nützlichere Beschäftigung als ein Gedicht zu schreiben: es zeigt uns einen Ausweg.

Nehmen wir zum Beispiel ein Mädchen, sagte ich. Sie war größer als gewöhnlich und wohnte uns gegenüber auf der anderen Straßenseite, von wo sie unseren Kirschbaum sehen konnte, den letzten von zweien, die in unserem halb im Ruß erstickten Garten noch übrig sind. Manchmal, wenn die Kirschen reif waren, stiegen die Kinder aus der Nachbarschaft in den Baum und holten sich ein paar.

Eines Tages sah ich Ruth, eine ausgewachsene Frau, in diesem Baum sitzen und ein Buch lesen.

»Was zum Teufel machen Sie dort oben?« fragte ich.

»Ich lese.«

»Schön«, sagte ich. »Weiter so«, und schritt meines Wegs. Später begriff ich. Sie wollte aus dem Haus, weil sie dort einen Bruder hatte, den kaum einer kannte; er war verkrüppelt und schwachsinnig, einundzwanzig Jahre alt. Sie konnte gar nicht woanders hin. Die Familie vertuschte die Sache und sprach mit niemandem darüber.

Irgendwann zogen sie um, und dann fand man Ruth eines Morgens tot in der Garage; der Motor des Wagens war ebenfalls tot, ihm war das Benzin ausgegangen. Kohlenmonoxidvergiftung. Am Abend zuvor war sie ausgegangen. Schwanger war sie nicht, aber vielleicht hatte ihr jemand einen Heiratsantrag gemacht, und sie hatte geglaubt, ihn wegen ihres Bruders zu Hause oder ähnlichem ausschlagen zu müssen. Vielleicht auch hatte er ihr deswegen einen Korb gegeben. Jedenfalls hatte sie nicht mehr weiter gewußt. Kultur wäre mit so etwas ohne weiteres fertig geworden. Kein Mensch hat je den Mut gehabt, dem jungen Pound seine erste kleine Unbedachtsamkeit zu verzeihen, als er eine unglückliche Frau von der Straße holte und in seinem Bett schlafen ließ.

Von solchen Dingen erzählte ich ihnen: ein Dozent der Englischen Fakultät, der Spender ans Reed College gefolgt war. Ich sagte ihnen, das Reimen habe nicht viel Wert. Dort habe ich eine der besten Kurzgeschichten gesehen, sie stammte von einem Mann, der den Kriegsdienst verweigert und deswegen drei Jahre im Gefängnis gesessen hatte. Ein anderer hatte einen guten Roman, halb fertig – er wohnt bei seinen beiden Großmüttern – seine Eltern lassen sich nicht blicken – er schrieb so, wie eine alte Frau redet. Wieder ein anderer hatte einen erstklassigen Essay über Gertrude Stein geschrieben, einen der geistreichsten, die mir je untergekommen sind. Prächtige junge Leute, sie alle, solide Arbeiter.

Auf Eugene zu war der Williamette River wie üblich über die Ufer getreten. In einer Hinsicht war die Universität von Oregon freundlich zu uns: wir bekamen ein Zimmer, das Gästezimmer im Frauenwohnheim. Als es im Jahr zuvor eröffnet wurde, soll die Leiterin, Miss Turnipseed, das erste Mädchen über die Schwelle getragen haben. Sie waren schön anzusehen in ihren bunten Röcken und Blusen – Hosen waren nicht erlaubt –, dreihundertfünfzig Mädchen. Wir sahen sie jeden Tag – ein paar Japanerinnen, ein paar Schwarze – manche recht großgewachsen. Ich glaube nicht, daß ich je so viele große Mädchen auf einmal gesehen habe – konnte einem angst machen. Aber ganz reizend, und wahrscheinlich sanft wie Kätzchen, auch wenn sie nicht so aussahen.

Und Rosen! Was gibt es in dieser Gegend für Rosen: zwei Meter hohe Büsche mit zwanzig Blüten dran, die meisten rosa und ein wenig vom Regen mitgenommen, dafür aber groß wie Teller. Die Flora von Oregon, die Nadelhölzer, die Stechpalmen sind eine Augenweide, aber der Regen, der sie und die Wälder von Douglastannen so großartig gedeihen läßt, ist nicht immer sehr angenehm. Es regnete und regnete. Generationen von Holzfällern haben die Wälder dezimiert. Sie tun es noch heute, und Weyerhausers Betriebe und Sägemühlen sind alles andere als beliebt; das geht soweit, daß die Bevölkerung, als vor einigen Jahren seine kleine Tochter entführt wurde, kaum Mitleid mit ihm aufbrachte.

Ich habe noch ein Erlebnis aus Seattle nachzutragen. Auch die dortige Gegend ist für ihre phantastische Vegetation bekannt. Ungeachtet des ständigen Regens – »der trockene Regen des Nordwestens« sagt man dort dazu – unternahmen Floss und ich nach dem Frühstück immer einen kleinen Spaziergang.

Einmal schlugen wir hinterm Hotel eine neue Richtung ein und bestaunten die in den kleinen Gärten blühenden Blumen – es war keine reiche Straße –, bis wir zu einer wunderbaren Stechpalme kamen, die voller Beeren hing. Wir blieben stehen und schauten sie an.

Als wir dort standen – wir hatten auch ein paar Rosen entdeckt, die für diese Jahreszeit ungewöhnlich üppige Blüten trugen –, trat ein alter Bursche in zerlumptem Hemd und unansehnlicher Hose an uns heran.

»Sie haben Blumen gern?« fragte er. »Kommen Sie in den Garten hinter meinem Haus, dann zeige ich Ihnen einige der schönsten von ganz Seattle.«

Wir sahen einander lächelnd an und beschlossen, da wir sonst nichts zu tun hatten, dem Alten den Gefallen zu tun. Also folgten wir ihm um sein kleines Haus ein Stück bergab nach hinten und machten uns auf irgend etwas Ungewöhnliches gefaßt. Der ganze rückwärtige Teil des Grundstücks kann nicht größer als fünfzig Quadratmeter gewesen sein. Ein paar kahle Weinreben, ein kleines Beet mit Loganbeeren, wie er uns erklärte, Reste von einigen Tomatenstauden und schließlich die Chrysanthemen, von denen er gesprochen hatte.

»Was halten Sie davon?«

Das einzig Bemerkenswerte, was ich an ihnen erkennen konnte, waren die Stengel.

»Haben Sie schon mal was Schöneres gesehen?« drang er in mich. »Sehen Sie sich diese Stengel an!« Und da begriff ich, worauf er hinauswollte: die Länge des Stengels war sein Kriterium. Die Blüten schienen ihn überhaupt nicht zu interessieren, aber daß die Stengel mindestens anderthalb Meter hoch waren, machte sie für ihn zu etwas Außerordentlichem.

Seine ganze Gärtnerei konzentrierte sich auf diesen kleinen Fleck Erde. Er erzählte uns, er wohne seit fast fünfzig Jahren als Junggeselle in diesem Haus; aus den Trauben, die an den Reben um seine Haustür wüchsen, bereite er alljährlich Wein, von dem er einiges an seine Freunde verschenke; zum Keltern benutze er eine Presse, die er selbst entworfen und gebaut habe.

»Wollen Sie kurz mal reinkommen?« fragte er und machte die Hintertür auf. »Dann zeig ich sie Ihnen.«

Wieder zögerten wir, doch wieder gaben wir nach und folgten ihm über eine niedrige Stiege in den Keller; dort standen alle möglichen Gegenstände herum – Gartengeräte, alte Möbel, ein Arbeitstisch –, aus denen er eine kleine funktionstüchtige Weinpresse hervorzog, der man ansah, daß sie erst kürzlich benutzt worden war.

»Sehen Sie sich das an«, sagte er. »Letztes Jahr hab ich auch schon eine gebaut, dann aber einem Freund geschenkt; also mußte ich mir dieses Jahr eine neue bauen. Leider ist der Wein noch nicht fertig, sonst hätten Sie ihn mal probieren können. Er ist sehr gut.

Das ist mein Heizkessel. Und in dem Verschlag da ist Holz. Packkisten, die ich auseinandernehme und im Herbst verbrenne. Ich hab 'ne Menge Zeit, wie? Aber das geht ziemlich schnell. Darunter habe ich Kohle eingelagert. Gleich darunter. Sehen Sie.«

»Sie haben alles, was Sie brauchen«, sagte ich, »um es recht behaglich zu haben.«

»Sehen Sie mal dort an der Wand.«

Ich sah hin und erblickte den Rahmen eines Fahrrads; daneben hingen an einem Nagel die Räder, ohne Reifen. »Das ist das beste Fahrrad, das je hergestellt wurde, heute noch so gut wie zu der Zeit, als es auf den Markt kam. Ein Columbia. Schon mal davon gehört?«

»Hm. Ich glaube schon. Diese Räder hat man verkauft, als ich ein Junge war.«

»Richtig. Ich besitze dieses Fahrrad seit 1898, über fünfzig Jahre. Kommen Sie mal kurz mit rauf.«

Jetzt blieb uns nichts anderes übrig, als ihm zu folgen.

»Das ist meine Küche. Entschuldigen Sie, daß der Abwasch noch in der Spüle steht. Das ist mein Schlafzimmer. Spielt Ihre Frau Klavier? Versuchen Sie mal. In der ganzen Stadt gibt es keinen schöneren Klang. Früher kam gelegentlich eine Frau vorbei, die mir was drauf vorspielte, aber die ist gestorben, und seither spielt niemand mehr darauf. Versuchen Sie's nur. Es ist ein gutes Klavier.«

Während wir in diesem vollgestopften Zimmer standen, gab der Alte uns einen Überblick über die Geschichte seiner Familie, seit er aus Boston fortgezogen war; das war 1883, glaube ich. Sein Name war Kaufman, er hatte einen Bruder in Dallas, Texas; und so weiter und so weiter, bis wir gehen mußten.

Die junge Dame, die Floss in der Stadt herumführte, während ich einen Vortrag hielt, spitzte die Ohren, als Floss ihr von unserem Erlebnis erzählte.

Sie wußte sofort, von wem die Rede war, und sagte, der Mann sei ihr bekannt; tatsächlich sei er bereits mehrmals auf der Straße vor seinem Haus an sie herangetreten – genau wie bei uns – und habe sie zu überreden versucht, sich seine Habseligkeiten anzusehen, auf die er so stolz war. Sie läßt ihr Auto immer auf dem Parkplatz neben dem Hotel, gegenüber seinem Haus, und wenn sie nach Geschäftsschluß wiederkommt – sie hilft ihrer Mutter in einem Blumenladen ganz in der Nähe –, findet sie den Wagen nicht selten gewaschen und poliert.

»Im Herbst schenkt er mir manchmal, mitten in all unsere Blumen hinein, einen Strauß seiner Chrysanthemen – die mit diesen langen Stengeln. Er ist einer der reichsten Männer von Seattle! Besitzt Grundstücke in der ganzen Stadt.«

Die meisten haben nie den Schritt getan, sagte ich ihnen allen, ja, nur sehr wenige haben ihn getan (und heute beginnt man von den geringen Fortschritten, die trotz allem erzielt *wurden,* schon wieder Abstand zu nehmen) – den Schritt von der Empfindung, vom Gedanken (Philosophie), von der Vorstellung hin zum Gedicht selbst – von der Anteilnahme mit Hamlet hin zu dem Schauspiel *Hamlet.* Dies war der verborgene Sinn des Begriffs »Übergang«, damals, als die Maler im Gefolge Cézannes von purer Farbe zu sprechen begannen: ein Bild, das sind Pigmente auf einem Stück Tuch, das auf einen Rahmen gespannt ist. Ich erzählte ihnen die Hartpence-Geschichte.

Der Übergang zu taktilen Eigenschaften, zu den Worten selbst, jenseits des bloß ausgedrückten Gedankens – der Vollzug dieses Schrittes ist es, was die Moderne, das heißt die Moderne jener Tage, von der Zeit vor der Jahrhundertwende unterschied. Hier ist auch der Grund zu finden, warum Malerei und Dichtung damals so enge Verbündete wurden. Das Werk der Maler nach Cézanne und den Impressionisten war der kritische Wegbereiter der Ära von Stein, Joyce und vielen anderen. Mit jenem Schritt vom Gefühl hin zum imaginierten Gegenstand auf der Leinwand, auf der Buchseite, wurde die Moderne definiert – ein Kunstwerk, was es für sie bedeutete. Dieser Schritt muß im Kopf vollzogen werden, bevor der Gedanke, wie ein Ei, niedergelegt werden kann. Es geht darum, zu *spielen*, sagte ich ihnen, und nicht gleich ins Orchester einzufallen. Damit fängt es an. Mit den Worten eines Franzosen, den mein Bruder Ed einmal zitiert hat: *»L'architecture, c'est poser un caillou sur un autre.«*

Der Aufstieg ist beschwerlich – für mich war er es jedenfalls –, ist schwer zu bewältigen, aber genau das ist zu leisten, bevor die Gefühlsduselei abgeschafft werden und das Ding als solches hervortreten kann, den Menschen befreiend.

Dies müsse man, sagte ich, zunächst einmal als Grundvoraussetzung begriffen haben, ehe man dem weiteren folgen könne. Der Schlüssel, der Hauptschlüssel zu jener Epoche, sei der Sprung vom Gefühl hin zum Wort selbst: das Aufgeschriebene, das Ding, das als solches beurteilt und bewertet werden sollte. Daraus folgte alles andere. Wer diesen Schritt nicht nachvollzogen habe, könne nichts verstehen.

Die Verrenkungen bei dem Versuch, etwa den Kubismus zu »verstehen«, die »falschen« Perspektiven, mit denen jemand Chartres sieht, die Verzerrungen – schließlich Picassos pferdegesichtige Frauen usw. usw. –, die … Hat keinen Zweck. – Andererseits, sich hinsetzen und ein Sonett schreiben! Wo ist da der Gedanke oder die Erfindung oder Initiative zu erblicken? Sogar Eliot war klug genug, das nicht zu tun, sagte ich ihnen, und auch sonst in den letzten fünfzig Jahren niemand, der denken konnte.

Einmal nahm uns Professor Moll, der poeta laureatus von Australien, auf eine lange Autofahrt mit; es ging aus Eugene hinaus ins Zentrum der neu aufgeblühten Holzwirtschaft. Ein Vergnügen war es nicht gerade. Tatsächlich bin ich neben Flossie eingeschlafen, die auf dem Vordersitz zwischen uns saß. Deprimierend der Anblick des Gemetzels unter den Bäumen, von denen auf schweren Lastwagen lange massive Teile an uns vorüberflogen; die Rinde hing in Fetzen von den Stämmen, zerfleischt von den Mühen, sie aus den Schluchten zu ziehen, in denen sie ein Jahrhundert lang gewachsen waren.

Kapitel 57

Der Ozean, der Orient

Wir reisten nachts nach San Francisco, um mehr Zeit für diese Metropole zu haben, bevor es mit Eyvind, Flossies Neffen, der über Carmel nach Norden fuhr, um uns abzuholen, nach Los Angeles (der sagenumwobenen Stadt) weiterging.

Als wir mit der Fähre von Oakland hinüberfuhren, überraschte es mich, daß der Felsen von Alcatraz so nahe an der Küste lag, genau im Zentrum jenes Amphitheaters aus riesigen Brücken zwischen den Inseln. Irgendwie schien er der Hauptdarsteller in der Tragödie dieser Stadt zu sein: kein Wunder, daß sie ihn loswerden wollen. Sein Ruhm muß unangenehm sein. Wir sahen den Telegraph Hill, von dem aus in den alten Zeiten die Einfahrt eines Schiffs durchs Golden Gate – golden von der dahinter untergehenden Sonne – signalisiert wurde.

Aber der bemerkenswerteste Zug aller Städte an der Westküste war für mich der, daß sie dem Orient zugewandt waren; daß Europa für sie allenfalls noch als Legende galt; daß sie, Flugzeuge hin, Flugzeuge her, weit entfernt von den alten abendländischen Kulturen waren; und daß sie sich noch immer in den Händen räuberischer Interessen befanden. Sie liegen isoliert zwischen den Sierras und dem Ozean und thronen, wie etwa San Simeon, oben auf den Küstenbergen. Orte wie Carmel und Pt. Lobos schieben sich nachahmungssüchtig ins Wasser, die Flut lagert hinter ihnen rückständige Gebiete ab, und vorne lassen sie sich von der gegenwärtigen Barbarenküste des Geistes notzüchtigen. Das Ganze ist nostalgisch, denn sie gehen nicht dorthin, weil sie auf Abenteuer aus sind, sondern um zu bleiben, nicht um die Vergangenheit loszuwerden, sondern um sie festzuhalten, und das schöne Wetter trägt auch noch dazu bei, daß die Alten, die glauben, jung sein bedeute vollkommen sein, sich lange Tage nach rückwärts wenden. Eine traurige Täuschung wartet auf sie.

Der Orient, den sie fürchten, bietet ihnen die Möglichkeit, das *»Neue« in sich aufzunehmen.* Aber sie klammern sich an das ausgelaugte Europa, als ob der Feudalherr ihr König wäre. Die Jungen in den Colleges sehnen sich nach Frankreich, nach New York, nach Boston, nach dieser »Kultur«; sie blicken (durch die Augen ihrer aus New England stammenden Lehrer) in die Vergangenheit und kommen sich wie Bauerntrampel vor.

Während Japan, China und Korea ihnen zu ihrem Verderben gegenüberliegen. In Eugene gibt es eine

Sammlung asiatischer Kunstschätze, die im Gefolge des Boxer-Aufstandes aus China herübergekommen ist. Irgendwer hatte sie billig von jemandem gekauft, der damals in ihren Besitz gekommen war. Im Erdgeschoß sind Wandbehänge ausgestellt, die man sein Leben lang studieren könnte, so außerordentlich sind hier Farben und Fähigkeiten verwendet worden. Am oberen Ende des symmetrisch angelegten Treppenhauses, genau dort, wo die Treppen einen Bogen machen und zu beiden Seiten des Absatzes einander treffen, steht eine massive Marmorstatue. Sie stellt irgendeine hohe Persönlichkeit oder einen Herrscher dar (es ist aber kein Name angegeben), überlebensgroß, bekleidet und in gelassener Haltung. Der Blick ist nachdenklich, der Gesichtsausdruck friedlich. Der Mann steht, wenn ich mich recht erinnere, er trägt einen Ledergürtel um den Bauch, die Falten seines Gewandes sind an einer Stelle leicht gerafft. Wenigstens hat man der Gestalt den ganzen Absatz gegeben! Wir saßen auf der Bank gegenüber, ganz weg vor Bewunderung. Der gefleckte Marmor ließ den ganzen Campus draußen wie eine Absurdität erscheinen.

Alcatraz im Hafen von San Francisco hatte die gleiche Wirkung auf mich: ein Kommentar in Fels, beunruhigend unzweideutig in seiner Aussage – er gehört nicht dort hin. Er ist unerwünscht.

Wir nahmen nicht die Küstenstraße, sondern den Highway 101 jenseits der Küstenkette, vierhundertzwanzig Meilen das innere Tal hinunter. San Francisco war die letzte Mission der spanischen Eindringlinge auf dem Weg nach Norden, die letzte aller Missionen, die, angefangen bei Monterey, im Abstand von Tagesmärschen angelegt worden waren. Die Eukalyptusbäume in dieser Gegend waren außerordentlich kräftig gewachsen.

Den Sonntag in San Francisco widmeten wir einem Ausflug: wir fuhren über die Golden Gate Bridge und dann noch zwanzig Meilen weiter durch offenes Gelände bis zum Gipfel des Mount Tamalpais, offenes Gelände längs des Pazifik, bar aller Legenden, stellenweise mit Rotholz bewachsen, die Vegetation erholt sich wieder.

Das Beste waren die hier und da dicht an der Küste liegenden Farmen. Kleine Milchviehfarmen, in weiten Abständen voneinander. Es hätte ein zweites Arkadien sein können. War es aber nicht. Sehr verwirrender Gesamteindruck: tausend Meter unter dem Gipfel die Bucht, weit dahinter, halb im Dunst verborgen, die Stadt.

Wir wohnten nicht direkt in Los Angeles, sondern im San Fernando Valley, in einem kleinen eingeschossigen Haus unter hundert ähnlichen – in Van Nuys – Blick nach Osten – zu den niedrigen Bergen – gegenüber von Orangenhainen. Noch ein Jahr zuvor hatte es dort nur eine halb verwahrloste Ranch gegeben.

In dem kleinen Garten – es war Mitte November – blühten Callas, aber die Feigenbäume waren in der Nacht vor unserer Ankunft vom Frost beschädigt worden. Es gab auch Chrysanthemen und Rosen; die ganze Straße rauf und runter war frisches Gras zu sehen, dicht und grün. Wir gingen zu einem Holzplatz an der Ecke und holten uns Schindelreste usw. für den offenen Kamin. Charlotte erzählte uns, drei Tage vor unserer Ankunft hätten sie noch 34° Celsius gehabt.

Einmal fuhr sie mit uns zur San Fernando Mission. Hm, hm, hm, hm, hm, hm, hm! und erzählte uns von einer Nacht vor zwanzig Jahren, als das Gebäude noch eine Ruine war, also vor seinem Wiederaufbau als Mädchenschule; sie und Ramon Navarro waren bei Mondschein dort hingegangen – er hatte seine Gitarre mitgebracht. Das Anwesen war mit Stacheldrahtzäunen gesichert.

Sie stiegen durch den Zaun, saßen im Portikus zwischen den alten Steinen vor der Kapelle und sangen Lieder. Am Tag unseres Besuchs blühte in dem kleinen Garten ein Mimosenbaum. Ich zog einen kleinen Zweig herunter, damit Floss daran riechen konnte. Wir traten in die baufällige, rot und blau dekorierte Kapelle; unregelmäßige Holztäfelung, der ganze Bau krumm und schief. Sehr alt und verfallen, von jeher bloß Mittelmaß, hatte er seine eigene komplizierte Logik.

Wir waren den Massen von Schulkindern und einigen anderen Besuchern, die offenbar mit einem Bus aus der Stadt gekommen waren, aus dem Weg gegangen – die Jungen wurden von jemand angebrüllt – was weiß ich, wer das war – vielleicht ein Christian Brother; er trug einen schäbigen Mantel über seinem schwarzen Anzug.

»Nehmt die Finger da weg. Kommt hier rüber, wo ich euch beobachten kann… Seht einmal diese Holzschnitzerei. Sie wurde von der anderen Seite gebracht, war aber zu groß; also mußte sie in zwei Teile zerlegt werden. Das hier ist die obere Hälfte… Dies war der Hauptaltar. Die untere Hälfte befindet sich am anderen Ende des Raums, hinter dieser Tür…«

Wir gingen die breite Treppe hinab, daneben im Gemäuer ein seichter Brunnen. Der unförmige Kupferkessel der alten Brennerei lag auch noch herum. Die wußten zu leben.

In dem kleinen Park auf der anderen Straßenseite standen zwei Granatapfelbäume; einige spät gereifte Früchte waren aufgeplatzt, dabei war es kalt in dem Park. Der Verwalter mußte alles heruntergefallene Obst aufgesammelt haben. Da niemand in Sicht war, schüttelte ich den kleinen Baum ein paarmal kräftig, aber vergeblich. Ein Stück weiter blühte ein weißer Sternjasmin. Etwas derartiges konnten nur indianische Arbeiter zustande gebracht haben.

Da war ich also, ein Gastdozent für Englisch, der eine »neue« Kunsttheorie vortragen sollte, und sah mich diesem Verfall gegenüber, dessen verdrehte Logik ein wenig auf mich abfärbte. Das Ganze wirkte auf komplizierte Weise gerecht. Was neu sein sollte, beschäftigt sich nur mit einer einzigen Sache: mit der Metapher – die Metapher ist das Gedicht. Für diese Leute gibt es nur eine Metapher: Europa – die Vergangenheit. Jede Metapher ist für sie unvermeidlich die Vergangenheit: das ist das Gedicht. Für sie ist Gedicht und Metapher eins.

Dabei hätten sie die Möglichkeit, sich von dieser engsten aller Fesseln – dem Metaphorischen – zu befreien. Sie leben nicht, sondern drücken sich in Metaphern aus. Aber sie können nicht etwas in Metaphern ausdrücken, wovon sie noch nie gehört haben. Außer einem alten Mann in San Francisco, Philip Pye, M. A., der größte Schwierigkeiten hatte, einen Verleger für seine Übersetzung des Klassikers *Natürliche Wirtschaftsordnung* zu finden. In diesem Werk entwickelt Silvio Gesell einen Plan, wie – frei von bürokratischer Einmischung, Wucher und Ausbeutung – ein kontinuierlicher Austausch der Produkte der Arbeit bewerkstelligt werden könnte. Schließlich wurde es von der Free Economy Publishing Company in San Antonio, Texas, doch noch gedruckt. Ich möchte dies hier ausdrücklich festhalten.

Die jungen Leute an den Colleges finden sich am Rand einer Metapher, vor der sie nicht nur nicht fliehen können, sondern die ihnen von ihren Lehrern noch zusätzlich aufgedrängt wird. Auch wenn sie mich zu einem Vortrag einluden.

Ich sagte ihnen: Sie haben den großen Vorteil, daß Ihre Gedanken dem Orient zugewandt sind. Die Vergangenheit behindert Sie relativ wenig... Besuchen Sie Ihre Museen. Die Indianer der Nordküste, die ihren ganzen Lebensunterhalt mit dem Fischfang verdienten. Die Briten verleiteten sie dazu, *alle* ihre Mittel darauf zu verwenden. Dann verwehrte man ihnen den Zugang zum Markt. Sie mußten verhungern.

Wie Kinder, die ihre Hausaufgaben nicht gemacht haben, sind sie manchmal verlegen, weil sie die Metapher nicht zu Ende bringen können. Beziehungsweise, wenn sie triumphierend erkennen, daß sie es doch können (von der Juilliard School oder so einen Preis verliehen bekommen), ist ihre Begeisterung fünfzigmal größer, ein blendender Triumph.

Dann erlebte ich eines Tages einen ziemlichen Schock. Ich hatte meine Vortragsreihe beendet, und ich hatte die Nase voll davon. Aber dann bat man mich, noch einen letzten in der University of California in Los Angeles zu halten, an einem Mittwoch um drei Uhr. Das Übliche. Man sagte mir, als vor ein oder zwei Monaten Dylan Thomas dort gewesen sei, seien fast hundert Zuhörer gekommen.

»Also vierzig bis fünfzig, nehme ich an«, sagte ich.

»Man kann nie wissen.«

Ich hatte es satt. Sie fragten mich, was ich tun wolle.

»Bloß eins. Ich will nicht stehen.«

Es wurde ein riesiger, knapp sieben Meter langer Tisch aufgestellt, und ich besorgte mir einen Stuhl. Man baute das Mikrophon auf, ich warf meinen ziemlich lumpigen Mantel auf den Flügel im Hintergrund und packte meine Bücher aus. Auf das Publikum hatte ich noch kaum geachtet. Als ich aufblickte, war der Saal bis zu den Eingängen gerammelt voll, und von draußen wollten noch mehr herein.

Professor Soundso sagte: »Jetzt könnten wir eigentlich anfangen.«

»Sicher. Warum nicht?«

Er trat vor die Menge unter mir und sagte die üblichen zehn Worte. Dann fragte ich: »Wollen Sie mich lesen hören – denn darum hat man mich gebeten –, oder wollen Sie mich reden hören?«

»Reden«, sagten die einen.

»Lesen«, sagten die anderen.

»Na schön, ich werde reden und lesen« – ich war kein bißchen vorbereitet. »Wenn man Gedichte hört, soll man nicht gleich, jedenfalls nicht von Anfang an, versuchen, sie zu verstehen; sondern man soll *zuhören*. Die Künste zielen auf einen sinnlichen Eindruck. Versuchen Sie mit allen Sinnen zu hören, auf das Hören kommt es an. Wie wollen Sie sonst erkennen, daß es ein Gedicht ist? Später, wenn Ihre Wahrnehmungsfähigkeit aufs höchste geschärft ist, kommen Sie vielleicht dahinter, was damit gemeint ist« – oder etwas in der Richtung. Sie nahmen es vollkommen schweigend hin. Dann las ich, und zwischen den Texten redete ich. Man hätte eine Feder fallen hören können. Ein paarmal gab es herzliches Gelächter. Ich fühlte mich sehr ungezwungen. Dann machte ich Schluß. Und es gab donnernden Applaus: so was wie Tempelstimmung kannten diese Leute nicht. Mir stieg das Blut in den Kopf. Ich dankte ihnen und schloß mit dem Gedicht über den See-Elefanten.

Später bekam ich einen Brief: »Ich hätte nie gedacht, daß Gedichte solchen Anklang finden könnten. Als mein Sohn mir davon erzählte – hatte ich Tränen in den Augen.« Und das hatten *meine* Sachen bewirkt. Es war eine Ovation. Am nächsten Tag äußerten sich die Zeitungen zu meiner jugendlichen Stimme. Einen Tag später erschien der Prof auf Bob Wetteraus Party in der

Buchhandlung Flax in Los Angeles und kaufte drei Bücher.

Das war übrigens eine gute Party. In einer Ecke hielt ich für fünf Damen eine Lesung ab. Weitere Anwesende waren Anaïs Nin, Man Ray und seine Frau, Don Paquette, Charlotte, Eyvind Earle. Für danach hatte Bob uns zum Abendessen bei sich zu Hause eingeladen – es gab *volaille à la Bob*, mit Armagnac übergossen, der bei Tisch angezündet wurde.

Er bereitete, lassen Sie mich nachdenken, fünf Hühnchen zu, ziemlich große Vögelchen; wir warteten und warteten und warteten und sahen uns im Zimmer um; es war das Vorderzimmer, und es hatte eine hohe gewölbte Decke, die von einem schwedischen Baumeister hätte stammen können. Wir behalfen uns mit Cocktails, Erdnüssen und so weiter, bis er uns endlich hineinrief. Er wolle alles allein machen, sagte seine Frau.

Dann warteten wir noch ein Weilchen. Es roch nach Braten – in süßer Butter, wie er uns später erzählte. Dann trug er sie heiß auf einer Pfanne herein, goß den Armagnac darüber und versuchte ihn anzuzünden, aber das klappte nicht. Er versuchte es noch einmal, zwei-, dreimal, bis endlich um die Hühner in der Pfanne eine große blaue Flamme waberte und er jedem von uns eins servierte; dazu gab es Pilze und wilden Reis und Sauce.

Dann kamen Charlotte und Eyvind, Alice und die kleine Kristin und mußten, während wir aßen und sprachen und lachten, fast eine Stunde lang im Nebenzimmer sitzen. Er schenkte uns einen ausgezeichneten Weißwein ein – kalifornischen. Dann gab es grünen Salat in einer großen Holzschüssel, gut gewürzt. Endlich gingen wir nach nebenan, wo Kaffee und Dessert serviert wurden. Kristin, Eyvinds Tochter, schlief schon halb und weinte, wollte sich aber nicht ins Bett bringen lassen.

Schließlich kamen noch die Browns mit einer großen Schale Obst, Birnen und Persimonen. Sie sagten, ihre Bäume hingen voll davon; aber sie waren noch nicht ganz reif.

Dann geschah etwas Seltsames. Mrs. Miner, Mrs. Wetteraus Mutter, erwähnte, daß sie aus Texas stammte. Mrs. Wetterau, ihre Tochter, habe das Texas Industrial College für Frauen besucht.

»Dann haben Sie bestimmt von meinem Vetter Jack Hubbard gehört«, sagte ich.

»Wie war das?« fragte Mrs. Miner, die zuerst nicht hingehört hatte. »Habe ich den Namen Hubbard gehört?«

»Ja. Mein Vetter Jack Hubbard. Leiter des Texas Industrial College für ...«

»Großer Gott! Das ist unser bester Freund auf der Welt! Mein Mann war Sprecher des Texas House, und Jack und er ... Woher ich ihn *kenne*? Ja, nun, seine Mutter war eine geborene Hubbard.«

»Ja, und ihre Schwester war meine Großmutter mütterlicherseits.«

»Nicht zu fassen!«

Am letzten Abend bestand Eyvind darauf, daß ich ihm einige meiner Gedichte auf seine ausgezeichnete Bandmaschine sprechen sollte. Ich tat es, eine Stunde lang. Eigentlich wollte ich nicht, aber wir machten es – während Floss und Charlotte geduldig zuhörten und Alice, Eyvinds Frau, fest schlafend auf dem Sofa lag.

Am nächsten Tag fuhren wir nach Los Angeles zum Bahnhof. Im Verlauf unseres ganzen Besuchs war es mir kein einziges Mal gelungen, in die Stadt zu kommen; nur die Außenbezirke hatten wir abgeklappert, die diversen schmalen Canyons, die Hollywood Bowl; einmal waren wir sogar an George Antheils Hausnummer vorbeigefahren, allerdings ohne anzuhalten. Fast hätten wir den Zug verpaßt, weil wir uns mit der Abfahrtszeit vertan hatten.

In der Morgendämmerung sah ich auf einem Bahnsteig den Namen Tucson, und um drei Uhr desselben Tages stiegen wir, nachdem wir die Wüste in der Nähe der mexikanischen Grenze durchquert hatten, aus dem schönen Zug (falls überhaupt irgend etwas schön ist) und wurden von Bob McAlmon begrüßt, der uns in El Paso, wo früher einmal die Hubbards gelebt hatten, grinsend auf dem Bahnsteig entgegenkam.

Juarez auf der anderen Seite der Brücke. Drei Cents, wenn man rüberwollte. Ich konnte nichts anderes denken als *Sur le pont d'Avignon*. Die Spatzen abends im Park – Bob und seine Brüder George und Alec und ihre Frauen – Tequila zu fünf Cents das Glas, Wachteln zum Abendessen, die Mexikaner, die armen Indios – einer hockte nachts zusammengekauert am Eisengeländer der Brücke – vielleicht sicher vor beiden Seiten, unglaublich komprimiert zu einem gestaltlosen Hindernis – er schlief.

Am nächsten Tag die Wüste, gegenüber Baumwollfelder, der Schienenstrang als Grenzlinie. Kupfer, der Rauch der Schmelzhütte breit über der Wüste – die endlosen Abraumhalden – Wüstendämmerung, der mähliche Aufstieg des Zugs, in langsamen Kurven ging es auf wenigen Meilen auf eine Höhe von dreihundert Meter. *Cholla, Okeechoya*. Mondaufgang.

Am nächsten Tag Louisiana und Zuckerrohr. New Orleans. Kalt. Bourbon Street, die Kathedrale. Die Ausflüchte des Küsters:

Eine neue Orgel. Eine gute. Muß es ja sein. Hat über zwanzigtausend Dollar gekostet.

Kapitel 58

Das Gedicht Paterson

Auch wenn der größte Segen, den ein Dichter der Welt spendet, eben darin besteht, jene heimliche und heilige Anwesenheit zu offenbaren, werden die Leute nicht wissen, wovon er eigentlich redet. Die Chirurgie kann ihm ebenso wenig helfen wie sonstige Heilmethoden. Und der Chirurg selbst muß wissen, daß sein Tun vergeblich ist. Aber der Sinn seines ständigen Schreibens ist ihm auch bekannt, ich sehe es an seinen Augen, daß er das zugibt.

Aus diesem Grund habe ich *Paterson* angefangen: ein Mensch ist ja tatsächlich eine Stadt, und für den Dichter gibt es Ideen nur in Dingen. Aber die Kritiker meinen, daß ich, der Dichter, nicht tiefsinnig bin, und schreiben weiter ihre Tiefsinnigkeiten, wobei sie in ihrem Eifer als Denker bisweilen vorgeben, Gedichte zu schreiben. Es hängt alles davon ab, was man tiefsinnig nennt. Denn ich räume ein, daß man, wenn man von Mensch und Stadt schreibt, formal schon in einige Tiefe vorstoßen muß, um das Ziel zu erreichen.

Daraufhin stellen die Denker, die Gelehrten Fragen nach dem Wesen des Gedichts und geben sich auch gleich die Antwort oder erzeugen doch wenigstens Spannung zwischen Gedanken. Sie denken, und denken heißt für sie tiefsinnig sein. Eine seltsame Vorstellung: wenn das, was sie denken, ihrem Denken nützlich ist, sind sie befriedigt – als Denker.

Aber wer könnte, wenn er sich dazu entschlösse, dem Wesen des Denkens nicht auf den Grund kommen? Der Dichter indessen erlaubt sich nicht, über den Gedanken hinauszugehen, der sich im Kontext dessen, womit er sich beschäftigt, finden läßt: Ideen gibt es nur in Dingen. Der Dichter denkt mit seinem Gedicht; darin liegt sein Gedanke, und dies ist schon für sich allein tiefsinnig. Der Gedanke, den es dort zu entdecken gibt, ist *Paterson.*

Daher versucht der Denker das Gedicht für seine Zwecke an sich zu reißen, und dazu benutzt er sein »Denken« als das Netz, in das er seine Gedanken stecken kann. Absurd. Sie sind nicht tiefsinnig genug, um zu merken, daß sie damit einen philosophischen Fehler begehen. Sie sind entgleist, sie verwechseln die Kategorien; welchen Gedanken oder Wert auch immer sie da hineinpacken, das Gedicht wird erbärmlich schlecht sein.

Die erste Idee zu dem Gedicht *Paterson* kam mir ziemlich früh: ein Bild finden, das groß genug wäre, die ganze von mir erfahrbare Welt zu verkörpern. Je länger ich in meinem Haus und mit den Einzelheiten meines Lebens lebte, desto deutlicher erkannte ich, daß diese isolierten Beobachtungen und Erfahrungen, wenn sie einen »tieferen Sinn« bekommen sollten, zusammengezogen werden mußten. Den Fluß hatte ich bereits. Flossie staunt jedesmal, wenn sie erkennt, daß wir an einem Fluß leben, daß wir eine Stadt am Fluß sind. New York City war weit aus meinem Blick gerückt; ich wollte, wenn ich denn über größere Themen als Vögel und Blumen schreiben sollte, über die Menschen in meiner Umgebung schreiben: ich wollte ganz genau wissen, wovon ich redete, bis ins Detail – bis ins Weiße ihrer Augen, bis zu ihren Gerüchen.

Das ist die Aufgabe des Dichters. Nicht in vagen Kategorien zu reden, sondern ins einzelne gehend zu schreiben, so wie ein Arzt an einem Patienten arbeitet, an dem vor ihm liegenden Gegenstand, und im Speziellen das Allgemeine zu entdecken. John Dewey hat einmal gesagt (ich bin rein zufällig darauf gestoßen):

»Das Lokale ist das einzig Universale, auf dem alle Kunst sich gründet.« Keyserling hat das gleiche mit anderen Worten gesagt. Ich hatte weder den Wunsch noch die Gelegenheit, New York auf diese Weise kennenzulernen, und ich habe das nicht als Verlust empfunden.

Ich dachte an andere Orte am Passaic River, aber am Ende trug die Stadt Paterson mit ihrer reichhaltigen Kolonialgeschichte, flußaufwärts gelegen, wo das Wasser weniger stark verschmutzt war, den Sieg davon. Die Wasserfälle, laut, zu manchen Jahreszeiten lärmend, verbunden mit vielen der Ideen, nach denen die Finanzpolitik der Kolonialzeit uns durch Alexander Hamilton prägte, interessierten mich sehr – und was daraus geworden ist. Auch heute noch ein Ort für fruchtbare Studien. Ich wußte von diesen Dingen. Ich hatte davon gehört. Bei einigen der Ereignisse, die diesen Ort mitgeprägt hatten, war ich selbst dabeigewesen. Ich hatte Billy Sunday gehört: ich hatte mit John Reed gesprochen: ich hatte bei meiner Arbeit im Krankenhaus viele Frauen des Ortes kennengelernt: ich war als junger Bursche auf dem Garret Mountain herumgewandert, in seinen Teichen geschwommen, dort vor Gericht erschienen; ich hatte die verkohlten Ruinen gesehen, die überschwemmten Straßen; ich hatte in Nelsons Geschichte von Paterson über seine Vergangenheit gelesen, und über die Holländer, die es gegründet hatten.

Ich betrachtete die Stadt als meinen »Fall«, den es zu bearbeiten, wirklich zu bearbeiten galt. Das verlangte eine Art von Poesie, die ich nicht kannte, und es war meine Pflicht, einen solchen Kontext für den »Gedanken« zu entdecken oder zu schaffen. Ein Gedicht zu *machen,* das den Ansprüchen der Kunst genügte und doch in dem Sinn neuartig war, daß Paterson gerade in der Anordnung der Silben als Paterson zu erkennen war, vollkommen, vollkommen im besonderen Sinn des Gedichts, so daß es – falls es sich erhöbe, um für eine Weile ins Leben zu flattern – als Ort es selbst wäre und insofern jedem anderen Ort in der Welt gleichen würde. Denn darin, daß es seinem eigenen Idiom treu bleibt, lebt es.

Der Wasserfall krachte mit Getöse auf die Felsen unterhalb. In der Phantasie ist dieses Getöse etwas Gesprochenes, eine Stimme, insbesondere etwas Gesprochenes; das Gedicht selbst ist die Antwort.

Am Ende steigt der Mensch aus dem Meer, wo der Fluß seine Identität verloren zu haben scheint, und, begleitet von seinem treuen Hund, offenbar einem Chesapeake-Bay-Retriever, wendet er sich landeinwärts in Richtung Camden, wo der vielverleumdete Walt Whitman die letzten Jahre seines Lebens verbrachte und starb. Er hat immer gesagt, daß seine Gedichte, die der Vorherrschaft des jambischen Pentameters in der englischen Prosodie ein Ende machten, erst der Anfang gewesen seien. Dem stimme ich zu. An uns liegt es, damit fortzufahren, im neuen Dialekt, und die Silben neu zusammenzusetzen.

Gestern unternahmen wir mit meinem Gast John Husband und dem kleinen Paul, meinem Enkel – bei dem offensichtlich irgend etwas im Anzug war – einen Ausflug, um uns das Terrain von Paterson anzusehen. Gegen elf fuhren wir los. Paul saß hinten allein. Er wollte wissen, wie schnell das Auto fahren konnte. Achtzig, sagte ich. Dann mach mal. Hmm.

Wir sahen in Great Notch die Quelle aus dem Felsen kommen. Ich erzählte John, Rutherford habe bei den Indianern Boiling Springs geheißen, wegen des kochenden Wassers, das überall am Rand des höhergelegenen Geländes auf die Sümpfe zu aus dem Sand gesprudelt sei.

»Und wo sind die Quellen jetzt?« fragte er.

»Das hier ist die letzte, von der ich weiß. Die anderen – eine war bis vor einem Jahr ganz bei uns in der Nähe – sind in Kanäle geleitet oder zugeschüttet worden.«

»Erstaunlich!« sagte er. »Im ganzen Land kein bißchen davon übrig. Aber warum?«

»Nun, bei uns gab es eine, auf der anderen Seite des Bahngeländes; das Grundstück gehörte einer Frau, sie hat die Quelle gut gepflegt, einen kleinen Teich mit Goldfischen und so was angelegt, jeder durfte dorthin. Sie hatte auch ein Steigrohr mit einem ordentlichen Hahn aufgestellt – aus dem das ganze Jahr über das Wasser lief.«

»Und …?«

»Na ja. Die Leute, die dorthin kamen, haben alles versaut: reingeschissen, das Rohr geklaut, die Fische getötet, Müll reingeworfen, das Gras zertrampelt. Das Übliche.«

John, der in der Ebene von New Orleans lebte, war von dem sanften Anstieg der Felsen ganz begeistert: wenigstens eine *kleine* Bodenerhebung. Als wir auf dem Gipfel standen und hinabsehen konnten, glatte siebzig Meter tief, verschlug die Aussicht ihm den Atem.

»Ist das New York?«

»Nein, New York ist fünfzehn Meilen weiter dort drüben, hinter dem Dunstschleier. Das hier ist Paterson.«

»Kaum zu glauben. Ist das der Grund? Hast du das gewußt, bevor du zu schreiben angefangen hast?«

»Nein, nicht genau; aber ich hatte es gesehen – das eine oder andere Mal.«

»Ich meine«, fuhr er fort, »etwas, das du dir so deutlich veranschaulichen konntest, das du praktisch in die Hand nehmen konntest.«

»Nein. Ich hatte bloß Glück, das ist alles. Ich wollte eine Stadt. Ich dachte an Newark, das liegt auch am Fluß, aber Paterson lag weiter flußaufwärts, näher an der Quelle, und dazu kam der Wasserfall – das war das Entscheidende.« Wir stiegen nicht aus dem Auto.

»Sollen wir den Weg hintenherum nehmen, Paul?«

»Ja. Ist das gefährlich?« Die Straße war mit schmelzendem Eis bedeckt, aber jemand hatte Asche darauf gestreut.

»Sieh dir das kleine Haus da an«, zeigte John. Es stand oben auf dem Gipfel des nächsten Felsens außerhalb des Parkgeländes.

»Irgendein Künstler«, sagte ich. »Nur Künstler tun solche intelligenten Dinge. Wahrscheinlich ein Italiener – die haben Bergspitzen gern.«

»Hm, es könnte aber auch ein Schriftsteller sein«, meinte John.

»Ist *das* gefährlich?« fragte Paul, als wir an eine scharfe vereiste Kurve in einem steilen Abschnitt der Straße kamen.

»Hör zu«, sagte ich, »es ist nicht sehr gefährlich, aber wünsch dir nicht dauernd was Gefährliches«, ermahnte ich ihn. »Du könntest eines Tages mal hineingeraten, wenn du es gar nicht willst.«

Am Wasserfall keine Menschenseele. Auch nur wenig Wasser. Schlamm, zum Glück nicht tief, dicht neben einem Gelände, wo die Straße in einer Schleife um den Parkplatz führte. Der Gischt hatte den Rand in seltsame Eisgebilde gehüllt: Hunderte von kopfgroßen oder noch größeren Kugeln aus glattem Eis, ein Acker von Höllenkohlköpfen, hätte man sagen können; einige konnte man lostreten, andere saßen unbeweglich fest.

Ich ging an den Rand, neben der schmalen Brücke.

Der Boden war spiegelglatt, aber ein Eisengitter am Aussichtspunkt gab ausreichend Halt.

John beobachtete uns aus drei Meter Entfernung, während es Paul gelang, einen der eigenartigen Eisköpfe loszubekommen.

»Gut«, sagte ich, »jetzt schmeiß ihn runter.«

Aber er war ihm zu schwer. Er bat mich, ihn runterzuwerfen. Er hielt sich an mir fest, als ich an das Gitter trat und warf. Die Eiskugel stieg ein wenig auf, dann stürzte sie nach unten und verschwand, und fast unmittelbar darauf gab es einen explosiven Knall, als sie unten auf dem Eis aufschlug.

Das Experiment war ein großer Erfolg. Paul war begeistert und machte sich gleich daran, die nächste Bombe zu holen.

»Das muß ungefähr die Stelle gewesen sein, an der Mrs. Cummins gestanden hat, bevor sie in den Fluß gefallen oder gesprungen ist.«

»Ja, so sagt man«, meinte John.

»Und da drüben muß Sam Patch gestanden haben – das ist die Stelle.«

»Wo?« fragte Paul.

»Da.«

»Von dort ist er gesprungen?«

»Ja, um den Balken zurückzuholen, als hier die Brücke rübergerollt wurde.«

»Tolle Geschichte, tolle Geschichte.«

»Du kannst mir keinen Vorwurf machen, daß ich sie zu Ende erzählt habe, oder?«

»Wie tief ist das Wasser?« fragte Paul. »Ich meine, an der tiefsten Stelle?«

Inhalt